本书系中国马克思主义研究基金会资助
中共中央党校2012年度校级青年项目成果

学术史研究丛书
主编　李帆

龚自珍的学术交游与生活世界

曹志敏　著

商务印书馆
创于1897　The Commercial Press

图书在版编目（CIP）数据

龚自珍的学术交游与生活世界 / 曹志敏著. — 北京：商务印书馆，2021
（学术史研究丛书）
ISBN 978-7-100-19920-9

Ⅰ. ①龚… Ⅱ. ①曹… Ⅲ. ①龚自珍（1792—1841）—人物研究 Ⅳ. ①B251.5

中国版本图书馆CIP数据核字（2021）第082081号

权利保留，侵权必究。

（学术史研究丛书）
龚自珍的学术交游与生活世界
曹志敏 著

商 务 印 书 馆 出 版
（北京王府井大街36号 邮政编码 100710）
商 务 印 书 馆 发 行
三河市尚艺印装有限公司印刷
ISBN 978-7-100-19920-9

2021年10月第1版　　开本 640×960 1/16
2021年10月第1次印刷　印张 34 1/4

定价：168.00元

《学术史研究丛书》总序

近二三十年来,学术史的研究成了学界的一个热点,相关著述一再问世,讨论的问题也越发宽泛,触角深入到不少领域,甚至大有取代传统思想史研究之势。中国近现代学术史的研究,尤其如此。

关于学术史何以会在近些年来勃兴,一些学者曾做过探讨。有学者从 20 世纪 80 年代的文化史热入手,认为从关注文化史到关注学术史,"有其逻辑的必然性","当年人们关注文化问题,是多年激烈的政治动荡之后的反省有以促成之;而今日之关注学术史,则又是多年的文化热之后的反思有以促成之"[1]。也有学者引入晚清时人对学术史的关注为参照系,认为当时学者之所以热衷梳理学术史,"大概是意识到学术嬗变的契机,希望借'辨章学术,考镜源流'来获得方向感。同样道理,20 世纪末的中国学界,重提'学术史研究',很大程度也是为了解决自身的困惑。因此,首先进入视野的,必然是与其息息相关的'二十世纪中国学术'"[2]。这样的结论,大体是考量学术发展的内在理路与外在环境而得出的。的确,从文化史到学术史,是学术逻辑演化的必然;而 20 世纪末的时代情境,跨世纪的特殊氛围,恰好强化了这一逻辑,当时各类学术刊物(如《历史研究》)连篇累牍地回顾和总结 20 世纪学术历程的情形,即可证明此点。也就是说,

---

[1] 耿云志:《从四部之学到七科之学·序》,载左玉河:《从四部之学到七科之学:学术分科与近代中国知识系统之创建》,上海书店出版社 2004 年版,第 1 页。
[2] 陈平原:《中国现代学术之建立:以章太炎、胡适之为中心》,北京大学出版社 1998 年版,第 1—2 页。

II 龚自珍的学术交游与生活世界

世纪之交,借学术史的研究,"辨章学术,考镜源流",反思和检讨走过的路,以使中国学术在新的历史条件下,更成熟地走向未来,不失为一种非常好的思路和做法。这与百年前章太炎、刘师培、梁启超等人关注于自身学术所由出的有清三百年学术史的总结,颇有异曲同工之妙。当然,正由于今日学者更多关注的是近百年的学术史,所以令中国近现代学术史的研究在整个学术史研究中相对显赫一些。

何谓学术史?目前很难对此概念做一完善界定。追根溯源,"学术"一词中国古已有之,一般泛指学问、道术,但"学"与"术"不同。《说文》释"学"曰"觉悟也",释"术"曰"邑中道也";"觉悟也"更多的是在"发蒙"或"学习"的意义上释"学",故言"古教、学原为一字,后分为二","邑中道也"讲的是"路径"或"手段"。前者渐渐引申为学说、学问,后者渐渐引申为技能、技艺(段玉裁《说文解字注》说"引申为技术"),而且有了形上、形下之分。形上之"学"备受士人重视,甚至皓首以穷之;形下之"术"则被看作雕虫小技,向遭冷遇。这种状况持续千年以上,直到西学进入中国。对西学,人们先以形下之"术"来格义,认为"西艺"(工艺技术)能包孕西学的全部内容。到清季,随着认识的深化,已知道西学亦有其根本,遂以中国之"学术"来格义它,如严复所说"学者,即物而穷理……术者,设事而知方"[1];刘师培也说"学指理言,术指用言"[2],"学为术之体,术为学之用"[3]。学与术不可分,共同构成科学系统,促进西方的进步。反观中国,学与术分离,言学不言术(日常所说"学术"仅指"学")。以此,学术无由进步,国家亦无法振兴。

---

[1] 严复:《政治讲义》,《严复集》第五册,中华书局1986年版,第1248页。
[2] 刘师培:《古学出于史官论》,《左盦外集》卷八,《刘申叔遗书》下,江苏古籍出版社1997年版,第1478页。
[3] 刘师培:《国学发微》,《刘申叔遗书》上,江苏古籍出版社1997年版,第480页。

以西学为坐标对中国学术所做的反思与批判，必然使得一些有识之士对中国学术进行追根溯源的探讨，力求从其发展脉络中找寻失误之原。这正是当年学术史走上学术前台并成为显学的现实依据。相较而论，今日中国学术史研究的时代环境与当年有很大不同，但所面对的研究对象却无根本差别，同样需要以西学为参照系，探讨有"学"有"术"、有"体"有"用"的中国学术发展历程。当然，学术与思想紧密相关，二者常常合而为一，所以直到今天，学术与思想或学术史与思想史的界限问题，仍是尚未厘清的问题，有思想的学术与有学术的思想咸为学者所追求的目标。也许不必刻意区分学术史与思想史的领地，同一研究对象，切入的角度不同，便会显示出学术史与思想史的差异，如康有为的《新学伪经考》，思想史的研究会赞赏它对戊戌维新运动的巨大推动作用，学术史的研究则会孜孜于该书内容的学理探讨，从而不会对它做出很高评价。一个是强调作用于人的精神，震撼人的心灵，引发人的思考；一个则强调是否合于学理，论据是否充分，论证是否严密。理路的不同，带来结论的差异。如果不强分畛域，面对思想史或学术史的不同课题时，依据课题具体情况，或侧重思想史视角，或侧重学术史视角，采两者之长灵活运用之，也许研究成效会更理想。

在学术史的研究中，思想史的视角固然非常重要，文化史的视野也必不可少。思想二字从"心"，集中在人的心灵、精神层面，较为空灵；学术虽也有精神层面的东西，但更重求真求实，强调脚踏实地；文化则具有包容性，精神、物质两个层面都在其中。较之思想的超越古今、天马行空，学术的步伐相对笃实，而且对外在环境依赖较大，近现代学术尤其如此。近现代中国，社会空间扩大，学术也愈来愈脱离国家、政府的控制而走向独立，不过这种独立是需要条件保障的，如软环境方面的观念形态，硬环境方面的制度建设、物质保障等。要研究中国近现代学术史，学科、学人、学术著述等自然是主要对象，但对保障学科发展、学人能够独立从事研究的观念形态、制度建设、物质条件等因素也不能弃置不顾，这些甚至是近现代学术得以成立的前提。广义而言，这几方面都在文化史视野之内，无论是属于精神层面的，还是属于物质、制度层面的，都是文化史研究题中必有之义。所以，学术史的研究离不开文化史的视野。

由上可见，学术史研究所涉甚广，与其他部类的关联也颇多，是较为繁难的研究领域。若想有所突破，面面俱到自为下策，而从专题入手，一步步潜心经营，终会达至胜境。本丛书即拟依此策略，以不同主题的学术史专门著作来构建全帙。重点在于清代以来的中国学术史，尤其是前文所强调的近现代中国学术史的研讨，以求有自身特色，于学术前沿据有一席之地。

李 帆

2015 年 12 月于北京师范大学历史学院

序

中国大陆本土萌生的社会文化史已经走过了三十多年的历程，受西方新文化史影响的国内新文化史也已经有了二十多年的历史。这二三十年经历了一系列的变化，其中关注的概念前后就有不同，从学科概念看就有诸如新文化史、社会文化史、历史人类学、新史学、新社会史、日常生活史、医疗社会史等；从研究视角的概念看就有诸如生活、观念、记忆、心性、心态、感觉、感受、情感、表象、想象、象征、图像、身体、性别、权力、时间、空间、日常、生活质量等不一而足。上述史学研究有一个普遍性的特征，即注重生活、注重心性、注重情感、注重日常、注重微观、注重多元、注重建构。与过往史学比较，它是在弥补以往史学不太重视的领域与视阈，这对史学的发展或许有益，对当代人们的生活或许有益。令人欣慰的是，现在越来越多的年轻学者关注新文化史、关注社会文化史，并利用社会文化史的视角和方法进行史学研究，进而拓展了史学研究的新维度。

曹志敏的《龚自珍的学术交游与生活世界》就是这样的一本书。曹志敏当年在首都师范大学攻读中国近现代史专业的硕士研究生，师从魏光奇教授，我给他们讲过中国近现代社会文化史的课程。在《知识女性怎么活》的小文里，我曾写道："首都师范大学中国近现代史专业的一位女硕士，她在攻读硕士研究生期间，结婚生子，还撰写了一篇被首肯的十几万字的硕士学位论文，并在毕业当年考入北京师范

II 龚自珍的学术交游与生活世界

大学的博士研究生。"[①]这位女硕士就是曹志敏,她在学业上一直很下功夫。由于后来的交往,我感觉她对社会文化史研究的视角和方法比较关注,于是专门邀请她参加我们主办的"第四届中国近现代社会文化国际学术研讨会",她以一篇《龚自珍依恋母爱与追寻童心的文化意蕴》的论文,于2016年秋参加了这次学术会议。在交流中,我了解到她要独辟蹊径撰写一本龚自珍的学术交游与生活世界的专著,我支持她写这本书,也谈了一些个人看法。

在清代学术史、思想史上,龚自珍引领一代学术新风,开启了以今文经学议政的先河,呼吁改革变法,对戊戌变法时期的维新派产生巨大影响。学术界长期以来对龚自珍的政治思想、学术思想以及文学成就等方面的研究可谓成果丰富。曹志敏长期从事中国近现代学术思想史的研究,对有关龚自珍的基本文献与研究状况非常熟悉。2016年她为河南大学出版社做《龚自珍集》(注说),在阅读龚氏文集与诗词时,自言被龚氏诗文与词作所吸引,同时发现龚自珍的诗歌与词作真实反映其人生轨迹与生活状态。由于以往的学术积累,加之近年来对社会文化史的关注,她认为可以运用社会文化史的研究方法,深化对龚自珍的研究。

清代文人学者有宴饮雅集、游山玩水、师友相聚的雅兴,彼此之间的各种交游活动颇为频繁,不但对他们个人的学术成长与科举仕途影响较大,甚至可以推动那个时代学术风气与时代思潮的演变。龚自珍生于杭州,为官京师,一生往来于文化发达的江南和天下士子心仪的京师,处于当时政治、学术的中心地带,又热衷于参加学者名流之间的交游活动。龚氏这样一位典型的士大夫,其日常生活与内心世界

[①] 梁景和:《知识女性怎么活》,《幽乔书屋杂记》第一卷(1985—2015),光明日报出版社2015年版,第22页。

一定颇为丰富多彩，可以折射出那个时代士人群体的生存状态与精神风貌。基于这样一些独特的思索，相信曹志敏撰写的此书一定异彩纷呈。

本书具有如下特色：其一，力图在个人生活史的语境下，勾画龚自珍的生活世界，诸如家族家学、科举之路、学术交游、家庭生活、休闲雅集、声名传播等，有助于我们从一个全新的视角，来诠释龚氏思想路径的内在因素，并从龚自珍的个案来透视嘉道士人的群体风貌。其二，大量运用诗词史料，以诗证史，以词证史，本书以龚自珍及其师友的词作与诗歌作为研究史料，全景式勾画出龚氏的学术交游、日常生活与感情世界，是一次大胆而有益的学术尝试。其三，在一定程度上借鉴新文化史"storytelling"（讲故事）的写作风格，在宏观理论探讨与深入学术辨析的同时，亦进行生动形象的微观叙事与深度描述，以复原历史人物栩栩如生的真实面貌。语言典雅流畅，清新优美。

作者能以上述手法和思路对龚自珍进行再研究，从某种意义上说，是清代学术史研究的一个突破，应当给予充分的肯定。当然对于这种新的学术尝试的利弊得失，我们可以展开深入讨论，以推动史学研究范式向前发展。希望曹志敏在以后的学术研究中再次推出新的力作。

是为序。

梁景和

2020 年 4 月 30 日

目 录

绪　论 …… 1
　　一、选题缘起与学术价值 …… 3
　　二、目前国内外研究的现状和趋势 …… 5
　　三、研究思路和资料利用 …… 9
　　四、写作风格 …… 13

第一章　家世家学：世代为宦与书香门第 …… 15
　　第一节　家住钱塘四百春：杭州龚氏先祖 …… 18
　　第二节　斯文吾述段金沙：外祖段玉裁 …… 35
　　第三节　使君政比龚渤海：父亲龚丽正 …… 55
　　第四节　匪将门阀傲江滨：龚门女性与功名仕宦 …… 64

第二章　科举之路与政治抱负 …… 75
　　第一节　纵使文章惊海内：启蒙教育与乡试夺魁 …… 79
　　第二节　白日青天奋臂行：漫漫进士路与放言论政 …… 95
　　第三节　霜毫掷罢倚天寒：荣登进士与久抑下僚 …… 144

第三章　学术交游与学术递嬗 …… 179
　　第一节　天下名士有部落：龚氏交游的家族地域因素 …… 183

第二节　元气终须老辈扶：段龚与江南经学嬗变 …… 214
　　第三节　江歗移床那算狂：京师宣南与龚氏交游 …… 235
　　第四节　愧彼后世称程龚：学术交游与龚氏西北史地研究 …… 282

第四章　家庭生活与情感世界 …… 329
　　第一节　一种春声忘不得：母亲段驯 …… 332
　　第二节　名姝与国士相并：妻子段美贞与何吉云 …… 358
　　第三节　温柔不住住何乡：侍妾灵箫 …… 376
　　第四节　君子谋道不谋食：龚自珍的生计状况 …… 409

第五章　休闲生活与声誉传播 …… 425
　　第一节　高会大江南北士：宴饮雅集与赏花游山 …… 428
　　第二节　负尽狂名三十年：诗文品评与声誉传播 …… 471
　　第三节　百年论士竟何如：龚氏形象的近代塑造 …… 490

结　语 …… 509
参考文献 …… 516
后　记 …… 530

绪 论

一、选题缘起与学术价值

龚自珍是中国近代史上家喻户晓的人物，清末民国以迄当今，相关研究成果颇多，且长盛不衰。龚氏给世人的印象，是一位具有超越时代眼光的启蒙思想家，一位以今文经学为思想武器，对君主专制进行尖锐批判、呼吁变法改革的"荷戈斗士"。至于龚自珍作为一个普通士人的日常生活、感情世界、学术交游，目前学术界的研究则稍显薄弱。虽然龚氏的人物传记不下十余种，但大多数传记的时代宣传意图远远大于学理探讨；即使质量上乘之作，其框架往往第一章概述龚氏生平活动，后面几章阐发龚氏思想脉络与学术成就，如陈铭《龚自珍评传》[①]即是如此，属于学术评传一类。

本人长期从事中国近现代学术思想史的研究，对有关龚自珍的基本文献与研究状况颇为熟悉，2016 年为河南大学出版社注说《龚自珍集》，在阅读龚氏文集与诗词时，笔者深深被龚氏纵横百家的诗文、瑰丽缠绵的词作所震撼，与此同时发现龚自珍的诗歌与词作，绝大多数真实记录他的人生轨迹与生存实态，在诗题中说明了作诗的时间、背景与所涉及人物的情况，完全可以作为"以诗证史"的史料。事实上，清代文人宴饮雅集、游山玩水、师友相聚、樽酒流连之间作诗填词，来记述他们的交游活动。因此利用龚氏及其师友的诗歌、词作、文集、年谱、笔记等勾画龚自珍的学术交游与生活世界，从而透视嘉道那个时代士大夫的生存状态与精神世界，既颇为可行，又颇为可信。

[①] 陈铭：《龚自珍评传》，南京大学出版社 2011 年版。

在清代学术史、思想史上，龚自珍引领一代学术新风，开启了以今文经学议政的先河，呼吁改革变法，对戊戌变法时期的维新派产生了巨大影响，梁启超称其"颇似法之卢骚（卢梭）"[①]。长期以来，学术界关于龚自珍的研究，一直集中于政治思想、学术思想与文学成就等方面，对其生活世界关注不够。但应该指出的是，龚自珍出身世家华胄，奔波于江南与京城之间，处于当时学术大潮的风口浪尖。此外，龚氏个性强烈，感情丰沛，具有诗人的浪漫气质，其思想始终走在时代的最前沿，具有突出的前瞻色彩。这样一位典型的士大夫，其交游活动与精神世界是丰富多彩的，而且是折射出那个时代特色的一面多棱镜，但学术界并没有个人生活史视野下龚自珍研究的学术专著问世。

事实上，作为杰出启蒙思想家的龚自珍，亦为具有七情六欲的普通士人。本书力图在个人生活史的语境之下，勾画龚自珍的生活世界，比如家族状况、科举之路、学术交游、家庭生活、情感世界、休闲雅集等，最后分析龚氏形象在晚清民国的百年塑造，有助于我们从一个全新的视角，来诠释龚氏思想发展的内在个性因素，同时以龚自珍的个案来透视嘉道时期士大夫的精神风貌，有利于全面展现清代学人的生存状态。再者，文化、学术是人类的精神家园，是实现中华民族复兴的精神力量，从现实的角度来看，本书可以为国家有关部门提供关于嘉道时期学者与政府、学术与政治之间关系的正确认识，为建设社会主义文化体系提供殷鉴。

---

① 梁启超：《清代学术概论》，东方出版社1996年版，第67页。

二、目前国内外研究的现状和趋势

龚自珍生前即为"京都名士",自谓"负尽狂名三十年",去世后更是声誉日隆,在中国近代思想史上影响颇为深远。学术界关于龚自珍的研究,可分为清末民国与1949年新中国成立后两个时期。

(一)清末民国时期

龚氏思想影响了晚清民国以来一代又一代的官僚士大夫与现代知识分子,从洋务派左宗棠,到维新派康有为、梁启超,再到南社诗人柳亚子、苏曼殊等,无不深受其思想的感染,推崇其经世思想、变法主张以及对君主专制的批判精神。诸多文人还有意模仿龚氏诗词风格进行创作,并集其诗句来抒发情怀。当然,顽固派与某些古文经学家则对龚氏学术进行尖锐的批评与否定。

最早编订龚氏年谱的是清末民国的吴昌绶、黄守恒[1]。吴煦、朱之榛、王文濡等人相继刊刻龚氏文集及其补编,章钰、张祖廉、吴昌绶等人致力于龚氏文稿的辑佚,搜集了大量佚稿。1935年世界书局出版了王文濡编校的《龚定庵全集》。章太炎、梁启超、钱穆、朱杰勤等人对龚自珍的经学成就、政治思想、学术思想进行研究,苏雪林辨析了有关龚氏暴卒的丁香花公案。其中朱杰勤的《龚定庵研究》[2]对龚氏生平、革命思想、掌故学、诗学、史地学、金石学进行全面的研究,学术价值颇高。钱穆《中国近三百年学术史》设专章研究龚自珍

---

[1] 吴昌绶:《定庵先生年谱》,上海国学扶轮社1909年版;黄守恒:《定庵年谱稿本》,时中书局1909年版。
[2] 朱杰勤:《龚定庵研究》,商务印书馆1940年版。

的学术思想，立论颇为公允，见解深邃。而其他学术大师对龚氏思想的研究，则大多言简意赅，对当今学术界仍颇有影响，但失之简略，结论性的评价多于具体问题的探讨。

（二）1949年新中国成立后至今

新中国成立后，龚自珍研究受到学术界的普遍关注。20世纪50年代至80年代前，主要是整理出版《龚自珍全集》，选编、注释其文集、诗集，以利于龚氏思想的大众普及，但相关学术研究进展较慢，学术水平较高的著述并不多见。80年代以后至今，龚自珍研究全面铺开，领域拓宽，视野开阔。研究成果主要集中在以下三个方面。

一是龚自珍文集的校订出版、诗词编年、选本译注以及年谱编撰。 20世纪50年代，著名藏书家、历史学家王佩诤主持《龚自珍全集》的校注，1959年由中华书局出版，1975年、1999年上海古籍出版社两次出版；1991年，中国书店出版夏田蓝所编《龚定庵全集类编》；2015年，中国人民大学出版社出版樊克政所编《中国近代思想家文库·龚自珍卷》。为了将龚自珍的思想普及于知识界与大众国民，刘逸生、周锡䪖、郭延礼、孙钦善、王俊义、曲弘梅、唐文英、阎海清、侯荣荣、杨柏岭、朱邦蔚、关道雄等学者，还编订各种龚氏诗文选本，进行注释解说[①]。其中刘逸生、周锡䪖《龚自珍诗集编年校

---

① 关于龚自珍的文集与诗词选注，主要有刘逸生选注《龚自珍诗选》，浙江人民出版社1980年版；郭延礼选注《龚自珍诗选》，齐鲁书社1981年版；唐文英选注《龚自珍诗文选注》，上海古籍出版社1989年版；孙钦善选注《龚自珍诗文选》，人民文学出版社1991年版；王俊义、曲弘梅《龚自珍魏源诗文选译》，巴蜀书社1997年版；阎海清编著《龚自珍诗词解析》，吉林文史出版社1999年版；孙钦善选注《龚自珍选集》，人民文学出版社2004年版；侯荣荣解评《龚自珍集》，三晋出版社2008年版；杨柏岭《龚自珍词笺说》，黄山书社2010年版；朱邦蔚、关道雄译注《龚自珍诗文选译》，凤凰出版社2011年版；刘逸生、周锡䪖校注《龚自珍诗集编年校注》，上海古籍出版社2013年版；曹志敏《龚自珍集》（注说），河南大学出版社2016年版。此外，各大学、机关、厂矿的选注本还有七八种。

注》、杨柏岭《龚自珍词笺说》对龚氏诗词进行详细精确地校勘、注释、解说。甚至中小学语文教材亦选入龚自珍的诗歌与散文，使其成为家喻户晓的诗人、思想家。而郭延礼、樊克政[①]为龚氏重作年谱，其中樊克政《龚自珍年谱考略》资料最为翔实，孙文光、王世芸编辑了《龚自珍研究资料集》。[②] 所有这些工作为深化龚氏研究提供了坚实的资料基础。

二是龚自珍的生平传记。 作为一代思想家，龚氏传记有十余种[③]，学者孙文光、陈祖武、阎海清、麦若鹏、陈铭、郑大华、陈歆耕等人为龚氏作传。其中麦若鹏《龚自珍传论》上篇叙述其生平，下篇为其交游考略，为研究龚氏交游网络提供了宝贵资料。陈铭《龚自珍评传》简单勾勒龚氏一生，而以大量篇幅论述其哲学思想、社会批判思想、变法思想、文艺思想、文学创作以及历史影响，属于学术评传。这些传记一个共同的特点是较为通俗易懂，多属于文化普及类作品，即使是学术评传，对其学术交游、生活世界涉及较少，一般先略述其生平，而以大量篇幅论述其思想主张与学术成就。而陈歆耕《剑魂箫韵——龚自珍传》大量引用龚氏诗词，以轻灵的文学笔触，刻

---

① 郭延礼：《龚自珍年谱》，齐鲁书社 1987 年版；樊克政：《龚自珍年谱考略》，商务印书馆 2004 年版。
② 孙文光、王世芸编：《龚自珍研究资料集》，黄山书社 1984 年版。
③ 关于龚自珍的传记，主要有翁敏华《龚自珍》，"中国历代名人传丛书"，江苏古籍出版社 1985 年版；孙文光《龚自珍》，"中国古典文学基本知识丛书"，上海古籍出版社 1985 年版；王镇远《剑气箫心》，香港中华书局 1990 年版；陈铭《龚自珍综论》，漓江出版社 1991 年版；阎海清《化作春泥更护花：龚自珍全传》，长春出版社 1996 年版；陈铭《龚自珍评传》，南京大学出版社 1998 年版；剑南《龚自珍：激愤人生》，长江文艺出版社 1998 年版；雷雨《龚自珍传》，团结出版社 1998 年版；郑大华《包世臣·龚自珍·魏源·冯桂芬》，台湾商务印书馆 1999 年版；陈祖武《衰世风雷：龚自珍与魏源》，万卷楼图书公司 2000 年版；陈铭《剑气箫心：龚自珍传》，浙江人民出版社 2005 年版；麦若鹏《龚自珍传论》，安徽大学出版社 2005 年版；陈铭《龚自珍评传》，南京大学出版社 2011 年版；陈歆耕《剑魂箫韵——龚自珍传》，作家出版社 2016 年版；吴文浩、苏珊《奇才龚自珍》，山西教育出版社 2016 年版。

画出以笔为剑、以箫为生的龚氏形象，有令人耳目一新之感，属于写实文学传记。

  三是有关龚自珍思想研究的学术专著与论文。 龚自珍既是传统学术转型的推手，亦为新思想萌蘖的标志人物，其思想体系博大深邃，学术成就涉及多方面，因此学术界对其政治思想、文学成就、哲学思想、边疆思想、经学思想、佛学思想、伦理思想进行广泛而深入的研究，20 世纪 90 年代以来，在核心期刊发表的相关学术论文数百篇，硕博论文与学术专著亦颇多。陈其泰《清代公羊学》[①]论述了龚氏公羊学思想在清代今文经学谱系中的地位；管林、黄开国的专著[②]对龚氏学术思想、公羊学、经学思想进行了深入研究；习婷《龚自珍词学研究》[③]对其词学观、龚词与其思想的关系、龚氏与嘉道词坛等问题进行系统研究；吴晓番《现代自我的兴起：龚自珍思想的哲学阐释》[④]以龚氏自我观为中心，来重构龚氏哲学，揭示其哲学的现代性。此外，韩军、陈锦荣、赵宏的博士论文[⑤]对龚自珍的文艺观、文学思想、佛学思想与诗文创作的关系进行了研究。在台湾，张寿安《龚自珍学术思想研究》[⑥]对龚氏公羊学、尊史思想、经世思想进行研究，见解深邃；杨济襄《龚自珍春秋学研究》[⑦]亦为龚自珍经学思想研究的力作；吴文雄《龚自珍诗文研究》[⑧]对其诗文成就进行了深入的研究。

[①] 陈其泰：《清代公羊学》，上海人民出版社 2011 年版。
[②] 管林：《龚自珍研究》，人民文学出版社 1984 年版；黄开国：《清代今文经学的兴起》，巴蜀书社 2008 年版。
[③] 习婷：《龚自珍词学研究》，清华大学出版社 2014 年版。
[④] 吴晓番：《现代自我的兴起：龚自珍思想的哲学阐释》，华东师范大学出版社 2014 年版。
[⑤] 韩军：《龚自珍的文化意识及其曲折》，北京师范大学 2006 年博士论文；陈锦荣：《龚自珍研究三题》，北京大学 2007 年博士论文；赵宏：《清代佛学思想与龚自珍诗文创作研究》，吉林大学 2013 年博士论文。
[⑥] 张寿安：《龚自珍学术思想研究》，文史哲出版社 1997 年版。
[⑦] 杨济襄：《龚自珍春秋学研究》，高雄复文图书出版社 2006 年版。
[⑧] 吴文雄：《龚自珍诗文研究》，新北花木兰文化事业有限公司 2017 年版。

总之，目前有关龚自珍的文集、诗词、年谱、传记已大量出版，龚氏思想脉络、学术成就的研究已颇为充分，但晚清民国时期以至20世纪90年代前，有关龚自珍研究具有强烈的革命史观的话语模式，长期以来龚氏作为近代杰出的启蒙思想家被供上神坛，成为民众景仰的"荷戈斗士"；90年代后至今，相关研究多从学习西方、改革开放、学术思想的视角切入，从晚清思想史与学术史的脉络中对龚氏思想进行阐释，具有显著的现代化话语模式。

作为普通士子的龚自珍，才华横溢，个性丰富，喜欢收藏金石古籍，亦喜欢赌博，随手赠金，花夜冶游；龚氏还具有豪侠气质，在结交官僚士大夫之外，又结交侠士健儿。这些鲜明的个性特征使龚氏与嘉道时期万马齐喑的社会氛围格格不入。目前的龚自珍研究，仍限于勾画其学术谱系，即使龚氏传记，对其个人生活与精神世界亦仅具粗线条的描述而已。其实龚自珍的个性与人生包含着丰富多彩的文化意蕴，折射出嘉道时期士大夫阶层的精神面貌以及士人与清政府之间的关系，但学术界着墨不够，值得深入发掘。

三、研究思路和资料利用

本书以龚自珍的学术交游与生活世界为主线，进一步将龚自珍的家族门第、学术交游、科举仕途、家庭生活、休闲生活置于晚清社会、政治、学术发展的大背景之下，深入探讨个性因素对其学术成就的影响。从个人生活史的角度，深度描画龚氏作为一位有血有肉的士大夫的日常生活、学术交游、情感世界，把龚自珍由一个"荷戈斗士"，还原为一个有情有欲的读书士子，并揭示这位"京都名士"生活世界背后深邃的文化内涵,进一步推动龚自珍研究的进展,是本书的中心目标。

(一)研究思路

传统的清代学术史、思想史的研究,占据主流的是以古籍整理与文献学的方法来诠释清代学术经典,比如研究乾嘉考据学兴起原因,清代中叶的汉宋之争,嘉道学术与政治的关系,汉学家的学术理念等。具体到某一学人,无外乎探讨其思想观念与学术成就,训诂学理论体系,解经特色,哲学思想,伦理思想及其礼学、诗学成就等等。这种传统的清代学术史研究已走向成熟与穷尽,特别是此一研究模式只见学者的思想脉络与学术成就,不见学者精彩的人生,让我们看不到有生气、有活力、有感情、有思想的清代学人的生活场景。

近年来,台湾著名学者王汎森《权力的毛细管作用:清代的思想、学术与心态》[1]是打通"思想史"与"生活史"两个领域的力作,另一专著《思想是生活的一种方式:中国近代思想史的再思考》[2]认为思想与生活相互交织,思想史应致力于刻画历史的复杂性,并通过这一思路来探讨近代中国人的存在感受、生命气质、人生态度,可谓独辟蹊径。在大陆,冯贤亮《河山有誓:明清之际江南士人的生活世界》[3]一书,探讨了明清交替之际江南地区那些内阁重臣、大乡绅、布衣、艺坛领袖、小秀才以及青楼女性等人的命运遭际,勾画了一幅江南士大夫群体的生活图景,是明清士人生活史研究的一部力作。

毋庸讳言,人是历史活动的主体,我们在历史叙事中不应将活生生的历史参加者隐没。对于此一弊病,美国学者福尔索姆曾说:"在

---

[1] 王汎森:《权力的毛细管作用:清代的思想、学术与心态》,北京大学出版社2015年版。
[2] 王汎森:《思想是生活的一种方式:中国近代思想史的再思考》,北京大学出版社2018年版。
[3] 冯贤亮:《河山有誓:明清之际江南士人的生活世界》,复旦大学出版社2019年版。

中国史研究中,历史事件、制度和人物太多地散发着一种冷冰冰的、没有人情味的气息。中国人的浓烈的温情和仁爱消失在职官名称、章奏和上谕的一片混杂之中。只凭变换那些著名官员的姓名就可以在实质上完成你对历史的叙述。……传统中国史志和传记的特质,其中固然有我们需要的原始材料,但是通常却缺乏私人生活情况的记载。一个中国政治家的政绩会被详细记载下来,可他的生日却通常付之阙如。中国的历史记载是从国家的观点来写的,因而,查寻历史人物的七情六欲的任何努力通常都会一无所获。"① 目前清代学术史、思想史的研究,多是如此,诸多著述只是学者思想链条的勾勒,学术脉络的探讨,而不见学者的生活世界与精神风貌。

目前,生活史是国内史学界新兴的研究领域,这一研究主张回到日常生活的逻辑和场景,在具体的日常生活细节中发现历史。② 生活史视角注重当事人在具体情境中的行为方式、心理结构、情感体验、文化观念及其面对的权力关系,从日常生活的微妙变化中探究社会变迁的量变过程、演进路径与命运格局。在此一视角下,不仅可以展现出一个以生活为中心的中国社会面貌,而且可以揭示出更深层的社会变迁机制。③ 事实确实如此,学术界可以运用生活史的研究取向,走

---

① 〔美〕福尔索姆著,刘悦斌、刘兰芝译:《朋友·客人·同事:晚清的幕府制度》,《著者前言》,中国社会科学出版社2002年版。
② 学术界有关社会生活史的理论探讨,按时间先后,主要有刘新成《日常生活史:一个新的研究领域》,《光明日报》(理论周刊)2006年2月14日;常建华《从社会生活到日常生活——中国社会史研究再出发》,《人民日报》(理论版)2011年3月31日;刘志琴《从本土资源建树社会文化史理论》,《近代史研究》2014年第4期;梁景和《生活质量:社会文化史研究的新维度》,《近代史研究》2014年第4期;余新忠、郝晓丽《在具象而个性的日常生活中发现历史——清代日常生活史研究述评》,《中国社会科学评价》2017年第2期等。在海外,〔英〕沈艾娣《梦醒子:一位华北乡居者的人生(1857—1942)》,北京大学出版社2013年版;〔美〕曼素恩《张门才女》,北京大学出版社2015年版;〔加〕卜正民《纵乐的困惑》,广西师范大学出版社2016年版。皆为日常生活史方面优秀的学术专著。
③ 李俊领:《日常生活:社会史研究的对象、视角与跨学科对话》,《徐州工程学院学报》2017年第5期。

近学人士子的日常生活，把清代学术史的研究从关注学者学术思想的发展脉络，转变为研究他们作为普通人的日常生活、生存状态与内心感受，比如吃穿住行、家庭宗族、爱情婚姻、感情世界、生老病死、休闲娱乐、交游旅行等，让他们从蒙着面纱的历史深处走向历史舞台的前沿。本书力图展示龚自珍有血有肉、有思想有感情的鲜明个性，从而揭示嘉道时期知识分子的生活风貌与历史命运。

（二）资料利用方面

本书的特色之一，就是"以诗证史""以词证史"，从诗词史料当中探寻龚自珍的日常生活。龚自珍本人的著述，包括文集、诗歌与词赋，目前学术界利用比较充分的是其文集部分，虽然一些学者利用龚氏诗词研究其文学思想、诗学思想、词学思想，而利用其诗词研究龚氏的个人生活，勾画其精神世界，则付诸阙如。事实上，龚自珍的诗歌与词作，绝大多数有确切的写作时间、地点与相关人物，真实记录其人生轨迹与生存实态，可以用来勾画其学术交游与生活世界。此外，龚氏师友的诗词、文集、信札、笔记中亦记载龚氏言论行迹，由于研究视角、研究思路的局限，目前尚未有专著充分利用这些史料来勾画龚自珍作为士大夫的日常生活。本书利用龚氏及其师友的诗歌与词作，辅以其他各种史料，阐述龚氏的日常生活与情感世界。

此外，著名学者刘逸生、周锡馥所著《龚自珍诗集编年校注》、杨柏岭所著《龚自珍词笺说》，除了对龚氏诗词进行编年校注、注释解说外，还对创作时间、诗词本事进行考证，为龚氏诗词作为史料研究其生活世界，提供了极大的助益。2010年上海古籍出版社出版的《清代诗文集汇编》为龚自珍师友、清代学者诗文集的利用提供了极大的便利。

四、写作风格

众所周知，史学研究就是将真实客观的史料与作者所要阐释的学术观点有机结合起来，形成一篇学术论文，或是一部学术专著。因此史学论著在进行叙述时，最基本的文字要求就是语言客观中性，准确凝练，还历史以真实质朴的原貌。因为史学研究不是文学创作，应该尽量减少、避免华丽辞藻的修饰与堆砌。

但是，史学论著的思想主旨，或者学者对研究对象的解读，都要依靠文字来表达，因此语言文字的运用问题非常重要。人们通常认为历史论著枯燥乏味，面目可憎，因而无法卒读。其实历史本身有着丰富多彩的内容、形式与记忆，为何丰富多彩的历史被某些学者表达得枯燥乏味，甚至是令人厌烦呢？关键就是语言运用出了问题。雅驯优美、清新流畅，应该是学术专著语言的重要特色。

孔子曾说："言以足志，文以足言。不言，谁知其志？言之无文，行而不远。"[1]的确，深邃的学术思想需要借助优雅流畅的文采，才能得以持久流传，有"史家之绝唱，无韵之离骚"美誉的《史记》，则是文采与史学完美结合的典范。对于"史"与"文"的关系，清代学者章学诚曾云："史之赖于文也，犹衣之需乎采，食之需乎味也。采之不能无华朴，味之不能无浓淡，势也。"[2]的确，学术著作需要文采，犹如服饰需要色彩，饮食需要味道一样，而文采不足的史书则单

---

[1] 杜预等注：《春秋三传·左传·襄公二十五年》，上海古籍出版社1987年版，第385—386页。

[2] 章学诚著，仓修良编注：《文史通义新编新注》，《内篇五·史德》，商务印书馆2017年版，第266页。

调乏味。"史"的深邃与"文"的华美,犹如人的左右手,相辅相成而不可相离,章学诚又云:"夫文非学不立,学非文不行,二者相须,若左右手,而自古难兼,则才固有以自限,而有所重者意亦有所忽也。"①但自古以来,文采与学术二者难以兼得,固然有个人才能的局限性问题,而文采的重要性亦多为史家所忽视。

就本书写作而言,由于书中大量采用"以诗证史""以词证史",以诗词为据对龚自珍的生活世界进行了描述与重构,因而行文显得清新流畅。同时在一定程度上吸收借鉴了新文化史"storytelling"(讲故事)的写作风格,在宏观理论探讨与深入学术辨析的同时,亦进行生动形象的微观叙事与深度描述,语言尽量做到典雅流畅、清新优美,以复原历史人物栩栩如生的本来面貌。

但"storytelling"叙述风格的文学化倾向亦被人诟病,即使史景迁《王氏之死》概莫能外。在此本人郑重申明,本书并未有文学属性的情节虚构,而是在严谨科学的学术分析基础上,以扎实详细的史料为基础,且通过各种不同来源的资料进行补充互证,从而勾画龚自珍的家世背景、科举之路、学术交游、家庭生活、宴饮雅集、个性情绪等,即使场景重构亦有诗词文献作为基础。对于可能失真的野史逸闻,本书亦做辨析说明,意在揭示这些历史记述背后的文化意蕴。

---

① 章学诚著,仓修良编注:《文史通义新编新注》,《外篇三·答沈枫墀论学》,商务印书馆2017年版,第715页。

第一章

家世家学：世代为宦与书香门第

明清以来，杭州与苏州、南京、扬州一起，以风景秀丽、人文昌盛著称于世。魏晋以降中国经济重心逐渐南移，京杭大运河的开通，江浙海塘水利的兴修，杭州山水的形胜，加上五代时期吴越的建都，南宋王朝的驻跸，中原衣冠士族的南渡，所有这些使杭州的文化影响力不断上升，成为东南地区一大都会。有清一代，江南地区人文昌盛，杭州刻书、藏书事业尤为发达。杭州府包括一州八县，即钱塘、仁和、富阳、余杭、临安、新城、于潜、昌化八县与海宁州。经过康乾盛世百余年的发展，杭州成为江南经济富庶之地、文化繁盛之区，孕育出灿若群星的文人墨客、风流才子与学术大师。就在杭州仁和这一人杰地灵之地，诞生了被梁启超誉为"颇似法国卢梭"的启蒙思想家——龚自珍。

龚自珍生活在清朝由盛转衰的嘉道时期，中国由古代社会进入近代社会的前夜，他以博通渊雅的学识，成为晚清学术的代表人物，在经学、佛学、文学、西北史地、金石文物方面造诣颇深。但龚自珍绝非仅仅是一位经学家或学问家，他以深邃的时代洞察，成为近代中国开一代风气的启蒙思想家，留给后世一笔丰厚的思想遗产，影响了近代百年中国的学术风气与思想走向。同时，自珍多姿多彩的人生轨迹，亦折射出那一时代中国士大夫的精神风貌。

北宋末年，龚氏家族随着中原衣冠士族南渡，据史载由涿州迁移浙江，至明朝正德年间定居于杭州仁和，并开始入仕做官。虽然自珍自诩龚家是一个"家住钱塘四百春"的名门望族，但长期以来，龚家的科举、仕宦与学术并不突出，直到乾隆年间才有所改观。事实上，龚氏家族经历了一个由经商游幕到科举仕宦显达的漫长发展过程。注重广济博施、宗族互助与诗书传家、科举做官，是龚氏家族的一贯传统，不仅深深影响了龚自珍的人生道路，亦是诸多江南世家大族发展道路的一个缩影。

第一节　家住钱塘四百春：杭州龚氏先祖

杭州龚氏家族以科目起家，簪缨文史，堪称浙江右族。明正德、嘉靖年间，龚自珍十一世祖龚潮出仕钱塘，以后四百年间仕宦不绝。祖父龚敬身、龚褆身，父辈龚丽正、龚守正，龚自珍本人与从弟龚自闳、龚自闿，三代七人皆为进士，他们任职礼部、内阁或宗人府，为官京师超过百年之久。龚氏家族多人极具文化涵养，包括自珍母亲段驯、妹妹龚自璋在内，皆有诗集、文集传世，特别是外祖段玉裁，乃清代乾嘉汉学的泰山北斗，对自珍学术素养的形成大有裨益。龚氏出生在这样一个书香门第的官宦家庭，习闻政事，濡染家学，其学术思想与人生轨迹，深受家学与家风的影响。本节即勾勒这一在杭州绵延数百年之久的龚氏家族的兴旺图景。

一、杭州名门望族的龚氏先祖

龚氏家族是杭州的名门望族，堪称累代世宦的书香门第。龚氏祖先为涿州人，宋朝南渡迁至浙江绍兴山阴，居于大庆桥。自珍十三世祖在明朝永乐年间，由山阴分支余姚；十一世祖四海公龚潮，即为仁和龚氏始祖，年少时补余姚县学生，中式举人，于正德、嘉靖以前授职钱塘县学教谕，因乐于西湖山水之美，于是著籍仁和，居于杭州会城涌金门内的三桥址局前。从此，明清两代绵延数百年的龚氏家族，在杭州这个人间天堂生息繁衍。至龚自珍时，已经有四百年之久。对此自珍颇为自豪，作诗写道："家住钱塘四百春，匪将门阀傲江滨;一州典故闲征遍,撰杖观涛得几人?"①的确,即便是翻遍杭州掌故,有几家能像龚家那样,四百年仕宦不绝呢?因此龚家门阀,足以"傲视"钱塘江滨的衣冠士族。

龚潮生有一子一女,一子即自珍十世祖渤海公龚绍祖,一女嫁给秀松贾公。可惜龚绍祖没有子嗣,只得过继贾公之子为子,即自珍九世祖竹轩公龚大贵。大贵子嗣繁盛,共有子五人,即松石公龚凤、海峰公龚麟、云江公龚龙、望云公龚獬、思竹公龚彪。其中松石公龚凤为自珍八世祖,学行优异,任永宁教谕,后迁升直隶凤阳府天长知县,敕封文林郎。可惜龚凤无子,只得以其弟龚獬三子龚九叙为子,慎予公龚九叙即自珍七世祖。九叙为郡庠生,颇有才华声望,"尤有声于时,与同时诸名彦诗文相倡和,恒于别集见之,遗文未付剞劂氏,传于后者绝少"②。由于九叙诗文没有刊刻,因此流传后世者较少,但在师友名彦的诗文中有所留存。九叙有子五人,即若云公龚以翼、心慎公龚以亮、怀石公龚以宏、云石公龚以庭、文熙公龚以敬。其中云石公龚以庭为自珍六世祖,为人文行交修,可惜英年早逝,未能成就功业。龚以庭生有二子,即楚章公龚国耆,旦公公龚国昌,又名龚煜。龚煜即自珍五世祖。

龚煜生于万历四十五年(1617),五岁丧父,虽然家贫,依旧力学不辍,年仅13岁即操笔作文,以文采辞藻显名于乡里,书法工于行楷。龚煜侍奉寡母颇为孝顺,闲居时力行袁了凡功过格。此处指出,明人袁了凡曾著训子善书《了凡四训》,指出一切祸福休咎,皆由人掌握,行善则积福,作恶则招祸,鼓励子孙立身向善,立品慎独,求福避祸。龚煜按照《了凡四训》要求,逐日登记自己行为的善

---

① 刘逸生:《龚自珍己亥杂诗注》第156首,中华书局1980年版,第217页。
② 龚斌:《述先示后家言》,樊克政:《龚自珍年谱考略》附录一《家世》,商务印书馆2004年版,第539页。

恶，分别记入功格或过格，月底作一小计，每月一篇装订成本，年底总计功过，进行自勉自省，以期勤修不已，这样坚持 30 年从不懈怠。但龚煜修行的目的并非为个人祈福，而是期待成为圣贤。母亲去世之后，龚煜模仿屈原《九章》作祭文，以表达哀思之情，读后令人悲戚不已。

龚煜认识到，只进行正心诚意的道德修养远远不够，其言："人欲种德，先须练才。无才则德罔济。"[①] 龚煜弱冠之龄即游历京师，随从制府张公游学，长于经济，精通吏治。同宗龚华茂出任福建县令，龚煜相随佐幕，华茂事无巨细，皆委托龚煜处理。华茂去世后，县内猝然发生巨盗，劫掠府库，杀人放火。龚煜毅然挺身而出，与盗贼相持作战，直至盗贼退却。龚煜身负重伤，忍痛禀报上官，将盗贼捕尽，诛杀其首领。此后，龚煜携带华茂灵柩及孤儿寡妇，返回家乡，可谓智勇绝人，不以死生利害改变做人之道。宁波提帅常公闻听龚煜大名，聘于幕府，后跟从常公佐治闽粤，所到之处兴利除弊，力行善政。康熙七年（1668），龚煜卒于公署，享年 52 岁，著有《前世因诗文稿》。其生子三人，即逸南公龚茂陔、方至公龚茂增、汝璞公龚茂城，龚茂城即为自珍高祖。

龚煜去世之时，长子茂陔 17 岁，次子茂增 15 岁、三子茂城年仅 7 岁。夫人崔恭人携带三子由粤东回归杭州，经济拮据，一路艰辛备尝，难以用语言形容。兄弟三人皆为孝友之人，一同外出拜师求学，母亲崔恭人督课颇为严格。几年后龚家家道更为败落，无奈之下，兄弟三人放弃举业，茂陔依人习幕，茂增与身为太学生的茂城二人，则弃儒经商，共同谋划生计，相约本均、利均、用均。兄弟二人同心

---

① 段玉裁：《仁和龚氏南高峰四世墓碑》，《经韵楼集》卷九，凤凰出版社 2010 年版，第 205 页。

协力，勤俭做事，诚信经营，以致生意红红火火，不出五六年，就有一千数百两的盈余。随着家口增长与经营扩大，析产分家势所难免，茂城认为，兄长交游日广，而自己安心经商，钱多无用，因此只留三百两作为本金，其余全都留给兄长。析产后20余年，茂增奔走四方，因经营不善而日用匮乏，欠债白银200两，全部由其弟茂城代为偿还。

中国历代统治者皆推行重农抑商的政策，然而现实生活中，积聚财富却是"农不如工，工不如商"，明清时期江浙一带手工业、商业颇为发达，贸易货殖是一个家族积累资产、迅速崛起的重要途径，靠经商谋生是杭人生计的便捷之路，明人王士性《广志绎》曾说：

> 杭俗儇巧繁华，恶拘检而乐游旷，大都渐染南渡盘游余习，而山川又足以鼓舞之，然皆勤劬自食，出其余以乐残日。男女自五岁以上，无无活计者，即缙绅家亦然。城中米珠取于湖，薪桂取于严，本地止以商贾为业，人无担石之储，然亦不以储蓄为意。即舆夫仆隶，奔劳终日，夜则归市肴酒，夫妇团醉而后已，明日又别为计。故一日不可有病，不可有饥，不可有兵，有则无自存之策。
>
> 游观虽非朴俗，然西湖业已为游地，则细民所借为利，日不止千金，有司时禁之，固以易俗，但渔者、舟者、戏者、市者、酤者咸失其本业，反不便于此辈也。①

由此可知，杭州风俗崇尚奢华，喜欢游乐而不知储蓄，杭州所需

---

① 王士性：《广志绎》，王国平主编：《西湖文献集成》第13册，《历代西湖文选专辑》，杭州出版社2004年版，第317页。

粮米来自湖州,薪柴来自严州,而本地人多以经商为业。早在明朝,西湖已为游览胜地,大量平民百姓赖以谋生,而经商则成为杭州人致富的最重要途径。再者,在中国,商人与士绅之间并没有一条划定分明的界线,特别是明清时期的杭州,以经商获利谋生是诸多世家大族崛起的重要途径。对此美国学者艾尔曼指出:

> 在中国,尽管儒生存在着轻视商人的偏见,但是,并没有像近代早期欧洲及德川幕府时代的日本一样在商人与士绅之间划定明确的界线。儒家倡导士农工商这样的社会秩序,但这是一个与社会现实脱节的理想秩序,清代社会精英是由士商一体组成的。
>
> 由于经济精英与社会精英关系密切,其中任何一个领域的成功常常有利于另一个领域的成功,士大夫阶层以外的家族群体向士大夫群体的转变需要的巨额财富不仅来源于土地,而且来源于商业。一个财力雄厚的家族,其集体投资并不限于农业,商业、高利贷、官职也是宗族的财富来源。恰恰是这些财富加强了宗族的地方声望。①

在商品经济发达的江南地区,诸多家族以经商起家,积累大量财富之后,子弟之聪慧者则通过读书应试进入官场,为官作宦不仅可以实现人生理想,而且可以增加宗族的地方声望,保障家族财富的持续增长。台湾学者赖惠敏指出,明清时代世家的崛起与发展,与明中叶以降江南商品经济、商人群体的兴起紧密相关。在其看来,这些家族充分把握商品经济的发展良机,投身工商业,在经济稳定的基础上促

---

① 〔美〕艾尔曼著,赵刚译:《经学、政治和宗族——中华帝国晚期常州今文学派研究》,江苏人民出版社 1998 年版,第 13 页。

使其子弟安心应试；子弟中式后获得优免权庇荫族人，并建立家族组织作为回馈；如此积累几代而成为地方望族，同时又凭借联姻的方式来发挥政治影响力。① 由此可见，龚家靠经商起家，在众多江南世家大族的崛起中并非个案与孤例，而是一个非常普遍的社会现象。

茂城有陶朱公经商之才，三次积累资产千金，多用来周济兄弟子侄，可谓事兄如父，视侄如子。其侄龚鉴出仕为官之前，家里甚为贫困，但是从来不乏鸡黍之食，还有葱汤麦饭送与同学全祖望，皆因叔父茂城接济之故。茂城认为，兄弟生为一气，死当一丘，因此在南高峰买地，建立龚氏坟茔，左昭右穆，兄弟同列昭穆之位，以次并列，子孙不得违背。龚鉴任甘泉县令，茂城叮嘱说："行矣，报国以光大其家，不必以老亲甘旨为念也。"② 乾隆四年（1739）龚鉴去世，因子年幼无以为葬，全凭茂城周济。茂城不仅抚恤同族，乡里约30余家曾受其接济，但茂城绝口不提。遇有讹诈之人，茂城以诚相待，以真诚进行感化。茂城教育子孙说："财能益人，亦能害人，汝曹勿羡多金，惟读书敦行，为可久耳。"③ 茂城去世时，已89岁高龄，事迹入民国《杭州府志·人物·义行》，足见其人在乡梓的口碑。

江南地区诸多世家大族聚族而居，一家之中累世同爨，所在多有，甚至以十世同居载在史册。每个宗族必有祠堂、族谱、义学或族田，而扶助宗族之中的贫弱困厄之人，是尊祖敬宗的应有之谊。儒家理想社会的最高境界，正如孟子所言："乡田同井，出入相友，守望相助，疾病相扶持，则百姓亲睦。"④ 北宋时期著名政治家范仲淹，就

---

① 赖惠敏：《清代的皇权与世家》，北京大学出版社2010年版。
② 全祖望：《龚丈省斋圹志铭》，《鲒埼亭集》卷七，《万有文库》第二集484，商务印书馆1936年版，第750页。
③ 全祖望：《龚丈省斋圹志铭》，《鲒埼亭集》卷七，《万有文库》第二集484，商务印书馆1936年版，第751页。
④ 焦循：《孟子正义·滕文公上》卷五，诸子集成本，上海书店出版社1986年版，第212页。

有建立义田之举,是孟子此一思想的实践者:

> 范文正公,苏人也。平生好施与,择其亲而贫、疏而贤者,咸施之。方贵显时,置负郭常稔之田千亩,号曰"义田",以养济群族之人。日有食,岁有衣,嫁娶凶葬皆有赡……初,公之未贵显也,尝有志于是矣,而力未逮者二十年。既而为西帅,及参大政,于是始有禄赐之入,而终其志。公既殁,后世子孙修其业,承其志,如公之存也。①

北宋名臣范仲淹为苏州人,平生乐善好施,经常选择那些关系亲近却贫穷,或关系疏远却贤明的人给予周济。范氏未显达时就立下兴办义田的宏愿,20年后位至显宦高官,出任陕西经略安抚副使和参知政事,愿望终于得以实现。他购置一千亩土地作为"义田",用来赡养接济同族之人,使他们天天有饭吃,年年有衣穿,无论嫁女儿、娶媳妇还是遭遇灾祸、死后送葬等,都给予钱财。范仲淹去世后,他的后代子孙经管其产业,继承其遗志,就如他在世时一样。范仲淹置办义田,救济同族贫苦孤弱之人的事迹,成为历代世家大族的榜样。明代大儒、抗倭名将唐顺之对同族相恤的思想,亦有精辟的论述:

> 古者因族而立之宗,族人有余财,则归之宗,不给也,则资之宗。其族人如腰臂手足之相与为一体,其财贿如津液之经纬荣灌于其间,惟其所虚则注焉,而无有乎臃肿羸乏之处,是以举族无甚贫甚富之家。而天下之为族者,莫不有宗,是以天下无

---

① 钱公辅:《义田记》,吴楚材、吴调侯:《古文观止》卷八,华夏出版社1998年版,第496页。

甚贫甚富之人，岂非所谓人人亲其亲，而天下平者哉？①

江南地区的世家大族，一般拥有族产、祠堂、族谱，他们在宗法血缘的纽带下团结在一起，聚族而居，相互周恤，维系了家族的共同繁荣与地方社会的稳定，因此受到社会的尊崇与朝廷的奖励。自珍的高祖龚茂城虽然没有范仲淹那样的政治功业与千秋清誉，其经济实力亦未达到购买义田的地步，但其周恤同族与乡里的胸襟，与范氏相同，皆为儒家仁爱精神的体现。其经商致富之后，出资购买龚氏坟茔墓地，还经常周济兄弟子侄，抚恤同族，接济乡里，特别是其侄龚鉴有才学，有望通过科举功名入仕，茂城大力资助其求学。龚鉴成为县令后，茂城鼓励他勉为好官，不必牵挂家中父母。

茂陞生子三人，即景莱、仲嘉与继武，三人皆有诗名，而景莱以书生佐幕，意气豪爽。茂增生子龚鉴。但茂城久不生子，于是抚养其侄龚铎为子，后生子龚斌，二人皆为诸生，颇有才学，而龚斌即自珍曾祖。龚鉴（1694—1739），字龄上，一字明水，号硕果，钱塘县学附生，因荐举孝廉方正而补廪膳生。龚鉴最初以文学之才著称于世，后研治《礼记》，经术湛深，与名儒全祖望、杭世骏、厉鹗等人交游，雍正七年（1729）成拔贡，官至江苏甘泉知县。

当时扬州居于水陆要冲，辖区广大，习俗奢靡，治理繁巨，因此雍正年间将东南之地分出而设甘泉县。县令唯有干练方能胜任，而龚鉴身材魁梧硕大，发字吐音声如洪钟，一身严正之气，因受上司器重而就任甘泉知县。龚鉴上任后，"抱负非常，耻与俗吏旅进退，壹以子惠黎元、振兴文教为己任，绝苞苴，严请托，抑豪横，禁奢丽，以

---

① 唐顺之：《华氏义田记》，《荆川先生文集》卷12，马美信、黄毅点校：《唐顺之集》（中），浙江古籍出版社2014年版，第545页。

此之谓民之父母"①。其在任六年，惠政颇多。

甘泉境内芒稻河闸的蓄泄既关系漕船、盐船通航，亦关系民田收成。龚鉴认为，蓄水六尺，漕盐之船即可通过，因此制定蓄泄水则，湖水过六尺即启闸宣泄，以减少民田淹浸之患，不得以漕盐船为借口多蓄，并勒为法报。杭州圣果寺僧人倚仗势力，四处干求牟利，书札遍于江浙，龚鉴杖责僧人的使者，督抚奏报朝廷，将该僧禁锢京师。龚鉴两袖清风，父丧丁忧离任时不名一钱。晚年龚鉴无以为生，应侍郎尹元孚之聘，在大梁书院讲学。龚鉴经术文章甚多，著有《毛诗序说》《读周礼随笔》《甘泉古文》《硕果四书文》等。其中《毛诗序说》后由自珍之父丽正刊刻于苏松太道官署。

自珍曾祖龚斌（1715—1788），字典瑞，号砚北，晚号半翁，人称砚北先生。龚斌为仁和县学附生，研治《诗经》，补邑增广生。其人品行学问为同郡人所推重，道貌庄重严肃，从不戏言失色。21岁时为塾师，随着子女长大，读书婚嫁皆需费用，龚斌无奈弃儒为商，不料经商驾轻就熟，获利倍于塾师。龚斌谨记诚信交友、仗义疏财的祖训，经常接济同学朋友、同族乡里。据阮元《两浙辅轩录》记载：龚斌生有至性，从兄龚鉴得奇病，几乎一命呜呼，龚斌昼夜向神祈祷，认为宗族乡党、朋辈师友注重龚鉴学行，其人不能死，龚斌愿上天减损自己寿命，以延续龚鉴之命，龚鉴竟奇迹般痊愈。

龚斌的忠信孝友与仗义疏财赢得刑部司官汪某的信任，汪某将白金巨万交给龚斌，任其经营使用十余年，但龚斌从无毫厘失误，亦未有贪念。龚斌晚年主讲赵州书院，积累束脩二百金，族子某将至陕西赴任县令，龚斌将二百金送给族子某作为盘费，而族子某坚持写下借券。临终前，龚斌嘱咐子孙说，族子某为官廉洁，其子孙若来还债，

---

① 杭世骏：《龚鉴传》，《道古堂文集》卷34，清乾隆四十一年刻、光绪十四年汪曾唯增修本。

一定要当面烧毁借券，不需还钱，这样他才能死而无憾。可见龚斌颇为仗义疏财，注重敦睦族人，晚年作《述先示后家言》，谆谆告诫子孙以孝悌为传家之本。关于龚斌的性情，与其子敬身为亲家的段玉裁曾说："其于宗族昏姻朋友，以及凡孤寡穷困，力所能为，无不恤也，无不周至也，盖力遵祖若父之遗范也。"①

龚斌工于诗歌，著有《有不能草》。阮元《两浙𬨎轩录》收录其诗二首，其中《夏凉竹堂即事次成成山韵》一诗，颇能反映龚斌志向："种竹密无数，小园容易秋。萧萧一阵雨，薄暑已全收。露坐开吟卷，风前倒瓦瓯。与君消众热，世事复何求。"② 小园种满密竹，令人顿感清凉怡人，潇潇阵雨之后暑热全消，坐于其中静心读书，自是一种人生享受，对于世事功名，有何奢求！小诗质朴清丽，勾勒出龚斌淡泊宁静的情怀。龚斌生有五子，即敬身、澡身、禔身、理身与治身。

二、祖父头衔旧颎光：龚敬身与龚禔身

由上述可知，龚氏家族于明嘉靖年间即有子弟中举入仕，但直到清乾隆年间，并未有人成进士，位居高官显爵。在传统时代，一个家族的壮大显赫与地方声望，根本上还是需要靠科甲功名、为官作宦来维系。美国学者艾尔曼对于家族、教育、科举与地方声望之间的关系做了精辟论述，其言：

① 段玉裁：《仁和龚氏南高峰四世墓碑》，《经韵楼集》卷九，凤凰出版社 2010 年版，第 206 页。

② 龚斌：《夏凉竹堂即事次成成山韵》，阮元：《两浙𬨎轩录》第 6 册，卷 22，浙江古籍出版社 2012 年版，第 1603—1604 页。

> 如果按帝国的正统性衡量，宗族社会与经济努力不仅与科举考试的成功有密切关系，而且与对地方文化资源的控制息息相关。……财富众多的宗族——特别是江南富裕地区的宗族拥有的经济势力为宗族内部富裕支系的成员提供了更多受教育的机会，这种机会是科举考试成功的保证。……为通晓儒家政治道德话语而掌握相关的语言工具和教育手段被视为保证宗族地位和声望久盛不衰的必要前提。科举中第及随之而来的封官授职使得那些与士绅关系最密切的人直接获得权力、声望。但是，地方性声望的扩散循着家族和血缘的不同脉络而逐步扩大，甚至那些家族内部的寒微成员等也能在一定程度上认同、分享其他成员的声望。[①]

龚氏家族到了自珍祖父这一代，发生了巨大的变化，敬身、禔身两兄弟相继中进士，为官京师与地方，使这个三百多年来平淡无奇的仕宦家族地位迅速崛起，此后龚氏几代人进士不断涌现，逐渐跻身于杭州望族的行列，而自珍生前死后的声誉日隆，给这个家族平添了浓墨重彩的一笔。

敬身兄弟五人，皆为读书士人，唯有治身仅为国学生，后弃儒经商。自珍祖父敬身（1735—1800），字屺怀，号匏伯，为人性情恬淡，意气落落洒脱，胸中无丝毫凡物俗事。少年读书为文，刻意追寻古人，以理学文章自任，以二程、朱熹、韩愈、柳宗元为指归，酷爱研习《礼记》，不甚热衷科举功名，其与人相处挚诚，做事恭敬。由于父母热切盼其功成名就，敬身才拿出余力攻读举业，习作八股，每

[①]〔美〕艾尔曼著，赵刚译：《经学、政治和宗族——中华帝国晚期常州今文学派研究》，江苏人民出版社1998年版，第14—15页。

一落笔则蹊径不同寻常。乾隆二十四年（1759）敬身中举，后考充咸安宫教习，三年后以知县任用。

三十四年（1769），敬身成二甲进士，任官内阁中书，转宗人府主事，兼任纂修玉牒官，继而迁升吏部稽勋司员外郎，兼任考功司事务。在京师为官，即使冷职闲曹，其中未尝没有终南捷径，因此奔竞钻营之徒，大有人在。但敬身对此不屑一顾，从不妄自干求，人们亦不向其托请。四十四年（1779），敬身充任顺天乡试同考官，不久迁礼部精膳司郎中，兼任祠祭司事务，并参与《四库全书》的编纂。敬身为官恪尽职守，每日俯首桌案处理公务，为政廉洁简要，而从不繁琐苛刻，临事毅然坚持节操，对权贵亦不折节屈从。敬身居官生活清苦，如同寒士，却能怡然自乐，自公所退值后，即潜心学术，研讨订正古书古义。

四十八年（1783），敬身出任云南楚雄知府。楚雄地处偏僻，居于万山环抱中，可谓地瘠民贫，官员上任，往往有贬谪左迁之感。但此地民风淳朴，讲求信义。敬身认为，知府为亲民之官，必须关心民生疾苦，体恤百姓，造福于民。因此敬身在任期间颇有政声："杜绝馈遗，凡陋规之病民者，皆汰除之，差徭之累民者，皆筹画调剂之，月俸虽薄，而营书院，置漏泽园，补多年之阙政，一无所吝，约束所属尤严厉，自奉俭约如老书生。"[①] 楚雄下属七县百姓，皆被知府感化，有诉讼案件不去县衙，而直接赴府衙，七县县令亦被敬身诚挚所感动，不敢不尽心于民事。督抚大吏倚重敬身，全省有疑点的刑名案件，委派敬身复核，对冤狱多所平反。

楚雄地处偏僻，官员往来与官差送迎，官府征用民间夫役车马，

---

① 纪昀：《云南迤南兵备道鲍伯龚公墓志铭》，《纪文达公遗集》卷16，《续修四库全书》第1435册，上海古籍出版社1995年版，第470页。

本来应该按照例价给钱，为官夫官马，但差役往往减少雇值，百姓不胜其苦。尤其是官府的宾客厮役，动辄征用民夫数十名，马十余匹，每日堂上侍奉，美其名曰"站堂"，以显示官府威仪，却不给百姓报酬。敬身上任后，毅然革除站堂夫役和值日马匹，并勒石永行禁止。云南铜矿丰富，京师铸钱仰赖于此。顺宁厂铜缺额累万，敬身奉命勘察，虔诚祈祷山神，结果铜矿旺盛，一月后即生产足额，巡抚谭尚忠对此感叹不已，说："铜无知，乃识廉吏，孟伯周不能专美于前矣。"敬身笑着说："是偶然耳！"① 云南铜矿供给京师铸钱，当时在四川泸州设厂，凡是陆运铜矿皆贮于此。敬身设丞倅一人为厂员，并责令道府稽查。每次稽查则勒索馈赠，厂员只得铺张奢侈接待，及敬身接手，不受丝毫馈赠。

楚雄官盐价高，百姓争相买食私盐，以致官盐日益滞销，盐课征收困难，于是有人提议官盐按户派销，引起百姓群情激奋。敬身力持异议，主张整顿官盐，裁汰冗费，降低盐价，以便官盐畅销。乾隆五十三年（1788）四月，大理因为按户派销官盐，又加价勒索百姓，百姓群起杀死县役，激成民变，巡抚准备上奏兵部，派大军进剿，因楚雄邻近大理，督抚传檄敬身。敬身单骑前往抚慰说："尔曹好百姓，奈何作斫头事？余楚雄龚知府也，来活汝，须臾兵至，悉戮矣！"② 民众听从敬身之言，散去而罢兵，只是杖责首犯了事，各州县也停止官盐加价。敬身因此大计卓异，擢升迤南兵备道，但因为父丧丁忧，未能出任，于是去官回乡。雍正年间，张允随任楚雄知府，有惠于百姓，楚雄百姓在郡城以东的迎恩寺祭祀张允随。敬身离任后，楚雄百

---

① 程同文：《云南迤南兵备道龚公行状》，《密斋文集》不分卷，《清代诗文集汇编》第495册，上海古籍出版社2010年版，第249页。
② 程同文：《云南迤南兵备道龚公行状》，《密斋文集》不分卷，《清代诗文集汇编》第495册，上海古籍出版社2010年版，第249页。

姓亦在迎恩寺祭祀敬身。

敬身回乡之后，清约自守，无贵奢习气。此时杭州知府乃是昔日楚雄厂员，多次至敬身家中拜会，执礼颇为恭敬，对人说："龚公，正人也。"^① 每十日或者半月，敬身与同乡前辈举行诗酒看花之会，或登吴山，或游西湖，或看花赏雪，或看龙舟竞渡之戏，晨昏与诸弟闲话家常，种植花木，尽享人生天伦之乐。《饮村酒作》一诗反映了敬身乡居之乐："予昔善品酒，如判人妍媸。手必持醇醪，劣者褟斥之。今宵沽村酒，欢然倾一卮。村酒薄如水，胡为饮不疑？人心贵持平，刻薆固非宜。丝麻与菅蒯，代匮理可推。"[②] 村酒虽薄，但乡情浓浓，乡谊深厚！敬身历经宦海沉浮，已不再刻意区分酒的香醇与劣浊，深知"人心贵持平"的人生哲理。

敬身嗜好治史，曾手点《左传》，批校《汉书》，随笔校勘《汉书》四百余事，有志于作《汉书补注》，可惜未能成书，龚家藏有手批本。自珍《己亥杂诗》曾云："吾祖平生好孟坚，丹黄郑重万珠圆。"[③] 即因此事而发。此外，敬身还著有《桂隐山房遗稿》，主纂《平定州志》，晚年将古文稿交与其侄绳正，编辑若干卷，藏于家中。嘉庆五年（1800）敬身去世，享年66岁。敬身曾与大学士纪昀同校四库之书，二人关系最为默契，因此纪昀撰写挽联云："地接西清，最难忘枢密院旁公余茶话；恩深南徼，惜空留昆明池畔去后棠阴。"[④] 此联回顾了二人同官京师的友谊，赞美了敬身为官楚雄的政绩，如同西周召伯甘棠遗爱。

---

① 程同文：《云南迤南兵备道龚公行状》，《密斋文集》不分卷，《清代诗文集汇编》第495册，上海古籍出版社2010年版，第249页。
② 龚敬身：《饮村酒作》，吴振棫编：《国朝杭郡诗续辑》卷18，清光绪二年杭州丁氏刊本，第2页。
③ 刘逸生：《龚自珍己亥杂诗注》第69首，中华书局1980年版，第101页。
④ 梁章钜：《楹联丛话》卷十，中华书局1987年版，第130页。

自珍本生祖父禔身,字深甫,号吟朧,少年时即才华出众,工于诗词,二哥澡身也喜欢作诗,风雨之夜兄弟二人对床,吟咏唱和诗词,大家习以为常。而敬身、澡身、禔身三人皆有文名,人称"东城三龚"①。杭世骏主讲邗江安定书院,禔身从学交游,与名士沈沃田、蒋春海、金棕亭等人,吟诗作赋于红桥碧浪之间,因而诗名大振。乾隆二十六年(1761)禔身中举,三十四年(1769)与同胞兄弟龚敬身一同考中进士,官至内阁中书,军机处行走。敬身性情谨慎朴实,禔身则聪颖敏感,一时号称"两龚",在京城同官同居,同出同入,如同左右手,深受大学士刘统勋、于敏中赏识,于敏中赠对联云:"夙许二苏同令望;喜看小宋振新声。"②

敬身性格严谨,做事造次不苟;而禔身英姿焕发,与人交游酬酢,辉映四座。熟悉兄弟二人的都说:"伯也如玉,季也如晶。"③禔身这种聪颖敏感的性格,对其孙自珍的性格有一定影响。乾隆四十一年(1776),禔身随乾隆皇帝的车驾前往热河,不幸痫疾发作,回京后数月而卒,年仅37岁。著有《吟朧山房诗》。禔身死后,其妻妾亦相继去世,留下五子二女,皆由敬身夫妇抚养成人。

自珍叔祖澡身(1737—1796),字春潭,号雪浦,为附贡生,研治《诗经》,著有《鉴歗书屋诗稿》。阮元《两浙輏轩录》收录其诗二首,其中《送兄匏伯入都》云:"去去三千里,归程约几旬。惟余犹洒泪,况是远行人。驿路风霜冷,看门景色新。临歧无可说,珍重百年身。"④澡身此诗,描绘自己送别兄长敬身的凄凉情景:兄长一

---

① 吴振棫编:《国朝杭郡诗辑》卷25,清同治十三年钱塘丁氏刊本。
② 龚守正:《艳雪轩随记·家乘述闻》,《仁和龚氏集》民国钞本。
③ 余集《秋室学古录·龚吟朧传》卷四,《清代诗文集汇编》第395册,上海古籍出版社2010年版,第46页。
④ 龚澡身:《送兄匏伯入都》,阮元:《两浙輏轩录》第8册,卷31,浙江古籍出版社2012年版,第2208页。

去千里之外,驿路风尘仆仆,冰霜寒冷,怎不令人怆然泪下!此诗语言质朴清新,惜别之情感人至深。由此可见,澡身亦小有诗才。

叔祖理身(1753—1803),字治同,号溪庫,又号水南居士,为钱塘县学附生。理身研治《诗经》,读书好古,喜欢纵性豪饮,结交奇士,曾与王嘉榖交游,嘉榖对其幼年所作诗句"竹阑倚石窗拓纸,小院青苔净如水"①极为赞赏。酒酣耳热之后,理身胆气高涨,往往纵论古今,号呼狂歌,不可一世。兄长敬身居官楚雄知府时,理身随同游历,诗风更加雄奇豪放,所作《题纪游图》一诗云:

> 翩翩裘马张公子,万里曾经作壮游。
> 斜日掉鞭鹦鹉岭,春风把酒荔枝楼。
> 吴莱归去新诗富,宗炳图成旧梦留。
> 愧我空怀四方志,卅年坚卧曲江头。②

此诗赞颂张公子万里壮游,归来之后思如泉涌,创作大量新诗,从而慨叹自己空有四方之志,但年过三十依旧浪迹曲江头,可谓壮志难酬。理身曾寓居栖霞大悲庵,校勘《华严疏钞》,晚年所作诗歌,往往夹杂禅语,如《晓起买舟访秋雪、交芦、曲水诸庵》一诗:

> 扁舟破晓访禅关,又过芦花浅水湾。
> 梵音半沈烟树里,人家都在翠微间。
> 满篷晴雪留人住,一角遥山对客闲。

---

① 阮元:《两浙輶轩录补遗》卷7,《两浙輶轩录》第12册,第3532页。
② 龚理身:《题纪游图》,吴振棫编:《国朝杭郡诗续辑》卷11,清光绪二年杭州丁氏刊本,第27—28页。

>闻说当年厉征士,恣游常载月明还。①

此诗描写理身漫游寻访禅关、寄情山水的逍遥生活:一叶扁舟划过清澈见底的芦花浅水湾,烟树里的袅袅梵音在耳边回荡,绿荫掩映下有几户人家,遥遥相望的一角远山,似乎在与诗人闲聊。诗人不禁想到,即使朝廷严厉征召天下贤士,估计他也会在闲游中载着明月归还。轻灵缥缈的诗境,折射出诗人高雅脱俗的内心世界,可惜理身老于诸生,仕途颇为失意。著有《溪庵诗稿》六卷,《国朝杭郡诗续辑》收录其诗 12 首,阮元《两浙𬨎轩录》收录其诗 1 首。理身的诗歌意境高远,语言生动形象,抒发了慷慨豪迈的性情、怀才不遇的感慨,蕴涵着参禅悟道的人生哲理,从中可以窥见诗人丰富的个性与高超的艺术才华。

自珍祖父敬身、禔身二人,中间经过父辈丽正、守正,至自珍已三代百余年为官京师。对自己世代为宦的家世,自珍颇为自豪,曾作诗云:

>祖父头衔旧颍光,祠曹我亦试为郎。
>君恩够向渔樵说,篆墓何须百字长。②

封建时代,读书做官、造福百姓是诸多士大夫的人生理想,龚家三世居官京师,皆在礼部题名记中,他们蒙受皇帝的浩荡君恩,这一无上荣耀足以向世人夸耀。在自珍看来,龚氏家族的掌故传说,足以向家乡的樵夫渔郎、左邻右舍津津乐道,成为士民百姓茶余饭后

---

① 龚理身:《晓起买舟访秋雪、交芦、曲水诸庵》,吴振棫编:《国朝杭郡诗续辑》卷 11,清光绪二年杭州丁氏刊本,第 27 页。
② 刘逸生:《龚自珍己亥杂诗注》第 11 首,中华书局 1980 年版,第 12 页。

教育子孙的励志故事，一个人死后的墓碑额上何必要篆刻百余字的头衔呢？

第二节　斯文吾述段金沙：外祖段玉裁

汉武帝"罢黜百家，独尊儒术"之后，儒学一直居于官方意识形态领域的指导地位，影响深远，正如近代经学家蒙文通所言："由秦汉至明清，经学为中国民族无上之法典，思想与行为、政治与风习，皆不能出其轨范。虽二千年学术屡有变化，派别因之亦多，然皆不过阐发之方面不同，而中心则莫之能异。其力量之宏伟、影响之深广，远非子、史、文艺可与抗衡。"[①] 由此可见，儒家经典为中国传统政治运作提供了理论支持，而入仕做官必须精通经学，以求经世致用，治国安邦。

明清时期，世家大族若想兴旺发达，科举功名、入仕为官自然必不可少，但要保持家族几百年绵延不衰，必须要有博古通今的学术大师涌现。因此世家子弟在攻读八股之外，亦肆力于学术研究，正如刘禺生《世载堂杂忆》所言："世家所教，儿童入学，识字由说文入手，长而读书为文，不拘泥于八股试帖，所习者多经史百家之学，童而习之，长而博通，所谓不在高头讲章中求生活。……春秋所以重世家，六朝所以重门第，唐宋以来，重家学、家训，不仅教其读书，实教其为人，此洒扫应对进退之外，而教以六艺之遗意也。"[②] 在刘禺生看

---

① 蒙文通：《经史抉原》，上海人民出版社 2006 年版，第 209 页。
② 刘禺生：《世载堂杂忆·清代之科举》，中华书局 1960 年版，第 3 页。

来,清代世家子弟在八股制艺之外,亦致力于研究经史百家之学,因此"有清一代,经史、词章、训诂、考订各种有用之学,名家蔚起,冠绝前朝,皆从事学问,而不事举业。凡得科名者未必有学问,而有学问者亦可得科名,或学优而仕,或仕优而学,学问不为举业所限制"①。事实亦是如此。影响所及,世家大族对子弟成为通儒、名儒颇为期许。

龚氏家族自敬身、禔身之后,进士不断涌现,但在学术研究上并未出现引领时代潮流的杰出人物。直到丽正娶汉学名家段玉裁之女而生自珍,情况才发生根本改变。段玉裁堪称自珍的学术导师,对其治学产生极为深远的影响。在《己亥杂诗》中,自珍回忆说:

> 张杜西京说外家,斯文吾述段金沙。
> 导河积石归东海,一字源流奠万哗。②

汉代杜邺是张敞外孙,向张敞之子张吉问业,而杜邺之子杜林又向张敞之孙张竦受业,杜家两代人都受益于外家,这与自珍父子的情形颇为相似,二人皆受业于段玉裁。段氏精通说文之学,自珍幼年即接受外祖的教导,研究《说文解字》,文字音韵功底颇为深厚。自珍赞美外祖疏通古代文字、整理《说文》的功绩,如同将黄河水从积石山源头疏导至东海,每个字都探寻来龙去脉,使万口喧哗的争论平息下来。在自珍心目中,外祖学问之深令人"高山仰止"。

---

① 刘禺生:《世载堂杂忆·清代之教学》,中华书局1960年版,第13页。
② 刘逸生:《龚自珍己亥杂诗注》第58首,中华书局1980年版,第79页。

一、生平与学术

段玉裁,字若膺,号懋堂,江苏金坛人,生于雍正十三年(1735)。自六岁起玉裁即随祖父发蒙读书,秉承庭训,"以读经为根本",次年随父读书,玉裁年幼聪颖,每日读书能读数千言,记忆力尤为惊人。乾隆十二年(1747),年仅13岁的玉裁参加童子试,当场背诵四子书、《小学》《诗》《书》《易》《周礼》《礼记》《左传》及《胡传》,深受江苏学政尹会一赏识,补为邑庠生,赠《朱子小学》高注本一部,并对玉裁之父说:"此儿端重,必教之成大器,勿自菲薄也。"[①]乾隆十九、二十年间,玉裁师从金坛蔡泳。蔡氏精于词律音韵,著有《律韵辨通》,玉裁乐于从其学习诗赋、时艺及词律,并粗通古韵大略。二十三年(1758),玉裁与其弟玉成同入扬州安定书院,孜孜求学,成绩卓越,时有"二段"之目。

二十五年,玉裁乡试中举,随即入都,寓居座师钱汝诚宅中,得读顾炎武《音学五书》,开始留意音韵之学。第二年春,会试落第,以举人挑取教职,教习景山万善殿官学。在京期间,玉裁结识钱大昕、邵晋涵、程晋芳、姚鼐等人,切磋学术,眼界大开。特别是乾隆二十八年(1763),在京城新安会馆问学戴震,由此服膺戴氏之学,手录其《原善》《尚书古文今文考》《春秋改元即位考》,玉裁自称弟子,执意从师。戴震虽数度辞谢,终因玉裁心诚而默许,二人亦师亦友,传为佳话。

三十二年,玉裁景山教习期满,五月南旋回乡。与其弟玉成共

[①] 段玉裁:《博陵尹师所赐朱子小学恭跋》,《经韵楼集》卷八,凤凰出版社2010年版,第186页。

读顾炎武《音学五书》、江永《古韵标准》，取《毛诗》以及诸经用字，推阐顾、江二家分部所得与可商之处，将上古音韵区别为十七部，撰成《诗经韵谱》与《群经韵谱》。三十四年春，玉裁入都会试落第，在新安会馆拜谒戴震，正式执弟子之礼。夏季，应山西布政使朱珪之聘，戴震与玉裁师徒二人，结伴抵达太原，玉裁主讲寿阳书院，参与修纂《寿阳县志》。冬季玉裁返回北京，由于《韵谱》简略，无注释不可读，在邵晋涵帮助下，玉裁专心董理二《韵谱》。第二年书成，钱大昕称其为"真通人之论"①，并欣然撰序说："古人以音载义，后人区音与义而二之，声音之不通而空谈义理，吾未见其精于义也。此书出，将使海内说经之家奉为圭臬，而因文字声音以求训诂，古义之兴有日矣，讵独以存古音而已哉！"②

三十五年三月，玉裁铨选贵州玉屏知县，旋即离京赴任。戴震寄书称赞玉裁古音十七部，"可以千古矣"。三十七年四月，以失职受劾，玉裁离任回京，在洪榜寓所见到戴震，以《六书音均表》向其请教，而戴震认为体裁尚未尽善，有诸多可以改进之处。八月，玉裁开复，奉命发往四川候补，先后署理富顺、南溪知县。官事公务之暇，潜心研究古韵，重订二《韵谱》，修改体例，增加新知，四十年九月，《六书音均表》撰成。十月，将书稿誊录一部寄往京师，请戴震作序。戴震赞叹玉裁所学之精，称其"好古有灼见卓识"，又言："五支、六脂、七之有分，……实千有余年莫之或省者。一旦理解，按诸三百篇划然。岂非稽古大快事欤？"③玉裁将十七部依次分为六类，创立"合韵"之说，提出古今声调不同说，其古音理论的应

---

① 钱大昕：《与段若膺书》，《潜研堂集·潜研堂文集》卷33，上海古籍出版社1989年版，第598页。
② 钱大昕：《诗经韵谱序》，《潜研堂集·潜研堂文集》卷24，上海古籍出版社1989年版，第386页。
③ 戴震：《六书音韵表序》，《戴震文集》卷十，中华书局1980年版，第151—152页。

用，解决了经籍文字在形、义方面的诸多问题。四十一年，玉裁还撰成《诗经小学》30卷，此后十余年，每有心得，则进行增益删改。

四十二年（1777）五月，戴震在北京病逝，噩耗传来，玉裁颇为悲痛。失去良师益友，使玉裁顿生终养致仕之念。四十三年，玉裁补授巫山知县，政务闲暇之际，致力于《毛诗故训传》的撰述。两年之后，玉裁无心仕宦，称疾致仕，时年46岁。玉裁在贵州、四川等地任知县前后十年，据晚年回忆，其壮年时，因"气质未化，未能尽心于民，颇以好读书玩公事，年已老眊，时用自悔"，悔恨自己"莅其事而不敬其事，及可为之时而不为，皆非终也"①。事实亦是如此，玉裁的确并非造福一方的循吏，而是以文字训诂之学名垂青史的文字训诂学家。

返回故乡金坛之后，玉裁潜心著述，精研文字音韵之学，与卢文弨、金榜、刘台拱为友，进行学术切磋，并集中精力重订在巫山所作《毛诗故训传》，四十九年四月完成书稿30卷，因此作《毛诗故训传定本小笺题辞》，认为《诗经》为小学大宗："夫人而曰'治《毛诗》'而有其名无其实，然则《毛诗故训传》三十卷是编焉可以已也。读毛而后可以读郑，考其同异略详疏密，审其是非；今本合一，而人多忽之，不若分为二，次第推焉也。"②此后十余年间，玉裁不断对此书进行校对、删改与增补，使之臻于完美。《毛诗故训传定本小笺》刊刻于玉裁卒后一年，是耗费其半生心血的力作。弟子陈奂在《定本小笺》基础上，作《诗毛氏传疏》，成为《诗经》绝学。

早在任四川知县时，玉裁即开始撰写《说文解字读》，回乡后研读不辍。五十一年八月，此书粗具眉目，篇幅达540卷之巨。乾嘉

---

① 段玉裁：《送龚婿丽正之徽州郡守序》，《经韵楼集》卷九，凤凰出版社2010年版，第210页。
② 段玉裁：《毛诗故训传定本小笺题辞》，《经韵楼集》卷一，凤凰出版社2010年版，第5页。

名儒卢文弨在钟山书院撰序,指出:"盖自有《说文》以来,未有善于此书者。匪独为叔重氏之功臣,抑亦以得道德之指归,政治之纲纪,明彰礼乐而幽通鬼神,可以砭诸家之失,可以解后学之疑,真能推广圣人正名之旨,而其有益于经训者功尤大也。"① 此为确论。

自五十三年起,玉裁开始董理《古文尚书》,历时三年而成《古文尚书撰异》32卷。玉裁认为,五经中唯有《尚书》最尊,但遭受窜乱之厄最为严重。入清以来,自阎若璩以至惠栋,经过几代学者的考辨,伪古文的源流已经廓清,而真古文《尚书》的紊乱尚未辨别明晰。于是玉裁凭借自己文字音韵学的积累,"广蒐补阙,因篇为卷,略于义说,文字是详",以期"正晋唐之妄改,存周汉之驳文"②。王念孙盛赞此书:"懋堂此书,诚古今奇作,惜世人多不能知之。"③ 乾隆五十六年(1791)七月,玉裁游常州,将《古文尚书撰异》交给臧庸校雠,又将《诗经小学》全书数十篇交给其校读。臧庸删烦纂要,将《国风》,大、小《雅》与《颂》各录一卷,成《诗经小学》4卷。玉裁读后大加赞赏:"精华尽在此矣。"④ 当即付梓刻印。

在此期间,玉裁因祖坟迁葬问题酿成诉讼,争端前后纠缠十年才得以平息。为了避免横逆,五十七年(1792),举家迁居苏州金阊门外下津桥,结识黄丕烈与顾广圻,玉裁时年58岁,渐入人生晚景。顾广圻多向玉裁请教问学,而玉裁对广圻亦颇为器重,对广圻之学赞赏不已,对其校书尤为推崇。玉裁一直致力于汉儒注经义例的归纳,五十八年十月,撰为《周礼汉读考》6卷。书成后玉裁颇感欣慰,给友人刘台拱写信道:"《周礼汉读考》已缮成书,目下《仪礼》已动

---

① 卢文弨:《段若膺说文解字读序》,《抱经堂文集》卷三,中华书局1990年版,第33页。
② 段玉裁:《古文尚书撰异序》,《古文尚书撰异》卷首,《续修四库全书》第46册,上海古籍出版社1995年版。
③ 刘盼遂:《段玉裁先生年谱·先生著述考略》,《清华大学学报》1932年第2期。
④ 臧庸:《刻诗经小学录序》,《拜经堂文集》卷二,《续修四库全书》第1491册,第511页。

手,多发前人所未发,将来治《礼经》不可少此。"[1] 玉裁晚年心力,尽于《说文解字注》的撰述。由于《说文解字读》篇幅过大,不便于流传,自乾隆五十九年起,玉裁检阅旧书,开始编纂《说文解字注》,原拟三年完成,不料因事一再延宕。嘉庆六年(1801),浙江巡抚阮元在杭州西湖建诂经精舍,大集天下学者,校勘《十三经注疏》。此事由玉裁主持,至嘉庆九年为阮元审定《十三经注疏校勘记》竣事,始得集中精力研治《说文》。十二年(1807),玉裁撰成《说文解字注》30卷,之后四方求助,筹集刻书经费。

正在此时,玉裁与广圻之间的一场学术争议陡然而起,令玉裁痛心疾首。一年前广圻为张敦仁刻成宋抚州本《礼记考异》,刊布宋本《礼记》与《仪礼注疏》,并撰《后序》,坚持《注》《疏》合刊在南宋的见解。此刻本一出,即招来玉裁的责难。十二年,玉裁致书,对《礼记考异》加以驳斥,指责广圻为"莽人"。同时,孙志祖《读书脞录》释《玉制》"虞庠在国之西郊",玉裁认为应是"四郊"而非"西郊",为此而撰《礼记四郊小学疏证》。广圻反唇相向,逐一驳诘,二人纷争趋于激烈。十三年,广圻作《学制备忘之记》,对玉裁《四郊小学疏证》所涉及的周代学制问题进行考证。而旬日之间,玉裁四次撰文加以驳斥,广圻亦撰文反驳。此后,玉裁又三次作文诘难,广圻概不回复,二人势同水火,最终绝交。

对于顾广圻不顾追随问学情分的现实,玉裁由学术争议演变为学人品行的反思,因此,其以经学名家倡言理学。嘉庆十三年(1808),王念孙为《说文解字注》撰序,盛赞玉裁此书说:"训诂声音明而小学明,小学明而经学明。盖千七百年无此作矣。"[2] 玉裁复书表示感谢。

---

[1] 段玉裁:《与刘端临第七书》,《经韵楼集》附《补编》卷下,第34页。
[2] 王念孙:《说文解字注序》,段玉裁:《说文解字注》卷首,江苏广陵古籍刻印社1997年版。

十四年正月，玉裁为严元照《娱亲雅言》作序，指出："今之言学者，身心伦理之不务，谓宋之理学不足言，谓汉之气节不足尚，别为异说，簧鼓后生。此又吾辈所当大为之防者。"① 因此必须讲求理学，呼吁学人讲求品行，尊师敬贤，树立师徒之道的楷模。

十七年（1812）九月，潜心研究音韵学的青年学者江有诰亲自去苏州拜见玉裁，二人就音学问题反复论辩，玉裁指出有诰书稿中的纰缪不下十余处。有诰不胜感激，并请玉裁为其著述作序，玉裁慨然应允。此时，玉裁已成为一代通人，著述宏丰，名满天下，且长有诰三四十岁，却对晚生后学虚怀推善，成为学术史上的一段千秋佳话。

此年冬季，陈奂来到苏州，愿为玉裁弟子，在苏州枝园居住两年，玉裁命陈奂校对《说文解字注》，并以"以经考字，以字考经"教导陈奂。玉裁性喜好客，特别喜欢奖掖后进，臧庸、江沅、黄丕烈、沈涛、龚丽正、胡积城、陈鳣、徐颋等人，在学术上无不受玉裁指点栽培。龚自珍《常州高材篇·送丁若士（履恒）》记述玉裁门下宾客生徒之盛，诗中提到玉裁门下士有臧庸、顾明、恽敬、孙星衍、赵怀玉，皆为乾嘉时期的学者名流。

十八年（1813）冬，玉裁所著《说文解字注》开始刊刻，弟子胡积城、徐颋力任刊刻之费，而江沅、陈奂担任校雠。玉裁身为戴震弟子，在戴氏卒后，收集其遗书，刊刻其文集著述。嘉庆十九年，以八十高龄而精心辑成《戴东原先生年谱》，并将戴震遗札十五通汇装成册。同时撰《东原先生札册跋》，告诫子孙云："呜呼！师弟之道不讲，故世无学问。玉裁年八十矣，距与先生在都门周旋讲学，已四十余年。……盖向往之，诚有不容已；亦以传示子孙，俾知世有剽窃师门一二，遽勇于树帜，欲为逢蒙者之为可耻，而当以为大戒

---

① 段玉裁：《娱亲雅言序》，《经韵楼集》卷八，凤凰出版社2010年版，第185页。

也。"① 二十年五月,《说文解字注》30 卷刊刻蒇事,此书耗尽玉裁一生心力。

嘉庆二十年九月初八（1815 年 10 月 10 日）,玉裁在苏州病逝,享年 81 岁。其一生究心经籍,著述宏丰,尤以音韵文字之学最为专精,所著《说文解字注》影响甚大,阮元称此书"可谓文字之指归,肆经之津筏矣"②。一部《说文解字注》,足以奠定段玉裁在清代学术史上的地位。

二、段玉裁对龚自珍的学术指导

丽正与其子自珍在学术方面,皆受惠于段玉裁,此为不争的事实。自珍的学术亦为段氏之学的发扬光大。嘉庆七年（1802）六月,玉裁来到杭州,寓居西湖苏公祠,为自珍祖父敬身作《神道碑铭》,并为龚氏先祖作《仁和龚氏南高峰四世墓碑》。第二年,玉裁以许慎《说文解字》部目教授自珍,此时,自珍年仅 12 岁,是平生以经说字、以字说经之始。而玉裁此时年已 70 岁,早已成为饮誉大江南北的一代名儒、音韵训诂学家,其一生研治五经,在《说文》学方面造诣深邃,自有独到的心得体会。而自珍天性聪颖绝伦,对外祖的教授颇能心领神会,令玉裁甚是欣慰。

此间,自珍由玉裁而结识汉学家臧庸、顾明等人,自珍早年与诸多汉学家交游往还,其中绝大多数人受过玉裁的指点提拔,可见玉裁的学术声望、师友交游为自珍提供了宽广的学术交游平台。可惜八年

---

① 段玉裁:《东原先生札册跋》,《经韵楼集》卷七,第 174 页。
② 钮树玉:《段氏说文注订》卷首,《阮元序》,《丛书集成初编》第 1132 册,中华书局 1985 年版。

（1803）六月，玉裁之父卒于苏州的噩耗传来，自珍学习《说文》暂告一个段落。自珍师从外祖学习的时间，约为半年左右，一个饱学多识的老师宿儒，一个颇有天分的少年，一教一学之间，为自珍日后治学打下深厚的小学基础。

嘉庆十三年（1808），年仅17岁的自珍进入国子监肄业，在国子监的东邻孔庙中，有两千多年前的大石鼓十个，每个石鼓的直径约有三尺，上面文字介于籀文与小篆之间，文体为四字诗，自珍对石鼓文异常喜好，于是开始研治金石之学。关于"石鼓文"，清人钱泳曾说：

> 周石鼓文在京师太学仪门内，为石刻中最古，……相传为周宣王猎鼓也。……元大德十一年，大都教授虞集始移国学。其篆凡六百五十言，至元中存三百八十六字，今仅存者二百八十余字而已。……高宗纯皇帝以乾隆庚戌亲临辟雍，见石鼓漫漶，为立重栏，以蔽风雨，即以原文集为十诗，再刻十石，并御制石鼓文序，仍从韩愈定为宣王时刻。①

钱泳精通碑帖、收藏、书画，所著《履园丛话》"周石鼓文"一条记述我国传世最早的石刻"石鼓"的流传过程，以及乾隆皇帝对石鼓的保护、年代断定。这一石鼓就是自珍在国子监所见石鼓。

关于石鼓、碑刻可以考经证史，玉裁之见为自珍所记："自珍昔年奉教于先外王父段先生曰：'金石不可不讲求，古器款识为谈经谈小学之助，石刻为史家纪传之外编，可裨正史也。'是以自幼搜罗，

---

① 钱泳：《履园丛话》（上），九《碑帖》，《周石鼓文》，中华书局1979年版，第231—232页。

志在补兰泉王侍郎之阙。"① 玉裁教诲自珍金石要讲求古器款识，有助于经学、小学研究，碑铭石刻可以补充正史。自珍一生喜好收藏金石与七阁未收的善本书，与玉裁的教诲有着密切的关系。

十五年（1810），19 岁的自珍应顺天乡试，放榜后中式第 28 名副贡，其父丽正为其取名"自珍"。第二年，外祖玉裁为自珍取表字"爱吾"，认为古人名与字必须相应，因此"名曰自珍，则字曰爱吾宜矣"，充分表现了玉裁对外孙自珍的爱怜与期望，玉裁说："夫珍之训藏也，藏之未有不爱之者也。爱之义大矣哉！爱亲，爱君，爱民，爱物，皆吾事也。未有不爱君亲民物，而可谓自爱者；未有不自爱而能爱亲、爱君、爱民、爱物。充乎其量，曲当乎其宜，无忝古贤圣者，故必自爱而后能爱人。"② 从自珍之名与字来看，无论是父亲丽正还是外祖玉裁，皆对其寄予无限的厚望与深沉的爱怜。而自珍本人以深邃而前瞻的启蒙思想，在近代中国开创一代学术新风，亦未辜负他们的厚望。

自珍填词的第一次结集，是嘉庆十七年（1812）结成《怀人馆词》三卷，《红禅词》二卷。玉裁读完自珍诗词，大加赞赏，认为自珍诗文可与韩愈媲美，可谓"风发云逝，有不可一世之概"③。自珍富有文学才华，其诗文缠绵悱恻，富有个性解放的人文色彩。年近耄耋的玉裁读完自珍的诗词，满怀喜悦地赞美说：

所业诗文甚夥，……尤喜为长短句，……造意造言，几如韩、李之于文章，银盌盛雪，明月藏鹭，中有异境。……自珍以

---

① 龚自珍：《致江苾香札（一）》，樊克政编：《中国近代思想家文库·龚自珍卷》，中国人民大学出版社 2015 年版，第 143 页。
② 段玉裁：《外孙龚自珍字说》，《经韵楼集》卷九，凤凰出版社 2010 年版，第 211 页。
③ 段玉裁：《怀人馆词序》，《经韵楼集》卷九，第 212 页。

弱冠能之，则其才之绝异，与其性情之沈逸，居可知矣。①

玉裁对自珍的词评价甚高，甚至认为其诗词可与韩愈媲美，此并非溢美之词，随着《怀人馆词》《红禅词》的刊行，年才弱冠的自珍暴得大名，成为京都名士，正如自珍所言，"偶赋山川行路难，浮名十载避诗坛"，"一箫一剑平生意，负尽狂名十五年"，从这些诗可以推断，自珍从 19 岁倚声填词开始，就迅速誉满词坛。对于自珍的才华与诗名，身为外祖的玉裁内心既有欣喜，又有一丝隐忧，原因在于作诗的性情与研究经史的性情不同。

玉裁年少时亦仰慕诗词，喜欢作诗填词，但玉裁之父教诲说："是有害于治经史之性情，为之愈工，去道且愈远。"②事实亦是如此，五经为治道之源，是圣人治国安邦的微言大义所在，需要以敬慎严谨、大正至公的性情去研究，文字训诂需要不畏繁琐、一丝不苟的治学精神。而诗词多抒发个人情怀，需要天马行空的浪漫情怀，自然天成的匠心独具，这两种情怀确实有格格不入之处。玉裁听从父亲教诲，50 年不谈诗论词。

清代学术研究存在重经史、轻诗词的传统。乾嘉学者沈钦韩早年热衷诗文创作，善写俳文，为历代骈俪家所未有。入中年之后，颇为自己沉湎词章雕琢而悔恨，慨然有志于立言著述，以博取千秋万岁之名，此后不复吟诗作文，而是专心致力于研求经史，其言："上之，礼乐兵农经事综物之才，不足以应当世之求；下之，天官地理名物度数之学，不能与专门名家颉颃而角逐；至于词章小技，雕模物象纂错杂采，等诸草虫之自鸣、孤卉之独秀而已。"③

---

① 段玉裁：《怀人馆词序》，《经韵楼集》卷九，凤凰出版社 2010 年版，第 212 页。
② 段玉裁：《怀人馆词序》，《经韵楼集》卷九，凤凰出版社 2010 年版，第 212 页。
③ 沈钦韩：《答张翰风书》，《幼学堂文稿》卷三，《续修四库全书》第 1499 册，第 193 页。

第一章　家世家学：世代为宦与书香门第

乾嘉学者大多经学精湛，但缺乏文采，戴震即是一例，不善作诗及辞藻华丽之文。而凌廷堪贯通群经，对六书、史传、历算、古今疆域沿革、乐律词曲无不井然贯通，尤精于三《礼》之学，而且工于诗赋与骈体文，诗词典丽清新，可谓考据、义理、词章皆造诣精深，钱大昕称美廷堪说："精深雅健，无体不工。儒林文苑，兼于一身。"[1] 江藩则盛赞云："雅善属文，尤工骈体，得汉魏之醇粹，有六朝之流美。"[2] 但在清代，治经为学问上乘，诗文则为人所轻，词为诗之余，曲则更下一等。友人李绳见凌廷堪才识超人，却沉湎于词曲，为之深感惋惜，赠诗云："莫将椽似笔，顾曲误垂名。"而廷堪自己亦认为："且未通一艺，而自命为文人，亦文人之羞也。"[3] 因此潜心于礼学研究。玉裁受清代"重经史，轻诗词"学术风尚的影响，担心自珍热衷于诗词创作而有害研经治史的性情，更何况"其入之愈幽而出之愈工者耶"！

十八年（1813）春，自珍在徽州父亲任所，接到玉裁所寄书信，勉励其发愤读书，向汉学家程瑶田问学，其言："徽州有可师之程易田先生，……如此好师友好资质而不锐意读古书，岂有待耶！"同时勉励自珍"'勿读无益之书，无作无用之文。'……博闻强记，多识畜德，努力为名儒，为名臣，勿愿为名士。何谓有用之书？经史是也。"[4] 玉裁希望自珍大力研读儒家经典，发愤成为名儒而不要成为名士。

程瑶田，字易田，徽派朴学家，与戴震一同师事江永，精通训诂，堪称一代通儒。瑶田与戴震交游30余年，二人相知最深，他们

---

[1] 钱大昕：《钱辛楣先生书》，凌廷堪：《校礼堂文集》卷首，中华书局1998年版，第4页。
[2] 江藩：《汉学师承记》卷七，《凌廷堪传》，中华书局1983年版，第121页。
[3] 凌廷堪：《手钞诸经跋》，《校礼堂文集》卷30，《凌廷堪全集》三，黄山书社2009年版，第267页。
[4] 段玉裁：《与外孙龚自珍札》，《经韵楼集》卷九，第211页。

"俱学于江永,学乃大进。平居鸡鸣而起,燃灯达旦;夜分就寝,数十年如一日"①。瑶田一生之勤于读书治学,可以想见。王念孙与瑶田商榷古经古义 40 余年,曾称赞其"立物之醇,为学之勤,持论之精,所见之卓,一时罕有其匹"②。而玉裁师事戴震,对其挚友自然钦佩有加。因此玉裁建议自珍向瑶田问学,希望自珍成为一代朴学名儒,这对自珍而言既是激励,又是学术方向的指南与规劝,对自珍的学术成长颇为有益。

十八年(1813)四月,自珍为应顺天乡试而进京,八月乡试落第,旋即南归。出都后一个月突发禁门之变,林清率领天理教徒攻入紫禁城,而在河南滑县,李文成率天理教徒起义。事变后,嘉庆帝颁布《罪己诏》,惊呼"酿成汉、唐、宋、明未有之事"③。同时颁发一系列诏谕,要求臣工反思致变之源,寻求致治之方。希望朝臣"勿再因循怠玩,平日文恬武嬉,事至则措置失宜,事过则泄沓如故,素餐尸位"④。

禁门之变后,自珍"慷慨论天下事",作《明良论》四篇,深刻剖析封建专制制度下的君臣关系、朝廷风气以及吏治、用人方面的种种弊端,指责那些三公九卿以至百士大夫是醉心利禄、谄媚君上、犬马自为的寡廉鲜耻之徒,是专制君主视臣下如犬马的必然结果。自珍呼吁朝廷"更法""改图",提出君臣"共治天下"的政治理想。《明良论》展现青年自珍的政治抱负与议政风采。第二年秋,已 80 岁高龄的玉裁阅读《明良论》四篇,对此评价颇高,其言:"四论皆古方

---

① 民国《歙县志》卷七,《儒林·程瑶田》,程瑶田撰,陈冠明等校点:《程瑶田全集》(四)《附录》,黄山书社 2008 年版,第 217 页。
② 王念孙:《果蠃转语记跋》,程瑶田撰,陈冠明等校点:《程瑶田全集·通艺录》(三),第 505 页。
③ 《清仁宗实录》卷 274,嘉庆十八年九月,中华书局 1986 年版。
④ 《清仁宗实录》卷 274,嘉庆十八年九月,中华书局 1986 年版。

也,而中今病,岂必别制一新方哉? 耄矣,犹见此才而死,吾不恨矣。"① 短短几句评语,充分展示玉裁对自珍学术的高度赞誉与大力支持,这给自珍以莫大的鼓励与安慰。

玉裁对自珍《明良论》的高度赞誉,并不仅仅源于亲情之爱,而是学术反思的结果。 就在当年九月,玉裁写信给学者陈寿祺,批判当时学术之弊说:"愚谓今日大病,在弃洛、闽、关中之学不讲,谓之庸腐,而立身苟简,气节败,政事芜,天下皆君子,而无真君子,未必非表率之过也。 故专言汉学,不治宋学,乃真人心世道之忧,而况所谓汉学者,如同画饼乎?"② 玉裁一生敬仰汉学泰斗戴震,究心音韵文字训诂之学,但其对于汉学之弊却洞若观火,只汲汲于名物训诂,不讲求宋儒气节与治国安邦,必然使汉学成为"破碎大道"的饾饤之学! 面对自己的80寿辰,玉裁作《八十自序》悔恨自己一生读书无成,其言:

> 回首平生,学业何在也? 政绩何在也? 自蜀告归,将以养亲,将以读书,……而读书竟无成也。 余之八十年不付诸逝水中乎? 其将何以见吾父吾师于地下乎? 此余之自悔也。……自此以往,尚延性命,多见一善人,多闻一善言,多得一善书,莫非天之以寿厚我也。 而余敢不自幸! ③

面对自己的八旬高龄,玉裁深感自己学业无成,政绩无多,感觉自己80年的人生付之流水。 事实上此时的玉裁已是誉满海内的经

---

① 龚自珍:《明良论四》,《龚自珍全集》第一辑《附录》,第36页。
② 陈寿祺:《左海文集》卷四,《答段懋堂先生书》附《懋堂先生书三通》,《皇清经解》第7册。
③ 段玉裁:《八十自序》,《经韵楼集》卷八,凤凰出版社2010年版,第194页。

学大师,其之所以发出如此悔恨,是反思汉学的结果。历代儒者治经的目的在于治国安邦,应有益于治道,而繁琐的文字训诂显然未能达到此一目的。而外孙自珍针砭时弊的《明良论》恰恰是"文以载道""通经致用"的典范,因此玉裁加以高度赞扬。二十年(1815)九月初八,81岁的玉裁辞世,自珍痛失良师。但玉裁手校书颇多,其批注饱含学术上的真知灼见,玉裁死后这些书以白镪三千金,归其婿丽正所有,这使自珍有机会翻阅浏览,继续汲取玉裁的学术思想。

自嘉庆二十一年(1816)十月至道光元年(1821)二月,自珍研读玉裁《说文解字注》共三遍,阅读时或加朱,或加墨,误字则用紫笔标出,有时只是浏览而不用笔墨批注,但是记上阅读年月。自珍撰写《段氏说文注发凡》一卷,凡15则。自珍还将王念孙之学与外祖段玉裁进行比较云:"王怀祖先生比之段先生丘壑少,勤勤恳恳之意亦少,不仅逊其大义而已。"[①] 自珍花费将近五年时间,将玉裁《说文解字注》阅读三遍,从中深深体会到段氏之学远远高于王念孙,应该较为可信。此外,研读《说文解字注》三遍,足以奠定自珍深邃的古文经学功底。自珍晚年,曾作诗记述其批阅段注《说文》:

图籍移从肺腑家,而翁学本段金沙。
丹黄字字皆珍重,为裹青毡载一车。[②]

段氏的藏书与著述,全部归了龚家,成为龚家子孙的一笔宝贵财富,自珍的学术源自外家段氏。自珍曾用朱墨或黄墨加以批校圈点《说文解字注》,其百卷文集的著述,可以满载围裹青毡的一辆车,而

---

① 龚自珍:《段氏说文解字注题记》,樊克政编:《中国近代思想家文库·龚自珍卷》,第44页。
② 刘逸生:《龚自珍己亥杂诗注》第304首,中华书局1980年版,第365页。

这些成果皆是段氏学术的发扬光大。

事实上,不仅丽正、自珍学术直接受益于段玉裁,即使自珍之子龚橙亦对《说文解字注》用力研读。叶景葵《卷盦书跋》有《岱顶秦篆残刻题跋》云:"同日得见积余所藏定庵父子批校段氏《说文注》,定庵读周三次,前后六年,批释极矜慎。孝拱自题外'曾曾小子',其批驳之处,词气凌厉,不少假借,间有恭楷,大都信笔疾书,其行草极为诙谐,而有金石气。"①自珍花费六年时间研读《说文解字注》三遍,且批注极为恭敬谨慎。而龚橙亦是研读批注,只不过性情比其父更为狂放,批语意气昂扬,而且信笔疾书。不过,这样的研读态度,就不会为先人之说所囿。可见,段玉裁的学术思想对龚家三代人影响深远。

此外,道光元年,自珍还与舅父段骧一起,选择玉裁单篇论文180篇,编为《经韵楼集》12卷,由父亲丽正刊印行世,而自珍任校雠之役。道光三年(1823)四月末,自珍重读玉裁《说文解字注》,题记有言:"吾今而旸然知王怀祖之远不如段先生也。知之焯,信之真,远不如,远不如也。噫!难言哉!……大抵王无段之汁浆。"②在反复研读玉裁《说文解字注》中,自珍积累丰厚的《说文》学功底,为日后学术研究奠定基础。

玉裁生前为自珍讲述《说文》学的具体内容,目前已不得而知。道光十年(1830)冬,自珍作《最录段先生定本许氏说文》,可以得知玉裁在刊刻定本《说文解字注》之前,就已经把自己研究许慎《说文解字》心得的精华,传授自珍。自珍列举玉裁在研究《说文》本义、本字、次第、变例、字复举、以声为义、引经以说字、今训密古

---

① 叶景葵:《卷盦书跋·岱顶秦篆残刻题跋》,上海古籍出版社 2006 年版,第 64 页。
② 龚自珍:《段氏说文解字注题记》,樊克政编:《中国近代思想家文库·龚自珍卷》,第 44 页。

训宽无两读、古字不止九千、许称经不可执家法求等十个方面的真知灼见,并指出自己亲闻于段玉裁,与世人相比可谓最早。其言:

> 先生书今行海内,学士能自得之,毋俟自珍述。自珍闻之为最早尔。或诘自珍曰:段先生所谓"理而董之"其人者,则许之功臣欤?曰否!段先生借许氏之书,以明仓颉、史籀,乃仓颉、史籀之功臣,岂直功在许而已乎?又使段先生生东汉之年为《说文》,其精与博与其获本义,又岂许书之比而已乎?此则自珍所智及之者,亦愿谙君子也。①

世人了解段玉裁《说文解字注》,是在嘉庆二十年五月刊刻完毕之后,而自珍13年前,就已听外祖讲授《说文解字》部目,因此自珍学术功底的奠定颇早。此外,在自珍看来,外祖段先生的贡献并非仅仅疏通《说文》,而是借许慎《说文解字》,以阐明仓颉、史籀造字之源,因此并非仅为许慎之功臣,更是仓颉、史籀之功臣!假如段先生生于东汉而自著《说文》,其精深与广博将不在许慎之下。此亦从侧面看出,玉裁对自珍学术影响之深。

汉学家考证名物训诂,喜欢引经据典,动辄数十万言,表面上细密专精,但拙于讲求义理,而理学家空谈理气性命,存在"束书不观、游谈无根"的空疏之弊,对于如何处理这一矛盾,玉裁曾对自珍说:

> 为学嗜琐固取讥,若恶琐而肆意阔略,亦非积小以高大之意,况学问门径自既殊,既不相谋,远而望之,皆一丘一壑耳,身入其中,乃皆成泰山沧海,涉历甘苦,皆无尽也。又曰:贫

---

① 龚自珍:《最录段先生定本许氏说文》,王佩诤校:《龚自珍全集》第三辑,第260页。

女尚有针线缠绵,况学士乎?故单词碎义,虽不成文章,弃之尽可惜。①

在玉裁看来,做学问陷于繁琐饾饤固然不可取,但因厌恶繁琐而放言高论,也不符合学问"积小而至高大"的意旨,治学门径不同,价值取向亦不同,若深入研究皆为泰山沧海,即使经学的单词碎义难为大块文章,弃之不顾亦为可惜。对于外祖的此一学术见解,自珍终生服膺,不敢忘怀。正是由于外祖的教诲,自珍做学问既有汉学家深邃的小学功底,又能阐发五经大义,引申其中的治国安邦之道。

在《尚书》学研究方面,自珍认为,无论是今文经学还是古文经学,都有《书序》;《大誓》出现在汉武帝统治早期而非末年,《大誓》晚立与伏生传《尚书》的家法无涉;今文、古文《尚书》同出于孔子之手,一为伏生读之,一为孔安国读之。未读之先皆为古文,既读之后皆为今文。自珍这些观点的形成,皆与玉裁的传授有关,自珍经过深入研读,亦证实外祖之见堪称卓识。再者,今古文尚书异字颇多,既不能依古文而改今文,亦不能据今文而改古文,此一观点亦源自外祖段玉裁:

又闻之段先生,凡经异师,异师则异字,家法相沿,其来绝旧。非考文之圣出世,有德有位,未易言其是非而定于一者也。②

在玉裁看来,儒家经典由多家经师传习,而不同经师所传经书异

---

① 孙文光、王世芸编:《龚自珍研究资料集》,黄山书社1984年版,第62页。
② 龚自珍:《最录尚书古文序写定本》,王佩诤校:《龚自珍全集》第三辑,第244页。

字在所难免，而传经恪守家法使异字由来久远。如果不是有德有位的考文之圣出世，很难判断谁是谁非，而一些陋师俗儒妄自改经，则危害匪浅。玉裁晚年反思自己的学术道路，认为繁琐的文字训诂未能达到有益治道的目的。自珍接受这一观点，认为汉学家治经，争治文字训诂，不过是"以与后世之契令工匠胥史争；所据者皆贱，所革者功不大"①而已。

正是在玉裁教导下，自珍意识到研治文字训诂，不过是与经师、刻工争高下，学术价值甚微，因此没有走注经的学术道路。诸多经学名家如李锐、江藩、陈奂、姚学塽等师友劝告自珍"写定《易》《书》《诗》《春秋》"，在经学研究上写出不朽的传世之作。但自珍"读百家，好杂家之言"，"有事天地东西南北之学"，并无闲暇工夫写定六经。其坚持"一代之学，即一代之治"的学术理念，认为"文章合有老波澜，莫作鄱阳夹潦看"②，即著述应有浩瀚不凡的气势，不能像马端临《文献通考》、郑樵《通志》那样，徒事史料堆砌，而应搜罗历史典故，写出针砭时弊、经邦济世的文章。

自珍晚年研究《尚书》，兼采今古文，而且对定为铁案的东晋梅（赜）赜伪古文《尚书》，亦是采取包容采纳的态度，在自珍看来，伪古文《尚书》，同样包含圣人治国安邦的精义，自珍作《尚书古文序》，所用版本就包括伪古文《尚书》：

> 伪孔氏《尚书》，视马、郑本文字无大异也。枚赜及伪孔罪虽大，未尝窜改文字，又非别有经师相承，能异文字者也。《尚书》如此，《书序》亦然。自珍今写定《书序》，即用伪孔氏本，

---

① 龚自珍：《古史钩沈论三》，王佩诤校：《龚自珍全集》第一辑，第 26 页。
② 刘逸生：《龚自珍己亥杂诗注》第 76 首，中华书局 1980 年版，第 109 页。

知枚氏罪在妄造故,伪孔罪在妄析故,罪皆不在文字间故。①

自珍以开放的胸襟,以典籍是否包含精义为取舍标准,是一种颇有远见的做法。而自珍的这一见解,亦来自外祖玉裁研治《尚书》的真知灼见。自珍的学术出入于经史,徜徉于释道,精研于舆地、金石,确实具有研治"天地东西南北之学"的广博与大气,与其深受清代各学术流派的影响,广泛汲取众家之长有着密切关系。正如李慈铭所说:

> 瑟人承其外王父段氏声音文字之学。又与吾乡徐星伯氏游,通地理学,尤究于西域蒙古。与邵阳魏默深游,通经世学。与吴县江铁君游及海盐王昙游,通释典杂学。而文章瑰诡,本孙樵杜牧,参之《史》《汉》《庄》《列》《楞华》之言,近代霸才也。②

自珍的汉学功底,源于身为乾嘉汉学名家的外祖父段玉裁,地理学受徐松影响,经世之学受魏源影响,而佛学、杂学则是与江沅、王昙交游切磋的结果。李慈铭一向恃才傲物,对当时学人少有首肯,但却目自珍为"近代霸才",足见自珍学问之渊雅。

第三节　使君政比龚渤海:父亲龚丽正

自珍之父丽正,字旸谷,又字赐泉,号暗斋,生于乾隆三十二年

---
① 龚自珍:《最录尚书古文序写定本》,王佩诤校:《龚自珍全集》第三辑,第244页。
② 李慈铭:《越缦堂读书记》(下),中华书局1963年版,第876页。

(1767），为禔身次子，幼年过继给伯父敬身为子。丽正肄业于杭州紫阳书院，受业于校勘学家、翰林院侍读学士卢文弨，又从岳父段玉裁学习小学训诂，深得汉学真传。

一、任职京师：热官冷做

乾隆六十年（1795），丽正应浙江乡试，中第五名举人，嘉庆元年（1796）参加会试，中式第31名进士，以部属留京，分发礼部学习行走，住在八角玻璃井翰林编修洪梧寓所，洪氏为丽正乡、会试座师。第二年，六岁的自珍随父进京生活。

嘉庆四年（1799），丽正授职礼部主事，赁屋居住在下斜街，并亲自教授自珍《昭明文选》。这一年，精研西北史地的浙江同乡程同文，偕夫人吴玖来龚家造访丽正，二人谈古论今，丽正谨慎恭敬，而程同文言笑放纵不拘，吴玖能诗善画，说话声音犹如环佩叮当，悦耳动听，给一旁侍立的年仅八岁的自珍留下难忘的印象。成年后自珍在程同文辅助下研究西北史地，对于自珍的舆地学研究起了引导作用。

五年（1800）九月，自珍祖父敬身在杭州病逝，丽正丁忧南下奔丧，期间任清江浦书院讲席，撰写《国语补注》。八年（1803）七月，丽正丁忧三年期满，携带眷属随运河粮船回京复职。途经苏州时，丽正拜访篆刻家、书画家瞿中溶，瞿中溶有诗赠丽正："研求故训追韦贾，挥洒鸿篇接马枚。"[①] 对丽正纂辑《国语》旧注颇为赞赏。到京之后，龚家居住在横街全浙新馆，不久补授礼部主事。

[①] 瞿中溶：《杭州龚暗斋仪部（丽正）入都过访话别》，《古泉山馆诗集·金闻稿》卷三，樊克政：《龚自珍年谱考略》，商务印书馆2004年版，第45页。

十一月，丽正考取军机章京。有清一代，军机处是朝廷向全国发号施令的重要机构，它凌驾于内阁之上，直接处理各项朝政，诸如撰写谕旨，商议军政大事，任免黜陟文武官员等。而军机大臣皆为皇帝亲信重臣，军机大臣之外就是精干司员——军机章京，他们负责办理军机处文书事务，承担着代皇帝拟旨，缮写诏令，整理重要的政令、档案等工作，若论官职，军机章京并非高位，但亦属要务。由于身处军机要地，军机章京最易被保举升官，是官员飞黄腾达的重要进身之阶，因此众人为升迁而奔竞谋利。但丽正为人温和恬静，正道直行，在军机处以做事缜密而受到长官倚重，而对人事奥援、奔竞钻营则漠然视之，为官场绝无仅有。正如时人所言："其（指丽正）于人世奥援之工、趋跄之雅，奔竞之巧、举不足以入其怀。时有'小官大做、热官冷做、俗官雅做、闲官忙做、男官女做'之目。热官冷做，即指暗斋也。"[1]

按照定例，军机章京除了缮写谕旨外，其他如在京交片、外省知会以及登记档簿等公文，这一切笔墨皆可不用楷书，而丽正全部使用精楷书写，绝对不写一字行书草书，办事之认真可以想见。当时丽正与其弟守正同为进士，二人为官京师，生活简朴，摒弃奢侈浮华，自官署退值后即闭户读书。洪亮吉赠诗说："后先经学宗三郑，兄弟才名说两龚。"[2] 其对丽正专研三礼的治学精神大加赞扬。嘉庆十二年（1807）十月，丽正取岳丈玉裁所校《干禄字书》并《书后》一篇刻于京师。十四年（1809）丽正充任广西乡试正考官，对于各房落选试卷认真复校，将名士汪能肃从落卷中选拔出来。

清代乡试、会试的阅卷、录取工作，是由同考官（即房考官，简

---

[1] 小横香室主人撰：《清朝野史大观》第3册，卷九《龚暗斋观察》，中央编译出版社2009年版，第942页。
[2] 龚守正：《艳雪轩随记·家乘述闻》，《仁和龚氏集》民国钞本。

称"房官")分房阅卷,并将拟选试卷推荐给主考官,再由主考官从各房荐卷中选拔优者录取。未经同考官推荐的以及荐而未中的均称落卷。但同考官未荐之卷确有一些佳卷,为了不埋没人才,主考官对各房落卷再行搜阅,如有佳卷,照样取中。这一做法,即称为"搜落卷"。但诸多同考官能力不强,往往不能认真阅卷,推荐佳卷,而主考官也没有精力遍阅落卷,草率录取,以致遗失佳卷,士子有遗珠之叹。丽正能将名士汪能肃从落卷中选拔出来,足以说明其录取士子一秉大公,对乡试考务认真负责。

二、调任徽州、安庆知府:拒绝血翎子

嘉庆十七年(1812),丽正调任徽州知府,举家离京南下。赴任之际,岳丈玉裁勉励丽正仿效唐代韩愈、柳宗元以及其父敬身,做造福一方百姓的亲民之官,玉裁说:"夫君子在朝廷、在一州,惟君所使耳。苟有可以及民,不必在朝廷也。郡县之长吏,亲民近而化民速,庶几可以尽其心,安见不贤于在朝廷也!"因此劝丽正要"专心壹力于是邦"。丽正接到书信,表示"当益加小心,谨守先君之法,尤仰丈人诲言"[1]。徽州是汉学泰斗戴震的家乡,人文昌盛。到任第二年,戴震子嗣为其树立墓碑。丽正自称"戴震愚侄",为其墓碑题写碑文,表达对戴氏学术的仰慕之情。十九年(1814),79岁高龄的段玉裁亲自来到徽州,与女婿丽正、外孙自珍祖孙三代同谒戴震之墓。

在徽州知府任上,丽正勤于治理地方政务,广泛结交文人学士与地方名流。《徽州府志》编纂于康熙年间,至此已130年未修纂,因

---

[1] 段玉裁:《送龚婿丽正之徽州郡守序》,《经韵楼集》卷九,凤凰出版社2010年版,第210页。

此嘉庆十九年（1814），丽正决定重修府志，建立徽州府志局，延请名士汪龙、洪饴孙、武穆淳、胡文水等人纂修，发凡起例，拟定传目，搜讨徽州文献。自珍参与修志，负责"甄综人物、搜集掌故之役"。修志不到一年，丽正因调任安庆知府而离开徽州，府志未能修成，但为其后任修纂府志积累大量史料，其功劳不可抹杀。自珍为修志搜集大量文献，著成《与徽州府志局纂修诸子书》《徽州府志氏族表序》等文。

绩溪学者胡匡衷精通礼学，认为《仪礼》为西周初年所制，其中多有诸侯之官，可籍以考证，因此著《仪礼释官》六卷，对《仪礼》所载诸侯之官进行详细考辨，乾嘉以来研究周代侯国官制，当以此书最为详审，同样精通礼学的丽正对此书评价颇高，认为《仪礼释官》"使治经者知行礼之人之等阶职守，以通乎制礼之精意，其于此经足自立矣。……韩愈氏生于今日，必不苦此经难读矣"[①]。并资助《仪礼释官》的刊刻。同时资助刊刻的还有胡匡衷之侄胡秉虔的《卦气解》。歙县贡生江有诰嗜好古学，专心致力于古韵之学，十七年（1812）九月，亲自去苏州拜见玉裁，请教音学问题，玉裁指出书稿纰缪，并欣然作序。此时，丽正调任徽州知府，早已熟知有诰之名，对其品学非常尊重，相与讨论古学，并进行生活资助。

二十年（1815）五月，岳父段玉裁《说文解字注》刊成，丽正参与校字。夏季，两江总督百龄破获方荣升案。安徽和州人方荣升习染邪教，自称弥勒佛转世，下凡普度众生，又编造匿名揭帖，上有九龙方印。百龄破获此案，方荣升被凌迟处死。此案疑点颇多，但由于百龄与时在南京丁忧的直隶总督方维甸不和，方维甸对百龄贪赃枉

[①] 龚丽正：《仪礼释官序》，胡匡衷：《仪礼释官》卷首，《续修四库全书》第89册，上海古籍出版社1995年版，第303页。

法之事有所耳闻，百龄借口方荣升为方维甸远亲，故意将小案办成巨案，以打击方维甸。接到奏报后，嘉庆帝颇为欣喜，给朝中大臣阅看百龄奏折，礼亲王昭梿亲见百龄奏折中有"八门阵九天元圣"诸语，认为"铺叙荒诞，颇类小说，非敷陈体，心甚疑之"[①]，甚至认为方荣升的九龙方印为百龄伪造。

不久，身为安庆知府的丽正奉特旨搜捕教匪余党，且有教匪的真实姓名。安徽各州县缉获匪徒后押解省府，而巡抚命令首府亲自审讯，案件落在丽正手中。经过审讯发现这些累累桎梏的犯人皆非真教匪，于是对囚犯说："予当为若辈申救之。"于是丽正给刑部尚书戴敦元写信，陈述所获教匪的冤状。戴敦元回信说："此十数人者，皆上书名指拏之人，未可轻纵。"于是150余名囚犯被处死。两江总督百龄以获匪案上奏皇帝为属员请功，将丽正之名列于首位。丽正坚辞不受，其言："不去官犹可，若一条血翎子，则断断不敢受也。"[②]于是百龄删去丽正之名，但对其更为器重敬佩，后来上疏密保丽正，于是丽正迁升苏松太道。丽正不接受以无辜民众的鲜血染成的"血翎子"，表现出官僚士大夫的气节与良知。

三、擢升苏松太兵备道：溥仁恩于三党

嘉庆二十一年（1816），丽正擢升江南苏松太兵备道，驻上海。直到道光五年（1825）辞官返乡，监督海关九年之久。苏松太道耗羡陋规收入颇为丰厚，但丽正辞官时并无积蓄。原因在于丽正喜欢结交

[①] 昭梿：《啸亭杂录》附《啸亭续录》卷四，《方荣升》，中华书局1980年版，第499页。
[②] 吴庆坻：《蕉廊脞录》卷三，《龚丽正鞫囚》，中华书局1990年版，第76—77页。

宾客，东南文人雅士大都集于门下；再者，丽正无论为官京师，或出任地方官，喜欢接济同族，抚恤穷困潦倒的亲朋故旧，因此亲戚、乡里、寒士等投奔之人络绎不绝，丽正一概来者不拒，竭尽全力资助，因为好客好饮好施舍，甚至为此不惜借债巨万，到辞官时不名一文，亦在情理之中。对此其弟守正曾说：

> 上海观察，廉俸甚优，自丙子至乙酉，阅九年之久。于是六兄得大展其孟尝好客之志，一时有'九段（六兄岳家）十三龚'之目。此犹就常住署者言之，其余行李往来，供其困乏者，尚不在此数也。有数十年不通音问之亲戚，而纡道以访之；有漠不相关冒认亲友，而误周恤之。来者不拒，有求必应。无论其人之智愚贤不肖，无不礼为上宾，佛法平等也；无论其为丧葬嫁娶之急需，或为淫赌之浪费，一视同仁也。大约九年之中，所费不下数万金。①

除龚氏、段氏家族的族人亲戚之外，一时文人学士亦齐集苏松太道官署，其中学者钮树玉、何元锡、庄绶甲等人，他们或为丽正幕僚，或为龚家教师，丽正对其资助不遗余力。嘉庆二十二年（1817）八月，诗人王昙去世，自珍为其营葬苏州虎丘山，并撰《王仲瞿墓表铭》。此时自珍没有官职与收入，而资助王昙下葬的金钱，显然来自其父丽正。

袁廷梼与周锡瓒、黄丕烈、顾之逵号称乾嘉藏书四友，以藏书与收藏砚台闻名，江藩《国朝汉学师承记》云："（袁廷梼）蓄书万卷，皆宋椠元刻，秘笈精钞，以及法书、名画、金石、碑版，贮于五砚

---

① 龚守正：《艳雪轩随记·家乘述闻》，《仁和龚氏集》民国钞本。

楼中。"① 袁家兴盛之时，文酒声伎，高朋满座，丽正未中科第时，亦为袁家座上客。段玉裁与袁氏亦时相过从。袁廷梼曾得到康熙名臣、学者徐乾学留植于金氏听涛阁下的红蕙，种于自家阶前，名其书室为红蕙山房。但廷梼死后，袁家很快败落，其藏书亦多散佚。

二十四年（1819）冬，袁廷梼之子来到苏松太道官署拜访，由于家道败落无以为生，出示家藏晋砚来换钱，丽正慷慨解囊资助，但并未接受砚台。对此自珍作诗感慨道："香满吟笺酒满卮，枫桥宾客夜灯时。故家池馆今何许？红蕙花开空染枝。"② 袁宅位于苏州阊门外枫桥镇，鼎盛时灯火阑珊，美酒嘉宾，如今袁家池馆虽在，而作为世家大族的袁家子孙又在何方？只有红蕙花开，徒自染红树枝。

浙江乌程拔贡周中孚与龚家有旧交，受丽正之荐，中孚为上海藏书家李筠嘉整理私人藏书，参与编定《慈云楼藏书志》，二十五年（1820）成书。在《慈云楼藏书志》的基础上，中孚进一步抉择去取、增补删并、润饰字句，撰成《郑堂读书记》。对于宾客云集上海官署的状况，其子自珍曾作诗说：

默默何所扪，忆丙子丁丑：家公领江海，四坐尽宾友。
东南骚雅士，十或来八九。家公遍觞之，馆亦翘材有。③

道光元年（1821），丽正校勘刻印岳父玉裁《经韵楼集》行世。三年（1823），玉裁弟子陈奂为丽正所聘，坐馆龚家三年，教授自珍二子，即长子龚橙、次子龚陶。第二年冬，陈奂见到钮树玉，并获见

---

① 江藩：《国朝汉学师承记》卷四，中华书局1983年版，第60页。
② 龚自珍：《题红蕙花诗册尾并序》，刘逸生、周锡䪖校注：《龚自珍诗集编年校注》（上），第52页。
③ 龚自珍：《乞籴保阳》其三，刘逸生、周锡䪖校注：《龚自珍诗集编年校注》（上），第496页。

段玉裁手稿。后又结识徐渭仁、曹籀。四年（1824），丽正命其弟绳正刊刻本生父亲禔身诗集《吟朧山房诗》，并将刊刻所需资费寄给绳正，七月在宁波月湖书院刻竣。第二年五月，丽正奉旨进京，送部引见，不久引疾回归故里。返乡后，丽正主讲杭州紫阳书院十余年，每每以"先器识，后文艺"鼓励诸生，督课作文要求甚严。乡居时，丽正参加振绮堂汪远孙倡导的东轩吟社，与乡里名士文人以诗词唱和。

十六年（1836），丽正70寿辰，其子自珍向户部侍郎程恩泽请求寿联，程恩泽信笔写道："使君政比龚渤海；有子才如班孟坚。"[1]程恩泽称赞丽正为官地方，造福百姓，堪比汉代循吏龚遂，同时称赞丽正之子自珍，才华可比汉代班固。梁章钜寄寿联云："累世纪群交，忆兰省枢垣，齐向后尘趋轨范；传家召杜谱，喜皖峰沪渎，共听两地颂台莱。"[2]丽正由礼部转任军机章京，是梁章钜的同官前辈；梁章钜仕宦江南，又正值丽正由徽州知府擢升苏松太道，故有此联。

道光二十一年（1841）三月，丽正病逝杭州，享年75岁。好友胡敬作挽联云："司管榷者十年，宜富而贫，视古名臣无愧色；溥仁恩于三党，为善必报，知君后世有传人。"对丽正为官清廉、周恤同族的做法颇为肯定。

青年时代的自珍，面对嘉道时期土地兼并、流民加剧的社会现实，曾作《农宗》一篇，在改革方案中将民分为大宗、小宗、群宗和闲民四类，提出"宗能收族，族能敬宗"的思想，希望能以大宗养小宗，仿效西周井田制进行农宗改革，通过宗族互助来解决贫富不均的社会危机，或许是受了高祖龚茂城周恤同族做法的启发；同时还与其父一向周恤亲戚同族、资助贫寒士人的耳濡目染，有着直接的关系。

---

[1] 梁章钜：《楹联丛话》卷12，中华书局1987年版，第157页。
[2] 梁章钜：《楹联丛话》卷12，中华书局1987年版，第157页。

丽正跟从岳父玉裁学习小学训诂,深得汉学精义,著有《国语注补》《三礼图考》《两汉书质疑》《楚辞名物考》等书。但丽正卒后五个月,其子自珍亦暴卒,致使丽正大部分诗文稿与经学著述,除个别诗词散见之外,大部分没有刊刻行世。

第四节 匪将门阀傲江滨:龚门女性与功名仕宦

在传统社会"男主外,女主内"的模式下,作为一家之主的丈夫、父亲往往忙于生计的维持,或外出读书,或做官游幕,或经商谋生,常年在外不归,很少有机会与子女平等交流或者教读娱乐,对子女的爱往往通过挣取家业或者严厉管束来体现。而家庭日常生活的操劳、教育子女往往落在妻子、母亲身上,因此女性的贤惠与否,对整个家庭的维持发展就显得非常重要。

科举功名、为官作宦以及诗文著述,是衡量一个家族文化品位、政治影响与地方威望的重要尺度。众所周知,龚自珍出身于一个世代为宦的书香门第,本部分将对自珍直系先祖与子孙的功名仕宦情况列表加以统计。

一、龚门女性

家族女性尽管被排除在以男性为中心的宗法制度之外,不得参加科举考试与出仕做官,但在富有家学传统的大家族中,女性同样能有接受良好教育的机会。甚至与其父兄一样,精通家族学术与诗词歌赋，在教育子女方面具有得天独厚的优越条件。龚氏家族的女性，如自珍祖母陈恭人任劳任怨抚养子侄四男二女，使他们能够顺利求学仕宦，娶妻婚嫁；而自珍之母段驯，以卓越的才华浸润影响其子，使之成为晚清学术的代表人物，对这个家族的兴旺昌盛功不可没。但为了避免叙述的支离破碎，有关段驯的论述放在第四章。

（一）祖母陈恭人：抚侄辈如己出

乾隆三十四年（1769），敬身、禔身兄弟二人一同考中进士，同在京师为官，二人同住同车，不分畛域。四十一年（1776），敬身之弟禔身去世，年仅37岁。不久，其妻妾亦相继去世，留下五子二女，即履正、丽正、绳正、京正、守正以及二女，皆为孩提年幼，号呼满庭。丽正在生父去世之前，已过继敬身为子。其余四子二女，同样由敬身夫妇抚养照看。

京官俸禄微薄，抚养这么多子侄，各项开支可谓不菲。四十八年（1783），敬身出任云南楚雄知府，这些子侄亦随敬身前往楚雄。敬身为官清廉，杜绝各种病民陋规，不受馈赠，生活节俭如同老书生，甚至还把俸禄用于营造书院，设置漏泽园，安葬无主尸骨以及家贫无葬地者。因而敬身虽然为官京师与地方，但家中积蓄无多。

好在敬身夫人陈恭人鼎力相助，维持有方，才使龚家生活有条不紊："京曹清约，夫人持之以俭，郡守用繁，夫人节以礼，故在京无绌，而在外不糜。"对于子侄，陈恭人更是疼爱有加，如同己出，"巨而就傅，细而缝纫，长而授室，壮而服官，恩义交尽"[①]，正由于陈恭人的深明大义，这些子侄得以健康成长，顺利完成学业，出仕为官各

[①] 余集：《秋室学古录》卷四，《龚母陈恭人传略》，《清代诗文集汇编》第395册，上海古籍出版社2010年版，第47页。

地。二十年来，他们读书求宦，娶妻婚嫁，敬身夫妇抚养照看，教养一如丽正，毫无差别。结果履正官至广东盐大使，绳正为诸生有名，京正官至河南从九品，守正官至翰林院庶吉士，礼部尚书，侄女二人皆嫁归士族。他们的成才与敬身夫妇的教养关系密切。

其中最为优秀的是龚守正。龚守正，字象曾，号季思，禔身第五子，守正因为貌似曾祖，因此乳名象曾，后以为字。嘉庆五年（1800）举人，七年（1802）进士，转任编修。守正在翰林院十年，仍未开坊升入詹事府中允、赞善等官，被人戏称为"老编"。守正历典湖北、陕甘、江南乡试，督学山东、江苏，官至礼部尚书。

守正一生以文学侍从受三朝知遇："两充会试总裁，……凡殿廷考试阅卷读卷、殿阁修书、各馆修史，文臣之事无虚岁。扈跸谒东、西诸陵及驾幸热河，赐紫禁城骑马。署工部侍郎时，往东陵查勘岁修工程；任通政使时，往定福庄监槩查抢夺粮石案；署工部尚书时，查勘景陵方成台坍塌情形，会审琦善、伊里布案，皆称旨。"[①] 咸丰元年（1851）八月，守正卒，享年76岁。著有《日下赓歌集》《艳雪轩文稿》《艳雪轩诗存》《季思手定年谱》等。

守正有子三人：自闰、自閎、自閎。长子龚自闰，字一山，号月槎，曾官山西河东中场、东场盐大使，曲沃知县，广东乐昌知县。次子龚自閎，字仲庸，号养和，道光十五年（1835）举人，二十四年（1844）进士，官内阁中书、宗人府主事。自閎成进士后不慕荣进，喜欢作诗，嗜读宋儒性理之书，每以莳花竹自娱，沉沦冷官闲曹十余年，以宗人府主事终老。三子自閎，字应皋，一字节兰，号叔雨，师从著名学者李兆洛，二十三年（1843）举人，二十四年进士，由翰林院编修历官工部侍郎，著有《盟鸥舫文存》《盟鸥舫诗存》《联语汇

---

① （民国）《杭州府志》卷126，《名臣四》，《中国地方志集成》本，江苏古籍出版社1993年版。

存》等。

守正一支,科名一直较为通达,三子皆入仕为官,其中自闉、自闳二人皆成进士,居官京师。由此可见,陈恭人深明大义抚养子侄,对于维系家族人丁兴旺、科甲绵延,有着重要的意义。

(二)妹妹龚自璋:脱口吟成绝妙词

自珍之妹自璋,字瑟君,号圭斋,嫁与朱祖振为妻。朱祖振为廪生,曾任浙江盐大使,江苏石港场盐大使,著有《说文假借引申义略》。自璋师从清代女诗人归懋仪,天性风流神韵,善于吟诗作赋,风格清新佳丽,深得归懋仪作诗的旨趣妙处,著有《圭斋诗草》。书法娟秀可喜,曾为母亲段驯《绿华吟榭诗草》誊抄一部。

对于自璋的才华,归懋仪曾作诗赞叹:"脱口吟成绝妙词,笑拈斑管写新诗。忆君天成耽风雅,砚匣随身不暂离。"[1]在归懋仪眼里,自璋天生具有诗才,已到出口赋诗、下笔成章的地步,因此纸笔从不离身。吴振棫《国朝杭郡诗续辑》收录其诗一首,即《清和望后二日许云林姊招饮斋中即席和湘佩姊韵》尽显自璋的才女风度:

> 水月襟怀冰雪姿,二王书法六朝词。
> 追陪已幸生同世,倾倒何嫌恨见迟。
> 胸有良方堪疗俗,目能神相更矜奇。
> 扇头亲乞瓯香笔,长奉仁风当读诗。[2]

许云林亦是清代才女,诗文字画臻于神妙,诸多姐妹欢饮之余,

---

[1] 归懋仪:《十忆诗寄圭斋夫人江右》其九,李雷主编:《清代闺阁诗集萃编·归懋仪集》,中华书局2015年版,第2476页。
[2] 龚自璋:《清和望后二日许云林姊招饮斋中即席和湘佩姊韵》,吴振棫编:《国朝杭郡诗续辑》卷43。

自璋提笔即席赋诗,赞美席中一姐妹冰雪聪明,书法可比晋朝王羲之、王献之,诗词追比六朝,其高雅脱俗,令人产生"幸生同世"的感慨。其实,此为自璋本人自画像的绝妙写照。

嘉庆二十四年(1819),28岁的自珍赴京师会试,妹妹自璋亦有和兄之作《春日登紫翠楼与定庵兄话别即和原韵》,收入《圭斋诗草》之中:

> 重叠春山重叠云,满山红紫正纷纷。
> 一年好景君须记,明日花前手又分。
> 诗句勉依慈母和,酒颜拼似阿兄醺。
> 垂杨应解人将别,青眼盈盈意太殷。①

自璋颇负作诗填词之才,往往下笔成章,在与哥哥分手之际,她没有母亲那样细致入微的生活关怀与体贴,而将兄妹分别的伤感之情与难分难舍的惜别之意,表达得婉转细腻。那漫山遍野的姹紫嫣红,似乎都已感染了离愁别绪,那细长如丝的依依杨柳,最能体会离人此时此刻的心境,自璋与兄长依依难舍的手足之情,被描摹得淋漓尽致。

自璋晚年境遇凄苦,道光二十一年(1841)三月,其父丽正病逝,八月其兄自珍暴卒。最令其难以忍受的是,爱女茝洲叔茏吞金殉夫!自璋长歌当哭,作诗唱和同乡沈善宝《寄怀诗》云:

> 不睹南来雁,离愁积几何?频劳京国梦,远忆越江波。
> 雅抱同徐谢,豪情淡绮罗。尺书如面话,厚意故人多。

---

① 龚自璋:《春日登紫翠楼与定庵兄话别即和原韵》,王洪军:《段驯龚自璋抄本诗集考》,《文献》1998年第2期。

多才更多福，夫婿喜鸣鸾。身以驰驱健，心因阅历宽。
诗怀清似水，交谊臭如兰。何日西窗烛，衔杯续旧欢？①

自璋能诗工赋，堪称才女，才情怀抱堪比汉晋女诗人徐淑、谢道韫，随着人情阅世的增多，自璋的心境变得越来越宽，其诗情淡淡如水，而与好友沈善宝的交谊则其嗅如兰，何时二人才能一同西窗剪烛，把酒临风叙谈旧日友情？面对人生的厄运，自璋淡雅从容，只要还有诗与远方，人生就会有希望！

（三）自珍之女以及龚氏家族的姻亲

自珍长女阿辛，为继室何吉云所生，由于受家庭环境的熏陶，亦工于填词。对此自珍曾云："吾女阿辛，书冯延巳词三阕，日日诵之。自言能识此词之旨，我竟不知也。"② 在一个能诗善词的书香门第，阿辛通晓南唐词人冯延巳的词，能填一手绝妙好词，应为顺理成章之事。对长女的才华，自珍作诗云：

词家从不觅知音，累汝千回带泪吟。
惹得而翁怀抱恶，小桥独立惨归心。③

自珍作为词家，从不希望找到什么知音，想不到自己的女儿却受到这些词的感动，千百回带泪吟咏。工于填词又能怎样？反而惹起自珍怀才不遇的伤感，独自一人立于小桥之上，心绪黯淡。可见，自珍

---

① 沈善宝：《名媛诗话》卷六，《续修四库全书》第1706册，上海古籍出版社1995年版，第617页。
② 刘逸生：《龚自珍己亥杂诗注》第18首，中华书局1980年版，第19页。
③ 刘逸生：《龚自珍己亥杂诗注》第18首，中华书局1980年版，第19页。

长女阿辛亦为善于填词的风流才女。

　　世家大族之间的联姻,是一个家族兴旺的重要保障。纵观嫁入龚氏家族为媳的女性,多出身于诗书之家或官宦之门。自珍曾祖龚斌,娶举人薛凤池之女;自珍祖父敬身,娶浙江仁和人陈氏,为福建延津邵道陈嘉谟之妹;本生祖父禔身,娶潘氏,为河南镇平知县潘思藻之女;自珍之父丽正,娶名儒段玉裁之女;自珍先娶舅父之女段美贞,继娶浙江山阴人何吉云,为安庆知府何裕均孙女;长子龚橙,娶浙江钱塘人陈氏,为翰林院编修、詹事府詹事陈宪曾之女;次子龚陶,娶浙江仁和人汪氏,为内阁中书、藏书家汪远孙之女。由上可见,嫁入龚家的女性,皆出自读书仕宦之门,且多为浙江人。

　　而龚家的女性,所嫁人家亦多为读书仕宦之家。自珍姑母三人,一为敬身之女,嫁给仁和同乡潘立诚,为福建兴泉永道潘本义次子,曾任直隶长芦严镇场盐大使;其余二位姑母为禔身之女,一嫁仁和人余诚然,为侍读学士余集之子;另一姑母嫁给金润,生平不详;自珍之妹自璋,嫁给廪生朱祖振,曾任浙江盐大使,江苏石港场盐大使;自珍长女阿辛,嫁给廪贡生刘赓为妻,刘赓为刘良骥之子,其叔刘良驹为自珍进士同年,内阁中书同僚。

　　特别值得一提的是自珍幼女阿莼,为灶下婢所生,与身为孔子圣裔的孔宪彝之子孔庆第结亲,并未因其母出身的卑微而有所歧视。孔庆第曾为官盐大使,直隶候补知县。作为儿女亲家,孔宪彝曾云:"君(龚自珍)室吉云夫人工书,长女工词,以次女许字儿子庆第,他日亦当能文也。"[1] 自珍将小女阿莼许配孔庆第,而孔宪彝希望儿子能娶阿莼为儿媳,将来孙子亦能精于诗文,以诗书传家,博取高第。从孔宪彝的态度可以看出,在科举盛行的清代,娶工于诗文的女性为

---

[1] 张祖廉:《定庵先生年谱外纪》,王佩诤校:《龚自珍全集》附录,第645页。

妻，是希望子孙科场高中的筹码之一。

二、龚氏家族的功名仕宦

龚氏家族作为杭州名门望族、世代为宦的书香门第，至自珍之世，可谓"家住钱塘四百春"，至自珍之孙应该有五百年左右。据龚自闳《国朝龚氏科名录序》记载："龚氏家谱编入世系者三百五十一人，游庠序者四十余人，芸香递衍既阅十一代，绵延勿替。……国朝龚氏科名则自玉英公，始登贤书者十三人，副榜者二人，拔贡者一人，捷礼部试者八人，中正榜者一人。"① 由此可见，龚氏家谱之中，编入世系者351人，其中入庠序读书的40余人，乡试中式13人，副榜2人，拔贡1人，会试中式8人，龚氏家族科名之盛，由此可见一斑。

在这五百年中，通过龚氏族谱以及龚家子孙的撰述可以看出，龚氏家族从自珍十一世祖至自珍之孙，直系亲属中共有进士7人，其中自珍祖父辈进士2人，即敬身与禔身，自珍父辈进士2人，即自珍之父丽正与叔父守正，自珍同辈进士3人，即自珍、自阆与自闳。举人包括外祖共3人，即十一世祖龚潮、外祖玉裁与从兄自芳。诸生（包括监生）11人，曾有仕宦经历（包括外祖）的共有20人，死后获得移赠虚衔的5人，曾著述诗文集（包括外祖、母亲与妹妹）的有16人。若单统计龚自珍的直系先祖与子孙，从其十一世祖至自珍之孙，包括外祖段玉裁、母亲段驯，其具体科名、著述、仕宦情况见下表：

---

① 龚自闳：《国朝龚氏科名录序》，《盟鸥舫文存》，《晚清四部丛刊·第六编》91，台中文听阁图书有限公司2011年版，第125—126页。

龚自珍及其亲属功名仕宦著述表

姓名	关系	功名	仕宦	著述
龚潮	十一世祖	举人	钱塘县学教谕	
龚凤	八世祖		官永宁教谕，天长知县，敕封文林郎	
龚九叙	七世祖	郡庠生	以子贵，移赠承德郎	有诗文与诸名彦相唱和，未刊刻，传于后世绝少
龚煜	五世祖		幕僚，貤赠朝议大夫	《前世因诗文稿》
龚茂城	高祖	太学生	曾长期经商	
龚鉴	曾伯祖	雍正七年拔贡	江苏甘泉知县	《毛诗序说》《读周礼随笔》《甘泉古文》《硕果四书文》
龚斌	曾祖	邑增生	初为塾师，后弃儒为商，晚年曾任赵州书院讲习	《有不能草》
龚铎	曾伯祖	钱塘诸生		《三愿堂诗集》
龚敬身	祖父（过继）	乾隆三十四年进士	曾官内阁中书、宗人府主事、吏部稽勋司员外郎、礼部精膳司郎中、云南楚雄知州、迤南兵备道	曾手点《左传》，批校《汉书》，随笔校勘《汉书》四百余事，作《汉书补注》未成书，著《桂隐山房遗稿》
龚禔身	本生祖父	乾隆三十四年进士	官至内阁中书，军机处行走	著有《吟䑋山房诗》
龚澡身	叔祖	附贡生	以子官貤赠修职郎，象山县学教谕	《鉴敬书屋诗稿》
龚理身	叔祖	附生	貤赠奉政大夫，詹事府司经局洗马加一级	校勘《华严疏钞》，著《溪庵诗稿》
龚治身	叔祖	国学生	貤赠奉政大夫，翰林院侍讲	
段玉裁	外祖	乾隆二十五年举人	曾任贵州玉屏、四川巫山等县知县	师事戴震，著有《说文解字注》《六书音均表》《古文尚书撰异》《毛诗故训传定本》《经韵楼集》等
龚丽正	父亲	嘉庆元年进士	官至苏松太兵备道，曾署江苏按察使	著有《国语注补》《三礼图考》《两汉书质疑》《楚辞名物考》等

续表

姓名	关系	功名	仕宦	著述
段驯	母亲			著有《绿华吟榭诗草》
龚守正	叔父	嘉庆七年进士	官至礼部尚书	《日下庚歌集》《艳雪轩文稿》《艳雪轩诗存》《季思手定年谱》
龚履正	伯父		官广东招收盐场大使，感恩县知县	
龚绳正	叔父	廪贡	鄞县训导、秀水教谕	
龚京正	叔父		官南河马头巡检，宿迁县丞，清河知县	
龚荣正	堂叔	道光十一年举人		
龚自珍	本人	道光九年进士	任内阁中书、宗人府主事和礼部主事等	著有《定庵文集》《己亥杂诗》
龚自璋	妹妹			《圭斋诗草》
龚自閎	从弟	道光二十四年进士	内阁中书、宗人府主事	
龚自闳	从弟	道光二十四年进士	自编修历官工部侍郎	著有《鸥盟舫文存》《鸥盟舫诗存》《联语汇存》
龚自芳	从兄	道光二年举人	浙江泰顺教谕	
龚自昶	从兄		官安徽按察司司狱、广东长乐巡检	
龚自璇	从兄		湖北麻城、武昌县丞	
龚自树	从兄		湖南辰州府经历	
龚自阆	从兄		山西河东中场、东场盐大使，曲沃知县，广东乐昌知县	
龚橙	长子	监生		著有《元志》《汉雁足灯考》《诗本谊》《理董许书》《六典》《诗图》
龚陶	次子	廪贡	曾署江苏金山知县	
龚光第	孙	附生		
龚齐崧	孙	附生		

资料来源：樊克政：《龚自珍年谱考略·家世》，商务印书馆2004年版。

第二章

科举之路与政治抱负

明清两代选官，皆注重进士与翰林出身，非进士翰林出身难以跻身大学士或宰辅，即使世家大族或者官宦子弟亦不例外。因此士林华选、金榜题名是每一个明清士子的梦想，正如《儒林外史》中马纯上对蘧公孙所言："就是夫子（孔子）在而今，也要念文章，做举业，断不讲那'言寡尤，行寡悔'的话，何也？就日日讲究'言寡尤，行寡悔'，那个给你官做？孔子的道也不行了。"[①] 马先生认为孔子生活在明代，亦要精通八股文参加科举考试，才能入仕做官。其言虽粗俗直白，但却道出明代士人的生存常态：必须谋取科举功名，以为进身之阶，才是士子唯一的出路。明代还给吏员、幕僚一定迁升机会，与清代相比较为宽松。清代士人出路更为狭窄，吏员、幕友出仕机会完全断绝，科举入仕显得尤为重要。

中国官僚政治从秦汉伊始，本质上并非世卿世禄的贵族制，而是"学而优则仕"的国家选官制。正如王亚南所言：

> 贵族最基本的形造条件是世禄世官，就政治支配的关系来说，是"生成的"统治者；官僚立在政治支配地位，在最先，即以中国而论，在秦代乃至汉代前期，并不是"生成的"，而是依"以学干禄"或"学而优则仕"，或所谓"故大德必得其位，必得其禄，必得其名"做成的。"生成的"与"做成的"不同的分野，就是说后者不能靠血统、家世取得统治地位，而必须多少具备当时官制所需求的某种学识、能力或治绩。[②]

事实上，中国自战国以来，做官即已打破家世血统而学以干禄，

---
① 吴敬梓：《儒林外史》第13回，华夏出版社2013年版，第93页。
② 王亚南：《中国官僚政治研究》，商务印书馆2017年版，第75—76页。

此为中国传统政治的特色。汉代的察举征辟制，魏晋南北朝的九品中正制，实质皆为按才德学识授职。科举制始于隋唐时期，则为达成此一政治目标的最佳途径。

作为一名士大夫，科举考试是龚自珍人生的重要组成部分，与贫寒士子相比，其有常人无法比拟的优越：不仅无衣食之忧、困厄之苦，而且拥有家学资源，特别是普通士子难以见到的珍本秘籍与博学鸿儒的指点。就科举考试而言，自珍直接入国子监读书，不必辛辛苦苦考秀才，同时作为官宦子弟，在录取方面亦有某些优势。加上自珍天资绝异，才华横溢，按理其科举之路应一帆风顺。

但事实上，自珍的科举之路并不顺利，嘉庆二十三年（1818），27岁的自珍得中举人，后经过六次会试，直到38岁才成为进士，其中饱含诸多焦虑、郁闷与不平之气。另一方面，由于放言批判时政，加上楷法不好，自珍成进士后未能入翰林院，更谈不上入阁拜相，其沉沦闲曹冷职，一生抑郁不得志。此固与科举选士不得人才、官员选拔过于注重书法有密切关系，但更与自珍放言论政、对时弊直陈无隐息息相关。

自珍有贾谊、终军之才，一生向往士林华选、位居卿相以安邦济世，但在万马齐喑、国运中衰的嘉道时期，英雄无用武之地，只能在注释古籍的"虫鱼之学"中了却一生，政治抱负难以施展！自珍貌似给人以"荷戈斗士"的印象，事实上，其内心世界一直陷于眷恋功名与批判现实的矛盾中，并力图通过戒诗、逃禅、隐逸等方式来舒缓内心的压力与紧张，力图避免自身与官场的正面冲突。但率真狂傲的个性使自珍批判的锋芒不可遏抑，本章揭示其批判意识形成的个性因素与心理状态。

第一节　纵使文章惊海内：启蒙教育与乡试夺魁

龚自珍籍隶浙江仁和，有清一代仁和出状元四人，在浙江各府县之中最多。清代浙江籍的三鼎甲即状元、榜眼与探花仅次于江苏，居于全国第二位。龚家为杭州名门望族与书香门第，科甲亦颇为繁盛，自珍祖辈、父辈、本人及从弟祖孙三代，即有七人有进士功名，族中举人、诸生人数颇多，龚家科名亦为浙江科甲发达的一个侧影。

一、江浙地区科举文化的高度发达

中国自隋唐以讫宋元明清，科举制成为沟通天下士子与朝廷官府之间的主要桥梁，亦为士大夫实现"修齐治平"理想的重要途径，清代科举考试的层级设计，正如《清稗类钞》所云：

> 国家以科名奔走天下士，童子诵习经书，而通其句读文义，能敷之为文。每岁，所在郡县，群聚而试之，其文之明而切、才之秀而可底于成者，则次第其名，以升于州县若府，州县若府又试而先后之，上督学使者。使者至，则以校而去取之，按其额以补学官弟子。
>
> 其旧为学官弟子者，亦试于使者。试有岁有科，岁分文与武，而科试惟文士而已。使者岁、科试，凡三岁而遍，其子、午、卯、酉之年则有乡试，取于新旧学官弟子，中是科者，号为

举人。又进于礼部，则有会试，取于乡试之举人，中是科者曰进士。丁、辰、戌、丑、未之年，其乡、会试皆天子简京朝官之翰、詹、科、道、部曹娴文者及九卿大员主其试，大抵踵明之故。而士之怀才抱器，毅然思有所表见于当世者，靡不由是以进矣。①

有清一代，朝廷通过县试、乡试与会试，对天下士子进行各级考试，层层选拔而为诸生、举人与进士，士人具有贡生、举人功名即可入仕。这样，朝廷将天下人才网罗到各级官府，为官僚队伍补充新鲜血液。正如钱穆所言：

> 凭事实讲，科举制度显然在开放政权，这始是科举制度之内在意义与精神生命。汉代的选举，是由封建贵族中开放政权的一条路。唐代的公开竞选，是由门第特殊阶级中开放政权的一条路。②
>
> 考试制度，是中国政治制度中一项比较重要的制度，又且由唐迄清绵历了一千年以上的长时期。中间递有改革，递有演变，积聚了不知多少人的聪明智力，在历史进程中逐步发展，这绝不是偶然的。③

的确，科举制度给广大士子以进身之阶，使每一位身为"田舍郎"的寒士，皆可抱有"暮登天子堂"的幻想。可以说，这是一条千军万马过独木桥、难于上青天的通天路，是千百年来空前伟大的"烟

---

① 徐珂：《清稗类钞·考试类》第2册，《以科名奔走天下士》，中华书局1984年版，第584页。
② 钱穆：《中国历代政治得失》，生活·读书·新知三联书店2001年版，第56—57页。
③ 钱穆：《中国历代政治得失》，生活·读书·新知三联书店2001年版，第89页。

幕弹",给广大士子跻身官僚队伍以近乎绝望的幻想。但科举造成的社会流动不言而喻,士人"修齐治平"的抱负亦可得以实现,这些功绩不容抹杀。

江浙地区书院、家塾林立,士子读书向学成风,读书士子较其他地区为多。士子越多考试人员基数越大,科举名额相对较多,而中试率就越高。据《清代进士题名录》统计,清代共录取进士26815人,江南地区即占4013人,占14.95%。其中苏州府有657人,居于全国各府之冠。① 其他如举人、诸生则比比皆是。张耀翔《清代进士之地理的分布》一文统计,清代一甲状元、榜眼、探花共342人,其中江苏119人,占34.8%,浙江81人,占23.7%,安徽18人,占5.2%。② 由此可见,浙江人文发达,科甲之盛仅次于江苏,居全国第二位。

就112科状元地域籍贯而言,江苏49人,浙江20人,安徽9人,山东6人,广西4人,直隶、江西、湖北、福建、广东各3人,湖南、贵州各2人,顺天、河南、陕西、四川、八旗蒙古各1人,而奉天、山西、甘肃、云南无状元。江苏状元占整个清代状元(112人)的43.75%,浙江占17.86%,二省共占61.6%,即占去状元总数的六成以上。榜眼,江苏26人,浙江29人,又分别占23.2%和25.9%,二省共占49%,几乎近半;探花,江苏42人,浙江27人,分别占37.5%和24.1%,二省共占61.6%。总计三鼎甲的336人中,江、浙二省共有193人,占57%,超过半数。③ 此足以说明江浙人文鼎盛,科举发达。

清代三鼎甲甚至出现皆来自江南一省的状况,即同一科的状元、

---

① 范金民:《明清江南进士数量、地域分布及其特色分析》,《南京大学学报》1997年第2期。
② 张耀翔:《清代进士之地理的分布》,《心理》1926年第4卷第1期,第7页。
③ 李世愉:《清代科举制度考辨》,沈阳出版社2005年版,第224—225页。清代三鼎甲共336人,未包括顺治九年、十二年的满榜三鼎甲,因为二科专为满洲而设。

榜眼、探花皆为江南省人，据戴璐《藤阴杂记》记载，顺治四年丁亥科，吕宫武进人，程芳朝桐城人，蒋超金坛人。顺治十五年戊戌科，孙承恩常熟人，孙一致盐城人，吴国对全椒人。顺治十六年己亥科，徐元文昆山人，华亦祥无锡人，叶方蔼昆山人。康熙十二年癸丑科，韩菼长洲人，王鸿绪娄县人，徐秉义昆山人。康熙十八年己未科，归允肃常熟人，孙卓、茆荐馨俱为宣城人。康熙四十八年己丑科，赵熊诏武进人，戴名世桐城人，缪沅泰州人。雍正八年庚戌科，周澍钱塘人，沈昌宇秀水人，梁诗正钱塘人。乾隆五十五年庚戌科，石韫玉吴县人，洪亮吉阳湖人，王宗诚青阳人。

由于三鼎甲大多出自江浙，清代状元官至大学士者共13人，而江浙人士居半数以上，据吴庆坻《蕉廊脞录》记载：“本朝以一甲第一人位至大学士者：聊城傅以渐、武进吕宫、昆山徐元文、金坛于文襄敏中、会稽梁文定国治、韩城王文端杰、大庾戴文端衢亨、吴县潘文恭世恩，至光绪间，南皮张文达之万、常熟翁同龢、寿州孙文正家鼐、嘉定徐郙、元和陆润庠，凡十三人。"[①]在13人中，若以江南而论，共计10人，占77%；若以江浙而论，共计8人，占61.5%。苏州状元甲天下，顺治康熙年间，苏州会元有秦鉽、黄礽绪、韩菼、彭定求、陆肯堂与汪士鋐，状元有孙承恩、徐元文、缪彤、韩菼、彭定求、归允肃、陆肯堂等人，其中韩菼、彭定求、陆肯堂三人为会元兼状元。有清一代苏州府状元共26人，超过浙江全省（20人）的状元总数，对此一文化现象，清末封疆大吏陈夔龙分析说：

> 苏浙文风相埒，衡以浙江一省所得之数，尚不及苏州一府。其他各省或不及十人，或五、六人，或一、二人。而若奉，若

---

① 吴庆坻：《蕉廊脞录》卷二，《状元大学士》，中华书局1990年版，第60页。

晋，若甘，若滇，文气否塞，竟不克破天荒而光巨典，岂真秀野之悬殊哉。窃尝纵观而知其故，自言游以文学专科，矜式乡里，宣尼有吾道其南之叹。南方火德，光耀奎璧，其间山水之钟毓，与夫历代师儒之传达，家弦户诵，风气开先，拔帜匪难，夺标自易；此一因也。冠盖京师，凡登揆席而跻九列者，半属江南人士。父兄之衣钵，乡里之标榜，事肯半而功必倍，实未至而名先归。半生温饱，尽是王曾；年少展裙，转羞梁灏。不识大魁为天下公器，竟视巍科乃我家故物；此又一因也。①

陈夔龙认为苏州状元辈出的原因有两方面：一是江南文教风尚胜于其他省区；二是该地家族有重视功名的传统。事实确实如此。

清代江浙地区由于人文昌盛，科举发达，从而出现父子拜相、父子一品、父子兄弟九列、兄弟翰林同时九列、同胞三及第、同邑一榜及第、翁婿状元、祖孙父子同科、父子同登进士、同胞同登进士、同胞五登甲科、祖孙会状、父子鼎甲、年少登第、一省三鼎甲的科举佳话。据戴璐《藤阴杂记》所载情形如下：

常熟人蒋廷锡、蒋溥父子，无锡人嵇曾筠、嵇璜父子皆官至大学士，入阁拜相，此为父子拜相；海宁人陈诜官至礼部尚书，其子陈世倌拜相，授文渊阁大学士；钱塘人徐潮官至吏部尚书，其子徐本拜相，授东阁大学士兼礼部尚书；富阳人董邦达为礼部尚书，其子董诰拜相，累官至东阁大学士、太子太傅，此为父子皆官至一品；钱塘人徐本为甘肃巡抚，其子徐以烜为礼部侍郎；武进人刘纶拜相，其子刘跃云为礼部侍郎；嘉兴人钱陈群为刑部侍郎加尚书衔，其子钱汝诚为户部侍郎；溧阳人史贻直拜相，其子史奕昂为兵部侍郎；钱塘人梁诗

---

① 陈夔龙：《梦蕉亭杂记》卷二，北京古籍出版社 1985 年版，第 102 页。

正拜相，其子梁敦书为工部侍郎；常熟人蒋溥拜相，一子蒋檙为兵部侍郎，一子蒋赐棨为户部侍郎，属于父子兄弟皆官至九卿，或父子兄弟九列。

昆山徐乾学、徐秉义、徐元文三兄弟，为明末清初著名学者顾炎武的外甥，皆授翰林院编修。其中徐乾学为康熙九年（1670）探花，官至刑部尚书；徐秉义为康熙十二年（1673）探花，官至吏部侍郎；徐元文为顺治十六年（1659）状元，官至文华殿大学士兼翰林院掌院学士，人称"昆山三徐""同胞三鼎甲"，此为明朝三百年所未有的盛况。华亭王鸿绪为内阁学士，二兄王顼龄、王九龄皆为翰林侍讲学士，世称"华亭三王"。

南汇人吴省钦、吴省兰兄弟皆为翰林，此为兄弟翰林同时九列。同胞三及第自"昆山三徐"之后，武进人庄存与为乾隆十年（1745）榜眼，其弟庄培因为乾隆十九年（1754）状元。长洲人彭定求与其孙彭启丰为祖孙同为会元状元；溧阳任兰枝与其子任端书、镇洋汪廷玙与其子汪学金为父子鼎甲；长洲人钱棨为乾隆四十六年（1781）状元，是中国历史上两个"六元状元"之一，即县试、府试、院试、乡试、会试、殿试均为第一名，另一个"六元状元"是明朝人黄观。至于翁婿状元、鼎甲三人同时八座、祖孙父子同科、父子同登进士、同胞同登进士、同胞三同甲、同胞五登甲科、年少登第，亦为科举史上的佳话。

不要说江浙地区科举发达，就是娴熟弓箭骑射的满族，至清代中期同样出现科举世家、翰林世家。对此姚元之曾说："奎玉庭照甲戌授庶吉士。先是，令弟奎芝圃耀以辛未庶常授编修，煦斋先生作《示儿诗》有'应呼乃弟为前辈，敢向而翁认晚生'句，一时荣之。德文庄公以乾隆翰林起家，官至大宗伯。先生为乾隆癸丑翰林，玉庭昆仲后先继美，为满洲科第一人家。成亲王为书一匾曰'祖孙父子兄弟翰林'。今玉庭长公子锡祉又以乙未科编修擢司业。四世翰林，诚玉堂嘉话也。"① 道光年间，大学士英和作为满洲正白旗人，为乾隆五十八年二甲进士，授翰林院编修，其父德保，其子奎照、奎耀，其孙锡祉皆为翰林出身，可谓一家四世翰林，人称"祖孙父子兄弟翰林""满洲科第第一人家"。

二、龚自珍的少年启蒙与诗文创作

龚氏家族以科名起家，丽正自然极为重视自珍的启蒙教育，六岁令其入私塾，八岁时亲自教自珍《昭明文选》与《登科录》。《登科录》为科举时代殿试文件汇编，详载进士姓名，诸科人数，殿试执事官如读卷官、提调官衔名，御制策题以及殿试唱名，张挂黄榜，赐宴礼部，御赐衣物银两等，并详载三鼎甲的对策文卷。自珍对《登科录》颇感兴趣，从此开始搜集明清二百年的科名掌故。《登科录》所载进士功名及八股文章为其时仅为八岁孩童的自珍踏上科举之路指明了方向，树立了榜样。而母亲段驯则教自珍诵读吴伟业、方舟、宋大樽的诗文，为其诗文创作打下良好基础。

嘉庆八年（1803）年初至六月，外祖段玉裁以许慎《说文解字》部目教授自珍，此为自珍平生以经说字、以字说经之始。七月，自珍随同父母抵达北京，寓居横街。此时，满腹经纶的拔贡宋璠成为自珍塾师，训诫其孝顺父母，课业无外乎四书五经、诗词歌赋与书写小楷。宋璠是自珍塾师中唯一留下姓名的一位，亦给自珍以深刻影响。

宋璠，浙江严州府建德人，其父宋圻安为拔贡生。嘉庆七年

---

① 姚元之：《竹叶亭杂记》卷五，中华书局1982年版，第113—114页。

(1802)，宋璠因被选为拔贡而来京师国子监学习，开始在刑部员外郎浙江开化人戴敦元家教读，经其推荐，来到龚家教授自珍。宋璠学识渊博，刻苦力学，"其治经也，总群书并进，天旦而起，漏四下而寝，不接宾客，瘁志纂述，大书如棋子，小书如蚁脚，墨书或浓或澹，朱书如桃华，日罄五七十纸。如是者不计年，当可得百余万言，扄一敝箱中"①。宋璠治经，群经并读共进，每日早起晚睡，坚持著述，积年累月可达百万余言，而且注重练习书法。清代科举特重书法，对此晚清维新派康有为曾说：

> 国朝列圣宸翰，皆工妙绝伦，而高庙尤精。承平无事，南斋供奉，皆争妍笔札，以邀睿赏。故翰林大考试差、进士朝殿试散馆，皆舍文而论书。其中格者，编、检超授学士；进士殿试得及第；朝考厕一等，上者魁多士，下者入翰林。其书不工者，编、检罚俸，进士、庶吉士散为知县，御史，言官也；军机，政府也，一以书课试，下至中书教习，皆试以楷法。②

精于书法对清代士子的科举仕途至关重要，因此练习蝇头小楷，成为士人必不可少的功夫。宋璠练字著述之勤奋，对身为弟子的自珍产生巨大心灵震撼。但非常可惜的是，自珍临窗弄笔，总是信笔涂鸦，丝毫不愿为绳墨约束。自珍性情放荡不羁，喜欢无拘无束、海阔天空的遐想，这使其诗文构思奇伟瑰丽，风靡于晚清民国，但亦令其厌倦枯燥乏味的书法练习。结果自珍不善小楷，字迹潦草，严重影响科举功名与仕途发展。

---

① 龚自珍：《宋先生述》，王佩诤校：《龚自珍全集》第二辑，第173页。
② 康有为：《广艺舟双楫》卷六，《干禄第二十六》，姜义华、吴根樑编校：《康有为全集》第一集，上海古籍出版社1987年版，第507页。

与自珍一同学习的还有袁桐。袁桐,字琴南,浙江钱塘人,文学家袁枚之侄。袁桐与自珍不同,其工于小楷篆书,尤善隶法,下笔奇态与清代篆刻家陈鸿寿类似。袁桐的篆刻师法先秦钟鼎与汉砖,而其山水画深得明代绘画大师仇英遗意。但袁桐科举仕进亦不顺利,只做过辅佐知府的通判一类小官,真是造化弄人。

对于书法,自珍曾经练习过,焦虑过,抱怨过,但始终未能拿出功夫,专心刻苦练习。对此自珍曾言:"夫明窗净几,笔砚精良,专以临帖为事,天下之闲人也。吾难得此暇日。偶遇此日,甫三四行,自觉胸中有不忍负此一日之意,遂辍弗为,更寻他务,虽极琐碎,亦苦心耗神而后已,卒之相去几何?真天下之劳人,天下之薄福人也。"① 在自珍看来,书法不过是无事之人的闲情逸致,只有天下闲人才会以临帖练字为能事,而他不会专门临帖,即便有时间亦不愿耗神于此!因为他有更为深远博大的学问要去研究。此语未免有愤激之处,或许自珍私下亦曾发愤练字,但于科举考试所需的馆阁体书法,始终未能炉火纯青。

嘉庆九年(1804),宋璠考中顺天乡试后,仍在龚家教馆,尝命自珍作《水仙花赋》,自珍超拔流俗,以清新流畅的笔触,铺排繁复的手法,刻画水仙花宛若"凌波仙子"的绰约丰姿:"有一仙子兮其居何处?是幻非真兮降于水涯。弹翠为裾,天然装束;将黄染额,不事铅华。"② 后来自珍编刻少作一卷,以此赋冠于卷首,足见自珍对此赋的重视。《水仙花赋》不但声情并茂,文采飞扬,遣词造句亦摇曳多姿,而且文思空灵,寓意深刻,酣畅淋漓地表达自珍对水仙高雅脱俗情怀的赞美。如此哀艳雄奇的辞赋,竟然出于十三四岁少年之笔,

---

① 龚自珍:《语录》,王佩诤校:《龚自珍全集》第八辑,第437页。
② 龚自珍:《水仙花赋》,王佩诤校:《龚自珍全集》第七辑,上海古籍出版社1975年版,第409页。

实在令人难以想象。

宋璠又以商初贤相伊尹"先知觉后知,先觉觉后觉,知与觉何辨"进行发问,于是自珍作《辨知觉》一文,其文集即以此文作为托始:

> 知,就事而言也;觉,就心而言也。知,有形者也;觉,无形者也。知者,人事也;觉,兼天事言矣。知者,圣人可与凡民共之;觉,则先圣必俟后圣矣。尧治历明时,万世知历法;后稷播五谷,万世知农;此先知之义。古无历法,尧何以忽然知之?古无农,后稷何以忽然知之?此先觉之义。子贡曰:"夫子之文章,可得而闻。"此先知之义。"夫子言性与天道,不可得闻。"此先觉之义。孔子学文、武之道,学周礼,文、武、周公为先知,孔子为后知,此可知者也。孔子不恃杞而知夏,不恃宋而知殷,不乞灵文献而心通禹、汤,此不可知者也。夫可知者,圣人之知也;不可知者,圣人之觉也。①

辨析知与觉,属于充满哲思的高深论说,自珍心智早熟,具有大气磅礴的理性思辨能力,《辨知觉》一文已初露端倪。自珍作文之始及文章风格,与宋璠教导有一定关系。二人师生之情笃厚,自珍曾作《因忆》诗二首,回忆师从宋璠读书的情景:

> 因忆横街宅,槐花五丈青。
> 文章酸辣早,知觉鬼神灵。
> 大挠支干始,中年记忆荧。

---

① 龚自珍:《辨知觉》,樊克政编:《中国近代思想家文库·龚自珍卷》,中国人民大学出版社 2015 年版,第 3 页。

东墙凉月下，何客又横经？①

自珍师从宋璠时，家住京师横街，自珍文章富有批判精神，此固与自珍天赋密不可分，但宋璠的潜移默化亦居功至伟。宋璠认为，自珍所作《辨知觉》一文可通灵于鬼神，而且字里行间充满"酸辣"之气，即是其批判精神的体现。少年时代与宋璠读书的场景，直到中年仍依稀记得，因此，自珍依然怀念当年在东墙凉月下，横手捧经向宋璠请教的岁月。宋璠教读自珍的生活何时终止，不得而知。

嘉庆十三年（1808），自珍进入国子监肄业，估计无须再向宋璠学习。十五年（1810），宋璠不幸去世，年仅33岁。翌年六月二日，风雨交加，自珍检视破旧竹箱中宋璠的遗墨，满眼凄然，赋《水调歌头》一词：

> 风雨飒然至，竟日作清寒。
> 我思芳草不见，忽忽感华年。
> 忆昔追随日久，镇把心魂相守，灯火四更天。
> 高唱夜乌起，当作古人看。
> 一枝榻，一炉茗，宛当前。
> 几声草草休送，万古邈茫然。
> 仙字蟫饥不食，故纸蝇钻不出，陈迹太辛酸。
> 一掬大招泪，洒向暮云间。②

自珍少年追随宋璠读书，师生之情至深至厚，但人生无常，宋璠

---

① 龚自珍：《因忆两首》，刘逸生、周锡䪖校注：《龚自珍诗集编年校注》（上），第66页。
② 龚自珍：《水调歌头》，杨柏岭：《龚自珍词笺说》，黄山书社2010年版，第53页。

英年早逝。自珍心境凄凉，在飒飒作响的凄风苦雨中，追忆少年时代美好的读书时光，令人倍感生离死别的无奈。当时宋先生天明即起读书，诵读之声使夜宿的乌鸦惊起，当年书斋"一枝榻，一炉茗"的情景，宛在眼前！如今宋先生已然作古，伴随着人们的几声啼哭而草草入殓，怎不令自珍倍感茫然？宋先生的遗墨尚在，但纸已被蛀蚀，这些陈迹令人心酸不已，自珍只能将一捧招魂之泪，洒向暮云之间！

在另一首词中，自珍写道："湖海事，感尘梦，变朱颜。空留一剑知己，夜夜铁花寒。更说风流小宋，凄绝白杨荒草，谁哭墓门田？游侣半生死，想见涕潺湲。"① 自珍感慨青年时代的豪侠意气，感喟人生苦短与世间的生离死别：那风流倜傥的宋璠先生，如今墓地上已是白杨荒草，怎不令人倍感伤神？自珍与宋璠的感情之深，可见一斑。

三、夺得浙江乡试经魁

十三年（1808），年仅 17 岁的自珍进入国子监肄业，师从蒋祥墀。蒋祥墀，字盈阶，号丹林，湖北天门人，乾隆五十五年（1790）进士，十三年任国子监司业，翌年任国子监祭酒。自珍作诗记述当年国子监的学习生活："十年提倡受恩身，惨绿年华记忆真。江左名场前辈在，敢将名氏厕陈人。"② 十五年（1810），自珍应顺天乡试，中式副榜第 28 名，座师为刘权之、朱理、陈希曾，房师为宝兴。

清代在正式录取的正榜外，再选若干人列为副榜。"直省乡试卷，

---

① 龚自珍：《水调歌头寄徐二义尊大梁》，杨柏岭：《龚自珍词笺说》，黄山书社 2010 年版，第 49 页。
② 龚自珍：《杂诗，己卯自春徂夏，在京师作，得十有四首》，刘逸生、周锡䪖校注：《龚自珍诗集编年校注》（上），第 40 页。

有文理优长，限于额数者，取作副榜，与正榜同发"[1]。通常正榜与副榜的比例是5∶1，副榜与正榜同时发布，但中副榜者要取得举人资格，还必须在以后乡试中取入正榜。事实上，副榜旨在安慰那些文优却失去中式机会的士子，地位远逊于正榜。自珍19岁考中乡试副榜，离中举只有一步之遥，此足见自珍之才，但跨越这一步之遥，自珍花费整整八年时间。十六年（1811），自珍恩师蒋祥墀之子蒋立镛，则被点为一甲一名状元，与林则徐为同榜，二人命运何其不同！

十七年（1812），自珍考充武英殿校录，开始从事校雠之学。武英殿是皇家校勘、编纂、刊行经籍史书的机构，自珍风华正茂，身为副榜贡生，在地近皇家权力中心的武英殿校书，是何等荣耀！十八年四月，自珍进京应顺天乡试，八月落第，旋即南归，出都时赋《金缕曲》以抒怀抱：

> 我又南行矣！笑今年鸾飘凤泊，情怀何似？
> 纵使文章惊海内，纸上苍生而已，
> 似春水干卿何事？
> 暮雨忽来鸿雁杳，莽关山一派秋声里。
> 催客去，去如水。
> 华年心绪从头理。也何聊看潮走马，广陵吴市？
> 愿得黄金三百万，交尽美人名士，
> 更结尽燕邯侠子。
> 来岁长安春事早，劝杏花断莫相思死。
> 木叶怨，罢论起。[2]

---

[1] 《清朝文献通考》卷47，《选举一》，浙江古籍出版社1998年版。
[2] 龚自珍：《金缕曲（癸酉秋出都述怀有赋）》，杨柏岭：《龚自珍词笺说》，黄山书社2010年版，第53页。

离京南下，自珍有一种英才沦落之感，不禁发出"纵使文章惊海内，纸上苍生而已"的深沉叹息，自己心系天下苍生的抱负，仿佛春水流逝一般，颇有自作多情的味道！自珍在南方可以过着显贵公子的生活，"广陵看潮，吴市走马"，但内心深处仕途进取的华年心绪依旧强劲，"愿得黄金三百万，交尽美人名士，更结尽燕邯侠子"，还是趁着年青，结交豪侠练就健儿身手，结交天下名士使学问阅历大增，最为重要。一种建功立业的壮志豪情在自珍心中盘旋，虽然心中有伤感与失落，但依旧奋发豪情，寻求英雄的用武之地，是其人生哲思的主旋律。

自珍返回父亲任职的徽州府署，妻子段美贞已病逝，生前未能谋面。十八年（1813）九月，京师发生天理教徒攻打紫禁城的"禁门之变"，此为汉唐宋元未有之事。嘉庆帝下诏指出："此正我君臣卧薪尝胆之日，永怀安不忘危之念，励精图治，夙夜在公，庶几补救前非。"[1] 朝野内外因此反思致乱之源。自珍对禁门之变颇为震惊，其"慷慨论天下事"，作《明良论》四篇，尖锐批判君主专制的官僚政治，剖析专制制度下的君臣关系、朝廷风气以及吏治用人方面的种种弊端。

二十、二十一年间，自珍作《乙丙之际著议》诸文，预言衰世即将到来，认为有文字记载以来的世道分为三等，即治世、乱世与衰世，每一等世道皆以人才而论，衰世最先衰败的就是人才，以致"左无才相，右无才史，阃无才将，庠序无才士，陇无才民，廛无才工，衢无才商，抑巷无才偷，市无才驵，薮泽无才盗，则非但鲜君子也，抑小人甚鲜"[2]。衰世不但没有才相、才史、才将、才士、才民、才工、

---

[1] 《清仁宗实录》卷 275，嘉庆十八年九月，中华书局 1986 年版。
[2] 龚自珍：《乙丙之际著议第九》，王佩诤校：《龚自珍全集》第一辑，第 6 页。

才商,甚至连才偷、才驵、才盗皆罕见,非但君子无才,就连小人亦愚蠢至极。之所以如此,是专制制度与名教纲常对人性进行迫害摧残的结果:

> 当彼其世也,而才士与才民出,则百不才督之缚之,以至于戮之。戮之非刀、非锯、非水火;文亦戮之,名亦戮之,声音笑貌亦戮之。戮之权不告于君,不告于大夫,不宣于司市,君大夫亦不任受。其法亦不及要领,徒戮其心,戮其能忧心、能愤心、能思虑心、能作为心、能有廉耻心、能无渣滓心。又非一日而戮之,乃以渐,或三岁而戮之,十年而戮之,百年而戮之。①

统治者为了稳固统治,千方百计对人才进行迫害、束缚乃至杀戮,但杀戮并非以刀锯与水火,而是以伦理纲常、思想教化、利禄科名以及行政司法,统治者摧残的并非人的身体,而是人的精神,是一个人的"能忧心、能愤心、能思虑心、能作为心、能有廉耻心、能无渣滓心",而这种摧残并非三年五载,而数百年一贯如此。结果,士大夫的锐气风骨消磨殆尽,士风萎靡、官风败坏成为普遍的社会现象。

二十二年(1817),自珍将内有《乙丙之际著议》《明良论》诸文的文稿与诗稿各一册,托付陈裴之转交吴中宿儒王芑孙,向其请教得失。芑孙为人狂傲,与公卿交往如同平辈,被目为狂生。虽然芑孙早年怀有经世之志,但才丰遇吝,潦倒场屋。其肆力于诗词古文,以词章之学享誉海内。此时芑孙已是风烛残年,读完自珍诗文集,深感自珍"见地卓绝,扫空凡猥,笔复超迈,信未易才也"。但自珍愤世

---

① 龚自珍:《乙丙之际著议第九》,王佩诤校:《龚自珍全集》第一辑,第6—7页。

嫉俗的个性、狂放不羁的文风比自己有过之而无不及，自己仆仆半生穷困潦倒，就是性情狂傲的结果。芑孙不希望自珍重蹈覆辙，因此对自珍进行批评：

> 至于诗中伤时之语，骂坐之言，涉目皆是，此大不可也。……凡立异未有能异，自高未有能高于人者。甚至上关朝廷，下及冠盖，口不择言，动与世迕，足下将持是安归乎？足下病一世人乐为乡愿。夫乡愿不可为，怪魁亦不可为也。……唯愿足下循循为庸言之谨，抑其志于东方尚同之学，则养德、养身、养福之源，皆在于此。①

芑孙指出，龚氏家族科甲仕途顺畅，家门处于鼎盛之时，而自珍文章根底于诸子百家，才华横溢，自然前途远大，理应谨持东方"和而不同"之学，读书力行，而海内高谈之士如王昙、恽敬的下场，皆穷困潦倒以终，更何况自珍之狂更甚于王昙、恽敬。芑孙在乾嘉学者中辈分资望较高，作为大学士刘墉的门生，其为刘墉诗卷题写跋文，对刘墉之过亦当仁不让，因此芑孙之言对自珍多出于爱护，不失诤友直谏之义。但以自珍的个性，即使能体谅芑孙的苦心，亦禀性难移。

二十三年（1818）八月，自珍以县学生身份应浙江乡试，中式本省经魁，即第四名，此时自珍已27岁。座师为王引之、李裕堂，房师为向启昌。据王家相《清秘述闻续》载，本年浙江乡试首题为"曰既富矣"一节；次题"忠信重禄，所以劝士也，时使薄敛，所以劝百姓也"四句；三题"民事不可缓也"；诗题"芦花风起夜潮来，得'来'字"。自珍的应试文文采飞扬，房考评自珍文曰："规锲六籍，

---

① 眭骏：《王芑孙年谱》，华东师范大学出版社2010年版，第521—522页。

笼罩百家，入之寂而出之沸，科举文有此，海内睹祥麟威凤矣。"又评其诗曰："瑰玮冠场。"①

自珍之父丽正身为苏松太兵备道，可谓位居高官，在科举录取方面，自珍具有某些得天独厚的优势，徐珂《清稗类钞》曾言：

> 科场定例，现任京官三品以上及翰、詹、科、道，外官藩臬以上，武官提镇以上之子孙，同胞兄弟、同胞兄弟之子出应乡试，别编官卷，号曰官生。凡二十人取中一名，较寻常觅举者，登进差易。又道光以前，凡礼部会试及顺天乡试之主考、房考，其家人族党有应试回避者，每别派试官阅卷，或封卷进呈，择尤录取，获售者遂益多。②

按照清朝定例，凡是翰詹科道等官员子弟，可以参加顺天乡试，录取名额较多，易于登第。但自珍不屑凭借门荫录取，因此以县学生身份于民卷中夺得浙江乡试经魁。

第二节　白日青天奋臂行：漫漫进士路与放言论政

有清一代，在成进士点翰林的科举路上，广大士子倍感艰辛。据学者王德昭研究，清代会试共112科，录取人数26391名，故平均

---

① 吴昌绶：《定庵先生年谱》，王佩诤校：《龚自珍全集》附录，第602页。
② 徐珂：《清稗类钞·考试类》第2册，《科场加恩大员子弟》，中华书局1984年版，第585页。

每科取中约 236 人。各科应考会试人数，更无准确记录可据。大抵每科新中举人约 1200 人，历届会试未中举人来考者如以 5 倍计算，作 6000 人，则各届会试人数约七八千人，取中的机会仍仅约一与三十之比。[①] 由此可见，会试取中比例颇低。清末亲身参加乡试、会试的梁启超，更是深有体会："邑聚千数百童生擢十数人为生员，省聚万数千生员而拔百数十人为举人，天下聚数千举人而拔百数人为进士，复于百数进士而拔数十人为翰林，此其选之精也。"[②] 由于录取比例极低，因此屡试不中、久困场屋亦为士林普遍现象。自珍从 28 岁第一次参加会试，直到 38 岁成进士，六应会试才越过龙门，终成进士，却未能点翰林。

一、首应会试及其理想人生的形塑

嘉庆二十四年（1819）仲春二月，自珍赴京师会试，与友人吴文徵、丽正幕客沈锡东在苏州虎丘饯别，作诗道："一天幽怨欲谁谙？词客如云气正酣。我有箫心吹不得，落花风里别江南。"[③] 自珍满腹的忧郁惆怅与失落之情，溢于言表。段驯见到自珍之诗，一股怜爱之情涌上心头，作和诗四首来激励儿子：

其一：

燕云回首意何堪，亲故多应鬓发斑。

---

① 王德昭：《清代科举制度研究》，中华书局 1984 年版，第 65 页。
② 梁启超：《公车上书请变通科举折》，夏晓虹编：《梁启超文选》（上），中国广播电视出版社 1992 年版，第 56 页。
③ 龚自珍：《吴山人文徵、沈书记锡东饯之虎丘》，刘逸生、周锡䪖校注：《龚自珍诗集编年校注》（上），第 15 页。

此日幸能邀一第，又催征骑别江南。

其二：

都门风景旧曾谙，珍重眠餐嘱再三。
盼汝鹏程云路阔，不须惆怅别江南。

其三：

云山没没水拖蓝，画出春容月二三。
两岸梅花香雪里，数声柔橹别江南。

其四：

樽前亲与剖黄柑，听唱丽歌饮不酣。
岁序惊心春事早，杏花疏雨别江南。①

自珍要北上京师参加会试，作为母亲，自然最关心儿子的饮食住宿，因此再三叮嘱儿子住好吃好。此时，自珍父母已鬓发斑白，因此热盼儿子"此日幸能邀一第""盼汝鹏程云路阔"，因为只有金榜题名，自珍才能实现治国平天下的理想抱负！面对苏州的青山绿水，杏花疏雨，还有两岸梅花的香雪海，段驯鼓励自珍无须惆怅，精神饱满地去京师应试。段驯的诗将慈母的关爱之心与依依不舍的牵挂，表达

---

① 段驯：《珍儿计偕北上，有'落梅风里别江南'之句，亲朋相和，余亦咏绝句四首》，王洪军：《段驯龚自璋抄本诗集略考》，《文献》1998 年第 2 期。

得淋漓尽致。

抵达京师之后,自珍住在丞相胡同。会试在三月上中旬举行,"初九日为第一场,十二日为第二场,十五日为第三场,先一日点入,后一日放出"①。四月,会试放榜,自珍未能"邀一第",而是以名落孙山告终。自珍好友陈沆以一甲一名进士及第,授翰林院修撰。对于此次落第,自珍并不在意,其心情颇为轻松,自信以自己的才华博取高第、蟾宫折桂,不过是早晚的事情,而落第不过是"一击不中"的偶然事件,因此作诗轻松俏皮:"东抹西涂迫半生,中年何故避声名?才流百辈无餐饭,忽动慈悲不与争。"②面对首次进士落第,自珍认为,自己落第是因为数以百计的士子没有饭吃,自己忽动慈悲之心,不同他们争夺饭碗罢了。自珍大有"取功名如拾草芥"的豪气,"自负不浅"的狂态展现得淋漓尽致。

但自珍毕竟已28岁,正是施展才华抱负的时候,而自己却会试落第,做梦都感到自己才情浅薄。为了科考他辜负武陵桃花源里绚烂如霞的桃花,而落第亦辜负美好的青春年华。于是自珍作诗道:

手种江山千树花,今年负杀武陵霞。
梦中自怯才情减,醒又缠绵感岁华。③

自珍留在京师期间,开始师从刘逢禄学习《公羊春秋传》。逢禄是研治春秋公羊学的一代大儒,一生有关公羊学著述达11种之多,

---

① 礼部纂:《钦定科场条例》卷一《乡会试试期·例案》,沈云龙主编:《近代中国史料丛刊三编》第48辑,台北文海出版社1989年版。
② 龚自珍:《杂诗,己卯自春徂夏,在京师作,得十有四首》其十三,刘逸生、周锡䪖校注:《龚自珍诗集编年校注》(上),第47页。
③ 龚自珍:《杂诗,己卯自春徂夏,在京师作,得十有四首》其四,刘逸生、周锡䪖校注:《龚自珍诗集编年校注》(上),第37页。

著述之宏富自汉代以来无人能比。于是自珍通晓西汉今文经学的微言大义,其作诗记录此一思想变化:

> 昨日相逢刘礼部,高言大句快无加。
> 从君烧尽虫鱼学,甘作东京卖饼家。①

刘逢禄谈论《公羊春秋》经义,词锋凌厉,见解高超,议论宏通,畅快无比。自珍对于专门训释鸟兽虫鱼的考据之学,感到颇为厌倦,发誓从今以后要烧尽虫鱼学,心甘情愿研究被贬为"卖饼家"的春秋公羊学。乾嘉时期,考据学鼎盛,可谓"家家许郑,人人贾马",惠栋、戴震、段玉裁、王念孙皆为考据名家,自珍从青少年时代即从事考据学,但其意识到社会危机日益严重,因此当他闻听主张通经致用的公羊学说,就决定抛弃繁琐的考据学,转而研究《春秋公羊传》的微言大义,借此阐明自己变法改制的政治主张。自珍为学喜欢靡书不览,无书不观,又喜欢与人辩驳,每每旁征博引以申明己说。师从刘逢禄研治西汉今文经学之后,自珍的文章更加渊雅朴茂,推究治学本源则深明周秦以来的经学家法,议论更为深邃精湛,言简意赅。

自珍逗留京师期间,曾饮于时任吏部侍郎的王鼎宅邸,王鼎与自珍之父丽正为同年,长自珍26岁。自珍以年家子身份去拜访王鼎,在酒席宴上,自珍作《饮少宰王定九丈(鼎)宅,少宰命赋诗》:

> 天星烂烂天风长,大鼎次鬺罗华堂。

---

① 龚自珍:《杂诗,己卯自春徂夏,在京师作,得十有四首》其六,刘逸生、周锡䪨校注:《龚自珍诗集编年校注》(上),第39页。

吏部大夫宴宾客，其气上引为文昌。
主人佩珠百有八，珊瑚在冒凝红光。
再拜醻客客亦拜，满庭气肃如高霜。
黄河华岳公籍贯，秦碑汉碣公文章，
恢博不弃贱士议，授我笔砚温恭良。
择言避席何所道？敢道公之前辈韩城王：
与公同里复同姓，海内侧伫岂但吾徒望。
状元四十宰相六十晚益达，水深土厚难窥量。
维时纯庙久临御，宇宙瑰富如成康。
公之奏疏秘中禁，海内但见力力持朝纲。
阅世虽深有血性，不使人世一物磨锋芒。
迩来士气少凌替，毋乃大官表师空趋跄。
委蛇貌托养元气，所惜内少肝与肠。
杀人何必尽砒附？庸医至矣精消亡。
公其整顿焕精采，勿徒须鬓矜斑苍。
乾隆嘉庆列传谁？第一历数三满三汉中书堂。
国有正士士有舌，小臣敬睹吾皇福大如纯皇。①

文人聚会宴饮，饮必赋诗，此时自珍风华正茂，才华横溢，在王鼎的盛情邀请之下，当场即兴赋诗。此诗气势雄浑，瑰丽磅礴，开篇即用4句盛赞王鼎举行宴会之豪华盛大：华堂之上大鼎小鼎罗列，菜肴丰盛，王鼎宴请宾客，意气风发犹如文曲星下凡，胸前佩挂108颗朝珠，帽顶的珊瑚珠泛着红光。宾主相互敬酒，满堂氛围肃穆庄重。

---

① 龚自珍：《饮少宰王定九丈（鼎）宅，少宰命赋诗》，刘逸生、周锡䪖校注：《龚自珍诗集编年校注》（上），第446页。

接下来八句，自珍赞美王鼎的同乡前辈王杰"阅世虽深有血性"，然后笔锋一转抒发对主人王鼎的期许：大人您生于黄河华山之旁，文章有秦碑汉碑那样的高华古雅，但您胸怀恢宏博大，令身为晚辈的我发表议论，谦恭和蔼地授予我笔墨纸砚。我起身离席发表看法，将您与桑梓前辈王杰相比较，您二人既是同姓，又为陕西同州府老乡，海内士人在王杰面前侧身而立以示恭敬，岂是吾辈所能望其项背？王杰不到40岁中状元，60岁位居宰辅，晚年益加发达，陕西水深土厚，大人您的前途未可限量。乾隆皇帝临御天下已久，有西周成康之治的气象。王杰奏疏秘藏枢府，外间不知内容，海内人士但见其勤勤恳恳、尽心尽力处理政务，阅世虽深但依然有血性，不让人世间一事一物磨掉锋芒，失掉进取的锐气。自珍赞美作为王鼎同乡的乾隆朝名臣王杰，将其作为海内瞩望的大臣表率，寄予自珍理想中治世名臣的楷模形象。

诗的最后六句指出，近年来官风陵替，士习衰败，自珍希望前辈王鼎振作官风士气，成为一代名相：官风士习衰落败坏，岂不是因为高官的表率只是作揖行礼而已，大臣对事敷衍应付，借口培养国家元气，可惜内心缺乏忠肝热肠。扼杀士气何须使用砒霜附子，庸医误人、庸官误士足以令人精血消亡。大人您应该实力整顿朝纲士习，让朝臣焕发风采，不能光靠鬓发斑白来摆老资格。乾隆嘉庆朝的大臣列传都有谁呢？历数三位满大学士与三位汉大学士，国有正直之士，士人有舌，敢于议论天下大事，小臣们敬睹嘉庆帝的福气大如乾隆帝，希望您与前辈王杰同为治世能臣。

自珍涉世不深，加之恃才傲物，因此锋芒毕露来指责官风败坏，对庸臣误国满腔激愤，其"狂来说剑"的豪气喷薄而出。由于史料缺乏，王鼎对自珍此诗的态度与反响，不得而知。而且从现有资料来看，自珍人生轨迹与王鼎再度交集，是道光六年会试，刘逢禄力荐自珍试卷而不售,而蒋攸铦是主考官,王鼎则是副考官。有人认为是蒋攸铦不赏识自珍而将其摒弃,但亦未见王鼎的力荐。不过,王鼎确实有"国之大臣"的风度,据陈康祺《郎潜纪闻》载:

> 蒲城王文恪公鼎,为宣宗朝名宰相。长户部十年,综核出入,人莫能欺。管刑部多所平反,先后谳狱九省,理重案三十余起。弹劾大吏,不少瞻徇。勘两淮盐务,奏上节浮费、革根窝等八条,并请裁盐政,由总督兼辖,淮纲为之一振。道光二十二年河决开封,公奉命往治,驻工六阅月,糜帑少而成功速,皖、豫之民,至今德之。还朝,值西夷和议初成,公侃侃力争,忤枢相穆彰阿。公退,草疏置之怀,闭阁自缢,冀以尸谏回天听也。①

王鼎身为道光朝宰辅,改革河务盐政,平反冤狱,颇有政绩,鸦片战争中极力主战,反对与英国议和。道光二十二年(1842),王鼎以"尸谏"劝谏道光帝,希望朝廷振刷朝纲,罢黜投降派穆张阿,不愧为一代名臣贤相。自珍诗中"阅世虽深有血性,不使人世一物磨锋芒"之语,移于王鼎身上是当之无愧的。当然,自珍于道光二十一年(1841)暴亡,对王鼎的"尸谏"不得而知。

对于士林华选,金榜题名,自珍还是无限向往的。自珍到北海附近游玩,看着京师内城皇帝赐予朝廷重臣的府第,情不自禁写道:

> 荷叶粘天玉蛛桥,万重金碧影如潮。

---

① 陈康祺:《郎潜纪闻初笔》卷一《王文恪公尸谏》,《郎潜纪闻初笔二笔三笔》,中华书局1984年版,第19页。

功成倘赐移家住，何必湖山理故箫？①

　　玉蝀桥又名御河桥，位于西华门以西北海南面，跨于太液池之上，为禁苑往来通道。京师夏日荷花最盛，御沟两岸无处无荷花，尤其以金鳌桥、玉蝀桥为最胜。自珍漫步御沟旁，看着荷叶连天、荷花盛开的美景，看着皇家禁苑宛如金碧，想到自己若功成名就，就可以得到皇帝赏赐，移家居住，何必要隐居湖山之中，过着吹箫弄玉、闲逸清狂的生活呢？

　　清代汉官大多数居于宣南地区，地势低洼，一到雨季，泥泞难行。自珍幼年随父居于京师，身为礼部主事、军机章京的丽正，曾居外城西城门楼胡同、郎官屯等地。自珍曾作诗回忆龚宅情形：

　　　　城西郎官屯，多官阅一宅。家公昔为郎，有此湫隘室。
　　　　朝阳与夕阳，屋角红不积；春雨复秋雨，双扉故钉齿。
　　　　无形不知老，有质乃易蚀；往事思之悔，至理悟独立。
　　　　中有故我魂，三呼如欲出。②

　　自珍十七八岁时，龚家赁屋居于外城，居室狭窄低矮，因为地势低洼，夏季常常倒灌积水。无论是朝阳还是夕阳，都无法照射到屋角，由于春雨秋雨的侵蚀，两扇门板上的旧铁钉已锈蚀不全。没有形体的东西不会衰老，而有形体的东西自然容易腐蚀，老房子衰颓即在情理之中。嘉道时期低级京官的居住环境，由此可见一斑。此外，

---

① 龚自珍：《杂诗，己卯自春徂夏，在京师作，得十有四首》其十，刘逸生、周锡䪖校注：《龚自珍诗集编年校注》（上），第44页。
② 龚自珍：《庚辰春日重过门楼胡同故宅》，刘逸生、周锡䪖校注：《龚自珍诗集编年校注》（上），第65页。

外城建筑风格与京师内城不同,据徐珂《清稗类钞》言:

> 京师内城屋宇,异于外城。外城参仿南式,庭隘而屋低,内城不然,门或三间或一间,巍峨华焕,二门以内必有厅事,厅事后又有三门,始至内眷所住之室,俗称上房,其巨者略如宫殿。大房东西必有套房,曰耳房,左右有东西厢,必三间,亦有耳房,名曰盝顶。或从二门以内,即以迴廊接至上房,其式全仿王公邸第。盖内城诸宅多明代勋戚之旧,及入国朝,而世家大族乃又互相仿效,所以屋宇日华。①

由此可见,内城屋宇华丽气派,高大宽敞,与宫殿类似,而宣南地区受南方建筑风格影响,大多庭院狭窄,房屋低矮,其居住条件与京师内城差异颇大。但汉族士大夫位居宰辅卿相等高官,即可获得皇帝赐第的殊荣,居住于内城:"在京汉员,皆侨寓南城外,地势湫隘,赁屋之值皆昂,汉员咸以为苦。列圣每加体恤,故汉臣多有赐第内城者。"②汉官居住的南城,庭隘屋低,租费昂贵,且离紫禁城路远,上朝多有不便,因此皇帝偶尔会在内城赐给宠幸大臣一所宅邸,以示皇恩浩荡。邓之诚《古董琐记》载:

> 文端公鄂尔泰赐第大市口路北;蒋文肃公廷锡赐第李公桥;裘文达日修赐第石虎胡同;刘文定纶赐第阜城门大街;刘文正公统勋赐第东四牌楼;汪文端公由敦赐第汪家胡同;梁文定公国治赐第拜斗殿;董文恭公诰赐第新街口;张文端公英赐第蚕池口;

---

① 徐珂:《清稗类钞·第宅类》第1册,《京都内城屋宇》,中华书局1984年版,第186页。
② 徐珂:《清稗类钞·恩遇类》第1册,《汉员赐宅》,中华书局1984年版,第291页。

子文和公廷玉赐第护国寺，廷玉遣后，改赐史文靖公贻直。廷玉与贻直有隙，特赐贻直，所以示辱也。①

　　康乾时期的鄂尔泰、蒋廷锡、裘曰修、刘纶、刘统勋、汪由敦、梁国治、董诰、张英、张廷玉、史贻直等人皆曾获得皇帝赐第的殊荣。当然，皇帝赐第并非一般京官所能获得，只有建功立业、政绩卓著者才能获此殊荣。可见，自珍内心建功立业的自信与渴望颇为强烈，但自珍还是无法遏制喷薄而出的批判欲望，在陶然亭壁上题诗云：

　　　　楼阁参差未上灯，菰芦深处有人行。
　　　　凭君且莫登高望，忽忽中原暮霭生。②

　　陶然亭地势低洼，湖泊之中芦苇与菰菜丛生，自珍登上楼阁，凭栏远眺，只见中原大地被沉沉暮霭所笼罩，事实上大清王朝已江河日下，统治日趋没落，衰败景象随处可见。在文恬武嬉、沉醉于歌舞升平的嘉庆王朝，自珍的批判之音显得格外刺耳。自珍三四年前写的《乙丙之际塾议》已在文人学者、达官贵人之间广为传播，此时自珍的清狂之名已扩散开来。自珍的好友庄绥甲劝自珍删改《乙丙之际塾议》：

　　　　文格渐卑庸福近，不知庸福究何如？
　　　　常州庄四能怜我，劝我狂删乙丙书。③

---

① 邓之诚：《古董琐记全编》，《古董琐记》卷三，北京出版社1996年版，第86—87页。
② 龚自珍：《杂诗，己卯自春徂夏，在京师作，得十有四首》其十二，刘逸生、周锡䪖校注：《龚自珍诗集编年校注》（上），第46页。
③ 龚自珍：《杂诗，己卯自春徂夏，在京师作，得十有四首》其二，刘逸生、周锡䪖校注：《龚自珍诗集编年校注》（上），第36页。

庄绶甲，江苏常州人，字卿珊，诸生，少从叔父庄述祖受业，尽通祖父庄存与之学，而于《尚书》尤精。绶甲认为，科举应试的八股文章不能追求超迈高古，应该迁就考官口味，录取概率才会大大提高，金榜题名的庸福才会靠近自珍。庄绶甲特别怜惜自珍，劝其删改议论政治、主张变革的《乙丙之际塾议》。事实上，清代在康雍乾时期屡兴文字狱，这使"文字狱是一顶人人提在手上的帽子，遇到不满意的人便把帽子往他头上一戴"①，造成人人自危的局面。而且"它造成一种'风'，使得人们不敢往容易触罪的方向去从事思想、文化方面的活动，而且无时无刻不在检点自己，造成了无所不在的自我压抑、自我删窜的现象"②。因此庄绶甲出于对文字狱的畏惧、对自珍的爱护而劝其删改《乙丙之际塾议》。但龚自珍就是龚自珍，让其放弃清狂、放弃批判哪能做到？

    欲为平易近人诗，下笔清深不自持。
    洗尽狂名消尽想，本无一字是吾师。③

以理性而言，自珍颇想作平庸之诗，做平庸之人，但其内心充满抑郁不平之气，无法抑制无法改变，只能以清峭深刻的笔墨去写诗作文。假如不是内忧外患的社会现实迫使自珍去批判，其亦不愿呈现清狂之态。有朝一日清廷政通人和，百废俱兴，自珍内心的不平之气自然会消失，其自然可以无一字批判社会，更不会讥讽时政，那时

---

① 王汎森：《权力的毛细管作用：清代的思想、学术与心态》（修订版），北京大学出版社2015年版，第374页。
② 王汎森：《权力的毛细管作用：清代的思想、学术与心态》（修订版），北京大学出版社2015年版，第375页。
③ 龚自珍：《杂诗，己卯自春徂夏，在京师作，得十有四首》其十四，刘逸生、周锡馥校注：《龚自珍诗集编年校注》（上），第48页。

其狂名才会洗刷净尽。自珍 19 岁倚声填词，21 岁结成《怀人馆词》《红禅词》，到 28 岁第一次参加会试，自珍蜚声诗坛、词坛已近十年，"偶赋山川行路难，浮名十载避诗坛"[①]，自珍的诗文才华得到世人公认，但其批判思想与狂放个性对其科举仕途造成诸多负面影响。

二、再应会试及科举世相

嘉庆二十五年（1820）三月，自珍第二次参加会试，四月放榜仍落第。此次会试，自珍好友宋翔凤因妹夫缪薇初为会试同考官即房官，例行回避而不得参加会试。清制，康熙三年（1664）以后，会试每科同考官用 18 人，称为 18 房。为了防止作弊，乾隆九年（1744）后规定，凡乡试、会试主考官、房官、知贡举、监临、监试、提调的子孙及宗族例应回避，不许参加此次考试。乾隆二十一年（1756），更是推及受卷、弥封、誊录、对读、收掌等官员的子弟、近戚一体回避。宋翔凤是缪薇初的妻兄，因此不能参加会试，试前即回避出都。

宋翔凤，字于庭，一字虞廷，江苏长洲人，其母庄氏为著名今文经学家庄述祖之妹。翔凤曾跟从舅父述祖学习今学家法与读书稽古之道。成年后，翔凤曾在段玉裁门下游学，深研东汉许慎、郑玄文字之学。玉裁精通文字、音韵、训诂，是乾嘉汉学皖派的中坚人物，翔凤受业于玉裁，亦精于小学，著述颇具汉学考据特色。翔凤学术受到外家庄氏今文经学与段氏乾嘉汉学的双重影响，更多带有从乾嘉汉学向今文经学过渡的色彩，自珍称其为"朴学奇材"[②]。嘉庆二十四年

---

① 龚自珍：《杂诗，己卯自春徂夏，在京师作，得十有四首》其八，刘逸生、周锡䪖校注：《龚自珍诗集编年校注》（上），第 41 页。
② 刘逸生：《龚自珍己亥杂诗注》第 139 首，中华书局 1980 年版，第 196 页。

(1819),自珍与翔凤结识于京师。翌年,二人再度赴京师参加会试。自珍落第,而翔凤试前回避出都,唐代有《紫云回》乐曲,但其词失传,因此自珍填词戏补,送别翔凤出都。其《紫云回三叠》[①]如下:

其一:

> 安香舞罢杜兰催,水瑟冰璈各费才。
> 别有伤心听不得,珠帘一曲紫云回。

安香即仙女段安香,杜兰即仙女杜兰香,自珍以"紫云回"比拟科举考试的回避制度,本来宋翔凤已进京准备参加会试,不料会试第一场在三月初九,而会试考官于三月初六简放,事前因为严守秘密,外间无从知晓,翔凤在试期前三天才得知自己要回避不能会试,因此"别有伤心听不得"。

其二:

> 神仙眷属几生修,小妹承恩阿姊愁。
> 宫扇已遮帘已下,痴心还伫殿东头。

缪薇初任内阁中书,官职清闲,堪比神仙,如今又简放同考官这样荣耀的差事,可谓前生修来的福分,对于翔凤之妹而言,可谓"承恩",但对翔凤而言却不能会试,因此说"阿姊愁"。缪薇初三月初六简放同考官,当天清晨备好朝服行李,前往听宣不得逗留,不得回私宅,因此说"宫扇已遮帘已下",但痴心于会试的翔凤还是恋恋不舍,不想马上离京。

---

① 龚自珍:《紫云回三叠》,刘逸生、周锡䪖校注:《龚自珍诗集编年校注》(上),第86—88页。

其三：

> 上清丹箓姓名讹，好梦留仙夜夜多。
> 争似芳魂惊觉早，天鸡不曙渡银河。

上清丹箓是道教符箓，此处比喻简放同考官的名录，翔凤希望消息不确切，也许内廷传出的姓名弄错了，他还是做着好梦，希望自己能应试。事实上，翔凤应该早从美梦中醒来，趁着天还未亮，赶快离开京城。这里，自珍以嬉笑怒骂抨击不合理的回避制度，而回避来得那么突然，使感同身受的翔凤哭笑不得。翔凤伤感之余，作《珍珠帘》一词来答谢自珍：

> 断肠只有春明路。尽年年水瑟云璈空赋。
> 不尽玉阶情，又一番风露。
> 但见卢沟桥上月，肯照取、蹇驴归去。难去。
> 为引梦千丝，伤心几树。
> 帘底任我徘徊，渐啼乌悄悄，清宵难曙。
> 欲待问青天，怕总无凭据。
> 都道杏花消息早，恁不把，花魂留住。谁住。
> 分楼殿茫茫，江湖处处。[①]

伤感也罢，留恋也罢，翔凤最终未能参加会试，其所梦想的"春明路""玉阶情"，如同"一番风露"散去，那卢沟桥上的残月，也不忍照着"蹇驴归去"。总之，翔凤金榜题名的梦想破灭。登第与落第

---

① 宋翔凤：《珍珠帘》，《香草斋词》卷上，樊克政：《龚自珍年谱考略》，商务印书馆2004年版，第148页。

可谓天上人间,因此科举时代的士子,对于应试机会万分珍惜。

自珍会试再次落第,通过捐纳获得内阁中书一职,被分发到汉票签处,负责缮写票签,记载御旨和撰文,官阶为从七品,明年到职上任,这是自珍步入仕途的开始。自珍狂放不羁的性格、放言高论的积习与官场法则格格不入,特别是嘉道时期,文恬武嬉沉酣太平,官僚士大夫因循萎靡,内外臣工尽是模棱、软弱、钻营、苟且之徒,在京部院诸臣觉得多一事不如少一事。各省督抚贤良者斤斤自守,不肖者亟亟营私。对他们来讲,"国计民生,非所计也,救目前而已;官方吏治,非所急也,保本任而已。虑久远者,以为过忧;事兴革者,以为生事"①。在这种官场氛围下,自珍对时政的批判尤为刺耳,特别是在他即将取得功名步入官场之际。

江沅出入段玉裁门下数十年,精研《说文》;亦好佛学,曾与彭绍升学佛,后在常州天宁寺出家为僧。自珍与江沅的交游主要是参禅论佛。在自珍即将步入仕途之际,江沅写信给自珍,规劝其要"玉想琼思",步入官场之后说话小心,即使有想法或见解亦应藏在心里。再者,禅宗认为,真如佛法无法用语言文字来表达,因为语言文字在传达真谛的同时又遮蔽真谛,人世间最精微最深刻的义理,在语言文字之外,所谓"第一义不可说"。这样既可以避免招致非议影响仕途,又可以修身养性,悟得宇宙人生的真谛。自珍见信后作诗云:

> 我昨青鸾背上行,美人规劝听分明;
> 不须文字传言语,玉想琼思过一生。②

---

① 洪亮吉:《乞假将归留别成亲王极言时政启》,《洪亮吉集》第一册,中华书局2001年版,第223页。
② 龚自珍:《铁君惠书,有"玉想琼思"之语,衍成一诗答之》,刘逸生、周锡馥校注:《龚自珍诗集编年校注》(上),第105页。

"青鸾"是凤凰一类的青色神鸟,唐武则天光宅元年(684),改中书省为凤阁,改门下省为鸾台,唐代中书省、门下省相当于清代内阁,因此自珍将自己即将出任内阁中书说成"青鸾背上行",而称江沅为"美人"。自珍听了江沅的规劝,认为不需要用语言文字来表达见解与政治主张,而是在心态美好、理想纯洁中度过一生。事实上,江沅最终剃度出家,是否要在"玉想琼思"中度过一生?

与自珍一起落第的还有好友周仪暐。周仪暐,字伯恬,江苏阳湖人,嘉庆九年(1804)举人。仪暐工诗,与同里陆继辂、李兆洛并负盛名,诗宗汉魏六朝,拟古诸诗颇为逼真。周家先世家道丰盈,曾辟盟鸥馆,结客极盛,自珍常去拜会,二人交谊颇为深厚。后周家家道败落,盟鸥馆售与他人,自珍前来拜访,留下一副对联:"别馆署盟鸥,列两行玉佩珠帘,幻出空中楼阁;新巢容社燕,约几个晨星旧雨,来寻梦里家山。"[1]留下一段文人佳话。仪暐嘉庆九年中举,至嘉庆二十五年(1820),已七次参加会试,久困场屋使其心灰意冷,本来打算不来会试,自珍作诗安慰仪暐:

毗陵十客献清文,五百狻猊屡送君。
从此周郎闭门卧,落花三月断知闻。[2]

毗陵是江苏武进的古称,仪暐进京参加会试献上清丽之文,卢沟桥上的石刻狮子屡次送其出京。此次仪暐打算放弃会试,在落花时节的三月闭门高卧,断去外界见闻。但仪暐还是参加会试,可惜再次落第。在京会试期间,自珍与仪暐并未谋面。五月初四,自珍南下途

---

[1] 梁章钜:《楹联丛话》卷五,中华书局1987年版,第65页。
[2] 龚自珍:《赠伯恬》,刘逸生、周锡䪖校注:《龚自珍诗集编年校注》(上),第95页。

中路过某一驿站,见仪暐填词题于驿壁之上,词风凄婉瑰丽,自珍心有戚戚,第二日填《南浦》和词一首:

> 羌笛落花天,办香鞯、两两愁人归去。
> 连夜梦魂飞,飞不到,天堑东头烟树。
> 空邮古戍,一灯败壁然诗句。
> 不信黄尘,消不尽、摘粉搓脂情绪。
> 登车切莫回头,怕回头还见,高城尺五。
> 城里正端阳,香车过、多少青红儿女?
> 吟情太苦,归来未算年华误。
> 一剑还君君莫问,换了江关词赋。[①]

在羌笛悠悠的落花天里,自珍与仪暐双双落第,二人只好准备车马,愁肠百转返回南方,恨不得连夜飞回家乡,可惜家乡在长江天堑之东的烟树尽头,梦魂是飞不到的。在荒凉的驿站,只能就着灯光题诗驿壁,不信漫漫黄尘与旅途奔波的疲劳,还消磨不掉落第的郁闷情绪。既已出城,就不必回望京城那个伤心地。正逢端阳,城里宝马香车,红男绿女笑语盈盈,与落第之人的"吟情太苦"形成强烈反差。尽管自珍以"江关词赋"伤感落第,抒发思乡苦闷,自珍还是要将一剑还与好友,苦闷之中不忘豪情壮志。

自珍继续前行,行至交河县富庄驿,自珍作诗题于驿站壁上,与仪暐进行唱和:

> 名场阅历莽无涯,心史纵横自一家。

---

① 龚自珍:《南浦》,杨柏岭:《龚自珍词笺说》,黄山书社 2010 年版,第 250 页。

秋气不惊堂内燕，夕阳还恋路旁鸦。

东邻媻老难为妾，古木根深不似花。

何日冥鸿踪迹邈，美人经卷莽年华。①

科举考场，就是天下士子争夺功名利禄之地，但前途茫茫何处是尽头？此时自珍29岁，而仪暐已44岁，其中的沧桑与慨叹，可想而知。整个朝廷秋气沉沉，但权臣却如堂燕毫无觉察，死抱着行将就木的旧制不肯放手。自珍感慨自己何时才能像高飞的鸿雁，隐居山林毫无踪迹可寻，伴随着美人与经卷了此一生？会试落第给广大士子带来的精神伤痛，可见一斑。

在扬州舟中，自珍与仪暐二人相见，自珍在其扇上写下《广陵舟中为伯恬书扇》一诗：

红豆生苗春水波，齐梁人老奈愁何！

逢君只合千场醉，莫恨今生去日多。②

自从唐代诗人王维"红豆生南国，春来发几枝。愿君多采撷，此物最相思"一诗广泛流传以来，红豆就成为相思的代名词。在春水绿波的映衬下，具有相思意象的红豆格外引人注目。仪暐擅长写六朝风格的文章，自珍称其为"齐梁人"，此时仪暐已衰老，内心因落第而忧愁却无可奈何，二人相遇应痛饮千杯，一醉方休，不要怨恨光阴"去日苦多"！从自珍诗词可见仪暐落第的伤痛之深，而自珍内心何

---

① 龚自珍：《逆旅题壁次周伯恬原韵》，刘逸生、周锡䪖校注：《龚自珍诗集编年校注》（上），第93页。
② 龚自珍：《广陵舟中为伯恬书扇》，刘逸生、周锡䪖校注：《龚自珍诗集编年校注》（上），第97页。

尝不痛？

嘉庆二十五年（1820）的会试，是周仪暐参加会试的最后一次，南归之后，取道广州作幕谋食，当道官员争相援引器重，而仪暐一无干谒，归乡时唯有积诗盈册。返乡途中，仪暐路过南昌拜访宋翔凤，翔凤赠诗"赢得诗篇说壮游"[1]。此后，仪暐大挑安徽宣城训导，历官陕西山阳、凤翔知县，颇有政声，其罢黜薪炭棚架之供，注意减轻百姓负担。陕西巡抚邓廷桢颇为器重仪暐，但此时仪暐年近70岁，不得不以老病乞求致仕。

自珍回到上海苏松太兵备道署后，又到江苏昆山、太仓一带游历，见到康乾时期昆山人徐乾学与毕沅山馆，不禁钦慕二人的功成名就，作《偶感》一诗：

昆山寂寂弇山寒，玉佩琼琚过眼看。
一事飞腾羡前辈，升平时世读书官。[2]

徐乾学为江苏昆山人，康熙九年（1670）为一甲三名探花，官至内阁学士，刑部尚书，曾在昆山建邃园，经常邀集文人聚会。毕沅为江苏太仓人，乾隆二十五年（1760）状元及第，官至湖广总督，明代王世贞的别墅弇山园后归毕沅所有。自珍看着这些名流故园，遥想当年身着锦衣玉佩的高官显宦，不禁感慨万千。徐乾学任职期间，曾纂辑《清会典》《古文渊鉴》，自著《读礼通考》，而毕沅亦著述颇多，有《续资治通鉴》《经典辨正》等，在升平时世社会局面安定，官僚才会有充裕时间读书做学问，这正是自珍羡慕徐乾学与毕沅之处。自

---

[1] 杨钟羲：《雪桥诗话》卷10，《雪桥诗话全编》（一），人民文学出版社2011年版，第570页。

[2] 龚自珍：《偶感》，刘逸生、周锡䪖校注：《龚自珍诗集编年校注》（上），第71页。

珍的理想人生，就是出仕做官做到极致，如同古代"坐而论道"的三公卿相；做学问做到极致，"一代之学即一代之治"。

在苏州街市，自珍得到《题名录》一册，仔细一看乃是明朝崇祯年间戊辰科旧物，因此在卷尾题写律诗一首：

> 天心将改礼闱征，养士犹传十四陵。
> 板荡人材科目重，蓁芜文体史家凭。
> 朱衣点过无光气，淡墨堆中有废兴。
> 资格未高沧海换，半为义士半为僧。①

《题名录》是科举时代乡会试放榜后，将金榜题名的士子和考试官员的姓名、籍贯等汇为一册，称为题名录或者登科录。崇祯戊辰科即崇祯元年（1628）四月举行的会试。此次会试之后16年，即崇祯十七年（1644）清兵入关，占领北京，明朝灭亡，可谓"天心将改"，在礼部会试上已见征兆。崇祯一朝政局板荡，农民起义声势浩大，满洲贵族屡次进兵南犯，而明朝任官一直注重进士翰林等正途科目出身，但明朝科举文章风格杂乱，后代史家可将其作为末世明证。那些被朱笔点过的文章是会试获中的文章，却写得毫无生气，淡墨堆中有人仕途得意，有人恰恰相反。可惜那些会试得中的进士资格未深，即已改朝换代，他们之中一些人如史可法、徐汧那样成为殉国义士，而万寿祺、戴重、姚思孝等人则遁入空门出家为僧。可见，科举取士关系着朝廷治乱与国家兴衰。

自珍个性"哀亦过人，乐亦过人"，作为一个心灵敏感的士子，

---

① 龚自珍：《吴市得题名录一册，乃明崇祯戊辰科物也，题其尾一律》，刘逸生、周锡馥校注：《龚自珍诗集编年校注》（上），第101页。

其感受到王朝衰落与政治黑暗的现实,然而又无可奈何的悲愤心情折磨着他。在矛盾纠结之中,自珍希望通过参禅消释灵魂的痛苦与挣扎,作《忏心》一诗云:

> 佛言劫火遇皆销,何物千年怒若潮?
> 经济文章磨白昼,幽光狂慧复中宵。
> 来何汹涌须挥剑,去尚缠绵可付箫。
> 心药心灵总心病,寓言决欲就灯烧。①

"忏"为梵语"忏摩"之略,有自陈忏悔、请人忍耐宽恕之意。在佛教看来,自然界的生灭要经历成、住、坏、空四种大劫,所谓"劫火"就是坏劫中的火灾,世界上的一切都被大火销毁。但自珍的思想感情连劫火都消灭不了,即使千年之久仍像潮水一样汹涌澎湃。白天自珍写作经邦济世之文,半夜中宵自珍思想潜在的散乱不定的狂慧又在涌动,这种感情的潮水汹涌而来,需要挥剑斫地而歌,感情潮水退却后,留下缠绵未尽的缱绻,要横箫相伴而退,也就是用吹箫作诗的文人情调来打发。自珍内心怎样的豪迈又怎样的幽怨,可谓扑朔迷离,最后,自珍将这种激怨推上顶峰,指出一切不合时宜的症结"心病"的疗救,就是将不被人喜的文字付之一火,最为便捷干净。自珍刚刚落第,敏感意识到尖锐的社会批评将不利自己的科名仕途,其何尝不想改变?但那是自珍心血所聚与灵魂所在,如何能改变?

与此同时,自珍作《呜呜》一诗,对宋元以来理学家提倡的"为臣死忠,为子死孝"的伦理道德进行尖锐批判,指出其不合理性与自相矛盾之处:

---

① 龚自珍:《又忏心一首》,刘逸生、周锡馥校注:《龚自珍诗集编年校注》(上),第63页。

黄犊怒求乳，朴诚心无猜；

犊也尔何知，既壮恃其孩。

古之子弄父兵者，喋血市上宁非哀？

亦有小心人，天命终难夺；

授命何其恭？履霜何其洁？

孝子忠臣一传成，千秋君父名先裂。

不然冥冥鸿，无家在中路；

恝哉心无瑕，千古孤飞去。

呜呜复呜呜，古人谁智谁当愚？

铿铿复铿铿，智亦未足重，愚亦未可轻。

鄙夫较量愚智间，何如一意求精诚？

仁者不诛愚痴之万死，勇者不贪智慧之一生。

寄言后世艰难子，白日青天奋臂行。[1]

儒家提倡仁义礼智信，老子曾尖锐指出："大道废，有仁义；慧智出，有大伪；六亲不和，有孝慈；国家昏乱，有忠臣。"[2] 事实的确如此，家族六亲不和，孝慈自然会产生，国家混乱百官不能尽职，"忠臣"就会随之而来。自珍此诗即揭露了所谓"忠臣孝子"的虚伪：历史上子弄父兵的，如汉武帝时期戾太子刘据、唐中宗时期节愍太子李重俊，皆造成京师喋血的惨剧；商末比干被视为忠臣，而纣王成为千古昏君；春秋时期申生为孝子，而其父晋献公就不是好父亲。正如清人冯班所言："儒者之死忠死孝，仁之至，义之尽也。然子死孝，父必不全；臣死忠，君必有患。……近代有平居无事，处心积虑，冀

---

[1] 龚自珍：《呜呜铿铿》，刘逸生、周锡馥校注：《龚自珍诗集编年校注》（上），第77—78页。

[2] 王弼注：《老子道德经》第十八章，《诸子集成》3，上海书店出版社1996年版，第10页。

君父之有难，以成其名者。……此乱臣贼子不若也。"① 冯班认为，"死忠死孝"是因为"好名之患"，自珍比其更进一步，直接戳穿其虚伪性，告诉那些因正道直行而处境艰危的臣子，在青天白日下心境澄明，义无反顾地奋臂前行！其实，这不正是自珍内心世界的宣言书吗？

乾隆年间，清廷平定大小和卓叛乱，统治区域空前辽阔，这足以引起官僚士大夫强烈的自豪感。自珍深感新疆已融入中华文明的体系，成为大清国重要的组成部分，形成了"海内一统""中外一家"的局面，汉唐时期治理边疆所谓断匈奴左臂、开西域交通这些措施，已不再适合当前形势。嘉庆二十四年（1819），曾为自珍乡试房师的宝兴出任吐鲁番领队大臣，自珍作《上镇守吐鲁番领队大臣宝公书》，上书宝兴，讨论抚驭回民事宜，并附呈所作《西域置行省议》。自珍指出，要保持新疆安定，必须建立民族之间"安"和"信"的关系。

针对新疆绝远、连年动荡的现实，自珍认为在新疆建立行政区划、直接统治天山南北，才是最为有效的治边之策。两年以来，自珍撰写《西域置行省议》，提出清廷应在新疆建立行省，取消军府制，任命督抚两司等官员以取代将军、参赞大臣的"镇守"；实行州县制以取代"伯克制"，以进一步加强朝廷对新疆地区的有效管理，防止外来势力的侵略；同时改变新疆屯田旧法，继续加强屯田实边，发展新疆生产。至嘉庆二十五年（1820），《西域置行省议》一文写成定稿。

对于新疆建省的建议，自珍颇为自信，在《己亥杂诗》中曾经预言："五十年中言定验，苍茫六合此微官。"② 事实的确如此，光绪年间左宗棠平定阿古柏叛乱之后，清廷于1884年在新疆建省，与自珍建议相比整整滞后64年。对此李鸿章《黑龙江述略序》说："古今雄伟

---

① 冯班：《钝吟杂录》卷一，《丛书集成初编》本，中华书局1985年版，第4页。
② 刘逸生：《龚自珍己亥杂诗注》第76首，中华书局1980年版，第109页。

非常之端，往往创于书生忧患之所得，龚氏自珍议西域置行省于道光朝，而卒大设施于今日。"①

闲暇之余，自珍还阅读清初反清义士屈大均的诗文集《番禺集》。屈大均，字翁山，又字介子，广东番禺人，明亡年仅15岁，清军进攻广州，其投奔永历帝，参加抗清斗争，失败后削发为僧，又参与郑成功、吴三桂反清活动，最终过着半隐居生活以终。屈大均诗文集怀念故国，感伤时事，具有浓郁的反清情绪，雍正年间开始查禁，乾隆年间查禁更严，但仍有人私下收藏。自珍为了避祸，不敢明书屈大均文集之名，只得以《番禺集》代指。

其一：

灵均出高阳，万古两苗裔。郁郁文词宗，芳馨闻上帝。

其二：

奇士不可杀，杀之成天神；奇文不可读，读之伤天民。②

灵均是战国时期楚国诗人屈原的字，屈原与屈大均相隔两千年，都是高阳氏的后裔，二人皆为词林文词宗匠，文气郁郁苍苍，上帝都可以闻到二人诗词的芬芳温馨。对于天下奇士，统治者不能以屠杀相待，不然会令有道无位的高士伤感义愤。自珍在清廷文字狱高压下，不顾朝廷禁令，敢于私藏禁书偷读禁书，并对反清义士寄予深厚的同情，充分显示其性格的叛逆性。

---

① 李鸿章：《〈黑龙江述略〉序》，徐宗亮纂修：《黑龙江述略》卷首，重庆图书馆1963年版。
② 龚自珍：《夜读番禺集，书其尾》，刘逸生、周锡䪖校注：《龚自珍诗集编年校注》（上），第126页。

三、初入仕途放言论政，苦读功令文以求自售

嘉庆二十五年（1820），自珍捐纳为内阁中书。道光元年（1821）夏，自珍至内阁中书行走，步入仕途。其先后任此职十余年，对内阁掌故最为熟悉。与自珍一同以内阁中书入阁的还有徐松、刘咸、汲建勋、刘沛霖、方铭彝、李树滋、陆以润、侯树屏、汪元爵、沈洲、陈鸿墀、陈瑞球、程家颋、牛镇、李棠、潘曾沂与陈鼎雯。此时国史馆正在重修《大清一统志》，自珍任国史馆校对官。嘉庆朝组织修纂《大清会典》，程同文参与撰修，其中《理藩院》一门及青海、西藏各图，自珍受程同文嘱托参加校理，为其研究"天地东西南北之学"的开端。

此时，自珍作《上国史馆总裁提调总纂书》，详细论辩西北塞外诸部落沿革、山川形势，考订《大清一统志》的疏漏之处，共提出修订凡例建议18条。自珍年轻气盛，挥笔洋洋洒洒作五千言，有人提示自珍说，这并非其职责范围所在。的确，自珍只是一个小小的校对官，不配提这些建议。自珍闻听，对上书大加删汰，于是上书两千言。晚年自珍回忆此事说：

> 东华飞辩少年时，伐鼓撞钟海内知。
> 牍尾但书臣向校，头衔不称魏其词。[1]

自珍在国史馆提出有关西北边疆的建议时的确年少气盛，而自珍的建议如同伐鼓撞钟一般很快传遍海内。程同文与自珍皆研究西北边

---

[1] 刘逸生：《龚自珍己亥杂诗注》第49首，中华书局1980年版，第66页。

疆地理，世人便以"程龚"合称，自珍因此闻名天下。因为身份头衔不符，自珍在上书末尾只署校对官职衔，而且将上书删短。自珍对于此次上书，晚年回忆时仍带着某种快慰与自豪。可见，对于自己因论政而仕途受挫，自珍从未有一丝懊悔。

自珍精于西北舆地，对于西北要塞之外的部落、世系、风俗、山川形势、源流分合尤为精通，深感朝廷虽有《钦定西域图志》记述准部、回部情形，而蒙古各部纵横万余里却无专志，于是自珍作《拟进上蒙古图志表文》，声称自撰《蒙古图志》30篇，订定义例。可惜《蒙古图志》并未撰成，自珍《文集》中存有诸篇序文，亦足见其西北史地学识的精博。

由于科第高中与名落孙山的境遇有天壤之别，所谓"天上人间一霎分，泥途翘首望青云"，因此有清一代，凡是读书应试的青年子弟，无不热衷于科举功名，自珍亦不例外。由于科举考试首重四书文，或称制艺时文，因此广大士子埋头苦读选刻程墨和十八坊稿，无非是为了求功名享富贵。有些士子想阅读古书以求通经，则会受到老师与父兄的干预，对此顾炎武曾说："余少时见有一二好学者，欲通旁经而涉古书，则父师相谯呵，以为必不得专业于帖括，而将为坎坷不利之人。"[①]为了猎取功名，士子汲汲于时文帖括，连治经读古书都会受到干涉，功令文之盛行及危害可见一斑。

明清两代以八股文取士，其格式写法由朝廷以命令方式规定必须遵守，因此又称功令文，这种文体僵硬死板，毫无活气与内容，凭这种文章获中的士人未必有真才实学，因此历代对功令时文的批评之声不绝于耳，清朝学者徐大椿《道情》一文，对八股时文进行尖锐讽刺：

---

① 顾炎武著，黄汝成集释：《日知录集释》卷16，《十八房》，岳麓书社1994年版，第584页。

读书人，最不齐，背时文，烂如泥。

国家本为求才计，谁知道变做了欺人技。

三句破题，两句承题。

摆尾摇头，便道是圣门高第。

可知道三通、四史，是何等文章；

汉祖唐宗，是哪一代皇帝。

案头放高头讲章，店里买新科利器。

读得来肩背高低，口角嘘唏。

甘蔗渣儿嚼了又嚼，有何滋味？

辜负光阴，白白昏迷一生，

就叫他骗得高官，也算是百姓朝廷的晦气！[①]

科举考试不能尽得才，八股时文扼杀读书人的聪明才智，是人所共知的弊病。但无论是显宦富室还是穷乡僻壤的寒素之家，凡读书之人无不希望通过科举一试，猎取功名进入仕途。少年哀乐过于人的自珍，性格放荡不羁，文章瑰丽奇伟，未必擅长作八股时文。但为了求取功名，自珍在功令文方面花费气力颇大。道光元年（1821），自珍与陈奂一道去拜访姚学塽，抱着功令文二千篇请其指正，开始学塽对自珍功令文加以褒奖，谈话之间，学塽忽然正言厉色说："我文著墨不著笔，汝文墨笔兼用。"[②]自珍听完后将自己所作功令文烧掉，晚年作诗记述此事：

华年心力九分殚，泪渍蝉鱼死不干。

[①] 张晋藩、邱远猷：《科举制度史话》，《中国历史小丛书》，中华书局1964年版，第37—38页。

[②] 刘逸生：《龚自珍己亥杂诗注》第60首，中华书局1980年版，第84页。

此事千秋无我席，毅然一炬为归安。[1]

八股时文耗费自珍太多心力，就像书虫浸满眼泪，虽死不干，因此自珍想把这些功令文保存下来，但自认所作八股文在历史上无法占用一席之地，听完学埭一席话，就把两千篇八股文付之一炬，学埭之言对自珍的打击颇为沉重。再者，自珍功令文积至道光元年（1821），已达两千余篇，其在时文上所下功夫之深，可见一斑。

早在七八年前，自珍作《乙丙之际著议》，即感叹朝廷人才匮乏。清朝统治者一向反对"处士横议"，自珍发表改革政治的言论，自然被目为"怪异"，受到来自各方的压力与打击。在自珍看来，江东的少微星早已陨落！现在哪里还有处士横议？道光三年（1823），在《夜坐·其一》诗中自珍感叹：

春夜伤心坐画屏，不如放眼入青冥。
一山突起丘陵妒，万籁无言帝坐灵。
塞上似腾奇女气，江东久陨少微星。
平生不蓄湘累问，唤出姮娥诗与听。[2]

在专制社会人才匮乏的时代，自然会出现"木秀于林，风必摧之；堆高于岸，流必湍之"的现象，自珍"行高于世，众必非之"，就好像一山突兀而起，众多丘陵妒忌一样。当时整个社会万马齐喑，只有皇帝身边的亲贵大显神通，自珍希望西北边塞有奇士出现，而江南地区掌管处士出现的少微星早已陨落！自珍平生不会像屈原那样作

---

[1] 刘逸生：《龚自珍己亥杂诗注》第60首，中华书局1980年版，第84页。
[2] 龚自珍：《夜坐·其一》，刘逸生、周锡馥校注：《龚自珍诗集编年校注》（上），第219页。

《天问》以抒发郁闷不平,还是呼唤嫦娥为其读诗吧!自珍心中的激愤溢于言表。在《夜坐·其二》诗中,自珍更是将矛头直指统治者,希望朝廷改变人才被压抑的现状,希望真正的人才得到重用:

> 沈沈心事北南东,一晌人材海内空。
> 壮岁始参周史席,鬈年惜堕晋贤风。
> 功高拜将成仙外,才尽回肠荡气中。
> 万一禅关砉然破,美人如玉剑如虹。①

自珍春夜独坐,心事沉沉,环顾海内人才一空。自己30岁在内阁充国史馆校对官,年轻时曾沾染魏晋士人玄谈之风,其实高官厚禄、修炼成仙非其所愿,但国运时势衰颓的感慨回肠荡气。自珍希望有一天,朝廷摒弃束缚人才的各种体制,那时候人可以成为如玉的美人,剑也能吐出如虹之气!事实上,嘉道时期并非没有人才,只是受到束缚压制,无法施展抱负而已。

道光五年(1825),自珍作《古史钩沉论》四篇,《论一》明确指出,君主专制下"一人为刚,万夫为柔",此为天下士人柔靡无耻的根本原因,揭示君主专制制度对人才的扼杀与士人人格的扭曲;《论二》集中讨论史籍与文化传统的关系,提出"灭人之国,必先去其史"的著名论断;《论三》批评儒学经典的不纯,同时申明自己不专意于注经的原因,在于好百家、杂家之言,要研究"天地东西南北之学";《论四》提出"宾宾说"的历史观,认为皇帝对待士人应如宾客一般尊重。《古史钩沉论》反映了自珍深邃的社会批判思想,直到戊戌维新时期,依旧尖锐犀利,对维新派思想家影响深远,梁启超等维

---

① 龚自珍:《夜坐·其二》,刘逸生、周锡䪖校注:《龚自珍诗集编年校注》(上),第221页。

新派读后，就有一种"如受电然"之感。

冬季，自珍客居昆山，看到江南富庶之地达官贵人生活纸醉金迷，而其精神世界却空虚无聊。那些自诩名流的家伙依附于权贵门下，沽名钓誉，相互标榜却无理想操守，终日以争名逐利为业。自珍愤而作《咏史》一诗，虽名为咏史，实则讽时：

> 金粉东南十五州，万重恩怨属名流。
> 牢盆狎客操全算，团扇才人踞上游。
> 避席畏闻文字狱，著书都为稻粱谋。
> 田横五百人安在？难道归来尽列侯？①

金粉是古代妇女化妆用的铅粉，诗中指达官贵人的生活繁华绮丽，自珍以"金粉"衬托名流们的庸俗生活，而且"金粉"佳人也是他们追逐的对象。"牢盆狎客"指有钱的盐商，"团扇才人"即吟咏淫辞艳赋的无聊文人与社会名流，他们是大官僚、大盐商的狎客，纯属纨绔子弟，尽管流连声色万事不做，却高踞政权的上层。毫无操守的狎客竟能呼风唤雨，这样的社会与时代多么令人绝望和窒息！

"避席畏闻文字狱，著书都为稻粱谋"道出知识分子的普遍心态，清朝前期屡兴文字狱，许多士人因文字狱获罪被杀，严酷的专制统治使他们言行谨慎，唯恐被牵入文字狱中，他们著书立说，只是为了"稻粱谋"，只是混口饭吃而不敢明道济世。最后自珍借田横五百壮士杀身取义的故事，感叹当今士人的气节丧尽与毫无廉耻。他激愤地责问：田横与部下五百壮士都哪里去了，难道都封为列侯享受荣华富贵了吗？自珍从现实感慨出发，以史事作为映衬，具有强烈的批判讽

---

① 龚自珍：《咏史》，刘逸生、周锡䪺校注：《龚自珍诗集编年校注》（上），第253页。

刺效果，诗句铿锵有力，掷地有声。

四、屡试落第，忧时愤世及其心理调适

屈原曾云："亦余心之所善兮，虽九死其犹未悔"，因为文人有文人的风骨。自珍志在经世致用，但名高谤作，令其内心颇为郁闷，甚至产生隐居太湖的想法，并对隐居江湖的高士生活充满憧憬，充满浪漫主义的幻想色彩。自珍作《能令公少年行》一诗自我祈祷，酒酣之际放声高歌，认为如此可以怡悦魂魄，令人神采焕发：

蹉跎乎公！公今言愁愁无终。
公毋哀吟哑咤声沈空，酌我五石云母钟，
我能令公颜丹鬓绿而与年少争光风，听我歌此胜丝桐。
貂毫署年年甫中，著书先成不朽功，
名惊四海如云龙，攫拿不定光影同。
征文考献陈礼容，饮酒结客横才锋。
逃禅一意皈宗风，惜哉幽情丽想销难空。
拂衣行矣如奔虹，太湖西去青青峰。
一楼初上一阁逢，玉箫金琯东山东。
美人十五如花秾，湖波如镜能照容，山痕宛宛能助长眉丰。
一索钿盒知心同，再索班管知才工，
珠明玉暖春朦胧，吴歙楚词兼国风，
深吟浅吟态不同，千篇背尽灯玲珑。
有时言寻缥渺之孤踪，春山不妒春裙红。
笛声叫起春波龙，湖波湖雨来空濛，

桃花乱打兰舟篷，烟新月旧长相从。

十年不见王与公，亦不见九州名流一刺通。

其南邻北舍谁与相过从？佝偻丈人石户农，

欹崎楚客，窈窕吴侬，敲门借书者钓翁，探碑学拓者溪童。

卖剑买琴，斗瓦输铜，银针玉薤芝泥封，

秦疏汉密齐梁工，佉经梵刻著录重，

千番百轴光熊熊，奇许相借错许攻。

应客有玄鹤，惊人无白骢，

相思相访溪凹与谷中，采茶采药三三两两逢，高谈俊辩皆沈雄。

公等休矣吾方慵，天凉忽报芦花浓，七十二峰峰峰生丹枫。

紫蟹熟矣胡麻馦，门前钓榜催词筩。

余方左抽毫，右按谱，高吟角与宫。

三声两声棹唱终，吹入浩浩芦花风，仰视一白云卷空。

归来料理书灯红，茶烟欲散颊鬑浓，

秋肌出钏凉珑松，梦不堕少年烦恼丛。

东僧西僧一杵钟，披衣起展华严筒。

噫嘻！少年万恨填心胸，消灾解难畴之功？

吉祥解脱文殊童，著我五十三参中，

莲邦纵使缘未通，他生且生兜率宫。①

自珍生平高古奇丽之作颇多，而最为奇丽者莫过此诗。自珍采用拟乐府体，辞藻运用异彩纷呈，既淡雅窈窕又苍劲瑰丽，给人以目不暇给、美不胜收之感。隐逸是古典诗歌的主题之一，自珍驰骋奇情

---

① 龚自珍：《能令公少年行（有序）》，刘逸生、周锡䪖校注：《龚自珍诗集编年校注》（上），第113—114页。

壮思，将山林湖海之隐、金石书画之隐、茶烟口腹之隐、禅悦风情之隐等传统文化中的各种隐逸形态打叠一气，描绘出一个飘飘乎如遗世独立，羽化而登仙般的奇异精神世界，字里行间的飞扬飘逸、雄浑豪放，流露出自珍内心世界的怅惘之情，一种苍凉寂灭之感跃然纸上。自珍创造出梦想中最为闲逸适情的境界，反衬出这一切无异于水中月、镜中花。但诗词创作毕竟不等于现实生活，自珍还是要面对清朝衰败与会试屡次落第的人生境遇，不禁慨叹：

> 寥落吾徒可奈何，青山青史两蹉跎。
> 乾隆朝士不相识，无故飞扬入梦多。[1]

在寂寞寥落之中，自珍面对现实生活，深感隐逸青山绿水与留名青史可谓两相蹉跎。乾隆盛世的当朝人物，不断飞扬进入自珍的梦乡，他多么渴望能在盛世建功立业，但无可奈何的是盛世不再！

道光二年（1822），自珍实授内阁中书。三月，自珍第三次参加会试，仍然落第，心情异常苦闷。填词《摸鱼儿》以抒发自己的失落情绪：

> 又漫天、飞花飞絮，一番春事无据。
> 朝朝送客长亭岸，身似芦沟柳树。归计阻。
> 但打叠吟魂，飞过黄河去。输君容与。
> 者双鬓吹笙，双声问字，双桨夜呼渡。
> 他生约，亦在五湖烟雨。笛床歌板何处？
> 才人病后风情死，负了莫釐龙女。还肯否？

---

[1] 龚自珍：《寥落》，刘逸生、周锡馥校注：《龚自珍诗集编年校注》（上），第119页。

重整顿清狂,也未年华暮。幽怀漫诉。

要瀹茗烦他,舣舷待我,商略买山句。①

《摸鱼儿》是为好友顾树蕻《桃叶归舟》卷子所题的词,作于闰春三月放榜后。清代每届参加会试的举人,不下六七千人,而取中进士的不过二百余人,放榜后落榜的士子纷纷离京,在漫天柳絮飞扬的三月,自珍每天都要送别与自己同病相怜的落第好友,而落第者之多,送别之频繁,自珍俨然成了卢沟桥边的一棵柳树。作为内阁中书,自珍无法同士子们一同归去,但其诗魂可以飞过黄河,与士子一道南归;自珍虽然身在官场,但其心可以沉浸在《桃叶归舟》描绘的美妙画卷中。面对科场的失意,自珍幻想买宅洞庭湖,携着妙龄女郎吹笛,在五湖烟雨中徜徉。事实上,这不过是自珍艺术化的幻想而已。自珍所谓的归隐,去过浪漫悠闲的隐居生活,不过是给痛苦的神经以暂时麻痹,给自己失衡的心理以虚幻的调适,事实上他总是辜负"莫釐龙女"。

十月,新的打击接踵而至。自珍参加军机章京考试,因受人馋陷而落选。自珍喜欢放言高论,这在官场颇为不合时宜。此时,潘曾沂与自珍交往甚密,曾言"定庵喜高论,余辄戒之,未尝不见听"②,其实,并非自珍不听朋友劝诫,而是个性使然。

军机章京俗称"小军机",自嘉庆四年(1799)开始分满、汉各两班,每班各8人,共32人,由在京各衙门"令各出具考语保送数员,至多不得过八员,由军机大臣亲加考校,将入选者带领引见,记

---

① 龚自珍:《摸鱼儿》,杨柏岭:《龚自珍词笺说》,黄山书社2010年版,第282页。
② 潘曾沂:《船庵集》卷六,《子梅近有沧浪亭怀定庵之作,又访觉阿上人通济庵,值其闭关,留一绝句,昨以见示,因次韵一首,并书〈茅屋图〉后》诗末自注,樊克政:《龚自珍年谱考略》,第205页。

名者遇缺以次奏署、奏补"①。其中汉章京由"内阁中书、六部郎中、员外郎、主事、七品小京官由进士举人出身者兼充"。内阁、六部等堂官出具考语加以保送,交军机大臣带领引见,候皇帝简用。自珍为内阁中书,具备拣选军机章京的条件。

军机章京职掌繁重,除承担军机处的撰稿、缮写、收发文稿、记载档案等事务外,亦可奉命单独到各省查办或处理政务,参预军机处承办案件的审理及纂修方略等事宜。选任军机章京,要求"人品端方,年富力强,字画端楷者"②。军机处为机密要地,因此"人品端方"最为重要,军机章京也需要考试,但并不糊名,嘉庆十八年(1813)御史傅棠曾经上奏"考试军机章京,请钦派大臣在举场公所,将试卷弥封,以昭慎重"。但是嘉庆帝并未采纳,原因在于"军机章京入直枢廷,先取人品端庄,参以文理清顺,字画工楷,方为无愧厥职"③。因为糊名考试只能考察文字优劣,而无法考察是否"人品端庄",因此只能要求军机大臣秉公甄别,若章京舞弊营私,要追究军机大臣"考选不慎"的责任。

由此可见,军机章京考试并不糊名,能否考取主要取决于军机大臣的甄别,能否被认为"人品端庄",再加上"字画工楷"。自珍放言批判时政,特别是矛头直指整个官僚阶层,"上关朝廷,下及冠盖,口不择言,动与世迕"④,在王公大臣看来,这样的人最不胜任"军机章京"一职,因此自珍最终以落第告终。对于某些权贵的诽谤,自珍颇为愤慨。吴昌绶《定庵先生年谱》引程秉钊语云:"先生是岁有蜚语受谗事,屡见诗词。"可见,自珍的狂放不羁与抨击时政,激起朝野士

---

① 梁章钜、朱智撰:《枢垣记略》卷13,中华书局1984年版,第130页。
② 《清仁宗实录》卷38,嘉庆四年正月,中华书局1986年版。
③ 梁章钜、朱智撰:《枢垣记略》卷一,第12页。
④ 眭骏:《王芑孙年谱》,华东师范大学出版社2010年版,第521页。

林的轩然大波,以至参加军机章京考试落选。自珍作诗加以谴责:

> 我方九流百氏谈宴罢,酒醒炯炯神明真。
> 贵人一夕下飞语,绝似风伯骄无垠。
> 平生进退两颠簸,诘屈内讼知缘因。
> 侧身天地本孤绝,刿乃气悍心肝淳!
> 欹斜谑浪震四坐,即此难免群公瞋。
> 名高谤作勿自例,愿以自讼上慰平生亲。
> 纵有噫气自填咽,敢学大块舒轮囷?
> 起书此语灯焰死,狸奴瑟缩偎帱茵。
> 得眼前可归竟归矣,风酥雨腻江南春。①

  自珍认为,"一代之学即一代之治",其学术纵横百家,本为探讨古今成败利弊,没有想到"贵人一夕下飞语,绝似风伯骄无垠",给自珍造成巨大的压迫。不过,究竟"贵人"为谁,具体因何诽谤自珍,已不得而知。面对"骄无垠"的贵人和瞋目而视的"群公",自珍感受到生存于天地之间的"孤绝",其内心汹涌喷薄着浩荡的悲哀,这绝不是弱者的哀号,而是壮士孤独抗争中的自伤。像自珍这样思想敏锐、感情充沛、个性强烈的士人,与沉寂郁闷的周边环境不可避免地发生冲突,而桀骜不驯的精神力量支撑着他,让他永不屈服。

  按照清制,士子成进士后,成绩优良者进入翰林院,再出任中央或者地方大员,此为快速便捷的仕途进身之阶,而另外一条捷径就是考取军机章京。军机章京官衔为正五品,职位并不显赫,但地位特

---

① 龚自珍:《十月廿夜大风不寐起而书怀》,刘逸生、周锡䪖校注:《龚自珍诗集编年校注》(上),第113—114页。

殊，可以经常接近皇帝，容易得到"宸眷"。龙顾山人《南屋述要》说："凡军机章京之得力者，上皆深识其人，故每有身在章京班列即躐跻枢堂者。"① 军机章京表现卓越，可出任地方或在京美缺，可以在官僚队伍中迅速脱颖而出。

江浙地区科举发达，官僚之中入选军机章京的最多，"自雍正二年设立至嘉庆二十五年止，百年之中，章京百人，江浙居大半，而浙多于江。浙人中又以杭为多，嘉次之，其余外郡则寥寥矣"②。身为杭州人，自珍居于军机章京的同乡最多。自珍祖父褆身、父亲丽正皆曾入选军机章京。自珍落选军机章京，与其日后久沉下僚有一定的关系。

祸不单行。道光二年（1822）九月二十八日，自珍上海家中书楼遭受火灾，龚家所藏珍本书籍与金石拓本，大部或全部毁于火。火灾给龚家造成沉重打击：

> 家严晚年失书籍，何以消遣，盖性无旁嗜，以书为生，以书为命，从此仿佯无倚，亟须慰藉其目前，一也。家慈本以积病之躯，夜半受惊，恐月来魂魄未定，二也。家严况有降一级留任处分，又奉旨赔修牙署，而当日一切要紧文案，亟须查办，此善后事宜，竟乏帮办之熟手，三也。家严未免心结郁块，咎及家人。家人未能无□□，□之无济，亟须兄归，调护一切，免再生乖戾，四也。至于妻子受惊，欲往慰恤，此不在话下矣！③

---

① 龙顾山人：《南屋述闻》，《近代史料笔记丛刊》第 11 辑，四川人民出版社 1988 年版，第 164 页。
② 欧阳兆熊、金安清：《水窗春呓》卷下，《枢堂》，中华书局 1984 年版，第 55 页。
③ 龚自珍：《致邓传密书》，樊克政编：《中国近代思想家文库·龚自珍卷》，中国人民大学出版社 2015 年版，第 116 页。

丽正因为火灾殃及苏松太兵备道衙署,受到降一级留任处分,又奉旨赔修衙署。而紧要文案又缺乏得力熟手帮办,心中更为郁结难解,难免责怪家人,加上丽正一生嗜书如命,家藏珍本秘籍毁于火灾,让丽正颇为痛心疾首,生活空无依傍。自珍之母段驯多年抱病在身,火灾亦令其受惊不小,月来魂魄未定,而自珍之子龚橙险些不救。十月初,自珍得知上海家中失火消息,此时刚刚获得中书舍人之缺,若开缺回籍,南归省亲,明年定然不能随到随补,必须扣足一年方可补缺,再者,翌年春会试在即,自珍回籍多有不便。但自珍已经顾不了许多。当时包世臣在龚寓,写信令好友邓传密来京照顾自珍的京寓。

十二月,自珍冒着冰雪经过三十三日返回上海,发现父母并无大恙,这才放下心来。但龚家所藏五万卷书籍,几乎全部葬于火海:"家藏五万卷,尽矣!而行箧之携以自随者,尚不减千余卷,名之曰劫外藏书,编列五架,其为我朝夕拂拭之,勿令虫鼠为祟。宝此丛残,殊为不达,苦恼之余,弥复惭愧。"[1]父母妻儿的受惊,藏书的焚毁,令自珍痛心不已,劫外幸存的藏书更觉宝贵。此次藏书被毁,对自珍的打击颇为沉重:

十仞书仓郁且深,为夸目录散黄金。
吴回一怒知天意,无复龙咸禹穴心。[2]

按自珍所言,其有一间十仞左右的书房,里面充实而深邃,皆是七阁未收之书,为了扩充藏书使之尽量丰富,自珍不知耗费多少黄

---

[1] 龚自珍:《致邓传密书》,樊克政编:《中国近代思想家文库·龚自珍卷》,中国人民大学出版社2015年版,第127页。
[2] 刘逸生:《龚自珍己亥杂诗注》第67首,中华书局1980年版,第98页。

金。谁料火神发怒,将自珍藏书的十之七八焚毁,自珍明白老天爷的意图,是令其断绝收藏龙威之书、禹穴之籍的念想,自珍的藏书家之梦从此破灭。

为了参加三月的会试,自珍于道光三年(1823)二月下旬抵达京师。但自珍因叔父守正为会试同考官,为避嫌疑而未参加。按照定制,道光元年议准的会试回避则例,较乾隆一朝更为严密:

> 凡子弟及同族,除支分派远,散居各省各府,籍贯迥异者,毋庸回避外,其余虽分居外省外府,在五服以内,及服制虽远,聚族一处之各本族,并外祖父、翁婿、甥舅、妻之嫡兄弟、妻之姊妹夫、妻之胞侄、嫡姊妹之夫、嫡姑之夫、嫡姑之子、舅之子、母姨之子、女之子、妻之祖、孙女之夫、本身儿女姻亲,概令照例回避。①

考官在会试第一场前三天简放,事前要严守秘密,外间无从知晓,因此自珍在试前三天才得知,自己要回避不能参加会试。这对匆匆离开上海赴京会试的自珍而言,无异于晴天霹雳。刚刚经历失火之灾、惊魂未定的段驯,对儿子的科举仕途充满担心与忧虑,因此作诗安慰自珍道:

其一:

> 桃李添栽屋不寒,却教小阮意全阑。
> 待将春梦从婆说,始觉秋风作客难。

---

① 昆冈等纂:(光绪朝)《大清会典事例》卷345,《礼部·贡举·开报回避》,《续修四库全书》本。

其二：

> 黄榜未悬先落第，青云无路又辞官。
> 长安岁岁花相似，会见天街汝遍看。①

"桃李添栽"指自珍叔父守正荣为会试同考官，"小阮"为侄儿的戏称，因为叔父荣升会试同考官，却使侄儿失去应试机会，令自珍金榜题名的梦想破灭，段驯心中百感交集，几多忧虑几多遗憾，不知从何说起。段驯心中充满对自珍前途的忧虑，感叹皇榜未张而儿子先已落第，儿子仕途进身无望，令她发出"黄榜未悬先落第，青云无路又辞官"的感叹。自珍蟾宫折桂的梦想再次破灭。

暮春时节，自珍因公前往圆明园，公事办理完毕，顺便游览西郊，因任军机章京的朋友写诗《春晚退值》六首，自珍赋诗六首以相唱和。圆明园位于北京西郊，是皇帝经常居住办公的皇室别墅，在圆明园附近曾有保和殿大学士张廷玉的赐园——澄怀园，至道光年间，其中一部分已成为军机章京扈从值班的地方。六首中《其五》反映了军机章京地位的尊贵：

> 警跸闻传膳，枢廷述地方。
> 宸游兼武备，大典在官常。
> 禁额如云起，仙人隔仗望。
> 万重珊翠里，不数尚书郎。②

---

① 段驯：《珍儿不与会试，试以慰之》，王洪军：《段驯龚自璋抄本诗集考》，《文献》1998年第2期。
② 龚自珍：《暮春以事诣圆明园，趋公既罢，因览西郊形胜，最后过澄怀园，和内直友人春晚退直诗六首》，刘逸生、周锡䪖校注：《龚自珍诗集编年校注》（上），第231页。

军机章京身处机密重地,传承书御,皇帝驻跸巡幸,军机章京侍候左右,传递召见重臣的膳牌,向地方宣布皇帝出巡的消息,筹办重大典礼是他们居官的职责。在皇帝亲题、堆起如云的皇家禁苑匾额的映衬下,军机章京显得如同仙人,只能隔着仪仗相望。他们在重重叠叠的红花绿树、红墙绿瓦之中伴随皇帝,得到的宠幸远非一般六部衙门的郎中、员外郎所能比拟。自珍亦曾参加军机章京考试,结果被摒,通过此路平步青云的梦破灭了。

《其六》一诗,由澄怀园联想到康雍年间大学士张廷玉的荣宠,自珍流露出对建功立业的钦慕与向往:

此地求沿革,当年本合并。
林岚陪禁近,祠庙仰勋名。
水榭分还壮,云廊改更清。
诸公齐努力,谁得似桐城。[①]

澄怀园在圆明园东半里许,原是康熙年间辅政大臣索尼所居之地。雍正三年(1725),皇帝驻跸圆明园,将戚畹旧园赏赐张廷玉,一同居住的还有大学士朱轼、尚书蔡珽、内廷供奉翰林吴士玉、蔡世远、励宗万、于振、戴瀚、杨炳八人。三年后张廷玉将康熙帝御书所赐"澄怀"二字命名赐园。后来几经变更,澄怀园的一部分作为军机章京扈从时的值班之所。张廷玉仰仗功勋,死后配享太庙,所赐澄怀园地近皇家禁苑,眼前的水榭云廊依旧壮观清幽,因此自珍发出"诸公齐努力,谁得似桐城"的感慨,中国的士大夫,谁不向往建功立

[①] 龚自珍:《暮春以事诣圆明园,趋公既罢,因览西郊形胜,最后过澄怀园,和内直友人春晚退直诗六首》,刘逸生、周锡馥校注:《龚自珍诗集编年校注》(上),第231页。

业，功成名就呢？

六月，自珍刊定《无著词》《怀人馆词》《影事词》，此时其早已誉满文坛，但会试却屡屡落第。自珍研究西北边疆史地，曾打算到西北走一趟，亲赴边塞实地考察，但他没有机会。对此自珍心中感慨万千，作诗写道：

> 绝域从军计惘然，东南幽恨满词笺。
> 一箫一剑平生意，负尽狂名十五年。①

自珍也想从军征战西北，建功立业，考察边疆史地，但那只是惘然的空想而已；自珍词集早已刊刻，其文名早已誉满大江南北。自珍诗词创作时"怨去吹箫"的缠绵，议政报国时"狂来说剑"的豪情在胸中激荡，但环顾现实，一种一事无成的忧愤折磨着他的心灵，因此发出"负尽狂名十五年"的慨叹。自珍19岁开始填词，那时已颇负文名，至此已有十四五年的时光，可自己依然困于场屋，仕途不顺。自珍在《丑奴儿令》感叹："沉思十五年中事，才也纵横，泪也纵横，双负箫心与剑名。"

比书楼失火、因回避而不能参加会试更为沉重的打击随之而来，道光三年（1823）七月初一，段驯因病去世。自珍天性纯真，哀乐过人，即使成年以后，在母亲面前依然是一个长不大的孩子。段驯留给自珍的是一尘不染、清纯无滓的真爱，还有童年帐下灯前教读时慈祥的面容。因此，母亲成为自珍生命的支点：

> 龚子闲居，阴气沉沉而来袭心，不知何病，……龚子则自求

---

① 龚自珍：《漫感》，刘逸生、周锡䪖校注：《龚自珍诗集编年校注》（上），第218页。

病于其心，心有脉，脉有见童年。见童年侍母侧，见母，见一灯荧然，见一砚、一几，见一仆妪，见一猫，见如是，见已，而吾病得矣。……龚子又内自鞠也，状何如？曰：予童时逃塾就母时，一灯荧然，一砚、一几时，依一妪抱一猫时，一切境未起时，一切哀乐未中时，一切语言未造时，当彼之时，亦尝阴气沉沉而来袭心，如今闲居时。①

自珍有一种与生俱来的先天敏感，从儿时开始，这种对生命存在的孤独感，就像沉沉袭心的阴气一样，缠绕着自珍的心灵，在心灵的远方，在灵魂的深处，自珍常常看到一幅凄美的画面：自己依偎在母亲身旁，一灯荧然，一砚、一几、一仆妪抱一猫……人在天地之间本来就是一个非常渺小的存在，在孑然一身"侧身天地本孤绝"之中，母亲是自珍唯一的依靠，亦为温暖的避风港湾。随着自珍奔波仕途混迹官场，他与母亲异地分隔，现在更是阴阳两隔，这种孤绝感更为沉重。自珍这种孤绝的心绪，是他对个体生命的朦胧认识，这使他难以融入世俗的官场，他的久沉下僚，有着无法回避的个性因素。

五、五应会试荐而不售，修佛逃禅以自适

道光六年（1826）三月，自珍参加会试，魏源亦参加。大学士蒋攸铦为会试正考官，工部尚书陆以庄、署工部左侍郎王鼎、署礼部右侍郎汤金钊为副考官。而自珍曾问公羊家法的刘逢禄，担任会试同考官，见到一浙江试卷以及邻房湖南试卷，深觉其经策奥博，认为此

---

① 龚自珍：《宥情》，王佩诤校：《龚自珍全集》第一辑，第89页。

二卷必是自珍、魏源试卷，因此向主考官极力推荐。但四月放榜，二人均落第，逢禄于是作《题浙江湖南遗卷》，对二人落第深表惋惜：

> 之江人文甲天下，如山明媚兼嶙峋。
> 盎盎春溪比西子，浣花濯锦裁银云。
> 神禹开山铸九鼎，罔两颓伏归洪钧。
> ……
> 更有无双国士长沙子，孕育汉魏真经神。
> 尤精选理跻鲍谢，暗中剑气腾龙鳞。
> 侍御披沙豁双眼，手持示我咨嗟频。
> 翩然双凤冥空碧，会见应运翔丹宸。
> 萍踪絮影亦偶尔，且看明日走马填城闉。①

清代乡试、会试分房阅卷，应考者试卷须经某一房同考官选出，加批语后推荐给主考官或者总裁，方能取中，因此同考官又称"房师"。自珍试卷在刘逢禄所分得浙江试卷60份之中，逢禄大力推荐，而魏源试卷在邻房，逢禄则力劝邻房推荐。自珍与蒋攸铦的交游资料并未发现，自珍曾在年伯王鼎家中宴饮，但从力荐结果可以看出，蒋攸铦对自珍并不认可。逢禄盛赞自珍、魏源才学，将二人比作"国士""双凤"，因此二人对逢禄终身有知己之感。

转眼到了岁暮，一年时光已流逝，在一个寒月清光的夜晚，自珍与妻子何吉云怀着深沉的忧愤之情，相互开导劝勉，自珍作《寒月吟》组诗，其一：

---

① 刘逢禄：《题浙江湖南遗卷》，《刘礼部集》卷11，《续修四库全书》第1501册，第205页。

夜起数山川，浩浩共月色。　不知何山青？不知何川白？
幽幽东南隅，似有偕隐宅。　东南一以望，终恋杭州路。
城里虽无家，城外却有墓。　相期买一丘，毋远故乡故。
而我屏见闻，而汝养幽素。　舟行百里间，须见墓门树。
南向发此言，恍欲双飞去。[①]

寒月清辉，远处山川朦胧，自珍想起杭州西湖畔的故乡，那里是自珍想要与吉云一道归隐的地方，被誉为"人间天堂"的故乡杭州是自珍最为向往的地方。城中故宅虽已出售，但城外有母亲段驯的墓地，那是自珍梦萦魂牵的地方。他多么希望与妻子相约买山筑室，从此对世事不闻不问。舟行百里之间，就能看到母亲墓前的树木，在冥思遐想之间，自珍感到自己与妻子已恍然归去。

杭州佛寺众多，古刹林立，东城即有永寿寺、长生寺、慈云寺、长明寺、潮音寺、灵芝寺等，距离龚家旧宅不远。自珍幼年相信轮回之说，嘉庆二十五年（1820）开始谈佛。道光二年（1822）岁末的一段时光，自珍终日端坐于佛香缭绕之中，翻经写字，以消遣残年，其中亦不无乐趣。经过科举落第的打击，自珍甚至产生出家修佛的心念，《寒月吟》其五即表达此一愿望：

侵晓邻僧来，馈我佛前粥。　其香何清严，腊供今年足。
我因思杭州，不仅有三竺。　东城八九寺，寺寺皆修竹。
何年舍家去，慧业改所托。　掘笋慈风园，参茶东父屋。
钟鱼四围静，扫地洁如沐。　白昼为之长，倦骸为之肃。

---

① 龚自珍：《寒月吟》其一，刘逸生、周锡䪖校注：《龚自珍诗集编年校注》（上），第311页。

供黄梅一枝，朝朝写圆觉。①

　　清早邻寺的僧人送来腊八粥，香味清醇浓烈。自珍想起故乡杭州，想到飞来峰南的天竺寺，还有城东的八九个寺庙，个个茂林修竹，清幽雅致。何时舍去家室功名，去寺中修习慧业，在僧人慈风的园里挖竹笋，在钱东父的屋内喝茶参禅，在四周寂静中敲着木鱼，而地早已扫得洁净。白昼因之变长，形骸倦怠为之肃穆。供奉腊梅一枝，每天早晨抄写《圆觉经》。这是自珍对于皈依佛门生活的想象。事实上，皈依佛门修行是其本愿吗？其实，不过是自珍内心苦闷的一种宣泄而已，不过是内心痛苦的一种调剂而已！自珍犀利的时弊批判与政治议论，引起某位内阁大学士的不满，自珍作《释言》一诗，进行自我辩解：

东华环顾愧群贤，悔著新书近十年。
木有文章曾是病，虫多言语不能天。
略耽掌故非助济，敢侈心期在简编。
守默守雌容努力，毋劳上相损宵眠。②

　　东华门是清廷内阁所在地，最高长官称大学士。自珍为内阁中书，他环顾东华门内阁，深感自己愧对那里群集的贤才。自珍对早年所著《明良论》《乙丙之际著议》这些抨击时弊、主张变法革新的文章，已悔恨十多年！事实并非如此，自珍是在反讽。自珍的才华正如

---

① 龚自珍：《寒月吟》其五，刘逸生、周锡䪖校注：《龚自珍诗集编年校注》（上），第316—317页。
② 龚自珍：《释言四首之一》，刘逸生、周锡䪖校注：《龚自珍诗集编年校注》（上），第319—320页。

《庄子·人间世》中树木的纹理,纹理优美对树而言,反而是遭受灭顶之灾的坏事,这些政论文章给自珍带来的亦是诽谤,被顽固派目为不安守本分,从而给自己带来麻烦。诗中自珍说,他喜欢研究前代典章故实,亦并非要匡时济世,更不敢奢望著书立说以流传后世。事实上,自珍研究前朝掌故,就是为了匡时济世,为了著书立说,"垂空文以为万事法"!自珍指出,自己将要努力保持沉默,甘居柔弱,用不着上相大人因他而难以安眠!

清代不设宰相,"上相"应指内阁大学士。杨钟羲《雪桥诗话》认为"上相"指蒋攸铦。① 道光五年(1825),蒋攸铦授体仁阁大学士,军机大臣上行走,自珍称其为"上相",颇合体制。自珍道光六年参加会试,在刘逢禄力荐试卷的情况下依然落第,身为主考官的蒋攸铦,对自珍议政论政颇为不满,因而故意将自珍摒弃不录,诗中"上相"指蒋攸铦并非空穴来风。

嘉道两朝,国政日窳,国势益颓,史称"清朝中衰"。关于道光朝的时局特点,鸿胪寺卿黄爵滋曾有生动描述:"邪教可虑也,会匪可忧也,灾黎可悯也,荒岁可惧也,兵弁多无用也,海洋多莫测也,外之鲜爱民之官,而内之鲜敬事之吏也。"② 面对如此困局,道光帝曾积极努力试图全面整饬,以冀有所改观,因此自珍的忧时愤世并非杞人忧天。道光七年,自珍作诗表达对时局的忧虑与关注:

黔首本骨肉,天地本比邻。一发不可牵,牵之动全身。
圣者胞与言,夫岂夸大陈?四海变秋气,一室难为春。
宗周若蠢蠢,婪纬烧为尘。所以慷慨士,不得不悲辛!

---

① 杨钟羲:《雪桥诗话》卷11,《雪桥诗话全编》(一),人民文学出版社2011年版,第609页。
② 黄爵滋:《综核名实疏》,《黄爵滋奏疏》卷四,《黄爵滋奏疏许乃济奏议合刊》,中华书局1959年版,第26页。

看花忆黄河,对月思西秦。贵官勿三思,以我为杞人。①

自珍继承宋儒张载"民吾同胞,物吾与也"的思想,把百姓看作骨肉至亲,深知社会改革千头万绪,牵一发而动全身,目前已是"四海变秋气,一室难为春",整个国家社会衰败,个人的美好生活不可能维持,正如周王朝动荡不安,连寡妇都会担心国家衰亡,因为国破则家亡,个人难以生存,织布机上的经纬线也会化为灰烬!因此自珍作为"先知先觉"关心国事的慷慨悲歌之士,能不悲愤呼号吗?在看花的时候,自珍想起黄河,因为黄河经常泛滥,漂没田园庐舍,阻断漕运;在对月的时候,自珍想到西北边疆的不靖。自珍忠告那些看客,不要以为自己杞人忧天!

道光年间,河患频仍,每年拨款三百万两修治黄河运河,但是收效甚微。道光四年(1824),高堰决堤,洪泽湖清水宣泄过多,运河淤浅梗阻,作为"天庾正供"的漕粮无法抵达京师;道光六年,朝野上下筹划漕粮海运。此后,漕运问题依然颇为棘手。而此时新疆张格尔叛乱不断扩大,七月,道光帝授伊犁将军长龄为扬威将军,开始大规模调兵征讨。至道光七年三月,清军相继收复南疆西四城——喀什噶尔、英吉沙尔、叶尔羌、和田,但新疆善后问题依然颇多。因此自珍的忧虑并非空穴来风,杞人忧天。自珍忧时愤世、关心国事的精神,无疑值得肯定。仕途的不顺,会试的屡次落第,使自珍的情绪颇为不佳,深感人生苦短,壮志难酬。作诗云:

寿短苦心长,心绪每不竟。岂徒庸庸流,赍志有贤圣。
为鬼那能续?他生渺茫更。所以难放达,思得贤子孙。

---

① 龚自珍:《自春徂秋,偶有所触,拉杂书之,漫不诠次,得十五首》,刘逸生、周锡䪖校注:《龚自珍诗集编年校注》(上),第346页。

继志与述事，大哉孝之源。长夜集百端，早起无一言。
倘能心亲心，即是续亲寿。呼儿将告之，蠡然先自疚。①

道光七年，自珍已是 36 岁，按照当时人的寿命，诸多学者五六十岁即已谢世，若 36 岁仍未中进士，确实令人有岁月蹉跎之感。自珍才华横溢，天性敏感，这种"一事无成"的挫败感更为强烈。因此自珍的心绪颇为不宁，来不及想清楚一件事，又转到另一件事上去。人生短暂，来世不可知，他生更渺茫，自珍期待子孙贤明，能继承先人的志愿，阐扬先人的事业，那才是真正的大孝！漫漫长夜自珍百感交集，思绪万千，而清晨醒来却一句话也不想说。自珍想把心事告诉妻儿，但还没有开口，就烦乱伤心，话不知从何说起。

自珍的心灵，在种种焦虑与煎熬之中备受折磨，他只能将各种情愫，诉之于诗，在逃禅与隐居的幻想中，安慰着自己。

第三节　霜毫掷罢倚天寒：荣登进士与久抑下僚

自珍少富才学，随着其诗词古文的广为传诵而成为京都名士，以自珍之才，科举高榜得中，士林华选，自然是理所应当之事。但命运却一次又一次和他开着冷酷的玩笑，久困场屋、屡试不售折磨着他敏感脆弱的心灵。直到道光九年自珍 38 岁，第六次参加会试，才跃龙门成为进士。

---

① 龚自珍：《自春徂秋，偶有所触，拉杂书之，漫不诠次，得十五首》，刘逸生、周锡馥校注：《龚自珍诗集编年校注》（上），第 366 页。

一、眼前二万里风雷：荣登进士

道光九年（1829）三月二十三日，年已 38 岁的自珍，第六次参加会试。主考官为大学士曹振镛，副考官为兵部尚书玉麟、右侍郎朱士彦、户部右侍郎李宗昉、光禄寺卿吴椿，而礼部侍郎王植为房考官。

本年会试，首题出自《论语》："欲速则不达，见小利则大事不成"二句；二题出自《中庸》："或生而知之，或学而知之，或困而知之，及其知之，一也"一段；三题出于《孟子》："夏曰校，殷曰序，周曰庠，学则三代共之，皆所以明人伦也。人伦明于上，小民亲于下"七句；诗题"春色先从草际归，得'归'字"。自珍才思敏捷，往往提笔沉吟片刻，便挥毫而就，可惜书法不佳，不善小楷而试卷潦草。对于首题自珍写道：

> 抱负无积，但庸众之胸，而既思速试以售其学，又思小试以暴其才，此其人非无情于天地民物可知也。权藉未归，斯局外之见，而业为其速而人心不惊，业为其小而国脉已寄，此其人非无责于天地民物可知也。岁月者，豪杰所当惜，然人能惜之，人不能与造化争之，夫不筹乎气数之原，而知万事万物之有定候焉。……吾是以思古之能制气者，或少壮经营，而成功在耄期之日，或祖宗况瘁，而得意于孙子之朝。其定力足以当天下之大疑、而勇可恃、怯更可恃，由体达用密如尔。吾是以思古之能制识者，明知救时孔亟，谢群策以还明廷，明知出门有功，留有余以还天地。其定识足以敌天下之大谤，而智可恃，愚益可恃，

成允成功洎如尔。①

此为自珍会试首题"欲速则不达,见小利则大事不成"的答卷,此题似乎专门为自珍心境而设,这已是他第六次参加会试,确实堪称"欲速则不达"!自珍从抱负与造化,制气、定力与功业的关系入手,侃侃而谈,挥洒淋漓。自珍最为擅长诗词,弱冠之年即暴得大名:"偶赋山川行路难,浮名十载避诗坛。"②此次会试诗题为《赋得春色先从草际归,得归字》,自珍亦挥笔而就:

> 修到瀛洲草,孤芳敢恨微。花间犹暖薄,柳外未春归。
> 独抱灵根活,还先物态菲。出山名远志,入梦恋慈晖。
> 黛色千菱绚,香心一雨肥。西郊初试马,南浦莫侵衣。
> 拾芥谈何易,披榛采正稀。仙毫擒赏后,丹地许长依。③

据魏源之孙魏季子《羽琌山民逸事》记载,自珍试卷的批阅落在礼部侍郎王植手中:"己丑,龚卷落王中丞植房,阅头场第三篇以为怪,笑不可遏,隔房温平叔侍郎闻之,索其卷阅,曰:'此浙江卷,必龚定庵也。性喜骂,如不荐,骂必甚,不如荐之。'王荐而得隽。"④自珍以狂傲闻名于京师,此一故事真伪难辨,但反映自珍之狂却生动形象。王植认为自珍第三篇文章写得怪异,不觉大笑。由自珍传世的会试功令文可知,自珍以今文经学三世循环思想阐释三题"夏曰校,殷曰序,周曰庠,学则三代共之":

---

① 吴昌绶:《定庵先生年谱》,王佩诤校:《龚自珍全集》附录,第615—616页。
② 龚自珍:《杂诗,己卯自春徂夏,在京师作,得十有四首》其八,刘逸生、周锡馥校注:《龚自珍诗集编年校注》(上),第41页。
③ 吴昌绶:《定庵先生年谱》,王佩诤校:《龚自珍全集》附录,第618页。
④ 魏季子:《羽琌山民逸事》,《丛书集成续编》第36册,上海书店出版社1994年版,第1083页。

> 夫千古典学之制，肇自有虞氏，曷为不言有虞？王者奉三政，存三统，与己而三，过三非所考也。故言田制，言学制，皆自夏始。抑闻之，夏有东序，周有乡校，殷人亦养老，岂无庠？周人亦习射，岂无序？庠、序、校，三代大都同，然而言其同，不如言其异，曷异乎尔？其所偏重者异，其所为专号者异。①

今文经学家讲究"通三统""张三世"，详见于董仲舒《春秋繁露》，自珍师从刘逢禄学习今文经学，其三世说应直接源于逢禄，而这些思想不为古文经学家所认同，因而王植大笑以为怪异。隔房考官温平叔闻笑而来，见是浙江考卷，行文洋洋洒洒，而论述奇异，便断定为自珍之卷。自珍久为京都名士，恃才傲物，于是建议王植推荐自珍试卷，免得被其痛骂不识人才，王植依计而行。四月初十会试揭榜，自珍中式第95名贡士。揭榜之日，有人问自珍推荐他的考官是谁，自珍不禁大骂："实在稀奇，是无名小卒王植。"王植闻听之后苦笑，便找温平叔抱怨说："你看，依你之言，龚氏高榜得中，还仍然不免骂我，怎么办呢？"此一逸闻足以证明在世人眼中，自珍有狂妄好骂的性格，亦从侧面反映出自珍早应荣登进士科第。

此处指出，王植早得科名，仕途顺利，为官作吏多年，但并非庸庸碌碌、不学无术之辈，史载王植"性喜涉猎，凡诸子百家莫不博览，……买书数万卷，公余之暇，手自校雠。偿以通显既早，作吏多年，手一编孜孜不倦，自号秉烛老人"②。由此可见，王植虽无文名传世，但其喜欢藏书，博览诸子百家，对才士自珍的欣赏推荐亦在情理之中，而并非惧怕自珍之骂。自珍在京师为官多年，对于王植之名

---

① 吴昌绶：《定庵先生年谱》，王佩诤校：《龚自珍全集》附录，第617页。
② 王敬熙、王敬勋：《先光禄公行状》，樊克政：《龚自珍年谱考证》，商务印书馆2004年版，第329页。

定有耳闻，应该不会出言不逊，此一故事为人杜撰的可能性颇大。

况周颐曾经阅读自珍的三篇闱作与诗作，评论说："首次艺，气格醇简，不飙时文程度，孟艺小讲亦不甚怪，诗第四均尤浑雅可诵。盖在先生犹为俯就范围矣。"[①] 时论认为，自珍为文狂怪，因此才屡试不售，而从况周颐所论可知，自珍的科举功令文风格淳朴简约，孟艺小讲亦无古怪可言，还是符合八股文的程式规则，诗作第四韵"出山名远志，入梦恋慈晖"尤为雄浑典雅，值得称颂。

四月二十一日，自珍参加殿试。按照清代科举制度，殿试考时务策，内容与当时政治社会问题有关，先由读卷大臣拟定题目八条，再呈皇帝圈定四条，由贡士撰文逐条对答，称为"对策"。自珍素有经世之志，少年时代即喜爱王安石的《上仁宗皇帝书》，曾将此书手抄九遍，慨然有经世之志，并且对"天变不足畏，祖宗不足法，人言不足恤"的王安石颇为崇拜，赞赏其力图革除北宋积弊、实现富国强兵的改革精神。因此殿试时作《对策》一文，力图效法王安石《上仁宗皇帝言事书》，提出选拔人才以振刷朝纲，发展西北农业以纾解东南游民问题、巩固西北边疆等建议。

自珍认为，振刷朝政的关键在于选拔人才，而嘉道时期乡愿之徒充斥整个朝廷，他们毫无办事能力，造成此一情况的原因在于朝廷培养人才无方与选拔人才失当。在培养人才方面，自珍认为，古代圣贤之人，如尧舜时期的皋陶、夔、后稷和契等人皆为贤臣，但其一生不过任某一专职，从事某一方面的政务，而后世士大夫早年汲汲于科举八股等无用之学，做官后又将刑名、钱谷、兵工、礼乐责于一身，自然难以胜任，对此自珍说：

[①] 况周颐：《蕙风簃随笔》卷二，《蕙风丛书》，上海中国书店1926年版，第9页。

> 夫皋、夔、稷、契，皆大圣人之材，而终身治一官，自恐不足；后之人才不如古，而教之、使之，又非其道，疲精神耗日力于无用之学。进身之始，言不由衷，及其既进也，使一旦尽弃其所为，而骤责以兵刑、钱谷之事；而兵刑、钱谷又杂而投之一人之身。之人也，少壮之心力，早耗于禄利之笺蹄，其仕也，余力及之而已，浮沉取容，求循资序而已。夫未尝学礼乐之身，使之典礼乐而不恶，以凡典礼乐者，举未尝学礼乐也。未尝学兵之人，使之典兵而不辞，以凡典兵者，皆未尝知兵也。古者学而入政，后世皆学于政，此唐、宋、元、明之人才所以难语夫古初也。[1]

自珍指出，古代圣贤专才专任，后世不仅学术与治道分离，在没有进行专门培养的情况下要求官吏全知全能，而且人才考试与选拔与其出仕治国亦相分离。八股取士不能选拔具有真才实学的人才，相反只会扼杀士人的聪明才智，禁锢他们的思想。自珍才华横溢，却久抑闲曹，屡试不第，这不正是朝廷选拔人才失当的结果吗？

自珍写罢《对策》一文，把毛笔顺手一丢，他凝视着那只如椽巨笔，感觉它好像倚天而立，发出凛凛寒光，仿佛"长剑耿耿，倚天之外"！是呀，自珍多么希望自己手持长剑，以闪电风雷之势摧枯拉朽，振刷朝纲。但自珍那惊雷般的文字，考官不过当作一般科举文字看待而已，有谁会青眼而视？自珍扪心自问，自己敢称"医国手"吗？事实上不过贩卖古方古丹而已。自珍晚年作诗记录当时心境："霜毫掷罢倚天寒，任作淋漓淡墨看。何敢自矜医国手？药方只贩古时丹。"[2]

---

[1] 龚自珍：《对策》，王佩诤注：《龚自珍全集》第一辑，第116页。
[2] 刘逸生：《龚自珍己亥杂诗注》第44首，中华书局1980年版，第58页。

四月二十五日，道光帝御临太和殿传胪，自珍中三甲第 19 名进士。按照清制，是日清晨，銮仪卫在殿前设卤簿法驾，在殿檐下设中和韶乐，在太和门内设丹陛大乐。礼部、鸿胪寺在殿内东楹、丹陛上正中设黄案，午门外设彩亭、御仗与鼓吹。王公大臣、侍班文武身着朝服按照仪礼次序，整齐肃穆地陪列在旁。而新科进士头戴三枝九叶顶冠，穿着朝服按照名次与奇偶站立在东、西丹墀之末。届时，礼部堂官奏请皇帝礼服乘舆，引入太和殿升座。中和韶乐与阶下鸣鞭响彻云霄，如鸾吟凤啸清脆悦耳。丹陛大乐奏响，鸿胪寺官引导新进士就位，宣布"某年月日策试天下贡士，第一甲赐进士及第，第二甲赐进士出身，第三甲赐同进士出身"。接着传胪官依名次高声传唱新进士姓名，每人连唱三次，唱时新进士以次接传至丹墀下，是为传胪。之后奏乐，跪拜皇帝，礼毕后礼部尚书以云盘乘黄榜置于彩亭内，校尉举彩亭送出太和中门，并以黄伞鼓吹导引，至东长安门外将黄榜张挂于长安街，三日后呈缴内阁。①

传胪唱名是每一位士子梦寐以求的事情，自珍自幼随父居住京师，年仅 17 岁即在国子监学习，21 岁考充武英殿校录，武英殿位于紫禁城内西南角，出入这些地方要经过西华门，因此自珍说自己"荷衣便识西华路"，那里地近王朝的权力中心，自珍在那里校书，见到诸多外间不易见到的官书，闻听外间难以知晓的朝廷大政，因此熟知朝廷掌故。再者，自珍有贾谊、终军一样不同寻常的政治抱负。贾谊 18 岁即以文名为世所称，21 岁被汉文帝征为博士，一年内升为太中大夫，其政论文议论酣畅，堪称"西汉鸿文"。终军 18 岁即上书汉武帝，受到赏识，曾成功出使匈奴、南越。青年时期的自珍才华横溢，负有文名，18 岁即以诗词誉满文坛，22 岁"慷慨论天下事"，写

---

① 商衍鎏：《清代科举考试述录及有关著作》，百花文艺出版社 2004 年版，第 148—149 页。

出批判时弊的《明良论》，成为京都名士，自珍的才气与贾谊、终军何其相似！但其命运却与贾谊、终军截然相反，一生沉沦下僚，抑郁不得志。

自珍六应会试，直到 38 岁才成为进士，此时参加传胪大典，内心的感慨与兴奋难以用笔墨形容，其作诗回忆说："彤墀小立缀鹓鸾，金碧初阳当画看。"① 初生的朝阳照耀着金碧辉煌的宫殿，新科进士如同鸾鸟凤凰一样，整齐肃穆地列队站在彤墀之上，宫殿前那漆成红色的阶地，耀眼夺目美丽如画，自珍作为三甲进士，点缀于队尾，内心依然充满喜悦、憧憬与期待。自珍颇有豪侠之气，正如好友洪子骏《金缕曲》所言："结客从军双绝技，不在古人之下，更生小会骑飞马。如此燕邯轻侠子，岂吴头楚尾行吟者？"② 在洪子骏看来，自珍并非屈原那样只知披发行吟江畔，他会飞身骑马，如同燕赵大地的"轻侠子"，可以结交侠客，从军打仗！自珍的豪侠之气可见一斑。因为在京师生活、求学、科举与为官年长月久，自珍结识不少紫禁城的武士，因此传胪大典时，那些守卫殿前的武士争相寻找自珍的身影，他们悄声说，昔日那位健儿身手，如今成了新进士、新文官！"一队佽飞争识我，健儿身手此文官。"③ 殿前侍卫的指指点点，让自珍倍感自豪！或许，这些殿前侍卫并非真的认识自珍，而这只是出于自珍的想象，只是为了烘托考中进士的喜悦之情而已。

传胪第二天即二十六日，仿效唐代曲江宴故事，在礼部赐宴新进士，称为恩荣宴。二十八日朝考在紫禁城保和殿举行，考试以论、疏、诗三项命题，钦派阅卷大臣评定试卷等级，目的是从二甲、三甲新进士中选拔庶吉士，以便入翰林院，在清代，"非进士不入翰林，

---

① 刘逸生：《龚自珍己亥杂诗注》第 46 首，中华书局 1980 年版，第 62 页。
② 樊克政：《龚自珍年谱考略》，商务印书馆 2004 年版，第 65 页。
③ 刘逸生：《龚自珍己亥杂诗注》第 46 首，中华书局 1980 年版，第 62 页。

非翰林不得拜相",而朝考成绩差的授为各部主事、中书或地方知县,从此与翰林绝缘,因此,朝考关系到每位士子的仕途命运,亦与朝廷选拔人才密切攸关。此次朝考的疏陈,皇帝咨询西北边疆之事,要求进士们作《安边绥远疏》。而一年前即道光八年(1828),朝廷平定新疆张格尔叛乱,一月捷报至京。此时新疆善后事宜依旧是朝野内外热议的话题,自珍针对平叛后新疆诸多善后问题亟待解决的情况,作《御试安边绥远疏》,以安边、绥远为主题,提出"以边安边""足兵足食""夺伯克之权"的思想。

康乾年间,清廷平定准噶尔蒙古与大小和卓叛乱,疆域空前广大,面对如此辽阔的疆域,思考如何进行直接有效的治理,就成为自珍学术研究的重要内容。因此朝考时,自珍作《御试安边绥远疏》,主张在新疆建立行政区划、直接统治天山南北地区,才是最为根本的治边策略,其言:"拓地二万里,而不得以为凿空;台堡相望,而无九边之名;疆其土,子其民,以遂将千万年而无尺寸可议弃之地,所由中外一家,与前史迥异也。"[①]按照当前形势,清廷应将边疆与内地视为一体,进行直接有效的统治。

自珍熟知朝廷掌故、边疆局势与朝廷对策,因此万里边疆如在眼前,提笔作疏陈时,建言如同风雷一般从胸中飞出。自珍胪举时事,洋洋洒洒千余言,一挥而就,对时政可谓直陈无隐,因此交卷出场最早。自珍深深被自己的疏陈高论所感染,觉得自己吓破了守门武士的胆,以至于吃惊地对人讲,他们好像遇到了"谪仙人"。"眼前二万里风雷,飞出胸中不费才。枉破期门佽飞胆,至今骇道遇仙回"[②]正是自珍朝考时内心状态的真实写照。自珍的文名早已誉满京师,因此人

---

① 龚自珍:《御试安边绥远疏》,王佩诤校:《龚自珍全集》第一辑,第112页。
② 刘逸生:《龚自珍己亥杂诗注》第45首,中华书局1980年版,第60页。

们纷纷猜测,此次朝考自珍是否能名列优等,从进士之中脱颖而出,据魏季子记载:

> 山民己丑四月二十八日应廷试,交卷最早出场,人询之,山民举大略以对。友庆曰:"君定大魁。"山民以鼻嗤曰:"看伊家国运何如。"盖文内皆系实对,于西北屯政綦详也。①

此一故事源于逸事,所记应是传闻,但可见自珍朝考的大略情形。友人认为自珍能够"大魁天下",而自珍却嗤之以鼻,认为这取决于"伊家国运",其恃才傲物可见一斑。自珍试卷交到阅卷大臣手里,阅卷诸公之中,大学士戴均元看后大为震惊,对自珍才华颇为赏识,想列自珍为第一,但其他考官并不赞同,殿上三试皆以楷法不中程式,不列优等,不得入翰林而改归部曹铨选。看来,清廷国运不佳。五月七日,自珍被以知县任用,考中进士并未给自珍的仕途带来转机。自珍不愿为官地方,呈请仍回内阁中书之任。对于此事,自珍之侄龚家尚说:"定庵大伯文名震时,而书法不佳,所以殿试用知县,请归中书原班。"②

二、三考三不及格及馆阁体书法问题

明清科举考试特别注重书法,清代尤甚。书法不好甚至影响到士子的科举录取。身为嘉道名士的龚自珍、魏源,都曾因为书法不

---

① 魏季子:《羽琌山民轶事》,《丛书集成续编》第36册,上海书店出版社1994年版,第1083页。
② 龚家尚:《听绿山房笔记·退痷迂谈》,《仁和龚氏集》铅印本。

好，影响其进士取录。自珍厌倦枯燥乏味的书法练习，结果不善小楷，严重影响科举功名与仕途发展，直到38岁第六次参加会试，才成为进士。而魏源年过半百才考中进士，但因文稿字迹草率，罚停殿试一年，且龚、魏因书法问题皆不能入翰林院。由于龚、魏当时名气太大，所以，因书法不好而不能取中进士，简直被世人目为怪异，遭到舆论的抨击。

科举考试通用书体馆阁体，是中国书法史上一种比较特殊的楷书类型。馆阁起源于宋代，北宋设昭文馆、史馆与集贤院掌管图书史籍的编纂，称为"三馆"，又辟秘阁、龙图阁与天章阁为图书经籍的收藏之所，后世将三馆与秘阁合并，统称"馆阁"。宋代翰林院流行的书法风格，被称为"院体"，是一种以精丽著称的"三馆"楷书。明代内阁宰辅之臣擅长此种书法，称为"台阁体"。清廷将宋代馆阁的职能并入翰林院，而各种典籍的编纂抄写多由翰林院完成，他们之间自然形成一种特点相近的书法风格，被称为"馆阁体"。馆阁体书法承袭宋代院体、明代台阁体的传统，流行于馆阁翰苑之间，无论科举试卷还是官方公文、文献，必须使用馆阁体抄写，人们熟知的《永乐大典》《四库全书》皆采用这种字体。

事实上，无论是政府各部门的往来公文，官吏向皇帝递交的奏章，还是官府向百姓发布的告示，以及大量卷帙浩繁的文献典籍，都要通过手工抄写完成。这首先要求字体易于辨识，工整严谨。官府公文、典籍与律令如果书体古怪，行草飞扬，恐怕普通人难以辨识，往往会造成诸多歧义与误解。因此馆阁体书法强调共性，强调规范，字迹不仅美观工整，圆润光洁，而且法度俱存，中规入矩，行列齐整，这就使各种公文达到规范清晰的效果。

就馆阁体的整体风格而言，可谓雍容华贵，丰满圆润，符合皇家帝王的审美观念。在印刷并不发达的时代，馆阁体有着不可替代的价值。整个社会对于书法标准化的需要，远远超过书法艺术的个性发展，这是馆阁体长期流行的深层社会原因，本无可厚非。从书法艺术而言，古人云，楷法无欺。馆阁体高手的楷法几无败笔，基本功相当扎实，甚至达到难以企及的高度。因为只有功力深厚，才能做到意在笔先，笔到法随。

由于清代科举考试重视考生的书法规范，而科举是否得中关系到广大士子一生的荣辱穷通，因此馆阁书法与八股时文一样，已成为读书士子的必修功课，普及之广，影响之深，前代无与伦比。但有个人特色的书体创新是书法进步的基础，而缺乏个性的东西并不完美。馆阁体书法过于强调共性，不讲究个性风格，因而显得拘谨刻板，造成"千人一面，千手雷同"的状况，从书法艺术角度而言扼杀了个性。因此，馆阁体书法功在美观实用，弊在迷失个性。

清代科举取士更是走向极端，进士考试颇重楷法，举凡偏旁有误，使用碑帖别体、点化出格越界乃至卷面涂改不洁者，都会影响录取。相反，只要书法合格，词无忌讳，即使文章内容空疏简陋，也能科第得中。这种一切以书法优劣为转移，而不问策论优劣的科场风尚，使本为国家铨选人才的考试大典，失去本来的意义。时至晚清，馆阁书体更是走向极端，那些被考官看重的书法，仅从书法角度而言，不过是中规入矩、了无生趣的雕琢而已，学颜真卿者并无雄强之势，徒成墨猪满纸；学欧阳询者无俊秀之致，只具刻板之形，毫无书法艺术可言。

清代皇帝几乎人人爱好书法，对科举考试重视楷法起了推波助澜的作用。顺治帝喜欢欧阳询的楷书，康熙帝喜欢董其昌书法，天下士子为了干禄求仕，书风随着皇帝的喜好而变化。馆阁体成熟并盛行于乾嘉时期，乾隆帝对书画的喜好在历代帝王中堪称少见。在位期间，乾隆帝命人编纂《石渠宝笈》《秘殿珠林》等书画图录，摹刻《三溪堂法帖》《重刻淳化阁帖》等法帖，诸多主持编纂的大臣如汪由敦、梁诗正、董邦达、董诰、励宗万、嵇璜、于敏中等人因此声名远扬，其作品被收藏于内府，装饰于宫殿与皇家园林。由此，馆阁体书法更加走向成熟，表现出功力深厚、圆润雍容、工整精致的整体特色。科举取士出现专尚楷法的风气，而擅长此道的士子在科场仕途大获裨益，带动读书人普遍偏重馆阁体。对此一弊病，乾隆帝有所察觉并力图纠正，因此下诏说：

> 廷试士子，为抡才大典。向来读卷诸臣，率多偏重书法。而于策文，则惟取其中无疵颣，不碍充选而已。……而就文与字较，则对策自重于书法。如果文义醇茂，字画端楷，自属文字兼优，固为及格之选。若其人缮录不能甚工，字在丙而文在甲者，以视文字均属乙等。可以调停入彀之人，自当使之出一头地。况此日字学稍疎，将来如与馆选，何难临池习之？……寻议，廷试读卷，自应取文义醇茂者，拔置上第。若策对全无根据，即书法可观，亦不得入选。①

但科举取士注重楷法之风并未得以遏制，相反，至道光朝，科举考试对书法的苛求更为严厉，从技巧风格扩大到文字结构乃至格式规范等方面。这与身为首辅、主持风会的大学士曹振镛关系密切，曹振镛在道光朝身居首辅15年，深受皇帝器重，所受恩遇无与伦比。就个人品质而言，振镛学问渊博，办事勤勉，清廉自守，似乎无可厚非。但其一生小心谨慎，一守文法，对于弊端重重的朝政毫无应付之策，他为官的大部分生涯都在纂修实录，主考乡试会试，拟写谕旨，

---

① 《清高宗实录》卷612，乾隆二十五年五月朔，中华书局1986年版。

每当遇事"恪守成宪,未尝轻议更张,从无顾虑取巧见长之念",被讥讽为"磕头宰相"。

在关系朝廷人才选拔的科举考试上,曹振镛三次身为学政,掌典乡会试各四次,但其不重士子才华,只喜欢挑小毛病,"衡文惟遵功令,不取淹博才华之士。殿廷御试,必预校阅,严于疵累忌讳,遂成风气"。①曹振镛的做法对科举录取偏重楷法之弊,起了推波助澜的作用。对此时人抨击说:

> 近数十年,殿廷考试,专尚楷法,不复问策论之优劣,以致空疏浅陋,竟列清班,甚至有抄袭前一科鼎甲策,仍列鼎甲者。而读卷诸公,评骘楷法,又苛求之点画之闲;有一字古体帖体,依《说文》篆隶而不合时式者,即工楷亦置下等。……此风不知开自何时。后询之童少宰华云:"宣宗初登极,以每日披览奏本外,中外题本,蝇头细书,高可数尺,虽穷日夜之力,未能遍阅,若竟不置目,恐启欺蒙尝试之弊。尝问之曹文正公振镛,公曰:'皇上几暇,但抽阅数本,见有点画谬误者,用朱笔抹出。发出后,臣下传观,知乙览所及,细微不遗,自不敢怠忽从事矣。'上可其言,从之。"于是一时廷臣,承望风旨,以为奏摺且然,何况士子试卷,而变本加厉,遂至一画之长短,一点之肥瘦,无不寻瑕索垢,评第妍媸。以朝廷抡才大典,效贱工巧匠雕镂组织者之程材,而士子举笔偶差,关系毕生荣辱,末学滥进,豪杰灰心,波靡若斯,虽尧舜皋夔之圣贤,岂能逆料与。②

---

① 赵尔巽:《清史稿·曹振镛传》,中华书局1998年版。
② 陈康祺:《郎潜纪闻二笔》卷十一,《殿廷考试专尚楷法之由》,《郎潜纪闻初笔二笔三笔》,中华书局1984年版,第522页。

道光年间各级科举考试，特别是廷试殿试尤为注重楷法，时论一致认为此与曹振镛有关。道光帝苦于奏章题本在案头堆积如山，批阅不暇，而不批阅又怕被臣下蒙蔽。身为宰辅的曹振镛教导道光帝，专门挑剔奏折的书法瑕疵，或者细小过失。以致无论臣工奏折还是科场试卷，专门挑剔卷面书法问题，甚至"一画之长短，一点之肥瘦"亦不放过，导致末学滥进，豪杰灰心，人才受压的情况比比皆是。道光一朝时局日下，国运中衰，身为宰辅的曹振镛当然难逃后人谴责。道光九年（1829），龚自珍参加会试，曹振镛即为主考官。虽然自珍的被摒而不用，并无明文记载与曹振镛有关，但与其倡导的科考录取风气，必然有一定关系。

科举考试中的殿试以及翰林院散馆考试，使用厚纸大卷，书写以字体方正、点画饱满、笔力雄健而字形较大者为佳。进士考试中的最后一场朝考则用白折，篇幅较大卷稍小，字体应写得清秀俊美，疏朗通畅。无论大卷还是白折，均要求字形方正，点画光洁，结体匀称，排列整齐，即"乌、方、光"三字诀。徐珂《清稗类钞》曾言："朝廷重视翰林，而取之之道以楷法，文之工拙弗计也。新进士殿试用大卷，朝考用白折，阅卷者偏重楷法，乃置文字而不问，一字之破体，一点之汗损，皆足以失翰林。……廷试亦专剔误字，不复衡文，桎梏天下之人才，纳诸无用之地。"[①] 以自珍而言，虽然才华横溢，但喜欢讥评时政，不为当权者所喜，加上楷法不中程式，结果失去依靠覆试、殿试、朝考改变仕途命运的机会。

自珍彼时心情之失落与绝望，并无史料记载，我们只得推想而知。当时境遇与自珍相同的还有吴葆晋，二人同在内阁为官，嘉庆

---

① 徐珂：《清稗类钞·考试类》第 2 册，《朝考、殿试重楷法》，中华书局 1984 年版，第 678 页。

二十三年（1818）同时中举，道光九年同成进士，同出于王植之门，殿上三试因书法同不及格，中进士后同改外官，二人又同日还任原官。二人又同为莫逆好友，对此自珍曾感慨道："事事相同古所难，如鹣如鲽在长安。"① 吴葆晋成进士而不入翰林院，任内阁中书而未选军机章京，因而对此耿耿于怀。方濬师《蕉轩随录》载：

> 光州吴红生观察葆晋曾语予曰："在京师时，有恨事二：中进士不入馆选，官中书未直军机处。故每遇翰林，未尝与之讲词章；遇军机章京，未尝与之论朝政也。"予曰："公此言殆亦偏见。某在京，惟知访品学兼优之士师之友之，并不知何者为翰林，何者为军机也。"公笑而首肯。②

因为未能进入翰林院，吴葆晋遇到翰林，从来不与其讲论词章；而遇到军机章京，也从不议论朝政。胸中怨诽之深，可以想见。对此方濬师不以为然，认为学者文人游学京师，只是拜访品学兼优者作为师友，并非分辨是否翰林或任职军机处。自珍与吴葆晋作为至交好友，在入翰林院与军机处的问题上，二人的感触应是一致的。

因为楷法而不入翰林的嘉道名士，自珍之外就是其好友魏源。道光二十四年（1844），魏源迫于生计，年过半百后入都参加会试，考中第19名。但因文稿字迹草率，罚停殿试一年。魏源愤懑自身的遭遇，加之忧患时势，作《都中吟》十三章，仿照白居易新乐府诗体，对科举、捐纳、胥吏、通仓、善后、木兰狩猎、宗室、喇嘛僧等时弊，加以讽刺，其中一章专门讽刺科举专尚楷法：

---

① 刘逸生：《龚自珍己亥杂诗注》第30首，中华书局1980年版，第37页。
② 方濬师：《蕉轩随录》卷三，《军机处》，中华书局1995年版，第93页。

小楷书，八韵诗，青紫拾芥惊童儿；

书小楷，诗八韵，将相文武此中进。

八扇天门訣荡开，玉皇亲手策群材。

胪唱喧传云五色，董、晁花样毛锥来。

从此掌丝纶，从此驰鞊铎，官不翰林不谥文，官不翰林不入阁。

从此考枢密，从此列谏官，尽凭针管绣鸳鸯。

借问枢密职何事，佐上运筹议国计。

借问谏臣职何秉，上规主缺下民隐。

雕虫竟可屠龙共，谁道所养非所用！

屠龙技竟雕虫仿，谁道所用非所养！

君不见，前朝待诏翰林院，书画琴棋艺原贱，工执艺事可进谏。

差胜手搏可方面，差胜琵琶可封王，斗鸡可乘传。

铨部竹签且得材，润色承平况文绚。

昨日大河决金堤，遣使合工桃浪诗。

昨日楼船防海口，推毂先推写檄手。[1]

小楷书法、诗八韵原本不过是文人的雕虫小技，到了清代却成了科举录取士子的重要标准，成为士人官运是否亨通的必杀器，事实上，书法精美就能解决国计民生、朝廷弊政吗？魏源此诗对这一现象予以辛辣讽刺。

道光二十五年（1845），魏源补行殿试，成为乙巳恩科三甲93名进士，以知州分发江苏。成进士之前，魏源即因《圣武记》风行海

---

[1] 魏源：《都中吟》，《魏源全集》第12册，岳麓书社2004年版，第576页。

内,而以史才闻名于世。殿试后,魏源未能入选翰林,而是以知州分发地方,诸多友人对此深表惋惜,但魏源不以为然。因为在进北京会试之前,魏源希望出任地方官,来造福一方百姓。在给友人邓显鹤的信中,魏源曾说:"至以不入史馆为源歉,则非源志也。今日史官日以蝇头小楷、排律八韵为报国华国之极事,源厕其间,何以为情?不若民社一隅之差为近实耳!"① 当时史官无非以书法词章为能事,与魏源经世报国之志格格不入,因此点翰林入史馆并非其志向,还不如出任州县官,可以实惠于民。

在世人眼中,翰林是京城的"三厌物",据《水窗春呓》记载:"乾、嘉间翰林至清苦。……京师有谚语,上街有三厌物,步其后有急事无不误者,一妇人,一骆驼,一翰林也。其时无不著方靴,故广坐及肆中,见方靴必知为翰林矣。道光一朝三十年,莫重于翰林,有非时召见,即授道府,不数年至督抚者。"② 翰林官俸微薄,生活清苦,他们脚着方靴,走路四平八稳,走在其后无不误事,被人目为"厌物",但有清一代"官不翰林不谥文,官不翰林不入阁",能够入阁拜相、成为封疆大吏的往往是翰林出身,自珍成进士后与翰林无缘,位及宰辅、施展政治抱负变成泡影。对此朱克敬说:

> 国朝仕路以科目为正,科目尤重翰林。卜相非翰林不与。大臣饰终,必翰林乃得谥"文",他官叙资,亦必先翰林。翰林入直两书房,及为讲官迁詹事府者,人尤贵之。其次主考、督学。其考御史及清秘堂办事者,年满则授知府,翰林常贱之,谓之"钻狗洞"。初入馆为庶吉士,三年更试,高等者授编修、

---

① 魏源:《致邓显鹤信》(二),《魏源全集》第12册,岳麓书社2004年版,第748页。
② 欧阳兆熊、金安清:《水窗春呓》卷下,《翰林清苦》,中华书局1984年版,第57页。

检讨，谓之"留馆"。次者改六部主事、内阁中书，若知县，皆先除，不限常格，俗谓之"老虎班"。……翰林官七品，甚卑，然为天子文学侍从，故仪制同于大臣。……然自康、雍以来，名臣大儒，多起翰林。……故论者终以翰林为清品云。①

国朝仕路为进贤之路，人人视科举为正途，因此读书、应试、入仕是学子的本业，可谓"得之则荣，失之则辱"。其次，楷法不合格者，不能入翰林。自珍殿试因楷法不及格，不入翰林，成进士对自珍的仕途而言，已经失去改变命运的意义。当然，清代对正途出身特别是进士的看重，以及宰辅必出自翰林风气的养成，有一历史发展的过程。本来满洲贵族属于马上的贵族，擅长骑射，作为汉文化产物的科举制，并非满族政治制度所有，而是对明代典章制度的承袭沿革，因此，对科举正途的重视有一个发展过程。身为汉军旗人的福格，在其笔记《听雨丛谈》中说：

本朝初年，用人不次，故八旗科目，时举时停，深恐习染虚浮，不崇实学，虽翰林学士，不必尽由科目陟阶。而其时人材蔚然，实有伟器，即汉籍中高士奇、朱彝尊辈，亦何愧于八比之士。且文物之盛，盛于制科，制科之盛，盛于数布衣、例监而已。乾嘉以来，士风渐以科目相尚，翰林史职亦不能更以他途进身。斯所以八股之学益专，博涉之志益替。甚至科目出身之官，虽有懵然不解时务、不达典章，亦必群相见谅，曰"读书人固应恕之"，与古人通经致用、读书明理之论，大相背矣。②

---

① 朱克敬：《暝庵二识》卷二，《暝庵杂识 暝庵二识》，岳麓书社1983年版，第121—122页。
② 福格：《听雨丛谈》卷4，《科目》，中华书局1984年版，第78页。

清朝开国之初并不重视科目与正途出身，八旗科目时举时停，即使翰林学士亦未必进士出身，宰辅大学士的出身就更为多样。乾嘉以后，仕途进身渐以科目相尚，翰林非由进士出身不可，大学士非由翰林出身不可，致使用人行政狭窄艰涩，亦背离读书明理、通经致用的本意。再者，世卿世禄之家多以门荫得官，不与寒门士子争夺进身之阶。对此，福格曾说：

> 向时世禄之家，皆以门荫拜官，不准复与寒畯争径。……大臣子弟以科目相竞者，始于明季，盖其时舍此不足取重于俗。……谨按国初八旗考试之例，时举时停，世禄之家，原不系科名为轻重。其时人材辈出，实有英贤，而官学生、笔帖式、荫生皆可转补编修、学士。凡我八旗子弟，固不必寻章摘句，摹拟帖括，思与寒畯争径，然亦必须熟读史汉经籍以为根柢，诸子百家以为应变，再加以阅历，习以掌故，然后始可出为干济之用。总之不求科举可也，不读诗书不可也。①

唐代随着科举制的完善与推广，就出现了门荫取士与科举取士之争。事实上，多途并进，对于人才选拔更为合理，孝廉方正、九品中正、科举、门荫、军功、荐举还有杂途，皆为官场仕途的晋身之阶，且各有其利弊。福格指出，明代以后，科举正途渐为世人所重，官宦子弟亦竞逐于科场。在清初，朝廷并不甚重科举，八旗子弟中的官学生、笔帖式、荫生皆可转补编修、学士，同样人才辈出。同时，福格还指出，八旗子弟不必寻章摘句，汲汲于八股帖括，但必须熟读《史记》《汉书》等经籍与诸子百家，总之，可以不必求科举，但诗书不

---

① 福格：《听雨丛谈》卷12，《世禄之家不应考试》，第249—250页。

可不读。福格所论,颇有见地,亦是对清代科举之弊的反思。

三、直言时弊与久抑下僚

  道光九年(1829),自珍礼部会试得中后,殿上三试三不及格,不得归翰林,五月初七,被命以知县用。自珍长期在京师生活、为官,此时已文名震天下,无心到地方上任知县,因此呈请仍回内阁中书任。十二月,自珍作《上大学士书》,畅言内阁事例中当因当革的六事。其中包括大学士按时到内阁看本,即批阅公文。自珍指出,军机处为内阁分支,内阁非军机处附庸。在清初,大学士要到内阁看本,正如吴鏊《内阁志》所云:

    大学士于军国事无所不统,其实每日所治事,则阅本也。本有二,曰部本,在京部院进者曰通本,外文武大臣及奉使员,具本送通政使转上者。票拟皆舍人按故事为之。大学士晨入,书可否,然少所更定。阅已,次阅丝纶簿,又次阅章奏文书。日亭午,蔑不出矣。①

  的确,大学士于军国大事无所不统,一向职事繁多,至嘉道年间,其常兼御前大臣、军机大臣等职,不是在圆明园随侍皇帝,就是在军机处办公,根本不到内阁。自珍认为,这就使内阁徒有虚名,成为抄录保存档案的事务机构,因此建议大学士应常到内阁看本。此外,自珍指出,社会变革不可逆转,其言:"自古及今,法无不改,

---

① 席吴鏊:《内阁志》,《丛书集成初编》第887册,中华书局1985年版,第3页。

势无不积,事例无不变迁,风气无不移易。"但自珍的建议并未得到采纳,不过被目为狂生议政而已。 对于此事,自珍直到辞官南归依然念念不忘,作诗曾言:

> 万事源头必正名,非同综核汉公卿。
> 时流不沮狂生议,侧立东华伫佩声。①

对于典章制度,必须要综合名实,"正名"是一切事情的开端,如果时人不把其议论看作"狂生议政",接纳其建议,自珍会侧身站立在东华门内阁门口,恭候倾听大学士的环佩之声。 事实上,自珍的改革建议,大多数未被采纳而付之东流。

自珍改革朝政的建议,之所以被目为"狂生议政",与当时的风气有着密切的关系。 总体说来,道光帝是一位"守成"的皇帝,本人亦以守成之君自居。 对于改革与守成的关系,道光帝有自己的认识,其言:"张弛损益,因乎时,存乎人焉。 故创业务期可继,而守成亦贵有为。 若因循玩泄,有废莫举,所谓堂构涂塈者安在耶? 然非值必不可缓之事,有必不得已之心,动辄更张,矜言改作,则前人底法之善,必至纷然,失其所守,其弊更有不可胜言者。"② 在道光皇帝看来,改革亦是迫不得已之事,不可轻言改制,否则弊端不可胜言,因此《清史稿·宣宗本纪》称其"恭俭之德、宽仁之量,守成之令辟也"。

道光帝的"守成"作风,在他的用人上也得到突出体现。 大凡重"守成"之人,长期重用和喜欢的必多平庸保守、所谓老成持重之辈。 道光朝长期重用的曹振镛、穆彰阿、潘世恩等重臣,就多属此类

---

① 刘逸生:《龚自珍己亥杂诗注》第 48 首,中华书局 1980 年版,第 64 页。
② 道光帝:《重修圆明园三殿记》,《清宣宗御制文余集》,《故宫珍本丛刊》第 583 册,海南出版社 2000 年版,第 139 页。

官僚。虽然在道光朝，英和、陶澍、林则徐、王鼎等有为的能吏，亦一度得到提拔重用，但鲜克有终。这与道光帝本人缺乏定见、远见、经常动摇不定的懦弱性格不无关系。

道光朝官场士习的保守因循与泄沓疲玩，以首辅曹振镛最为典型。振镛外貌木讷，做事小心谨慎，一守成规成法，其所陈奏的政事，道光帝认为"皆得大体"，可谓"服官五十余年，历事三朝，身跻崇要，从未稍蹈愆尤，动循矩法，克副赞襄"[1]。道光帝对其最为倚任，甚至将其比作唐代的"房玄龄"。振镛为三朝元老，死后谥号"文正"，而究其"政绩"，不过衡文取士、编纂实录、经筵侍讲而已，对于诸弊丛生的内政与西方侵略的日益逼近，却毫无对策可言。因而，时人讽刺其为"磕头宰相""庸庸碌碌曹丞相"。

嘉道年间士风萎靡，鄙夫充斥，对此，作为自珍好友的魏源深有感触，可谓洞若观火，其言：

> 历代亡天下之患有七：暴君、强藩、女主、外戚、宦寺、权奸、鄙夫也。暴君无论矣，强藩、女主、外戚、宦寺、奸相，皆必乘乱世暗君而始得肆其毒，人人得而知之，人人得而攻之。惟鄙夫则不然，虽当全盛之世，有愿治之君，而鄙夫胸中，除富贵而外不知国计民生为何事；除私党而外不知人材为何物。所陈诸上者，无非肤琐不急之谈，纷饰润色之事；以宴安鸩毒为培元气，以养痈贻患为守旧章，以缄默固宠为保明哲，人主被其薰陶渐摩，亦潜化于痿痹不仁而莫之觉。岂知久之又久，无职不旷，无事不蛊，其害且在强藩、女祸、外戚、宦寺、权奸之上；其人则方托老成文学，光辅升平，攻之无可攻，刺之无可刺，使天下阴受其

---

[1] 《清宣宗实录》卷 262，道光十五年春正月，中华书局 1986 年版。

害而已不与其责焉。古之庸医杀人，今之庸医，不能生人，亦不敢杀人，不问寒、热、虚、实、内伤、外感，概予温补和解之剂，致人于不生不死之间，而病日深日痼。故鄙夫之害治也，犹乡愿之害德也，圣人不恶小人而恶鄙夫乡愿，岂不深哉！①

魏源指出，对于暴君、强藩、女主、外戚、宦寺、权奸的危害，人人得而知之，人人得而攻之。但鄙夫则不然，他们只知富贵私党、缄默固宠而不知国计民生，名托老成持重，明哲保身，上陈皇帝的都是琐屑不急之事，所言皆为敷衍粉饰之词，结果造成养痈遗患的局面。但君主与朝臣士大夫被其熏陶，渐渐萎靡懈怠，麻木不仁，将整个社会置于不生不死之间，人们对鄙夫却"攻无可攻，刺无可刺"！因此鄙夫的危害，远远胜过暴君、强藩、女主、外戚、宦寺、权奸！自珍就生于这样一个鄙夫充斥、乡愿盛行的时代，其遇事敢于直言无隐，因此狂放不羁之名在京师广为传诵。道光十一年（1831）冬，岭南诗人张维屏来京，尚未与自珍晤面，就听到自珍狂不可近的流言蜚语，待二人相见之后，维屏发现自珍为人颇为温厚纯笃，深感人言并不可信。十二年夏，京师大旱，道光帝谕令在京各衙门例准奏事人员各抒己见。上谕云：

谕内阁，京师入夏以来，甚形亢旱，节过夏至，风日炎燥，深切忧劳。……因思致旱之由，必有所自。应天以实不以文，恐惧修省，在平时即当夙夜维寅，以召和甘而消愆沴。至遇灾而惧，已属补救于临时，况敢以视为填乎？……著在京各衙门例准奏事人员，于恒旸之由，请雨之事，国计民生之大，用人行政

---

① 魏源：《默觚下·治篇十一》，《魏源全集》第 12 册，岳麓书社 2004 年版，第 65 页。

之宜，摅诚直言，各抒所见。①

当时大学士富俊曾五度造访自珍，自珍手书《当世急务八条》，富俊读至裁汰冗滥一条时，不禁动色以为难行，对于其他几条颇为赞赏。但自珍的建议未被采纳，此文亦并未存于自珍的《文集》。对于此事，自珍曾回忆作诗云：

> 厚重虚怀见古风，车裀五度照门东。
> 我焚文字公焚疏，补纪交情为纪公。②

京师大旱，在道光帝看来，是因为人事不修以致触犯天怒，因此下诏令群臣上陈朝政兴革之见。84岁高龄的富俊作为东阁大学士，则因天旱引咎呈请致仕。忧愤之下富俊五度乘车造访自珍，探讨朝政兴革之事。在自珍看来，富俊待人沉着稳重，虚怀若谷，有古代大臣的风范气度。自珍将自己所陈建议的文稿焚毁，因为他不愿让世人知道富俊的建议源于自己。富俊亦把向皇帝上书的奏疏底稿烧掉，因为富俊不愿向后世炫耀自己忧国忧民，更不愿彰显朝政弊端于后世。自珍之所以作此诗，就是要纪念自己与富俊的交谊，彰显富俊虚怀若谷的精神。由此可见，自珍处理兴革建议颇为慎重。

道光十四年（1834），自珍考差以出任乡试考官，结果落选，这令自珍极为愤懑，因此著成《干禄新书》，从选笔磨墨起，探讨小楷之法，以贻子孙。在《干禄新书自序》中，自珍愤懑地说：

---

① 《清宣宗实录》卷213，道光十二年六月。
② 刘逸生：《龚自珍己亥杂诗注》第77首，中华书局1980年版，第111页。

凡贡士中礼部试，乃殿试。……既试，八人者则恭遴其颂扬平仄如式，楷法尤光致者十卷，呈皇帝览。……皇帝升太和殿，贡士毕见。前三人赐进士及第冠服，由午门中道出。乃出自端门、天安门，皆当驰道，赐宴礼部如故事。先殿试旬日为覆试，遴楷法如之。殿试后五日，或六日、七日，为朝考，遴楷法如之。三试皆高列，乃授翰林院官。本朝宰辅，必由翰林院官。卿贰及封圻大臣，由翰林者大半。其非翰林官，以值军机处为荣选。军机处之职，有军事则佐上运筹决胜，无事则备顾问祖宗掌故，以出内命者也。保送军机处，有考试，其遴楷法如之。京朝官由进士者，例得考差。考差入选，则乘轺车衡天下之文章。考差有阅卷大臣，遴楷法亦如之。部院官例许保送御史，御史主言朝廷是非、百姓疾苦及天下所不便事者也。保送后有考试，考试有阅卷大臣，其遴楷法亦如之。龚自珍中礼部试，殿上三试，三不及格，不入翰林，考军机处不入直，考差未尝乘轺车。①

自珍在此讲述清代进士考试以及朝廷举行的各类考试与楷法优劣的关系，以及这些考试对于读书士子、官员仕途升迁的影响。举人参加礼部会试取中之后，即参加殿试，读卷大臣将符合程式、楷法光致的十卷呈给皇帝，皇帝钦点三人为三鼎甲。殿试之后还要举行覆试、朝考，如果三试皆列高等，即可进入翰林院，而清代宰辅必由翰林出身，朝中卿贰与封疆大吏大半出身翰林。而那些没有进翰林院的，以考取军机章京为荣选，亦为迁升捷径，但考取军机章京也要看书法优劣。各部院保送御史，保送后也需要考试，也要看楷法优劣。乡会

---

① 龚自珍：《干禄新书自序》，王佩诤校：《龚自珍全集》第三辑，第237页。

试简放考官，也要通过考差遴选，还是要看书法。自珍因为书法不佳，考中礼部会试后，殿上三试三不及格，不能入选翰林，考军机章京落选，考差亦被摒弃。这对于自珍而言，几乎所有可以迁升的路子，都被切断。

道光十七年（1837）正月，自珍充任玉牒馆纂修官，草创章程，准备重修玉牒工作。清制，玉牒为记载皇族的名册，每十年重修一次，按照亲疏分别长幼，一一写于册内，玉牒分为黄册与红册，宗室入黄册，觉罗入红册，生者用朱笔，逝者用墨书。自珍奉旨纂修玉牒，信心满满进行准备。但是同年三月，自珍由宗人府主事改官礼部主事，纂修之事尚未完成。自珍作诗回忆此事云：

客星烂烂照天潢，许署头衔著作郎。
翠墨未干仙字蚀，云烟半榻披门旁。[1]

作为玉牒馆纂修官，为皇天贵胄纂修玉牒，自然是一件荣幸之事。但令人惋惜的是，玉牒章程草创未完，自珍就改官而去。这一年，礼部修《国朝礼部题名记》成，自珍曾言："掌精膳司印，吾大父之任也；补仪制司，改祠祭司，兼仪制司，又兼精膳司，吾父之累任也。自珍入司门，顾瞻楹题，下上阶，思履綦，步弗敢迈越。诸老前辈目自珍，旧事往往询自珍，皆以自珍为尝闻之也。"由于家世的缘故，就是诸老前辈亦要向自珍咨询礼制问题。

自珍不仅与士大夫相处坦荡率直，就是道光皇帝引见，同样不卑不亢，从容自信。每次自珍侍班，向道光帝上奏履历以及回答问题时，声音洪亮，同官往往惶悚不安，替自珍捏一把汗，生怕皇上

---

[1] 刘逸生：《龚自珍己亥杂诗注》第51首，中华书局1980年版，第68页。

怪罪。但恰恰相反,道光帝对自珍的才学颇为赞赏。道光十七年(1837)春,自珍京察一等,蒙皇帝记名。《己亥杂诗》记载此一情景:

齿如编贝汉东方,不学呫哔况对扬。
屋瓦自惊天自笑,丹毫圈折露华瀼。①

自珍的牙齿如汉代东方朔,如同编贝一般整齐,平时说话从不含糊,何况在皇帝面前回话。皇帝引见自珍时,其回答镇定自若,声音响亮甚至振动屋瓦,但道光帝并不怪罪,反而欣赏自珍的胆略,在其名上打个红圈来记名。同年四月,自珍选官得湖北同知,不愿赴任,仍留礼部任职。自珍曾作诗忆及此事:

半生中外小回翔,栩丑翻成恋太阳。
挥手唐朝八司马,头衔老署退锋郎。②

自珍从幼年起生活于京师,虽然只是在国史馆、内阁、宗人府、礼部担任小京官,但还是留恋京师,因此对于地方小官,自珍辞而不就。更为重要的是,为官京师可以熟知朝廷掌故,自珍要著书立说,在京师为官更为便捷。自珍以退锋郎自居,就是要表明毕生尽心于著述的志向。

道光十八年(1838)正月,自珍在礼部主事任上,作《在礼曹日与堂上官论事书》,上书堂官讨论礼部亟应整顿的事项。龚家三代任职礼部,对礼部情弊最为了解,面对礼部则例多年不修、司员办公涣

---

① 刘逸生:《龚自珍己亥杂诗注》第52首,中华书局1980年版,第70页。
② 刘逸生:《龚自珍己亥杂诗注》第53首,中华书局1980年版,第71页。

散、因循废职的情形,自珍提出急修则例、力挽风气、祠祭司分股办公、主客司亟加整顿等建议。在自珍看来,礼部负责朝廷典礼,接待藩属贡使,如果体制大坏,堂堂大清国将被四夷番邦讪笑,因此自珍不顾个人利害,指出修订礼仪是朝廷大事,如果长期不加修订,旧人零落,考订典章制度愈加困难。但礼部堂官对自珍的建议并未重视,认为其言无甚高论,并未修订礼部则例,整顿礼部的吏治官方。第二年自珍辞职南归,作诗云:

> 千言只作卑之论,敢以虚怀测上公?
> 若问汉朝诸配享,少牢乞祔叔孙通。[①]

明知建议不会被采纳,自珍依然"知其不可而为之",辛苦写成的三千言建议,却被堂官认为"卑之无甚高论",礼部大人虚怀若谷吗?实在不敢妄加猜测。要问汉朝哪些大臣应该配享太庙,自珍认为应把叔孙通加进去。事实上,礼制改革关系到朝廷体面,西汉叔孙通为汉高祖制定朝仪,当然应配享太庙。言外之意,自珍改革礼部的建言颇为重要,应该得到主官嘉奖才对。事实上,自珍非但未受嘉奖,反而被藐视,心情之郁闷可想而知。

四、辞官南归与暴卒问题

自珍居官京师,多年以来皆为冷署闲曹,其性情豪迈,狂傲不羁,处事率性而为,不拘小节,与师友纵论天下大事,风发泉涌,有不可

---

① 刘逸生:《龚自珍己亥杂诗注》第 50 首,中华书局 1980 年版,第 67 页。

一世之气；加上器识宏远，议论深邃，动辄触犯朝政时忌。以自珍之才处自珍之境，心情之压抑难以笔墨形容。十七年四月初一，自珍与孔宪彝、廖牲、吴葆晋、吴式芬、蒋湘南、梁恭辰一道游览崇效寺，观赏海棠，举行诗会，此时自珍打算辞官南归，侍奉年逾七旬的父亲丽正。事实上，自珍在诗词中曾多次抒发归隐湖山之志，皆为现实生活不尽如人意的情绪发泄。多年的抑郁不得志，使归隐山林成为不得已的选择。

十八年（1838）九月，自珍因其叔父守正任礼部尚书，身为礼部主事的自珍循例回避，因此以乞养归田为由，决定开缺辞官南归。十一月，林则徐被道光帝任命为钦差大臣，前往广东查禁鸦片，曾与自珍会晤。临别时，自珍作《送钦差大臣侯官林公序》以赠，就禁烟问题以及与此相关的内外政策提出若干建议，且有随林则徐南下禁烟的想法，但因时局复杂多变，前程凶险未卜，林则徐拒绝自珍的南下随行。

道光十九年（1839）四月二十三日，自珍辞官离京南下，朱腾为其治装，吴葆晋出城七里相送。对于大清王朝自珍有太多的爱恋，对于它的衰落更是痛心疾首。"浩荡离愁白日斜，吟鞭东指即天涯。落红不是无情物，化作春泥更护花"。即使辞官后自珍亦愿为朝廷为社会尽一份余力。但自珍批判的锋芒不会有所减弱，相反，因为辞官后无所顾忌，锋芒将更为犀利深邃：

廉锷非关上帝才，百年淬厉电光开。
先生宦后雄谈减，悄向龙泉祝一回。[①]

[①] 刘逸生：《龚自珍己亥杂诗注》第 7 首，中华书局 1980 年版，第 7 页。

自珍议政文章词锋凌厉，是经过反复磨炼才显示出耀眼的光芒，但自珍自认为为官后，议论政治的锋芒大为减弱，现已辞官，就悄悄祝愿旧日的锋芒重新再现吧。自珍仕途虽然屡经挫折，但斗志与豪情并未减弱，亦足见其对大清王朝的爱恋有多深。此时清廷政治制度弊坏，社会风气与人心颓唐堕落，这样下去，天下大乱就不远了！因此自珍大声疾呼唤醒沉睡的世人：

颓波难挽挽颓心，壮岁曾为九牧箴。
钟簴苍凉行色晚，狂言重起廿年喑。①

自珍30岁即写下针砭时弊、劝诫统治者居安思危的政论文章，被人目为"狂言"，如今自珍要重新放言论政，打破为官20年的沉默，其风骨与批判意识峥嵘犹在。自珍一生饱读诗书，熟悉典章制度，有汉代贾谊、终军之才，且21岁即在武英殿校书，接近权力的最高中心，但谁曾料到，竟然在注释"虫鱼之学"中了却一生！政治抱负何尝得以施展！因此自珍悲愤地说：

终贾华年气不平，官书许读兴纵横。
荷衣便识西华路，至竟虫鱼了一生。②

自珍读了许多外间不易看到的官书，因此意兴纵横，对朝政利弊可谓一目了然，谁曾料到一生抱负难施？五月十二日，自珍抵达清江浦，清江浦是东南漕粮转输的咽喉之地，至清中叶漕运弊病百出，给

---

① 刘逸生：《龚自珍己亥杂诗注》第14首，中华书局1980年版，第14页。
② 刘逸生：《龚自珍己亥杂诗注》第48首，中华书局1980年版，第64页。

民生带来极大痛苦，只就纤夫拉纤的血泪，足以令人惨目伤心。自珍作诗云：

> 只筹一缆十夫多，细算千艘渡此河。
> 我亦曾縻太仓粟，夜闻邪许泪滂沱。①

一条漕船，就需要纤夫十人以上，而漕船总数在五六千艘以上，可以想见，在运河上拉纤的不下五六万人之多！想起自己为官京师也曾靡费官仓的粮食，如今夜间听着纤夫拉纤的号子声，想起百姓的痛苦自珍不禁泪如雨下！东南各省港口到处张贴明令禁止鸦片入口的告示，但到处都是吸食鸦片之人！

> 津梁条约遍南东，谁遣藏春深坞逢？
> 不枉人呼莲幕客，碧纱幮护阿芙蓉。②

到底是谁让这些毒品在幽深屋子与人交易、吸食呢？原来那些幕客的碧纱橱里藏着阿芙蓉！怪不得人们称其为"莲幕客"！这些幕客左右长官的禁烟活动，对禁烟极为不利！自珍还作诗对那些鸦片烟鬼进行嘲讽：

> 鬼灯队队散秋萤，落魄参军泪眼荧。
> 何不专城花县去？春眠寒食未曾醒。③

---

① 刘逸生：《龚自珍己亥杂诗注》第83首，中华书局1980年版，第119页。
② 刘逸生：《龚自珍己亥杂诗注》第85首，中华书局1980年版，第122页。
③ 刘逸生：《龚自珍己亥杂诗注》第86首，中华书局1980年版，第124页。

吸食鸦片的人昼夜颠倒，晚上尤其活跃，他们提着灯笼进出烟馆。一对对鬼灯，如同散落在街巷里的秋萤！自珍愤慨地说，这些人为何不搬到专门种植罂粟的花县去呢？他们可以春眠到寒食不用醒来！当时，吸食鸦片已成为严重的社会问题，而幕友之中尤为严重。自珍友人蒋湘南曾经指出，"今之食鸦片者，京官不过十之一二，外省不过十之二三，刑名钱谷之幕友，则有十之五六。至长随吏胥，更不可以数计"①。看到这些吸食鸦片的烟鬼，自珍不由想起身在广州禁烟的好友林则徐：

　　故人横海拜将军，侧立南天未蒇勋。
　　我有阴符三百字，蜡丸难寄惜雄文。②

林则徐被道光帝委以钦差大臣，到广州查禁鸦片，目前林则徐在广州勤劳办差，禁烟并未有结果，自珍有一篇文章要向其陈述战守规划，可惜没有办法寄达，白费了这篇好文章！蒿目时艰，但士大夫却并不关注国计民生，怎不令人痛心疾首！

　　不论盐铁不筹河，独倚东南涕泪多。
　　国赋三升民一斗，屠牛那不胜栽禾？③

那些官僚士大夫，既不议论盐铁，也不筹划治理黄河，回到江南目睹民生艰难，自珍不禁为之落泪，当时吏治腐败，铸耗浮收严重，

---

① 蒋湘南：《与黄树斋鸿胪论鸦片烟书》，《七经楼文钞》卷四，中州古籍出版社1991年版，第125页。
② 刘逸生：《龚自珍己亥杂诗注》第87首，中华书局1980年版，第125页。
③ 刘逸生：《龚自珍己亥杂诗注》第123首，中华书局1980年版，第174页。

国家赋税规定三升，农民实际要缴纳一斗粮食，既然种地不赚钱，（农民破产，纷纷出卖耕牛），因此宰牛生意就胜过种田。江南的民生凋敝与困苦，可想而知。因此，自珍大声疾呼：

> 九州生气恃风雷，万马齐喑究可哀！
> 我劝天公重抖擞，不拘一格降人材。①

此诗痛斥嘉道时期万马齐喑的黑暗时局，希望朝廷破格使用人才，扭转国运时势的衰颓。然而，关心时政的自珍却要无奈地辞官隐居。中国士大夫一向具有治国平天下的用世情怀，"致君尧舜上，再使风俗纯"是他们的最高理想。在自珍看来，就是作为古今隐逸诗人之宗主的陶渊明，隐居田园亦是一种无奈的选择，只是其没有隐居南阳的诸葛亮幸运而已。

> 陶潜酷似卧龙豪，万古浔阳松菊高。
> 莫信诗人竟平淡，二分梁甫一分骚。②

在自珍看来，陶渊明的豪情与诸葛亮非常相似，作为万古高洁的形象，陶渊明如同其所植的松菊。事实上，不要相信诗人那种表面的平淡，陶诗三分之二像诸葛亮的《梁甫吟》，三分之一像屈原的《离骚》情调。陶渊明既有政治抱负，又有荆轲刺秦的豪迈。其实，自珍何尝不是如此？

七月初九，自珍到达杭州，与父亲丽正相见。九月十五日，自

---

① 刘逸生：《龚自珍己亥杂诗注》第125首，中华书局1980年版，第176页。
② 刘逸生：《龚自珍己亥杂诗注》第130首，中华书局1980年版，第183页。

珍出发北上,迎接眷属。十二月二十六日,回到昆山羽琌山馆。离开令人窒息的北京,自珍鞭挞时弊的诗作即如连珠泉涌。从京师至故里杭州,自珍两次往返九万里,历时十月之久,作诗共 315 首,统称《己亥杂诗》。

道光二十年(1840),中英鸦片战争爆发。二十一年正月,自珍就任丹阳云阳书院讲席。七月,梁章钜莅任江苏巡抚,八月初一带兵抵达上海,主持防御英军入侵的备战事宜,同时致书自珍讨论时事。自珍即刻致书章钜,约定辞去云阳书院讲席,赴上海入章钜幕府,准备参加抗英斗争。再者,上海为其父丽正的旧治所在,士民想为丽正公立祠堂,自珍亦想促成此事。不料八月十二日,自珍因病突发,卒于丹阳县署。梁章钜作诗悼念自珍:

> 渤海佳公子,奇情若老成。文章忘忌讳,才气极纵横。
> 正月风云会,何缘露电惊。旧时过庭地,忠孝两难成。①

自珍早年驰名文坛,文学才华和开创一代新风的诗文,已被当时的学界前辈、同辈学人充分肯定,作为自珍的前辈师友、文学家的梁章矩,高度赞美自珍"抱负恢奇,才笔横态,不为家学所囿"。对于自珍的暴卒,章矩在深感惋惜的同时,对其才华深表敬佩,称誉自珍"才气极纵横"。自珍一生,以其深远的忧患意识、犀利的社会批判思想、精博的学术著述,成为中国近代史上颇具影响的启蒙思想家。正如其叔父守正作挽联云:"石破天惊,一代才名今已矣;河清人寿,百年论士竟何如?"②

---

① 梁章钜:《师友集》卷六,《龚巩祚》,孙文光、王世芸编:《龚自珍研究资料集》,第 16 页。
② 樊克政:《龚自珍年谱考略》,商务印书馆 2004 年版,第 533 页。

第三章

学术交游与学术递嬗

自珍生于杭州,幼年随父进京生活,青年时代离京南下,随父任至徽州、安庆、上海生活,为了科举考试又多次奔波江南与京师之间,外祖段玉裁侨居苏州枝园,因此苏州亦是其驻足之地。龚氏家族累代科甲仕宦,长期为官京师与江南,外祖段玉裁在乾嘉汉学家当中地位崇高,弟子门人遍及大江南北,因此在自珍交游群体中,家族资源占有举足轻重的地位。自珍的交游圈层,多为京师与江南的达官贵人、文人雅士与学者名流,他们与自珍或是同乡、同学、同年和同僚,或是父祖同僚、同年,或为外祖高徒,这样地缘、学缘、业缘与家族关系等各种因素相互交织,形成一个庞大的学术交游网络。

学术发展与地域文化密切相关,人文地理环境不同往往孕育出不同地域色彩的文化传统,而一地学风往往对当地读书人产生直接影响。对此,梁启超认为:"盖以中国之大,一地方有一地方之特点,其受之于遗传及环境者盖深且远,而爱乡土之观念,实亦人群团结进展之一要素。利用其恭敬桑梓的心理,示之以乡邦先辈之人格及其学艺,其鼓舞濬发,往往视逖远者为更有力。"[①]江南地区的人文鼎盛与学者社会,京师宣南的文化氛围及人文传统,对自珍学术产生深远影响。因此分析江浙学术与宣南文化的特性,对理解自珍一生的文化选择与学术特色大有裨益。

学者柳向春在《陈奂交游研究》中指出:"前代学者选择某一课题从事研究,而至有所成就,固然有其偶然性因素,然而地域学风之影响,师门弟子之传承,朋辈同道之熏染等等,亦为学术学派形成之重要因素。"[②]事实确实如此。明末清初大儒黄宗羲曾经盛赞陈夔献立会讲经以培育人才之功,阐明师友交游对于学术发展的推动作用:

[①] 梁启超:《中国近三百年学术史》,东方出版社1996年版,第378页。
[②] 柳向春:《陈奂交游研究》,华东师范大学出版社2010年版,第10页。

> 学之盛衰，关乎师友。师友聚散，谁为枢纽？
> 於嗟夒献，立会讲经。十年之后，人物峥嵘；
> 文治方兴，推琴而起。非无钜公，声谐宫征。……
> 庸人之谕，谓君沈没，岂知回赐，不称官阀。①

在黄宗羲看来，学术盛衰与师友之间的相互切磋密切相关，立会讲经成为会聚师友的重要方式，十年之后则形成人才峥嵘的局面。明末清初，士子结社相习成风，江苏苏松地区、浙江杭嘉湖地区尤为普遍。顺治九年，由礼部题奏，立条约八款，颁刻学宫，禁止生员纠党多人立盟结社。十七年正月，礼科给事中杨雍建上《严禁社盟疏》，得到顺治帝批准，朝廷认为："士习不端，结社订盟，把持衙门，关说公事，相煽成风，深为可恶。"② 因此下令严禁结社，但师友交游依然通过各种途径进行，而且颇为兴盛，对清代学术发展产生深远影响。

有清一代经学发达，名家辈出。谭献将清代师儒分为绝学、名家、大儒、通儒、经师、校雠名家、舆地名家、小学名家等，他们学术渊源有自，成就斐然，皆得力于师友辗转传授与同学共研相辅。在绝学方面，汪中有同学刘台拱、李惇、贾田祖、江藩，章学诚有同学邵晋涵，龚自珍有同学魏源，黄承吉有同学焦循，有弟子王翼凤、梅植之；名家之中，惠栋有弟子江声、余萧客；大儒之中，颜元有弟子李恕谷、王源、刘献庭，李恕谷别师为毛奇龄，王源有同学马骕；通儒之中，黄宗羲的私淑弟子为全祖望，顾炎武有同学为张尔岐；经师之中，江永一传为戴震，再传为段玉裁、金榜，三传为陈奂，四传为

---

① 黄宗羲：《陈夒献墓志铭》，陈乃乾编：《黄梨洲文集·碑志类》，中华书局 1959 年版，第 233 页。
② 《清世祖实录》卷 131，顺治十七年春正月，中华书局 1985 年版。

戴望，陈奂有同学胡培翚、胡承珙，姚鼐有弟子管同、陈用光、梅曾亮，其师为刘大櫆、姚范，张惠言有同学洪亮吉、孙星衍；校雠名家之中，卢文弨有同学孙星衍、毕沅；舆地名家之中，顾祖禹有同学顾炎武；小学名家之中，《说文》学方面段玉裁有诤友徐承庆，声韵学方面江永一传为戴震，再传为段玉裁。正是师友、同学辗转相授以及相互切磋琢磨，才使清代学术薪火相传。

自珍一生师友交游广泛，"仁和龚定庵，名自珍，为段懋堂外孙。两世礼曹，交遍海内，绮纨附骥，齿挂通人，道光时之名公子也"①。遍交海内学者名流对自珍学术体系的形成产生深远影响，本章试图对其师友交游与嘉道学术之间的互动，进行系统分析。

第一节 天下名士有部落：龚氏交游的家族地域因素

由于家族因素，自珍学术交游网络有着其他学者无法比拟的优越之处，祖父玉裁自乾隆五十七年开始在苏州枝园讲学著述，直到嘉庆二十年去世，在长达23年时间里，门生故旧遍及大江南北。苏州是乾嘉汉学吴派的中心，文化与科举发达，状元之多甲于天下，玉裁作为誉满天下的汉学名家，为自珍提供了一个广泛而独特的学术交往圈层。因此自少年开始，自珍就与乾嘉诸老交游往还，与其学术发展密切相关。在自珍的交游群体中，同乡、江南士人超过半数以上，其中自珍与同乡曹籀的交往，对其文集的刊刻与流传大有裨益。

---

① 徐珂：《清稗类钞·师友类》第8册，《师儒为学之师友》，中华书局1984年版，第3577页。

一、江南学者社会的形成

清代学术以小学最为发达,即文字、音韵、训诂之学,清儒普遍认为,精通文字、音韵、训诂是治经的根本途径,至乾嘉时期考据学蔚然成风。而研治小学往往要耗尽学者毕生的心血,才能有所成就,正如民国学者支伟成所言:"皆竭毕生精力,始能贯通;溯六书之源流,抉七音之秘奥;可称前无古人,后鲜来者!"① 只有耗费大半生精力于经典考证,才能在小学方面做出成就,而这需要高远的学术理念作为支撑。自汉唐至明清,无论是统治阶级还是学者文人,一致认为儒家经书蕴涵着"圣人之道",先圣先王治国安邦、体国经野的微言大义,就蕴涵在经书之中,因此诂经解经、阐发圣道就成为士大夫的神圣事业,甚至以"六经责我开生面"的文化使命相期许。

在科举盛行的清代,读书士子一面苦读科举时文,以求功名仕途,一面考订儒家经典,汲汲于文字、音韵、训诂之学。可以说,儒学研究的兴盛与大清王朝政治运作的理论阐释、治国安邦的官僚队伍是同步产生的,正如美国人艾尔曼所言:

> 帝制国家建立在儒家价值观和理想基础之上,后者为政治运转提供理论支持。经典教义为东亚儒生、官吏、学者提供了一套论述政治、社会善恶的学说。若要认识圣贤的理想,就要尊崇、研究古代圣人的学说。经学赋予儒学以合法性。只要控制经典的诠释权,也就掌握了对国家权力的理论支持。儒学与官

---

① 支伟成:《清代朴学大师列传》,岳麓书社1986年版,第313页。

吏是帝国必不可少的侍从。[1]

广大士子读书治经,一部分人通过科举考试获得功名,从而进入政府做官,但能入仕为官的毕竟是少数,大部人被摒于仕途之外,如何实现人生的不朽是摆在诸多学子面前的现实问题。在朝廷鼓励、封疆大吏赞助之下,清代学人之中形成一种嗜书如命、以著述立言而不朽的士林风气。至乾嘉时期汉学大兴,诸多学人埋头整理中华文献典籍,并通过官僚型学者赞助刊刻其著述而名垂青史。

在朝廷层面,乾隆帝多次表达"稽古右文"的盛世文治之意,认为经术有关世道人心,其言:"经术其根柢也,词章其枝叶也。……今海宇升平,学士大夫,举得精研本业,其穷年矻矻,宗仰儒先者,当不乏人,奈何令终老牖下?"因此乾隆十四年十一月,谕令大学士、九卿、督抚荐举"潜心经学""老成敦厚,纯朴淹通之士"[2],而不拘泥于进士、举人、诸生以及退休、闲废人员。中央大员、地方督抚则自觉响应皇帝的号召,以各种途径奖掖"潜心经学"的贫寒之士,形成了朝廷奖励、疆臣赞助、士子治经的互动局面。

乾隆帝对汉、宋之学的态度,依据王汎森的研究,"乾隆认为文献考证之学蕴含道德上的严肃性和知识上的苦行精神,汉学这门学问需有严肃的、确切可信的经典依据,而且是忠于先圣先贤的教训。宋明理学的讲学则容易滋生个人意见,进行没有依据的谈论,进而影响社会风气与政治安定"[3]。正是有鉴于此,程朱理学虽然保持着官方正统地位,但乾隆帝对之亦多有微词,其诏开四库馆,修纂《四库全

---

[1] 〔美〕艾尔曼著,赵刚译:《经学、政治和宗族——中华帝国晚期常州今文学派研究》,江苏人民出版社1998年版,第52—53页。
[2] 《清高宗实录》卷352,乾隆十四年十一月,中华书局1986年版。
[3] 王汎森:《权力的毛细管作用:清代的思想、学术与心态》(修订版),北京大学出版社2015年版,第353页。

书》,大力扶植奖掖汉学。在朝廷的鼓励下,有清一代形成蔚为壮观的汉学研究大军。

由于朝廷提倡与学者型官僚的奖掖,清代一大批士子在科举仕进之外,潜心学术,研经治史,蔚然成风,以至清代学术呈现出空前繁荣的局面,正如刘禺生所言:"经史、词章、训诂、考订各种有用之学,名家蔚起,冠绝前朝,皆从事学问,而不事举业。凡得科名者未必有学问,而有学问者亦可得科名,或学优而仕,或仕优而学,学问不为举业所限制。论其原因:一、继承家学,……二、各有师承,……"即便时至晚清,研究有关国计民生、经世实学的学者依然大有人在,"虽咸丰以至光绪中叶,人崇墨卷,士不读书,而研究实学之风,仍遍于全国,科举不能限制学术,此明征也。"[①]在清代,读书治学并未沦为科举功名的附庸,而是呈现出"若即实离"的状态,这就为学术发展提供了广阔的生存空间。

江南地区人文鼎盛,科举发达,大批士人通过科举入仕,但身居高位却不忘学术,最为典型的就是阮元、毕沅。他们通过各种途径奖掖学术,致力于大规模校书刻书活动,或是兴办各种学宫书院,成为引领学术潮流的一代领军人物。那些有科名的官员在致仕归里、罢官回乡之后,大多数会到江南各地书院讲学,如卢文弨、钱大昕、段玉裁弃官后讲学江南各地,弟子遍及大江南北。甚至有些人虽然考中进士,但亦沉湎于学术,不乐仕进,著名学者凌廷堪即为典型,其成进士后"远利就冷官",主动要求改任教职,曾任安徽宁国府教授,先后主讲敬亭、紫阳书院。更有大批江南士子困于场屋,无法通过获取功名走向仕途,但他们依旧嗜书如命,一生以著述讲学终老。顾广圻一生为人校书刻书,而惠栋等人讲学传经,弟子遍及大江南北,形成

[①] 刘禺生:《世载堂杂忆·清代之教学》,中华书局1960年版,第13页。

独特的江南学者社会。

四世传经于吴地的当属惠氏一族。自明末清初以至于康雍乾时期，惠有声、其子惠周惕、其孙惠士奇、曾孙惠栋皆传经于苏州，而惠栋光大汉学，成为乾嘉汉学吴派的领袖人物。惠栋，字定宇，号松崖，江苏吴县人，康熙三十六年（1697）生于官宦之家，自幼好学，广涉博览经史诸子与道释二藏。每当得知珍本秘籍线索，必设法"借读手钞"，有时为购一部善本书籍，不惜倾产而尽。惠栋继承父祖未竟之志，乾隆九年（1744），撰成《易汉学》初稿。后经五六次易稿，直到逝世前夕，才以手稿传授给后学王昶。此书成为清代《周易》研究中承先启后的著作。同年秋，惠栋应考乡试，由于试卷中引用《汉书》立论，逾越朱熹《四书集注》范围，横遭斥黜，惠栋自此绝意仕途，专心教授门徒。惠栋与学者沈彤、沈大成友善，切磋学术，受业弟子江声、余萧客等最为著名。王鸣盛、钱大昕、戴震、王昶等人执经问难，皆以师礼敬对惠栋。

惠栋专意撰著，先后完成《古文尚书考》《左传补注》《汉书补注》等多种著述。《古文尚书考》上承阎若璩《尚书古文疏证》，考证东汉郑玄所注《尚书》24篇为可以信据的真古文，而今世所谓古文《尚书》，"乃梅赜之书，非壁中之文也"[①]。后来江声张大师说，撰《尚书集注音疏》，王鸣盛、孙星衍等引为同调，通行本《古文尚书》为东晋人梅赜伪托，成为铁案。

乾隆十四年，皇帝责成九卿与督抚荐举"潜心经学""老成敦厚，纯朴淹通之士"[②]，惠栋以"博通经史，学有渊源"，为两江总督黄廷桂、陕甘总督尹继善列名荐牍，但江苏当局迟迟未将惠栋经学著述送

---

① 惠栋：《古文尚书考自序》，《松崖文钞》卷一，《清代诗文集汇编》第284册，第51页。
② 《清高宗实录》卷352，乾隆十四年十一月，中华书局1986年版。

呈朝廷，结果落选。惠栋"遇虽益蹇，名益高，四方士大夫过吴门者，咸以不识君为耻"①。十九年（1754），两淮盐运使卢见曾慕名聘惠栋入幕，见曾雅好经史，兼擅吟咏，慨然出资刊行学者著述，一时名士多网罗幕中。惠栋撰有《渔洋精华录训纂》，见曾欣然作叙，推许为"数千百年注诗家绝无而仅有之书也"②。二十二年冬，戴震由北京南归，在扬州与惠栋一见如故。此后半年多，朝夕相处中，惠栋向戴震介绍其经学见解，戴震对其经学评价颇高。惠栋年事已高，依然力疾撰著，二十三年（1758）五月，所著《周易述》未成而卒。

惠栋一生"研精覃思于汉儒《易》学"，其学博赡求古，一反宋儒凿空谈经积习，确立恪守古训、崇尚家法的汉学标准。乾隆中叶以后，考据学风大行于世，学者推惠栋为"一代之儒者宗"，惠氏弟子与再传弟子，遍及大江南北。而惠栋之书大多著录于《四库全书》，为乾嘉学者所宗仰，成为乾嘉汉学吴派的领袖人物。惠栋仅具诸生功名，一生未尝入仕，其以经学成就为世人所宗仰。但惠栋毕竟生于官宦书香之家，而其弟子余萧客既无显赫的家世，又无任何功名，一生杜门治经，同样以经学成就为士林称颂。

余萧客，字仲林，别字古农，江苏吴县人，雍正七年（1729）生。15岁时，深知理气性命的空言无补于经术，思读汉唐注疏，而家境贫寒无力购书，乃从徐姓书棚借阅。其借得《左传注疏》，一月读毕归还。徐姓惊其读书之速，随手翻阅令萧客背诵，全篇无误，徐姓惊呼萧客为奇人，赠以《十三经注疏》《说文解字》《玉篇》《广韵》和十七史，萧客于是闭门研读经史。萧客若闻听何处有异书，必恳求借阅抄写，即使风尘仆仆步行五六十里，亦不为辛苦，经过常年日积

---

① 陈黄中：《惠定宇墓志铭》，《东庄遗集》卷三，《清代诗文集汇编》第301册，第516页。
② 卢见曾：《渔洋山人精华录训纂序》，《雅雨堂文遗集》卷二，《清代诗文集汇编》第268册，第53页。

月累，其家藏书多有善本。后萧客在同邑朱文游家教馆，朱家藏书甲于吴中，于是得以博览四部之书，又在苏州玄妙观读《道藏》，在南禅寺读《释藏》。萧客读书夜以继日，平日手不释卷，以致视力亏损，不见一物，后虽经治愈，但仅能读大字本而已。

萧客著成《注雅别钞》8卷，吴中名士沈德潜见其书精审，折节与萧客交游。萧客22岁那年拜惠栋为师，益加刻苦自励，遍览四部之书。乾隆帝诏刊《十三经注疏》颁行天下，凡著述之家，竞相通经稽古。自乾隆二十四年秋始，萧客依《十三经》经文编次，每条先后则依先儒世次，孜孜不倦昼夜手录，至二十六年，左眼几近青盲。至二十七年四月，目疾仍未治愈，复转虚损之症，头不得低俯回转，行走不得盘旋。若回顾盘旋则眩晕耳鸣，通宵不止。此年九月，终于成《古经解钩沉》30卷。书成后萧客告祀先圣及文昌之神，而学友多作诗以纪其事。

直隶总督方观承闻萧客之名，延至保定修纂《畿辅水利志》。萧客间游京师，与朱筠、纪昀、胡高望相与友善。因目疾复作，于是南归故里，以经术教授乡里。四库开馆，诏征四方学者充任校雠，有人推荐山阴童钰及萧客，二人一为诸生一为布衣，格于成例，未被采纳。乾隆帝有诏采访遗书，官府以萧客所著《古经解钩沉》呈进，为《四库全书》所收。

萧客平生不事科举，以布衣终老，因传惠栋之学，"世之欲传惠氏学者，多从之游"[1]，其在吴中颇有学术影响。萧客晚年失明，生徒求教，皆以口授，其弟子众多，有著名学者朱敬舆、江藩等人。萧客一生勤奋治学，而贫病交加，中年再娶无子，乾隆四十二年（1777）

---

[1] 任兆麟：《余萧客墓志铭》，《碑传集》卷133，上海师范大学图书馆编：《清代碑传全集》，上海古籍出版社1987年版，第676页。

卒于乡里，年仅 49 岁。

惠栋另一高徒为江声。江声，字叔沄，江苏元和人，康熙六十年（1721）生。与兄江筠共学，不喜作科举文，已过而立之年仍旧未获功名，于是不应科举考试，独好经义古学，读许慎《说文解字》，尝云："吾始知读书当先识字也。"[①] 江声 35 岁师事惠栋，41 岁开始研究《尚书》，四易其稿历时 13 年，于乾隆三十八年著成《尚书集注音疏》14 卷。此书继阎若璩、惠栋之后，刊正《尚书》经文，疏明古注，可谓集《尚书》研究之大成。江声治学极重文字训诂之原，著成《六书说》1 卷，以推阐《说文》转注说。

江声生平酷嗜古字，不肯为俗字。《尚书集注音疏》以古篆刊行，著名学者王昶、钱大昕及毕沅均敬重其学。江声在毕沅幕，助其编撰《释名疏证》，以篆书刊于乾隆五十五年（1790）。平生尺牍皆依《说文》写为古篆，虽被时人视为天书符篆，目为迂腐怪癖而坚持不改。嘉庆元年（1796），皇帝下诏荐举孝廉方正，受江苏巡抚费淳荐举，江声赐六品服。

江声著述有《论语竢质》，此外还有《尚书逸文》2 卷，收入孙星衍编《岱南阁丛书》；又有《恒星说》1 卷，并作《艮庭词》3 卷、《艮庭小慧》1 卷。嘉庆四年（1799），江声卒于家，弟子数十人，其著名者有顾广圻、徐颋、江藩等人，江声之子江镠、孙江沅皆传其学。

江镠曾为阮元幕宾，助其撰《十三经注疏校勘记》。江沅，字子兰，优贡生，乡试屡试不中，一生以授徒为业，精研《说文》，著《说文释例》2 卷。段玉裁侨居苏州，江沅出入其门下数十年，为其高足。江沅著《说文解字音均表》17 卷，多采段氏之说，于段书纰

---

① 孙星衍：《江声传》，《平津馆文稿》卷下，《清代诗文集汇编》第 436 册，第 249 页。

伪处亦加驳正。此书于嘉庆十四年（1809）完稿，生前未曾刊行，后收入《续皇清经解》。江声素擅篆书，至江沅尤为变化神妙，自成一家，兼工填词。先后游闽粤，大部分时间则里居教授，弟子成材者颇为众多。道光十八年（1838）卒。

惠栋、余萧客、江声师徒讲学于吴中，他们功名不高，或是没有功名的布衣，也未尝出仕做官，但他们嗜学好古，锐意治经，因而赢得封疆大吏、士林学子的普遍尊敬，甚至受到朝廷的嘉奖，实现了著述立言以不朽的人生理想。他们培养了大批研经治史的学者，其弟子或再传弟子遍及大江南北，其著名者有顾广圻、徐颋、江藩、朱敬舆、黄奭等人，形成颇有影响的乾嘉汉学吴派。

江南士人欣然向学，即使早登科第、仕宦显达亦不忘读书著述，一有机会便手不释卷研读经史，讲学书院，卢文弨、钱大昕便属于此类学者。卢文弨世称抱经先生，浙江仁和人。乾隆十七年（1752），以一甲第三名成进士，曾任翰林院编修、侍读学士、广东乡试正考官、湖南学政等职。文弨笃志好学，与戴震、段玉裁相友善，一生以校勘古籍称名于世，其对经义注疏见解独到。三十三年（1768），文弨请辞归养继母，回归故里。辞官后，文弨相继主讲江苏、浙江、山西等地各大书院，以经术引导诸生。三十七年，文弨应两江总督高晋之邀，开始主讲钟山书院。四十四年（1779），文弨初掌杭州西湖书院，继掌崇文书院，次年，始主讲于杭州紫阳书院。四十六年，文弨入山西主三立书院。四十九年秋季起，掌江苏娄东书院，旋复掌钟山书院讲席。五十二年八月，71岁的文弨接受梁玉绳建议，开始刊刻《群书拾补》，是书总其一生校勘古籍成就之大成。

五十三年（1788），文弨又至常州龙城书院，后讲学于杭州紫阳书院。乾隆六十年（1795）春，79岁的文弨开始着手系统地整理自己平生所作，事尚未竣，十一月二十八日卒于常州龙城书院。文弨精于《说文》，穷研经义，博极群书，一生以校勘名家著称。其抱经堂藏书达数万卷，亦一代藏书名家。其所藏书皆亲为手校。校雠之时，往往参稽诸本，择善而从，故所校书皆成善本。卢文弨一生勤于治经读书，著述宏丰，晚年书院讲学20年，弟子遍及大江南北，著名学者臧庸、李兆洛、梁玉绳、彭绍升、丁履恒等人，或为弟子亲自受业，或者乡会试出于其门，成为一代颇有影响的经学大师。

钱大昕，字晓徵、辛楣，号竹汀，江苏嘉定人。乾隆十九年（1754）参加会试，赐进士出身，改庶吉士。朝廷修《续文献通考》《续通志》《大清一统志》，皆任纂修官，于历代官制损益、地理沿革以及辽金国语、蒙古世系，皆了如指掌。后擢为侍读学士，充日讲起居注官，历充山东、湖南乡试主考官，两充会试同考官。四十年（1775）夏，丁父忧归乡，服阕，告病不复出。四十三年，受江南总督高晋之聘，主讲南京钟山书院，与诸生讲论古学，以通经史为先。阳湖孙星衍亦从大昕受业，治考据之学。四十六年九月，母卒，守制不出。

五十年（1785），钱大昕受聘主讲松江娄东书院，五十四年正月，应江苏巡抚闵鄂元之聘，主苏州紫阳书院讲席，奋然以振兴文教为己任。虽崇汉学，亦不排斥宋儒内圣功夫，视朱熹为孔孟真传，与诸生讲经史性命之旨，谕以毋慕虚名，而崇尚实学。吴中士子驰逐声华者，风气渐变。钱大昕在紫阳书院前后16年，期间受业于钱氏门下者不下二千人，对此钱庆曾《竹汀居士年谱续编》称：

> 公在紫阳最久，自己酉至甲子凡十有六年，一时贤士受业于门下者，不下二千人，悉皆精研古学，实事求是。如李茂才锐之算术，夏广文文焘之舆地，钮布衣树玉之说文，费孝廉士玑之经术，张徵君燕昌之金石，陈工部鳣亭先生之史学，几千年之

绝学，萃于诸公，而一折衷于讲席。余如顾学士莼、茂才广圻、李孝廉福、陈观察钟麟、陶观察樑、徐阁学颋、潘尚书世恩、户部世璜、蔡明经云、董观察国华辈，不专名一家，皆当时之杰出者也。①

钱大昕弟子众多，他们大多精研古学，其中卓越者有顾广圻、李锐、夏文焘、钮树玉、费士玑、张燕昌、陈稽亭、顾莼、李福、陈钟麟、潘世恩、潘世璜、徐颋、陶樑、董国华等人，皆曾向大昕执经问业，可谓"东南人士，依为师表"。钱氏一生致力于学术研究，诸多著名学者如卢文弨、袁枚、赵翼、段玉裁等人与其或叩问经义疑义，或校勘古籍，或鉴赏碑拓与钟鼎款识，而年轻学子到紫阳书院拜师就学者更是络绎不绝，钱氏成为继惠栋之后江南最有影响力的学术领袖。

对于历代士人追求的立德、立功、立言三不朽，大昕有着独特见识，认为富贵名位不过显赫一时，而文章著述则流传千古，其言："宰相虽荣宠一时，而易世以后，龌龊无称，甚或为世诟病，故知富贵之有尽，不若文章之长留矣。"② 并以李白、李商隐为例，说明立言不朽的价值："太白、义山未登膴仕，至今妇孺皆能诵其姓字，视身都将相而无所表见者，所得孰多？故知名位之有尽，不若文章之无穷，昔人所以研精覃思，兀兀穷年而不悔也。"③ 钱氏所言，代表诸多乾嘉学者的心声，他们一生覃研精思于经学，就是希望以著述立言不朽。

大昕一生治学孜孜不倦，嘉庆九年（1804）十月二十日，仍在校

---

① 钱庆曾：《竹汀居士年谱续编·乾隆五十八年》，清咸丰年间刻本。
② 钱大昕：《重刻河东先生集序》，《潜研堂集·潜研堂文集》卷26，上海古籍出版社1989年版，第429页。
③ 钱大昕：《益都李氏宗祠记》，《潜研堂集·潜研堂文集》卷21，第340—341页。

《十驾斋养新录》刊本数页，与诸生相见，口讲指画，谈笑不辍。大昕忽感不适，侍者扶掖上床，不久，闭目危坐，竟不复苏，当日卒于紫阳书院。阮元论云："国初以来，诸儒或言道德，或言经术，或言史学，或言天学，或言地理，或言文字音韵，或言金石诗文，专精者固多，兼擅者尚少，惟嘉定钱辛楣先生能兼其成。"① 大昕学识之广博，可见一斑。苏州悠久的学术传统，丰富的藏书，良好的教育环境，富庶的经济条件，加上名师云集，名儒硕士荟萃，造就东南学者社会的养成。

乾嘉学者当中，一生以讲学著述终老的大有人在，但这些人多是功名较低，或者没有功名，并无入仕做官的机会。但凌廷堪属于例外，其考中进士，本可以混迹官场谋取功名富贵，但其成进士后主动改任教职，继续以教化后学与研经著史为生。凌廷堪，字次仲，安徽歙县人，乾隆二十二年（1757）生于海州板浦场，其6岁丧父，12岁便弃学习贾。四十四年（1779），23岁的廷堪至扬州游学四方，寻师访友以求治学通经。廷堪博闻强识，读书淹博，精于三《礼》之学，尤精《仪礼》十七篇，作《礼经释名》十二篇。后仿杜预《春秋释例》，至五十二年（1787），撰成《礼经释例》13卷初稿。八月初，廷堪入河南巡抚毕沅幕府，与章学诚、洪亮吉、武亿等人为其编纂《史籍考》。

五十五年（1790），廷堪会试中式第四名，五十八年春补行殿试，成三甲进士，援例候补知县。廷堪以养母治经为名，到吏部投牒自改教职。座师大学士王杰对廷堪此举颇为赞赏，几年后，房师朱珪赞赏廷堪才识可比江永、戴震，更盛赞其"远利就冷官"的品格。五十九年，廷堪补授安徽宁国府教授，此时《礼经释例》二稿已成，学者卢

---

① 阮元：《十驾斋养新录序》，钱大昕：《十驾斋养新录》卷首，江苏古籍出版社2000年版。

文弨认为，此书一出，"而天下始无有畏其难读者矣"[1]。

廷堪认为一生得朋友之力最多，前辈学者的提携奖掖，同辈友朋的学问切磋，成就了廷堪的学术。廷堪在教授任上，过从访问者络绎不绝，廷堪无不虚心接待。师友朋辈之间书信往来，殆无虚日，虽远在天涯，却情同一室。嘉庆五年（1800），翁方纲将自己所著《元遗山年谱》寄给廷堪，廷堪仔细研读，摘录书中数条录入己书，以示不忘师恩及学术渊源所在。

十年，生母王氏卒，廷堪丁忧去职，先后主讲敬亭、紫阳书院。紫阳书院为名儒江永、戴震、金榜读书之处，廷堪兢兢业业，以实学引导学子，并谦虚自处，指出其讲学议论若有纰缪及评点失当之处，学生若当面指出，不啻"百朋之锡"。十三年，耗费廷堪一生心血的《礼经释例》五稿校订完毕。此书历经22年，五易其稿而成，梁启超将此书誉为礼学"登峰造极"之作。十四年（1809）夏，浙江巡抚阮元在杭州刊刻凌注《礼经释例》。六月初一，廷堪卒于歙县问政书院。

乾嘉学者当中，凌廷堪的事迹并非孤例，著名学者郝懿行亦是如此。郝懿行，字恂九，号兰皋，乾隆二十二年（1757）生于山东栖霞。嘉庆四年（1799），懿行成进士，同年授户部主事。懿行一生以治经为业，淡于仕途升迁，浮沉京曹27年，"视官之荣悴，若无与于己者，而惟一肆其力于著述"[2]。懿行曾作《漫兴》一诗，记述这段京官生活："作吏廿年仍晏如，久应归去屡踟蹰。贫难供给非关客，懒爱萧闲却著书。"[3]懿行住在齐东会馆，居所四壁萧然，庭院蓬蒿长满，

---

[1] 卢文弨：《校礼堂初稿序》，凌廷堪：《校礼堂文集》卷首，中华书局1998年版，第1页。
[2] 胡培翚：《郝兰皋先生墓表》，《研六室文钞》卷十，《清代诗文集汇编》第538册，第134页。
[3] 郝懿行：《漫兴》，《晒书堂诗钞》卷下，《郝懿行集》七（下），齐鲁社2010年版，第5968页。

僮仆不备，处之晏如自若。同年张澍曾记述说："入其门落叶满阶，升其庭积尘盈几。闻书声琅琅可听，则阁下方咏讽古经也。顷之，阁下自内出，被敝羊裘，状觳觫然。"①

懿行公事之暇，与胡培翚、王引之、孙星衍、胡承珙、臧庸、陈寿祺等人，或聚会切磋经义，或通信探讨学术。其于《尔雅》用力最多，用时最久，书稿数次改易。道光二年（1822），所著《尔雅义疏》告竣。清代《尔雅》著述浩繁，疏解详赡，自成一家者首推邵晋涵《尔雅正义》与郝懿行《尔雅义疏》。王国维曾说："小学之中，如高邮王氏、栖霞郝氏之于训故；歙县程氏之于名物；金坛段氏之于说文，皆足以上掩前哲。"②王国维对郝懿行此书颇为推崇。

乾嘉时期名儒荟萃，他们以毕生精力潜心学术，著述等身，专精博雅，并以学识宏通名满天下。对于他们的学术理念与人生追求，身为乾嘉学术泰斗的戴震，所论更为高远：

> 夫儒者于平生之遇，率目为适然，独孜孜不怠，以学自怡，竟老而不倦。不知者或又言其不得于今，欲借文学道艺立功名于后世，何见之归于浅也！……余尝谓学之患二：曰私，曰蔽。世之欣于禄位，从乎鄙心生者，不必挂语。若所谓事业显当世及文学道艺垂千古，慕而企之，从乎私己之心生者也。儒者之学，将以解蔽而已矣。③

在戴震看来，儒者对学术孜孜以求，并非不得志于当世，亦非借

---

① 张澍：《又与郝兰皋户部同年书》，《养素堂文集》卷14，《清代诗文集汇编》第536册，第480页。
② 王国维：《周代金石文韵读序》，《观堂集林》卷八，《王国维遗书》一，上海书店出版社1983年版，第408页。
③ 戴震：《沈处士戴笠图题咏序》，《戴震文集》卷11，中华书局1980年版，第166—167页。

助学术而名显当世,或名垂千古,而只是为了"解蔽"而已,即追求大道或真理。戴氏所论,使儒者的精神境界超越于立言不朽的层面,而将"解蔽"作为终极追求。事实上,无论朝廷、封疆大吏倡导汉学的意图如何,诸多乾嘉学者确实具有以追求大道为己任、老而不倦的治学精神,支撑他们以毕生精力研治传承两三千年的中华文化典籍,使乾嘉学术取得不朽成就,亦是乾嘉学术得以辉煌的内在精神力量。

在江南地区,科名鼎盛使大量学者入仕做官,治世的同时不忘治学,而更多没有入仕的学者,他们谈不上功名与政绩,但他们在江南各地讲学著述,游幕佐治,取得令世人瞩目的学术成就,形成独特的江南学者社会。学者社会的形成主要表现在人生理想的评判方面,诸多学者不以科举仕途为意,而将学术成就、道德砥砺作为重要的标尺。自珍濡染其中,学术道路与人生理想深受其影响,只不过诸多士人单纯以整理校勘传统文化典籍为己任,而自珍则要学以致用,以经术为政术。在自珍的学术交游群体中,江南学者是最为重要的组成部分,而其交游内容亦以学术切磋为主。

二、龚自珍学术交游群体的家族因素

道光十九年(1839),自珍辞官南归,曾经回忆自己的学术交游情形,作诗云:"荷衣说艺斗心兵,前辈须眉照座清。收拾遗闻归一派,百年终侍小门生。"[1]自珍少年时,就同乾嘉老辈学者谈经论艺,彼此进行思想上的交锋,老一辈的音容笑貌仿佛照耀座上,显出清雅古朴的氛围,收集乾嘉老辈的逸闻趣事,使之归为一派流传下去,还

---

[1] 刘逸生:《龚自珍己亥杂诗注》第115首,中华书局1980年版,第163页。

要靠自珍这个小门生。此诗下注云:"少时所交多老苍,于乾隆庚戌榜过从最亲厚,次则嘉庆己未,多谈艺之士。两科皆大兴朱文正(朱珪)为总裁官。"①自珍在此指出,自己与乾隆五十五年(1790)庚戌榜进士石韫玉、洪亮吉、王宗诚、蒋祥墀、叶继雯、朱偓等人,嘉庆四年(1799)己未科进士王引之、吴荣光、程同文、许宗彦、钱枚等人交往甚多,而两科主考官皆为大学士朱珪。自珍之所以有机会与这些乾嘉老辈学者往还,主要还是因为家族关系,他们多为段玉裁的门生故旧,或为自珍祖辈、父辈的同年同寅。

当然,自珍交游的老辈学者,没有进士功名,或者不在两科者,亦为数不少。自珍曾作《常州高材篇·送丁若士(履恒)》一诗,自述其学术交游情况:

> 我生乾隆五十七,晚矣不及瞻前修。
> 外公门下宾客盛,始见蔼顾来衷衷。
> 奇才我识恽伯子,绝学我识孙季逑,
> 最后乃识掌故赵,献以十诗赵毕酬。……
> 勿数耆耋数平辈,蔓及洪管庄张周;
> 其余鼎鼎八九子,奇人一董先即邱;
> 所恨不识李夫子,南望夜夜穿双眸,
> 曾因陆子屡通讯,神交何异双绸缪?……
> 噫!才人学人一散人海如凫鸥,明日独访城中刘。②

自珍此诗详细讲述其与乾嘉时期常州学者的交游往还,其中包括

---

① 刘逸生:《龚自珍己亥杂诗注》第 115 首,中华书局 1980 年版,第 163 页。
② 龚自珍:《常州高材篇·送丁若士(履恒)》,刘逸生、周锡䪖校注:《龚自珍诗集编年校注》(上),第 409 页。

臧庸、顾明、恽敬、孙星衍、赵怀玉、刘逢禄等老辈,以及管绳莱、洪饴孙、庄绶甲、张琦、周仪暐、董祐诚、陆继辂等人,这些人除董祐诚外,皆年长于自珍十余岁或数十岁,恽敬、孙星衍、赵怀玉"三君折节遇我厚,我益喜逐常人游",前辈的虚怀若谷、礼贤下士令自珍乐于与其交游往还。

此外,常州文人学士的风骨更令自珍叹赏折服,乾隆末年和珅当国,结党营私,招权纳贿,贪黩婪索。而当时的士大夫可谓斯文扫地,他们之中有的身为尚书、侍郎却甘心为和珅屈膝;有的身为大学士、九卿之长而且年龄长于和珅,而求拜为和珅门生;有的不顾礼义廉耻结交和珅的僮仆,以求荣华富贵;太学三馆关系士林风气,则有人昏夜乞怜,以求署理祭酒;有的甚至在人前长跪,以求讲官一职;翰林大考时,则有人奔走军机章京门下,求认师生,以探取御制诗韵。[①] 但常州在京诸老辈学者,却表现出异乎寻常的凛凛风骨,他们相戒不与和珅往来,被京师同僚呼为"常州憨物",其中洪亮吉与孙星衍则属于他们的领袖人物,刘禺生《世载堂杂忆》云:

  乾隆朝和珅用事,常州诸老辈在京者,相戒不与和珅往来。北京呼常州人为憨物,孙渊如、洪稚存其领袖也。孙渊如点传胪,留京,无一日不骂和珅;其结果,传胪不留馆,散主事,和珅所为,人尽知之。……稚存时在上书房行走,和珅求成亲王手交稚存,为之写对,稚存不能拒也。翌日,对书就,呈成亲王,题款从左轴左方,小字直书赐进士出身翰林院上书房行走等等官衔洪亮吉,敬奉成亲王(抬头)命,书赐大学士等等官衔和珅。

---

① 洪亮吉:《乞假将归留别成亲王极言时政启》,刘德权点校:《洪亮吉集》第 1 册,中华书局 2001 年版,第 227 页。

成亲王见之,谓此何可交付? 稚存曰:奉命刻画,臣能为者此耳。 和珅知之,向成亲王求稚存所书对,成亲王每以游词延缓之,此人所不尽知也。①

上述所言孙渊如即孙星衍,洪稚存即洪亮吉,他们不仅是学识渊博的汉学家,而且是具有气节风骨的士大夫,不畏和珅权势,拒绝与权倾朝野的和珅往来,孙星衍无日不骂和珅,洪亮吉为和珅书对,题款直书自己奉成亲王之命而写,不卑不亢向和珅表明自己的立场与态度。

龚家三代为官京师,自珍亦从小在北京长大,因此对常州士人对抗和珅权势的故事耳熟能详,在钦佩其学术的同时,更敬重其气节,自珍"我益喜逐常人游"即在情理之中。 自珍曾与孙星衍进行学术交游,而孙氏对自珍折节交往,遇之甚厚。 自珍无缘与洪亮吉直接交游,而其子洪饴孙曾在丽正徽州府署,参与编撰《徽州府志》,与自珍一起搜讨文献。 对于洪亮吉的政治气节与道德文章,自珍敬仰之至。

臧庸、顾明曾游学于玉裁门下,为段氏家中的座上客,曾协助玉裁整理《戴东原集》,进行编次校勘。 玉裁曾以所著《尚书撰异》《诗经小学》教授臧庸,并请臧庸为其校雠。 阮元校勘《十三经注疏》,玉裁任总纂,而臧庸分任《周礼》《公羊传》《孝经》《尔雅》注疏的校勘。 自珍12岁即结识臧庸、顾明,正是由于外祖的缘故。 自珍诗中"外公门下宾客盛,始见臧顾来衰衰",其中臧、顾即指臧庸、顾明,自珍对包括臧庸、顾明在内的常州学人评价甚高:"天下名士有部落,东南无与常匹俦!"② 关于自珍与顾明交往的文献记载不

---

① 刘禺生:《和珅当国时之懋翰林》,《世载堂杂忆》,中华书局1960年版,第23—24页。
② 龚自珍:《常州高材篇·送丁若士(履恒)》,刘逸生、周锡馥校注:《龚自珍诗集编年校注》(上),第409页。

多，而臧、龚结识后，二人经常就校勘、训诂、辑佚等问题进行学术切磋。

丁履恒亦曾游于玉裁之门，与自珍订交于嘉庆十二年（1807），丁氏时年37岁，而自珍16岁。自珍开始涉猎《四库全书总目提要》，曾得到丁履恒的指导。履恒少年时以文章学行为乡里称道，有经世抱负，关注国计民生，好友张际亮曾说："先生志欲有为于世，尝讲求农田、水利、钱法、盐政、兵制，皆有论说。"[①] 但其怀才不遇，32岁以拔贡选官京师，后任文颖馆行走、江苏赣榆教谕等微职。道光七年（1827），年已58岁的履恒被调任山东肥城知县，从北京出发上任时，自珍作《常州高材篇·送丁若士（履恒）》一诗以表达友谊："识丁君乃二十载，下上角逐忘春秋。"在20年交往中，二人谈经论史争辩不已，如同角逐相斗一般，从中窥见二人胸怀何其坦荡！如今履恒离京远赴山东肥城，自珍不禁感慨唏嘘："丁君行矣龚子忽有感，一官投老谁能留？珠联璧合有时有，一散人海如凫鸥。"老友一生投闲置散，58岁仅做一知县！而朋友一朝散去，却如凫鸥一般再难寻觅。履恒经世致用的治学精神，无疑对自珍产生一定影响。

有清一代，无论是封疆大吏，还是道府知县，皆延揽士子名流，或入幕帮办政务，或编纂方志，或教读子弟，或诗词唱和，探讨学术源流。对此梁启超曾说：

> 其有外任学差或疆吏者，辄妙选名流充幕选，所至则网罗遗逸，汲引后进，而从之游者，既得以稍裕生计，亦自增其学。其学成名著而厌仕宦者，亦到处有逢迎，或书院山长，或各省府

[①] 张际亮：《丁若士先生墓志铭》，《张亨甫文集》卷四，《思伯子堂诗文集》（下），上海古籍出版社2007年版，第1387页。

州县修志，或大族姓修谱，或有力者刻书请鉴定，皆其职业也。凡此皆有相当之报酬，又有益于学业，故学者常乐就之。吾常言：欲一国文化进展，必也社会对于学者有相当之敬礼；学者恃其学足以自养，无忧饥寒，然后能有余裕以从事于更深的研究，而学乃日新焉。①

自珍之父丽正在出任徽州知府时，主持重修《徽州府志》，一时学者汪龙、武穆淳、洪饴孙、胡文水等人，集于丽正幕府，搜讨文献，编撰府志。出任苏松太兵备道时，丽正喜欢结交宾客，一时东南学者群集其门下，在帮办政务的同时，或结交学者名流切磋学术，或借机浏览其藏书，不但生计状况得以改善，而且学术大为长进。自珍侍任时，与其父幕下学者名流多所往还，钮树玉、何元锡、沈锡东等人或助自珍搜讨古籍，或诗词唱和，或探讨学术源流，或一同游山游园，成为自珍学术交游网络的重要组成部分。

乾嘉道时期，位居封疆大吏的汉学殿军阮元，长期在自珍的故乡浙江为官，成为主持一代风会的领军人物。而阮元与段、龚两家，可谓世交。阮元为乾隆五十四年进士，身历乾隆、嘉庆、道光三朝，官至两广总督、云贵总督、体仁阁大学士、太傅，被尊为三朝阁老，九省疆臣，一代文宗。何绍基《龙泉寺检书图记》云："仪征（指阮元）少年通籍，早负隆誉，由乾隆至道光六十年间，海内覃经讲学之儒，皆其先后所师友，或其门下士，又或其再传弟子。"② 阮元宦迹所到之处，提倡经学，整理典籍，刊刻图书，奖掖人才，史称"身历乾嘉文

---

① 梁启超：《清代学术概论》，东方出版社1996年版，第59页。
② 何绍基：《龙泉寺检书图记》，《东洲草堂文集》卷四，沈云龙主编：《近代中国史料丛刊》第885册，台北文海出版社1967年版，第133页。

第三章　学术交游与学术递嬗　203

物鼎盛之时，主持风会数十年，海内学者奉为山斗焉"①。作为鸿儒硕学式的封疆大吏，阮元成为众望所归的学界领袖。

嘉庆二年（1797），阮元出任浙江学政，此后两度任浙江巡抚，在浙为官先后达 12 年之久。主政杭州期间，阮元组织编纂《经籍纂诂》，校勘十三经，组织学者整理古籍，同时创办诂经精舍书院、灵隐书藏图书馆，致使杭州人文更为昌盛。此外，阮元还疏浚西湖、修筑海塘，建造白文公祠、苏公祠，重修岳庙，使杭州更为高雅古朴。特别是嘉庆五年（1800），阮元任浙江巡抚时，在杭州孤山南麓建"诂经精舍"书院，各地士子纷纷负笈游学，致使浙江英才辈出，文教昌盛。正如学者孙星衍曾说，诂经精舍"不十年间，上舍之士多致位通显，入玉堂，进枢密，出建节。而试士其余，登甲科，举成均，牧民有善政，及撰述成一家言者，不可胜数。东南人材之盛，莫与为比"②。

与此同时，阮元任浙江巡抚时，发现大量《四库全书》未收的珍本善本古籍，因此花费几十年工夫，继续大力搜集、编纂、抄录《四库全书》未收的珍本秘籍，得 174 种，每书加上题解，随同原书进呈朝廷。嘉庆帝对阮元进献之书颇为珍爱，亲笔赐名"宛委别藏"，在每部书首页加盖"嘉庆御览之宝"御玺，陈列于养心殿御书案背后的书架上。传说，夏禹登上浙江绍兴宛委山，而得金简玉字之书，此为"宛委别藏"得名的由来。此书在杭州亦有副本，为江浙学术发展提供宝贵资料，亦可见江浙藏书之富，甲于天下。

段玉裁比阮元年长 29 岁，乃是乾嘉时期文字、音韵、训诂大家，所撰《说文解字注》为清代"说文学"的不朽著作。嘉庆六年

---

① 赵尔巽：《清史稿·阮元传》，中华书局 1998 年版。
② 孙星衍：《诂经精舍题名碑记》，《平津馆文稿》卷下，《清代诗文集汇编》第 436 册，上海古籍出版社 2010 年版，第 241 页。

(1801),身为浙江巡抚的阮元大集天下学者,主持校勘《十三经注疏》。此一文化工程实行分任编纂,分别由李锐、徐养源、洪震煊、严杰、臧庸、顾广圻等人负责分纂诸经,而由玉裁总其成,由此可见,阮元对玉裁学术颇为推崇。自珍年龄比阮元小28岁,由于外祖与阮元为世交,因而与阮氏成为忘年交,当然二人在学术上颇为情投意合。

道光三年(1823),身为两广总督的阮元60寿辰,应程同文之荐,自珍以排偶四言体,洋洋洒洒写下三千字的《阮尚书年谱第一序》,高度赞扬阮元在训诂、目录、典章制度、金石、史学、文学、掌故之学等多方面的造诣,以及在政治、经济、文化、教育等方面的贡献,认为阮元"任道多,积德厚,履位高,成名众,……公毓性儒风,励精朴学,兼万人之姿,宣六艺之奥"[①]。自珍的"第一序",精当准确地评价阮元的政绩与学术,一方面彰显龚氏的文采风流,另一方面表明其对阮元了解至深。

龚、阮之间的交往,多是文墨往还与谈学论道。七年(1827),自珍受阮元之托,撰写《齐侯中罍二壶释文》。十六年(1836),代阮元作《两广总督卢敏肃公神道碑铭》。十五年二月,阮元拜体仁阁大学士,六月启程回京,掌管兵部事,兼署都察院左都御史,后又充任经筵讲官。直到十八年,阮元以足疾为由请求卸任,道光帝恩准其致仕,加太子太保衔。在阮元回京任职的三年时间里,自珍亦在京师为官,得以与阮元密切过从,讨论学术源流。

十九年(1839),自珍辞官南归,路过扬州拜访阮元,二人交谈欢畅,举凡政事、学术、时势无所不谈,时间悄悄流逝,二人余兴未尽,秉烛夜谈。关于自珍与阮元的交情,魏季子有一段生动记述:

---

① 龚自珍:《阮尚书年谱第一序》,王佩诤校:《龚自珍全集》第三辑,第225页。

"山民故简傲，于俗人多侧目，故忌嫉者多。阮文达家居，人有以鄙事相浼，则伪耳聋以避之。山民至扬，一谈必罄日夕。扬人士女相嘲曰：阮公耳聋，见龚则聪，阮公金喑，交龚必阔。两公闻此大笑，勿恤也。"①自珍恃才傲物，藐视俗人鄙事，对德高望重的阮元却尊崇有加。而年迈的阮元对于世间俗事，则以装作耳聋来躲避，和自珍谈起学术、政事，就变得耳聪目明，成为学术史上的一段趣事。

对于自己与阮元的神交，自珍作诗写道："四海流传百轴刊，燔燔国老尚神完。谈经忘却三公贵，只作先秦伏胜看。"②阮元属于学者型的封疆大吏，在杭州建立诂经精舍，在广州创办学海堂书院，大力培养奖掖人才；又曾主持纂修《经籍纂诂》《畴人传》《淮海英灵集》《两浙辀轩录》，校勘《十三经注疏》，汇刻《皇清经解》等，因此自珍称述阮元撰述、编辑、刊刻书籍多达百轴，流传颇为广泛。此时阮元已 76 岁高龄，为满头白发的国家元老，但依旧神气健旺。自珍与阮元谈经论史，完全忘记其三公身份，只把阮公看作西汉传授《尚书》的大儒伏生。

三、与同乡曹籀的交游及龚集的刊刻流传

据笔者统计，自珍的交游群体多达 182 人，其中原籍浙江 45 人，占总人数的 24.7%，江苏 60 人，占总人数的 33%，江浙两省合计占 57.7%；若以广义江南地区而论，则合计江南士人 134 人，占交游总数的 73.6%。其他省份，较多的有旗人 11 人，广东 7 人，山东 7 人，

---

① 魏季子：《羽琌山民逸事》，《丛书集成续编·史部》第 36 册，上海书店出版社 1994 年版，第 1083 页。
② 刘逸生：《龚自珍己亥杂诗注》第 109 首，中华书局 1980 年版，第 151 页。

北方各省与边疆省份则较少,或者不见记载。自珍交游群体中,同乡、江南士人占主体属于正常现象。其中自珍与同乡曹籀的交往,对其文集的刊刻大有裨益。曹籀正是出于对乡贤的崇敬,才不遗余力搜集自珍的古文诗词,对其文集的整理与流传功不可没。

自珍与曹籀皆为浙江仁和人,为小同乡。在中国传统社会的人际交往中,同乡是颇为重要的关系项,直到近代,资产阶级革命领袖孙中山依旧深刻意识到同乡关系的重要性,其言:

> 中国有很坚固的家族和宗族团体,中国人对于家族和宗族的观念是很深的。譬如中国人在路上遇见了,交谈之后,请问贵姓大名,只要彼此知道是同宗,便非常之亲热,便认为同姓的伯叔兄弟。……此外还有家乡基础,中国人的家乡观念也是很深的。如果是同省同县同乡村的人,总是特别容易联络。[①]

的确,这种家族、家乡观念在传统中国确实普遍存在,自珍、曹籀二人的交谊之深,除了情投意合就是乡情深厚。他们相识于道光四年(1824),在杭州一个书肆旁的僻巷。曹籀曾记载二人相遇的场景:

> 曩者道光甲申之岁,余入市阅书,邂逅于僻巷,不及通姓名,瞪目视良久,若有心契者,执手谈文字甚欢,始与订交。尽弃余向所学者,而好读定庵文不少衰,朝取一编焉,通其意,莫取一编焉,玩其辞。明年,复因定庵而交默深,三人者,遂

---

① 孙中山:《三民主义》,孟庆鹏编:《孙中山文集》(上),团结出版社1997年版,第114页。

相视为莫逆。①

自珍、曹籀二人相识时，自珍 33 岁，曹籀 24 岁，正处于意气风发的青壮年时期。在杭州书市的僻静小巷，在不知对方姓名的情况下四目相视，就有一种心心相通之感，接着谈论学术文字问题，甚为开心。自从结识自珍后，曹籀对其学识颇为崇拜，朝夕诵读其诗文。此时陈奂正在龚家教馆，因此结识曹籀，经过曹籀介绍陈奂结识汪远孙，而陈氏著述的刊刻则得益于汪远孙的资助。

道光五年（1825），自珍招曹籀到上海游玩，与画家费丹旭会面。曹籀作《薄游沪上寓居水仙宫》一诗：

> 照客青灯淡，栖身画阁重。落花江馆笛，残梦寺楼钟。
> 睡起披衣缓，愁来握笔慵。骚坛谁是主？知我一刘龚。②

在曹籀看来，自珍最是其知音，而自珍堪称诗坛盟主。就在此年，曹籀通过自珍结识魏源，三人订交，成为莫逆好友。其《定庵文集题辞》论龚魏曰：

> 士君子负嵚崎磊落之才，晔晥一世，或数十年而一见，或数百年而数数见，抑或数百年而仅乃一见。要皆因乎气数之升沉，时势之迁变，迭为乘除者也。……今夫挺然不出世之人，殊尤而绝类，……盖数百年来于师友之间得两人焉：一曰仁和龚君定

---

① 曹籀：《定庵文集题辞》，《籀书·外篇》卷二，《清代诗文集汇编》第 607 册，第 123 页。
② 曹籀：《薄游沪上寓居水仙宫》，《籀书诗词集·蝉蜕集》卷一，《清人诗文集汇编》第 607 册，第 199 页。

庵,一日邵阳魏君默深。①

在曹籀看来,龚自珍、魏源皆为数百年来少见的倜傥磊落之才,皆为时势变迁、气运升沉而不世出的绝类人才,其对龚、魏评价之高,可谓无与伦比。在学术上,曹氏一生敬仰追随龚、魏,性情狂放不羁,尤与自珍相近。

曹籀,字竹书,又字葛民,号柳桥,又号石屋道士,台笠子,浙江仁和人,生于嘉庆五年(1800),比自珍年少九岁。曹籀又名金籀。其父原姓金,因寄食于曹姓人家而改姓曹。后金氏子孙无一存者,为续嗣金家而复姓金,故曹籀又名金籀。中秀才后,曹籀屡次应试,皆因所作八股文不合程式而被黜。

道光十一年(1831)夏,曹籀随漕船从天津来到北京,在自珍寓所居住一月。二人饮酒谈笑,铿铿然谈论经学问题,每日不到四鼓不入睡。自珍拿出所著《大誓答问》一卷给曹籀看。书中谈论26事,与近世治《尚书》诸家学说不为雷同,但曹籀深感自珍之说与己说相合。自珍为其学说无独有偶而兴奋,而曹籀则窃喜自己以前怀疑不决的问题,竟然有自珍与其见解相同,于是将此书携归杭州。

此时自珍住在宣武门外土地庙斜街,七月二十四日,自珍邀请项名达、孙仁寿、朱翰到自己的寓所为曹籀饯行,这些人皆为浙江杭州人,同乡之谊令其倍感亲切。在开怀畅饮之际,曹籀作诗云:

第一首:

> 相规相劝复相亲,勉我无虚著作身。
> 倘许名山分一席,证明赖有故乡人。

---

① 曹籀:《定庵文集题辞》,《籀书·外篇二》,《清人诗文集汇编》第607册,第122页。

第二首：

> 引我亲斟酒一尊，良宵分别悄无言。
> 明朝又是通州道，梦绕京华宣武门。①

自珍与曹籀相规相劝，相爱相亲，并勉励曹籀说，自己的著述若要藏之名山传之后人，需要曹籀这个同乡鼎力相助。自珍亲自为曹籀斟酒，直到良宵半夜，大家各自分手。第二天曹籀踏上通州的南下之路，还梦引魂牵京师宣武门与自珍的话别。可见自珍以《大誓答问》相托，是希望曹籀校勘刻印，同时嘱其将来担负起刊刻自己著述之事。自珍的嘱托对曹籀将来收集刊刻其文集，产生重要的影响。在欢送朋友、同乡之际，自珍作《纵难送曹生》，为曹籀送行：

> 夫横者孤矣，纵孤实难，纵者益孤，夫汝从而续之，不难其止。呜呼！龚子未得为智者徒也，然固习闻智者之言也。里人曹生籀，士也。其所学，其所处难与易之间，适类乎是。闵其孤，识其豪杰，不愿其为天下范金、抟埴、削楮、揉革、造木几者姗笑。作《纵难》。②

此处所说"夫横者孤矣，纵孤实难，纵者益孤，夫汝从而续之，不难其止"，意思是：一世为横，现在从事革新事业的人，虽然处境孤单艰难，但百世为纵，历代从事革新事业的人，比当代改革者更为孤单。若在他们走过的道路上继续前进，不难取得比前人更大的成

---

① 曹籀：《七月二十四日，龚定庵招集项梅侣、孙镜生、朱二泉践余京邸寓斋》，《籀书诗词集·蝉蜕集》卷一，《清人诗文集汇编》第 607 册，第 203 页。
② 龚自珍：《纵难送曹生》，王佩诤校：《龚自珍全集》第一辑，第 172 页。

就。由此可见，自珍在革新事业遭到挫折时，仍寄希望于来者，并以此勉励曹籀。

曹籀将《大誓答问》带回杭州，交由汪远孙付梓，曹籀任校雠之役，并为书作跋。汪远孙亦为杭州人，喜欢资助师友刊刻著述，加之与自珍为儿女亲家，自然乐于资助《大誓答问》的刊刻。在跋文之中，曹籀叙述其与自珍的友谊以及对自珍学术的敬仰：

> 予与定庵交十稔矣。所为学虽不得定庵之万一，然皆学定庵者，每有所疑，造门请益，日无虚往。定庵亦脱略行迹，尝披襟曳履，月必三五至。未几，定庵宦游长安，予独居里巷，乡人未尝无才识如定庵者，要皆各执臆见，往往议论不合而去。①

从曹籀的文字来看，自珍与其在杭州的交往颇为亲密愉快，曹籀每有疑问即向自珍请教，自珍亦倒屦相迎，二人学术见解一致，性情相投。待到自珍为官京师，曹籀与乡里人往往因为议论不合，不欢而散。

道光十九年（1839），自珍辞官南归。回到家乡与曹籀、徐楙、王熊吉、陈春晓等杭州同乡会晤，作诗云：

> 乡国论文集古欢，幽人三五薜萝看。
> 纵知阆苑桃花色，不及溪松耐岁寒。②

曹籀为自珍的旧交；徐楙见闻广博，精研金石篆刻，工于篆书、

---

① 曹籀：《大誓问答后序》，《籀书·续篇》卷二，《清代诗文集汇编》第 607 册，第 149 页。
② 刘逸生：《龚自珍己亥杂诗注》第 159 首，中华书局 1980 年版，第 221 页。

古隶，所藏吉金颇为丰富；王熊吉为道光十一年举人，曾官嵊县教谕；陈春晓为钱塘廪贡生，以孝友闻名乡里。自珍与这些隐没乡里的才俊谈论古文，相得甚欢，作为隐居之人他们身着薜萝衣，居住在薜萝丛生的幽静之处。自珍知道仙界的桃花虽然暂时好看，亦比不上溪流旁的老松更耐风寒。"仙界"应指官场的热闹繁华，在自珍看来，还是生活在乡野的隐士之间，无论是做人还是友情皆更为可靠。

曹籀与自珍交好，嗜好亦与自珍相同。其沉溺禅宗之说，曾设维摩诘经会，亦爱好金石文字。佛教徒凿石为屋，供奉诸佛，敦煌石窟、龙门石窟均是。杭州有九曜山，山上有石屋洞，洞中刻有释迦牟尼和其他菩萨像，壁上雕刻516尊罗汉。曹籀曾在壁上用隶书刻下13个字："嵌鉴兮石屋中，有素书兮留我读。"曹籀将其著作题为《石屋丛书》，自号石屋道士。自珍居杭期间，曹籀曾拿来画像请自珍题诗，自珍为其说假观偈语：

眼前石屋著书象，三世十方齐现身；
各搦著书一枝笔，各有洞天石屋春。[1]

眼前石屋画有佛像，也是曹籀读书著书的地方，三世诸佛、十方法界，一个形象化为无数形象，充满时空之中，此可证明一切皆为"假观"。每个人拿起一支笔来著书，各派学说各有洞天，石屋一片春意。面对世变急剧，曹籀想隐居石屋洞度过后半生。在太平天国起义军冲击下，曹籀离开家乡去上海，流亡途中作诗文攻击太平天国。

曹籀少年时工于词章，道咸年间，居于地多水竹的杭州城东，靠近南宋时期红亭醋库遗址，因此与同乡士子结为红亭诗社。后移居皋

---

[1] 刘逸生：《龚自珍己亥杂诗注》第160首，中华书局1980年版，第223页。

园西偏,颜其室为"市隐草堂",同治初年徙居盐桥东贺衙巷,在宅东隙地开辟小园,标榜为"卧霞"。曹籀与同乡吴振棫、张仲甫、高古民时相过从。其性情狂放不拘,年已70仍高谈阔论,意气风发如同少年,只因喜欢嬉笑谩骂,招致一些人的嫉恨。

自珍与曹籀二人性情相近,意气相投,且曹籀一生敬仰自珍,致力于搜集刊刻其文集,为自珍文集的传播做出重要贡献。同治七年(1868),曹籀曾辑印《定庵文集》,即后人所称"吴刻本"。所作《定庵文集序》对自珍文集的推崇到无以复加的地步:

> 当国家隆盛之时,适生其际,亦若是而已矣。乃求之汉魏,求之南北朝,求之唐宋元明而卒无有,虽有亦仅见,……定庵天下之奇才也,尤卓荦有英气。武林山水灵秀甲寰宇,……生是邦者,多英姿挺拔之士,定庵翘然独秀,抗先哲而冠群贤,非徒以地气也,盖亦有天象焉。……
>
> 君平生著述等身,出入于九经七纬诸子百家,足以继往开来,自成一家。……其雄辞伟论,纵横而驰骤也,则似孟似庄,其奥义深文,佶屈而聱牙也,则似墨似鹖,其义理精微,辞采丰伟,或守正道之纯粹,或尚权谋之诡谲,则又似荀似列,似管似晏,他如韩非、慎到、吴起、孙膑、尹文、尸佼、屈原、吕不韦、燕太子丹、赵公孙龙、尉缭、关尹、鹖冠、鬼谷之伦,虽各分门而别户,亦皆殊途而同归,卓哉斯人,其诸通天地人而为儒者欤!……
>
> 今距定庵之卒且二十余年,余重读其文,犹旦暮耳。定庵往矣,定庵之文如水火之在天壤间,未尝一日无者也,后之人,苟有好学深思,心知其意,如尝海一滴而知其味之咸,取火一星而知其性之烈,若余之朝吟夕咏,而不忘夫定庵者,其亦海之一

滴，火之一星也夫。[1]

事实上，曹籀的过誉之词，对世人阅读品评自珍文集，并无益处。晚清学者李慈铭阅《定庵文集》《续集》，知其版本为曹籀所传，苏松太道吴煦从曹本付刻，就讽刺"煦本不识字，不知校雠，伪脱甚夥。其前冠以籀序，辞理拙劣，所谓佛头著粪者"[2]。李慈铭讽刺吴煦不识字，不懂校雠学，造成所刻《定庵文集》讹误脱漏甚多，而且冠以曹籀所作的序，文字拙劣，如同"佛头著粪"。

还有人指出，曹籀不过一个附庸风雅的商贾，此书吴煦《序》中所谓自珍手写定本，大概是伪托之辞。曾经有人在西湖尼姑庵，见到自珍之子龚橙手抄其父稿本，与今本互有异同。龚橙手录龚词一卷，与今本有异。曹籀不过据其所得本刊刻而已。此事真伪有待考证，但有一点不可否认，曹籀对于自珍文集的保存与流传，功不可没。

曹籀生平仰慕龚自珍、魏源等人"通经致用"的治学精神，对经学、史学、文学、训诂、舆地、水利、农学等都有一定研究。曹籀著作颇多，合刻为《石屋丛书》。关于曹籀的学识，谭献日记曾痛诋其不懂学术，称之为"曹老人"，事实上此为文人相轻之习。曹籀50岁时曾北上京师，潘祖荫为其题写寿联："代推小学有达人，天假大儒以长日。"[3] 潘氏对于曹籀的说经与研治小学，极为佩服推重，谭献称曹籀不懂学术，并无道理。事实上，曹籀治学师法自珍，但其才识远远比不上自珍，但行为乖僻狂放却远超龚氏，又喜欢穿凿附会，舛误颇多，因此遭受学界非议，亦属正常现象。

---

[1] 曹籀：《定庵文集题辞》，《籀书·外篇二》，《清人诗文集汇编》第607册，第122—124页。
[2] 李慈铭：《越缦堂读书记》（下），中华书局1963年版，第877页。
[3] 吴庆坻：《蕉廊脞录》卷三，《曹籀》，中华书局1990年版，第79页。

第二节　元气终须老辈扶：段龚 与江南经学嬗变

梁启超总结清代学术的特色，曾言："一、凡立一义，必凭证据；无证据而以臆度者，在所必摈。二、选择证据，以古为尚。以汉唐证据难宋明，不以宋明证据难汉唐；据汉魏可以难唐，据汉可以难魏晋，据先秦西汉可以难东汉。以经证经，可以难一切传记。三、孤证不为定说。其无反证者姑存之，得有续证则渐信之，遇有力之反证则弃之。四、隐匿证据或曲解证据，皆认为不德。"[①] 梁氏指出，清人治学注重证据，以古为尚，认为孤证不立，隐匿与曲解证据属于治学的不德。在考据学风影响下，清儒治学对于古籍善本的依赖，远远超过前代，这就造成清代藏书之风的盛行。

清代江南地区藏书之富甲于天下，藏书家辈出，正如梁启超所言："明清之交，江浙学者以藏书相夸尚。其在江南，则常熟毛氏之汲古阁为称首，且精择校刻以公于世。继之者常熟钱氏之绛云楼、述古堂，昆山徐氏之传是楼，昭文瞿氏之铁琴铜剑楼，以至太仓顾氏、泰兴季氏等，咸蓄善本，事校雠。自此校书刻书之风盛于江左。"[②] 江浙学者争相藏书、校书、刻书，为士子研经读史提供精本、善本。

事实上，中国自秦汉以来即重视收藏典籍、碑拓与金石，两宋以降，士大夫藏书者比比皆是，少则几千卷，多则几十万卷。明代藏书盛于宋元，私家藏书总数大大超过宫廷、官府藏书。及至清代私

[①] 梁启超：《清代学术概论》，东方出版社1996年版，第44页。
[②] 梁启超：《近代学风之地理的分布》，《饮冰室合集·文集》第5册，中华书局1989年版，第63页。

家藏书更是盛况空前，而江浙藏书尤盛。黄虞稷的千顷斋，钱曾的述古堂，徐乾学的传是楼，朱彝尊的潜采堂，马曰璐的丛书楼，周永年的水西书屋，周厚堉的来雨楼，袁枚的小仓山房，袁廷梼的红蕙山房，汪士钟的艺芸书舍，汪宪的振绮堂，卢址的抱经楼，卢文弨的抱经堂，陈鳣的向山阁，鲍廷博的知不足斋，黄丕烈的百宋一廛、士礼居，张金吾的爱日精庐，朱绪曾的开有益斋，郁松年的宜稼堂，潘祖荫的滂喜斋，皆为闻名于世的藏书楼。诸多藏书家毕生节衣缩食，朝夕访求古籍，视典籍为性命，一生苦心孤诣，惨淡经营，只希望珍稀文献流传后世，其学术精神令人高山仰止。事实上，江浙读书人，无论有名的藏书家还是无名小卒，家中若无金石古籍，皆感愧对"读书人"三字，正是执着于藏书、校书、刻书与读书的孜孜不倦精神，使江浙学术之盛，甲于全国。

乾隆年间开馆纂修《四库全书》，四十七年成书，乾隆帝感念江浙为艺林之薮，科甲鼎盛，而《四库全书》为天府秘本，贫寒苦学之士难以购买，因此谕令将三部《四库全书》，分置扬州大观堂的文汇阁，镇江金山寺的文宗阁，杭州圣因寺的文澜阁，以使江浙士子得以就近誊录观瞻，此举为江南士子的学术研究提供了便利条件。在此指出，清代中叶之前，中国国内并无可以公共借阅的图书馆，当时印刷技术不甚发达，有些家藏的刻本书并不在市场销售，读书做学问需要师友之间相互赠书或者借阅抄录，碑刻拓本亦需亲履其地摩拓，因此学者之间资料的互通有无，学术信息的相互交流，就显得更为重要。

段玉裁一生，门生弟子遍于大江南北，对乾嘉学术的发展贡献卓绝，所著《说文解字注》《经韵楼集》佳惠士林。玉裁死后藏书及手稿归其女婿丽正，而自珍经常与江南学者、藏书家互通珍本秘籍，如陈奂、江沅、顾广圻、钮树玉、江有诰等人经常与自珍交换阅读古籍碑拓，何元锡、钮树玉还助其搜讨，因此自珍藏书多是七阁未收的珍本秘籍。龚家藏书经常为江南学者所借阅，借书者可谓络绎不绝。诸多江南学者的学术成就，与玉裁的传授指点、自珍的学术交游、龚家藏书的借用、丽正幕府的生计援助有着密切关系。同时，这些学者对玉裁、自珍的学术研究亦大有助益，可谓互为师友，相互促进。下面对此一问题进行系统探讨。

一、陈奂与段龚的交游及学术成就

陈奂，字倬云，号硕甫，晚号南园老人，乾隆五十一年（1786）生于苏州府长州县，长自珍六岁。是清代《毛诗》专家，著有《诗毛氏传疏》。此书专从文字、声韵、训诂、名物等方面阐发《诗经》的诗篇本义，引据该博，疏证详明，被梁启超盛赞为"疏家模范"[1]。段玉裁的传授指教、自珍与陈奂的交游、龚家藏书的利用，对于推进陈奂学术的成就大有裨益。

嘉庆十五年（1810），陈奂师从经学家江声之孙江沅，研习校雠之法与《经典释文》。此时，玉裁移居苏州著述讲学，与江声、江沅祖孙往还甚密，第二年，江沅将陈奂介绍给玉裁。玉裁尝言所著《六书音均表》，除江氏祖孙之外鲜有人知。陈奂得知后尽一昼夜功夫读完，了解其梗概，言于江沅云："金坛所谓不传之学，小子已窥其奥矣。"玉裁尝请江沅审读所著《经韵楼集》，因尚未定稿，叮嘱江氏切勿借与他人。陈奂见到后细心研读爱不释手，且在文稿上加注小圈等各种标识，以订定正讹。玉裁得知后大怒，江沅无言以对，只得解释

---

[1] 梁启超：《中国近三百年学术史》，东方出版社1996年版，第230页。

说陈奂嗜好读书。玉裁细读陈奂所作标识，不禁转怒为喜，认为陈奂是读书种子，称："一代名儒属此君矣，其学识已出孔贾之上，传吾道者必此人也。"① 于是玉裁收其为门下弟子。

从十七年（1812）底开始，陈奂受业于段氏三年有余，直到二十年玉裁病逝。陈奂留宿枝园，朝夕问学，协助玉裁校订《说文解字注》，训诂音韵之学日益精进，并开始研治毛诗。陈奂学术所以大、所以深、所以广，皆得益于玉裁，对此晚清学者李慈铭说："陈为段懋堂弟子，授受具有渊源，所著有《毛诗传疏》，乃舍郑《笺》而别为说者，多取康成以前诸儒之说，征引浩博，自逞雄辩，盖段氏之教如此也。"② 由此可见，陈奂学术深受玉裁的启发，而玉裁校订《说文解字注》，亦颇得力于陈奂的多方相助。

为了扩大学术视野，增进与名儒硕学的交游，二十三年（1818），陈奂进京，拜谒王念孙、王引之父子。念孙与玉裁皆为戴震弟子，交谊深厚，因此对陈奂另眼相待。陈奂前后在京三年有余，期间还与郝懿行、胡培翚、胡承珙、金鹗、龚自珍、姚学塽、魏源、陈沆、朱骏声等人以经术相砥砺。道光元年（1821）冬，自珍约陈奂同访姚学塽于水月庵。姚氏精熟仁义，治学主张严于修己，以敬存诚。其在京师为官前后30年，始终没有府第，长期寄寓僧寺，居所破屋纸窗，冬天北风号叫，床榻上落满冰霜，学塽却危然正坐不动。此次造访，自珍作诗记云：

中夜栗然惧，沈沈生鬓丝。开门故人来，惊我容颜羸。

---

① 张星鉴：《陈硕甫先生传》，上海师范大学图书馆编：《清代碑传全集》，上海古籍出版社1987年版，第1191页。

② 李慈铭：《越缦堂读书记》（下），中华书局1963年版，第1255页。

霜雪满天地，子来宁无饥？且坐互相视，冰落须与眉。①

陈奂深为姚氏精神境界所折服，因此移居水月庵与姚氏同住一年有余。水月庵姚氏居所，时为京师各方学者名流交游之所，而陈奂在京结识的诸多师友，多发源于此，而自珍有推介之功。姚学塽对陈奂之学颇为推崇，曾云："今天下得十数陈硕甫，分置各行省，授行省学弟子，天下得百十巨弟子，分教小弟子，国家进士，必于是乎取，则至教不躐等，且性与天道之要，或基之闻矣。"② 姚氏认为，如果天下有十余位学问如陈奂的学者，分至各行省教授学子，得到百余名大弟子，再分教天下小弟子，这样教与学循序渐进，国家按此标准取士，才会使天下学人得闻"性与天道"。由此可见，学塽对陈奂之学颇为推崇。

道光二年（1822）三月，自珍向陈奂借阅沈联芳所撰《邦畿水利图说》稿本，加以点校，作《最录邦畿水利图说》。应陈奂所请，自珍为其曾祖陈朝玉作《海门先啬陈君祠堂碑文》，同时为陈奂所著书作序。冬季，陈奂离京返回苏州。南归后，陈奂应自珍所邀，在其父丽正上海官署教馆两年多，督课自珍二子读书，平素往返于苏、沪、杭三地。

丽正作为玉裁弟子兼女婿，与陈奂结识应该颇早。嘉庆二十年（1815）段氏《说文解字注》刊成，丽正曾经为之校字，而此时陈奂亦居于枝园从段氏受业，二人相识应在此一时期。段氏卒后，其书稿及手校诸书皆归于丽正，因此，陈奂坐馆龚家，既可获取束修补贴日用，又可借机浏览段氏著述及所校书籍，从事学术著述。道光四年

---

① 龚自珍：《柬陈硕甫奂，并约其偕访归安姚先生》，刘逸生、周锡䪖校注：《龚自珍诗集编年校注》（上），第122页。
② 龚自珍：《陈硕甫所著书序》，王佩诤校：《龚自珍全集》第六辑，第196页。

（1824），自珍结识曹籀，而陈奂通过自珍与曹籀相识，陈奂后又通过曹籀结识汪远孙。丽正在上海任苏松太道，宾客迎门，东南文人学士齐集于龚氏门下，陈奂借助此一门径，亦扩大了学术交游。其中钮树玉、徐渭仁与自珍为莫逆之交，陈奂通过自珍与二人相交，探讨学术源流。五年，丽正引疾辞官，陈奂遂辞馆归里。

陈奂的学术思想颇受段氏与自珍的影响，据台湾学者李新霖研究，认为"陈奂为段玉裁大弟子，然已不欲以小学自限，其所企盼者，性道与治天下也。而自珍云：'学当务精者、巨者，凡小学家言不足治，治之为细儒。'正暗为疏解，是于奂说深表同情也"[1]。玉裁与自珍治学，皆主张不为文字训诂所囿，而是追求阐发性道与治国平天下，陈奂与二人交游，所受濡染应颇为深远。

道光十一年（1831），陈奂受好友汪远孙之邀赴杭州。汪氏振绮楼藏书闻名遐迩，陈奂在此先后长达20年，利用汪氏藏书进行撰述，而陈奂著述大多完成于此一时期。而陈奂结识汪远孙，即得益于自珍好友曹籀的引荐。在此指出，汪远孙与自珍为内阁中书同寅，而汪氏之女嫁给自珍之子龚陶，陈奂作为龚陶的业师，受到汪氏的善待与尊敬，既是敬重其学术，又有看重自珍推介的情分。

道光十九年（1839），自珍辞官南归，昆山羽琌山馆收拾完毕，即返回京师迎接眷属。作为自珍挚友，陈奂为自珍规划北行之事，且安排得明白妥帖，足以显示二人良友之爱。为感念玉裁师恩，咸丰三年（1853），陈奂请金坛学官丁士良祀段玉裁于乡贤祠，但由于时局纷扰而未成。陈奂与玉裁、丽正以及自珍三代人的交游情谊，成就了陈氏一生的学术与著述。

---

[1] 陈新霖：《清代经今文学述》，《台湾师大国文研究所集刊》二十二号，第113—311页。

二、江沅与段龚的交谊及互为师友

江沅，字子兰，号铁君，乾隆三十二年（1767）生于江苏元和，小学家江声之孙，世传家学，精通许慎《说文解字》。江沅亦爱好佛学，曾与彭绍升学佛，道光十一年（1831），江沅在常州天宁寺受戒，出家为僧。与自珍交往后，成为自珍学佛"第一导师"。自珍与江沅的交往，亦始于段、江之间的交谊。江声长于玉裁14岁，江沅幼于玉裁32岁，而长于自珍26岁，自珍出生那年冬天即乾隆五十七年（1792）冬，外祖段玉裁侨居苏州枝园讲学著述，此时江沅26岁，正处于读书求学之际。江氏祖孙家住吴县，距离苏州较近，因此江声、江沅与段氏交游甚早。

江声为惠栋弟子，深得乾嘉汉学吴派的真传，笃好经义古学，治学极重文字训诂之源，鉴于后世研究考老转注之义，拘泥于篆书，因此著《六书说》一卷，以推阐《说文》转注之说。江声原本打算撰写《说文解字考证》，后见玉裁精研《说文》，与己见多相契合，于是作罢，并将自己撰写的手稿相赠。乾隆六十年（1795），玉裁刻写《说文解字注》二卷，即嘱咐江声篆书。江声好古成癖，平时与人书札往来皆作古篆，因此江声篆书《说文解字注》最为适宜。

玉裁撰成《六书音均表》，发明平、上、入分合相配，曾言："此表唯艮庭、子兰知之外，无第三人知之者。"[①] 可见，江声、江沅祖孙是最早了解《六书音均表》的学者，三人交往之深可以想见。玉裁侨居苏州时，江沅出入其门数十年，潜心精研《说文》，曾著《说文释例》2卷。玉裁欲撰《谐声表》一书而未果，乃于嘉庆十年以此嘱托

---

① 陈奂：《师友渊源记》，《丛书集成续编》第36册，上海书店出版社1994年版，第98页。

江沅。江沅以《六书音均表》第二表所列某声某声者为纲，成《说文解字音均表》17卷。多采段氏之说，于段书纰伪之处亦加驳正。江沅当面征求玉裁意见，被允许驳勘段书，故于书中多述其与段氏异同。此书嘉庆十四年（1809）完稿，后收入《续皇清经解》。嘉庆十八年（1813）江沅助玉裁校刊《说文解字注》，刻事甫毕即漫游福建。

二十四年（1819），自珍与何元锡、江沅一起，在苏州虎丘陆氏宋松书屋观赏宋拓孤本《娄寿碑》，并为之作跋。二十五年秋，龚自珍与赵魏、江沅、顾广圻、钮树玉、吴文徵同集于虎丘，举行秋宴，有诗记之：

> 尽道相逢日苦短，山南山北秋方脾。
> 儿童敢笑诗名贱，元气终须老辈扶。
> 四海典彝既旁达，两山金石谁先储。
> 影形各各照秋水，渣滓全空一世无。[①]

与自珍一道聚会的师友，长于自珍十余岁或数十岁，他们或精于金石文字，或长于说文、佛学，或邃于目录校雠，或工于书画，他们相聚宴饮，谈学论道，作诗填词。自珍指出，秋色正浓之际天南地北的师友相逢虎丘，苦于时日太短，社会上的学术风气需要这些学界老辈来扶持。

道光三年（1823）六月之前，自珍作《发大心文》云："世界无尽，佛力无尽，众生无尽，一切法无尽，我愿亦无尽。"[②] 其以积极入世的态度，发愿以利益众生、济世普度的佛学，为内忧外患的清廷寻

[①] 龚自珍：《赵晋斋魏、顾千里广圻、钮非石树玉、吴南芗文徵、江铁君沅，同集虎邱秋宴作》，刘逸生、周锡馥校注：《龚自珍诗集编年校注》（上），第72页。
[②] 龚自珍：《发大心文》，王佩诤校：《龚自珍全集》第六辑，第396页。

求经世之路。自珍曾向江沅学佛，江沅对佛典有专门研究，方法独特超人，是自珍学佛的引路人。四年八月，自珍与江沅资助居士贝墉重刊《圆觉经略疏》，并作《重刊圆觉经略疏后序》《助刊圆觉经略疏愿文》。江沅精通佛典，十一年（1831），江沅摒弃所治音韵学，去常州天宁寺受戒，身着僧衣讲论禅学，著有《入佛问答》，自珍与江沅的交游主要是参禅论佛。十八年，江沅卒。第二年，自珍辞官南归，作诗怀念江沅：

> 铁师讲经门径仄，铁师念佛颇得力。
> 似师毕竟胜狂禅，师今迟我莲花国。[1]

江沅是自珍学佛的第一导师，其讲经门径狭窄，但念佛效果颇为有力，其颇似禅师但胜过狂禅，如今的铁师已经在莲花佛国等着自珍。自珍难以酬谢师恩，只有祝愿老师疾生净土，灵魂往生西方极乐世界。

三、钮树玉与段龚的交游及学术商榷

钮树玉，字兰田，一字匪石，乾隆二十五年（1760）生于江苏吴县。早年家贫，为生计所迫而经商齐鲁之间。但树玉笃志好学，贸易所得用来购书，经常苦读至半夜，夏夜因为蚊虫叮咬，则置灯于帐内，久之帐被熏黑。树玉发奋苦读，终于通读"六书"，渐晓金石、文字之学。

---

[1] 刘逸生：《龚自珍己亥杂诗注》第141首，中华书局1980年版，第200页。

清代文字训诂之学极盛，钮树玉即以说文学著称于时。乾隆五十四年（1789），钱大昕在苏州紫阳书院讲学，与段玉裁有学术交流，树玉亦常至紫阳书院向大昕请教，商榷古今学术，精研文字音韵，学业大为长进，深得大昕推崇与器重。乾嘉学者精通《说文》者，首推金坛段玉裁，而树玉亦以《说文》名家，此时虽然未见二人直接往还的记载，但树玉推重段氏之学，对其《说文》著述定会有所了解。

据《钮匪石日记》记载，乾隆五十八年（1793）四月十四日，树玉拜会顾广圻，见到玉裁纠正卢本《方言》的书稿。五月一日，树玉闻听臧庸曾云，玉裁有宋本《急救篇》，又言玉裁颇为相信《韵会》。在树玉日记中段氏频繁出现，足见其学术影响之深。十二月二十五日，树玉拜访大昕，大昕与其谈论玉裁所著《古文尚书撰异》得失。六十年五月，树玉去拜访玉裁，探讨《毛诗》与《左传》等问题，树玉赞叹段氏讲解精确。翌年六月，树玉再次拜访玉裁，段氏告其《玉篇》有未经北宋陈鹏年修者，在《永乐大典》之中，可惜无人辑出。

嘉庆十二年（1807）九月，树玉再次拜访玉裁，段氏讨论《毛诗》"山有扶苏"章《毛传》与《郑笺》的异同。此年玉裁撰成《说文解字注》30卷，树玉见玉裁之书，经过潜心研读，深感段氏《说文解字注》亦有误讹之处。树玉敬重玉裁学识，但绝不盲从，其以符合古义为旨，乃著《段氏说文注订》八卷，对段氏之说只作匡正而无抨击，为同行所称道，且其驳正皆有典籍依据。当然，其书亦有段氏不误而树玉反误者。

二十一年（1816）正月，自珍之父丽正升任苏松太兵备道，自珍随父侍任上海。东南文人雅士齐集丽正之门，树玉不仅与玉裁学术交游颇多，与丽正亦为旧识，因此进入兵备道署幕中，掌管文书，遂与自珍相识。树玉在丽正幕中做事，既可获得修金解决生计问题，又可借机阅读段氏著述,修订《段氏说文注订》一书。 此外,树玉与何元锡诸人亦助自珍搜讨典籍,凡文渊阁未著录之书,以及据善本校勘的流传本,均辗转搜集抄录。 自珍更加肆力于著述,学识贯串百家,特别究心于经世之学。 树玉称赞自珍诗文云:"浙西挺奇人,独立绝俯仰,万卷罗心胸,下笔空依仗。"①

二十二年(1817),树玉在兵备道署中度岁,与自珍约定同游洞庭山。 翌年二月,自珍与树玉、叶昶等人同游洞庭山,观览雨花台、翠峰、古雪居、薇香阁以及紫香悟道泉。 俯视环湖群峰,自珍豪兴大发,以为"平生游览得未曾有"②。 自珍题名于古雪居东壁、归云洞,并作长短句纪游。

树玉精于金石文字之学,对音律学亦颇有造诣,为昆曲家叶堂第一弟子,曾教集秀班名旦金德辉唱曲,老伶工半字之差,亦能指正。 树玉曾为青浦王昶座上客,欲以八音乐器调和宫商,恢复古乐。 金德辉声名甚高,演唱颇受欢迎,某次采用钮氏唱法,演技境界极高,但一曲未终座客全散。

树玉将此事告之自珍,自珍作《书金伶》以记金德辉故事:"其年秋,大商延客,召集秀。……俄而德辉如醉、如呓、如倦、如倚、如眩瞀,声细而谲,如天空之晴丝,缠绵惨暗,一字作数十折,愈孤引不自已,忽放吭作云际老鹳叫声,曲遂破,而座客散已尽矣。"③ 钮氏唱法境界虽高,却为书斋案头之曲,脱离昆曲艺术演出,因此未能得到观众认可。 但金德辉之名却因自珍之文流传于后世。

二十五年(1820),自珍再次游太湖洞庭山,作诗《舟到》《风

---

① 钮树玉:《龚君率人出示诗文走笔以赠》,《匪石山人诗》,《丛书集成初编》第2333册,中华书局1985年版,第12页。
② 钮树玉:《洞庭游记》,《匪石先生文集》卷下,《清代诗文集汇编》第463册。
③ 龚自珍:《书金伶》,王佩诤校:《龚自珍全集》第二辑,第181—182页。

意》《发洞庭,舟中怀钮匪石树玉、叶青原昶》等,面对天宽地阔、峰峦碧水的楚地气象,自珍极目纵览,情不自禁放声高歌,神采飞扬挥笔赋诗:

西山春昼别,两袖落梅风。 不见小龙渚,尚闻隔渚钟。
樽前荇叶白,舵尾茶华红。 仙境杳然杳,酸吟雨一篷。①

自珍伫立船头,春日里的君山被抛于船后,微风拂卷衣袖,他举起金樽饮酒,面对湖面上白色的荇叶,船尾火红的茶花,不禁想起上次同游的好友树玉、叶昶,而仙境般的洞庭湖云水杳然,天空飘来和风细雨。 自珍与树玉一起搜讨古籍金石,探讨学术源流,同游洞庭湖,可谓至交密友。 自珍与树玉友谊深厚,而此一情谊绵延于玉裁、丽正、自珍三代人之间。

四、江有诰与段龚的学术切磋及音韵学成就

江有诰,字晋三,号古愚,安徽歙县人,生于乾隆三十八年(1773),22 岁补博士弟子。 有诰嗜好古学,对科举不屑一顾,少年时就放弃帖括时文,专心致力于古韵之学,以恩贡生终老。 有诰阅读顾炎武《音学五书》、江永《古韵标准》《四声切韵表》,对古韵学冥心研求,以至于废寝忘食。 有诰认为,江永之书能补炎武所未及,但古音分部罅漏缺失尚多,因此将江永十三部析为十七部。 有诰见段

---

① 龚自珍:《发洞庭,舟中怀钮匪石树玉、叶青原昶》,刘逸生、周锡馥校注:《龚自珍诗集编年校注》(上),第 57 页。

玉裁《六书音均表》，对玉裁音韵学推崇之至，认为其造诣深邃，"真能复三代之元音，发唐宋以来未宣之秘，足与顾、江二君子参分鼎立者，惟先生而已"[①]。此外，有诰发现自己的古韵分部见解与玉裁十七分部不谋而合，因此惊喜不已，从而更为自信。但有诰敏锐觉察到，玉裁之书大纲凡例虽已完备，而条理未臻于严密。于是在玉裁十七分部基础上增立祭、缉、葉三部。

嘉庆十七年（1812）三月，有诰作《寄段懋堂先生原书》，既向玉裁谦虚求教，又勇于提出个人见解，表示要做玉裁的"诤臣"而向其献疑。九月，有诰亲自去苏州拜见玉裁，二人就音学问题反复论辩，玉裁指出有诰书稿中的纰缪不下十余处。有诰不胜感激，请玉裁为其著述作序，玉裁慨然应允。玉裁长于有诰 38 岁，此时已为一代通人，名满天下，著述宏丰，却对身为晚生后学的有诰虚怀推善，成为清代学术史上的一段佳话。玉裁还向有诰推荐孔广森的《诗声类》，有诰接受广森东、冬二分的主张，将古韵分为二十一部。正于此时，玉裁之婿丽正调任徽州知府，早已熟知有诰之名，对其品学颇为尊重。有诰为人耿直，除与丽正论学之外，从不以私干谒。

此时自珍 21 岁，正是风华正茂、意气风发之时，高吟"屠狗功名，雕龙文卷，岂是平生意"。此时虽不见有诰与自珍直接交往的文字，但有诰与玉裁、丽正的学术交往甚多，二人肯定熟知对方的大名。有诰杜门著述，寒暑不辍，十九年，《诗经韵读》刊刻成书，此后数年间，《群经韵读》《楚辞韵读》《先秦韵读》《唐韵四声正》《谐声表》《入声表》《等韵丛说》等书次第付梓刊刻，总称《音学十书》。有诰继承前人顾炎武、江永、段玉裁之说，并加以推阐，精益求精，既不妄立异议，亦不盲目苟同，成为清代古音韵学的集大成者。在韵

[①] 江有诰:《寄段懋堂先生原书》，《音学十书》卷首，中华书局 1993 年版，第 3 页。

部分合问题上，有诰较玉裁更为精确，且在阴阳声与入声的安排上，亦纠正玉裁之误。

《音学十书》刊刻后，有诰寄给玉裁，请其指正得失。玉裁大为赞赏云："余与顾氏、孔氏皆一于考古，江氏、戴氏则兼以审音，而晋三于二者尤深造自得，又精于呼等字母之学，不惟古音大明，亦且使今韵分为二百六者，得其剖析之故。"[1] 有诰精通审音，兼具考古能力，故能取得辉煌的音韵学成就。清代小学卓有成就，以音韵学尤为精绝，其中以顾炎武、江永、戴震、段玉裁、孔广森、王念孙与江有诰七人成就最大，王国维曾云："作者不过七人，然古音廿二部之目，遂令后世无可增损。……至古韵之学，谓之前无古人，后无来者，可也。"[2]

自珍与有诰的交往记录，最早见于嘉庆十九年（1814），自珍致函江有诰，探讨古今称师与弟子、门人的历代演变，对当时书院、科场、官场攀援称呼"夫子""先生"而"私立名字，号召徒众，人树一帜"的风气进行批评："今之书院，……假借权要，荐之郡县之长，遑问经师人师？恧然拥席坐，实干谒之客耳。……古人为师心丧三年，比于君父，民生之义固然。师如是其易且多也，今之士将终身治其心丧而不暇也。"[3] 而有诰放弃举业，不涉官场的奔竞干谒，颇为自珍所敬仰，因此才向其揭露社会上攀援"夫子先生"与"门人弟子"的恶劣风气。有诰亦曾阅读自珍文集，道光三年为自珍所著《乙丙之际著议第六》写批语说："浑浑之气，沉沉之才，渊源之光。"[4] 有诰对自珍学术的推崇，可见一斑。

---

[1] 葛其仁：《江晋三先生传》，江有诰：《音学十书》卷首，中华书局1993年版，第14页。
[2] 王国维：《〈周代金石文韵读〉序》，《观堂集林》卷八，《王国维遗书》一，上海书店出版社1983年版，第408页。
[3] 龚自珍：《与人笺七》，王佩诤校：《龚自珍全集》第五辑，第340页。
[4] 樊克政：《龚自珍年谱考略》，商务印书馆2004年版，第241页。

五、顾段之争与顾、段、龚的三世交谊

顾广圻,字千里,号涧蘋,自号思适居士,乾隆三十五年(1770)生于江苏元和。广圻精于校勘、目录之学,一生大部分时间为公卿名儒校书刻书。当时乾嘉学者段玉裁、卢文弨、孙星衍、王念孙、王引之、张敦仁、黄丕烈、胡克家、秦恩复、吴山尊等人亦精于校雠,对广圻之学无不推崇备至。晚清学者李慈铭盛赞说:"先生邃于考订之学,尤精校雠,其序诸书及题跋,皆一时绝学也。""顾氏校雠之学,实为古今第一。"①

乾隆五十四年(1789),钱大昕在苏州紫阳书院讲学,与玉裁多有学术交流,广圻亦常向大昕请教问学。通过大昕,广圻得知玉裁深究《说文》学。五十五年,广圻就学于经学家江声。江声为惠栋高足,深得乾嘉吴派汉学的真传。广圻在江声门下就学十年,深得惠氏学术真谛。广圻比玉裁小32岁,是晚学后辈,而江声与玉裁已为至交好友,因此广圻虽未必与玉裁谋面,但对其大名早已熟知。

五十七年(1792),广圻结识玉裁,多向其请教问学。此时玉裁《六书音均表》早已刊刻,二人初次见面,玉裁即云:"《音韵表》解人向为王怀祖,今乃得足下耳。"②玉裁认为能理解《音韵表》的学者原为王念孙,现为顾广圻,可见玉裁对广圻学识颇为赞许。翌年,广圻从玉裁处借得传录宋道明本《国语》,过录到明万历间刻本上,并撰写跋语。

五十九年(1794),玉裁致书学者刘台拱,推许广圻兄弟二人的

---

① 李慈铭:《越缦堂读书记》(中),中华书局1963年版,第827页。
② 顾千里:《刻释拜序》,《顾千里集》卷12,中华书局2007年版,第179页。

学识，认为顾之逵"学问甚优"，顾广圻"尤博而精"。① 次年，玉裁再次致书刘台拱，称许广圻"其人尚未进学，而学在在东（臧庸）之上，校书最好"②。广圻希望得到邵晋涵所著《尔雅疏》一部，以供研读，嘉庆元年（1796），玉裁即致书晋涵，称赞广圻学问"有博而且精"③，并嘱托将书交给女婿丽正邮寄过来。在此期间，广圻治学校书常向玉裁请教，或借书往还，或探讨学术，或为玉裁著述校雠。广圻曾对友人说："吾学得诸懋堂（玉裁字）先生。"④

玉裁对广圻之学赞赏不已，对其学识尤为推崇，曾致书学者陈寿祺言："子兰（江沅字）与顾千里，苏之二俊也。"⑤ 此时玉裁年逾 60 岁，不幸右脚跌伤，成为废疾之人，而欲效法失明的左丘明、膑脚的孙膑，发愤致力于《说文解字注》的撰述。玉裁急需一嗜古好学的后辈读书人，助其完成《说文》书稿，而广圻为最佳人选，二人在治学方面互为师友，相辅相成。嘉庆四年，广圻代黄丕烈作《国语札记》，请玉裁指正。翌年，广圻校阅玉裁所著《说文订》，纠正纰误数条，并撰写《跋周漪塘所藏毛斧季手校本说文解字》。玉裁与广圻亦曾同校《一切经音义》。但广圻为衣食奔波，有时无暇协助玉裁著述。

在古籍校勘问题上，玉裁并不迷信古书，主张依靠个人学识善加判断，认为当改则改，知错不改只会贻误后学，此为校勘学上的"理校"。但理校必须学识渊博，判断精审，否则易成妄改古书之弊。广圻对于"理校"颇不以为然，其校刻古书反对轻易更改，而力保原貌："喜校书，皆有依据，绝无凿空。其持论谓凡天下书皆当以不校

---

① 段玉裁：《与刘端临第八书》，《经韵楼集·附补编》卷下，凤凰出版社 2010 年版，第 35 页。
② 段玉裁：《与刘端临第十一书》，《经韵楼集·附补编》卷下，第 37 页。
③ 段玉裁：《与邵二云书二》，《经韵楼集·附补编》卷上，第 27 页。
④ 刘盼遂：《段玉裁先生年谱》乾隆五十七年，《清华大学学报》1932 年第 2 期。
⑤ 李庆：《新订顾千里年谱》，《顾千里研究》，上海古籍出版社 1989 年版，第 28 页。

校之。"① 广圻认为,即便原书确有谬误,亦依原本刊刻,然后作考异或校勘记,附录书后。因此顾、段在校勘理念上差别颇大。

玉裁曾校叶林宗钞本《经典释文》,后广圻亦校《经典释文》,在跋语中指出:"余尝言近日此书有三厄,卢抱经重刻本所改多误,一厄也;段懋堂据叶钞更校,属其役于庸妄人,舛驳脱漏,均所不免,二厄也;阮芸台办一书曰《考证》,以不识一字之某人临段本为据,踳驳错误,不计其数,三厄也。"② 理校本来就存在妄改、误改之弊,即使学术大师亦在所难免。卢文弨、段玉裁、阮元皆为汉学大家,但有时并未亲自校勘,而是假手于学术平庸之辈代为校勘,问题就更为严重,甚至成为古书流传的厄运。广圻校勘之学堪称古今第一,其所校之书,世人视为至宝,争相收藏。

嘉庆六年(1801)正月,广圻经段玉裁、孙星衍推荐,赴杭州入浙江巡抚阮元幕。此时阮元在西湖建诂经精舍,大集天下学者,校勘《十三经注疏》。此事由玉裁主持,而广圻负责《毛诗注疏》,由此广泛结交学者名流。广圻认为《注》《疏》合刊在南宋,玉裁则认为在北宋。广圻性情刚果,坚持己见,与玉裁遂生嫌隙。八年八月,广圻因与经局诸人意见不合而离局。

十一年(1806),广圻为张敦仁刻成宋抚州本《礼记考异》,刊布宋本《礼记》与《仪礼注疏》,并撰《后序》,坚持《注》《疏》合刊在南宋的见解。此刻本一出,即招来玉裁责难。十二年,玉裁致书广圻,就顾氏释《玉制》"虞庠在国之西郊","西"当作"四"提出商榷。并对《礼记考异》严词驳斥,斥责广圻为"莽人"③。

广圻年轻气盛,经常出语轻慢他人,酒醉后尤甚。广圻与藏书

---

① 顾广圻:《百宋一廛赋》注,《顾千里集》卷一,中华书局 2007 年版,第 2 页。
② 顾广圻:《经典释文三十卷本跋》,《顾千里集》卷 17,中华书局 2007 年版,第 267 页。
③ 李庆:《新订顾千里年谱》,《顾千里研究》,上海古籍出版社 1989 年版,第 124 页。

家黄丕烈交谊甚深，但偶尔谈及某书某字应如何勘定，二人若意见不合，广圻则诟骂辩驳，面红耳赤，竟至出手动武。面对玉裁责难，广圻奋起反驳，二人纷争趋于激烈。十三年（1808），广圻作《学制备忘之记》，对玉裁《四郊小学疏证》所载周代学制问题进行驳正，而旬日之间玉裁四次撰文加以驳斥，广圻亦撰文进行反驳。两家书札往复，难成共识。此后，玉裁又三次作文诘难，广圻概不回复，二人势同水火，最终绝交。

面对广圻的反唇相向，逐一驳诘，玉裁愤怒至极，因此致书质问："是以讲经为修怨之捷径也。如此居心，尚有人品否？如此校经，尚有可信从否？"[①] 玉裁将学术之争上升为人品攻击。在顾、段之争中，黄丕烈对广圻亦多所指责，其曾致书玉裁，认为广圻"以后起之隽"与玉裁抗衡，"同辈实所窃议"，又云"先生以年高手硬，心意闲淡之老人，不应与脑满肠肥、初学把笔者龂龂相争"[②]。黄丕烈与广圻、玉裁二人的交谊皆为至厚，在顾、段之争中，丕烈明显偏袒玉裁，竟然称广圻"脑满肠肥、初学把笔"，此为广圻所难以忍受，结果二人绝交。

此时玉裁年逾七十，受到曾经问学的年轻人的唐突，自然难以忍受，嘉庆十四年（1809），玉裁作《诗·执热解》《说文繪字解》《乡饮酒礼与养老之礼名实异同考》，皆是考证诸礼制度，针对广圻而发。二十年（1815）五月，耗费玉裁30余年心血的《说文解字注》全部刻成，九月，玉裁病卒，享年81岁。而阮元组织学者所校勘的《十三经注疏》早已完成，但由顾、段之争而引起轩然大波，为此阮元迟迟未有刊刻。若遵从广圻之说，则玉裁实为年高望重的前辈；若

---

① 段玉裁：《答顾千里书》，《经韵楼集》卷十一，凤凰出版社2010年版，第282页。
② 李庆：《新订顾千里年谱》，《顾千里研究》，上海古籍出版社1989年版，第129页。

祖护玉裁之说，则于义理不安。因此，直到玉裁去世后，才将《十三经注疏》于二十一年刻于南昌。由此可见，若单纯就学理而言，广圻胜于玉裁。

丽正与广圻多有交往，对于顾段之争定然知晓，玉裁卒后其书归丽正，玉裁《经韵楼集》亦为丽正主持校刻，广圻与玉裁论争的往还书信，亦收入《经韵楼集》中。但顾段之争并未影响自珍与广圻的交往。事实上丽正、自珍父子对顾段之争的是非曲直，自然心知肚明，但为了保持学术史上的一段公案，在整理《经韵楼集》时，仍将顾、段之间笔墨官司的文字，原样收入。

二十五年（1820）秋，自珍来到苏州，与赵魏、顾广圻、钮树玉、吴文徵、江沅同举行秋宴，赋诗作词，谈学论道。多年以来，广圻访求《太常因革礼》一书而不可得，此时向自珍借得钞本，大为快慰，转写校勘之后归还自珍，请自珍为该书题跋。《太常因革礼》是研读《宋史礼制》必须考索之书，自珍慷慨相借，可谓推心置腹。广圻亦为自珍所藏叶小鸾眉子砚赋《浪淘沙》词，并注中指出自珍时方谈佛。自珍还向广圻出示《汉永寿楗为李君摩崖刻字》拓本及释文，还与广圻共读《寿阳公主杨景通为造钟铭》拓本。

道光元年（1821）正月，自珍与广圻同赴苏州邓尉，作探梅之游。在小舟中二人同观《白石神君碑》旧拓本，并用舟师鸡毛笔题写跋语。二人畅谈古今学术，古籍碑拓，堪称一场旷古未有的学术论坛。冬季，自珍亦将数种北平石墨拓本，寄给广圻，附寄《清平乐》小词云：

黄尘扑面，寒了盟鸥愿。
问我名场谁数见？冷抱寒陵一片。
别来容易经秋，吴天清梦悠悠。

梦到一湾渔火,西山香雪归舟。[1]

自珍与广圻邓尉探梅,那美好记忆中的"一湾渔火,西山香雪归舟",经常浮现在自珍的梦中。道光二年(1822),广圻致书自珍,劝其搜求京畿碑版,汇录为一书。道光七年,广圻自苏州寄来唐睿宗书《顺陵碑》拓本。自珍本以梁《瘗鹤铭》与北齐《文殊般若经碑》拓本悬挂书斋,得广圻之赠则有三种,题诗书于帧尾:

南书无过瘗鹤铭,北书无过文殊经。
忽然二物相顾哑,排闼一丈蛟龙青。[2]

《瘗鹤铭》为南书极品,《文殊般若经碑》为北书极品,但二物见到广圻所寄唐睿宗书《顺陵碑》拓本,皆相顾无言,黯然失色,如同小巫见了大巫。广圻以书拓珍本赠送自珍,可见二人交谊之深,相互尊崇之至。道光九年(1829),自珍寄书广圻,约定五年后相见,广圻已是晚年多病,回信说:"敢不忍死以待。"[3] 但自珍爽约,二人未得相见。此时广圻患有风瘫之症,卧床五年之久,仍旧笔耕不辍,十五年(1835)二月,在贫病交加中去世。

十八年(1838),自珍与张宗泰订交,曾与其谈论广圻目录学云:"姑苏顾千里学识兼擅,鉴别古书至为精审,其流传于世者有几种版片,某刻可依据,某刻不可依据,言之确凿无误。近世讲目

---

[1] 龚自珍:《清平乐》,杨柏岭:《龚自珍词笺说》,黄山书社2010年版,第276页。
[2] 龚自珍:《顾丈(千里)得唐睿宗书顺陵碑,远自吴中见寄。余本以得南北朝摩崖各一种悬斋中,得此而三,书于帧尾》,樊克政编:《中国近代思想家文库·龚自珍卷》,中国人民大学出版社2015年版,第373页。
[3] 刘逸生:《龚自珍己亥杂诗注》第136首,中华书局1980年版,第192页。

录之学，无出其右者。"[1] 自珍于广圻校勘目录之学，可谓推崇之至。十九年六月，自珍辞官南归路过苏州，思念广圻，梦见其英姿飒爽而来，因此作诗二首：

其一：

万卷书生飒爽来，梦中喜极故人回。
湖山旷劫三吴地，何日重生此霸才？[2]

其二：

故人有子尚饘粥，抱君等身大著作。
刘向而后此大宗，岂同陈晁竞目录？[3]

广圻读书万卷，校勘学古今第一，实为学术霸才，自珍不禁感叹，历经世代旷劫的三吴之地，何时才能重新产生顾广圻这样的霸才？广圻家境贫寒，其子只能喝粥度日，但精心保存其父的等身著作。在目录校勘学方面，自珍认为广圻是西汉刘向之后一大宗匠，抄写目录的宋人陈振孙、晁公武哪能与广圻相提并论？自珍对广圻学术的赞誉无以复加，这对恃才傲物的自珍来说，实为难得。

总而言之，自珍所交游的江南学者群中，有一大批是外祖段玉裁的师友故旧、门生弟子，那些人对自珍亦另眼相待，除自珍才华横溢之外，就是因为玉裁的关系。当然，自珍祖父敬身、父亲丽正皆为进士出身，曾为京官、地方官，因此自珍交游的学者当中，不少人是其

---

[1] 樊克政：《龚自珍年谱考略》，商务印书馆2004年版，第447页。
[2] 刘逸生：《龚自珍己亥杂诗注》第136首，中华书局1980年版，第192页。
[3] 刘逸生：《龚自珍己亥杂诗注》第137首，中华书局1980年版，第192页。

父祖的同年与同僚。玉裁在乾嘉学者中的崇高地位,龚氏家族在官场的显赫地位,为自珍的学术圈子撑出一片天地。

第三节　江氍移床那算狂:京师宣南与龚氏交游

北京具有"内跨中原,外控朔漠"的优越地理位置,定都于此,既有利于加强对北方民族的控制,又有利于京师与南方的经济交流,此为元明清三代建都北京的原因所在。清代北京作为全国政治文化中心,皇宫禁地可谓金碧辉煌,京师衙门林立,宗室贵族与官僚士绅云集。所有这些令人眼花缭乱,有《竹枝词》云:

衙门如林认弗全,缙绅未载数千员。
就中岂乏丝纶选,不尽庸庸费体钱。
难分贵贱是京城,位大无权不识名。
便是王公当道过,未闻传语禁行人。[①]

此诗道出京师生活的常态:由于衙门众多,缙绅如云,令人认不全衙门,亦分不清官员贵贱。全国各地文人士子在一生中,或因会试做官,或因拜师游学,或因经商访友,皆会长期或短期逗留京师。他们在京城的生活无外乎结交名流、谈经论史、宴饮雅集、诗词酬唱、

---

① 得硕亭:《草珠一串》,杨米人等著,路工选编:《清代北京竹枝词》(十三种),北京古籍出版社1982年版,第50页。

游山游园、逛书肆古董店,等等。

此外,京师亦天下各色人等往来最为频繁的地方,读书士子、富商大贾、各国使节、少数民族各自怀着他们的名利与梦想,风尘仆仆来到京师"淘金",形成一种天下熙熙、万邦朝拜的气势。得硕亭《草珠一串》记述说:

> 九门环卫仰京都,万邦来朝制度殊。
> 云里帝都双凤阙,雨中春树万人居。
> 都因名利往来频,马足车尘旧复新。
> 普济堂前憔悴柳,不堪攀折送行人。①

在熙熙攘攘的人群中,崇尚天朝衣冠、文物制度、典籍文献的读书士子是颇为特殊的一群。他们胸怀治国平天下的理想抱负,腹中有万卷诗书,在京中有达官贵人、学者名流是其同学同乡,或有亲朋好友可以问道求学,亦可角逐场屋,憧憬着"暮登天子堂"的人生美梦。但他们大多谋食困难,困厄潦倒,身着破衣旧衫在寒风中瑟缩,需要有"穷且益坚"的凌云之志来支撑。

一、京师:学术交游的理想场所

京师是达官贵人、学者名流、进士翰林荟萃之地,学术风气一向领全国之先,游学京师可以结交名师宿儒,得见珍本秘籍,了解天下大事,熟知朝廷典章制度。因此可以说,居于京城治学是最为理想之

---

① 得硕亭:《草珠一串》,杨米人等著,路工选编:《清代北京竹枝词》(十三种),第50页。

所，对此，僻处江南山中的沈垚曾说:"古人绝大事业，皆豫定于未仕之先，草野见闻僻陋，又无以周知当世之故，而悉朝廷之典，则欲为有用之学，于都中居为最宜矣。"①沈垚认为，应在出仕为官之前做一番事业，但僻处草野山中，无法熟悉朝廷典制，周知天下大事，因此到京中求学最为适宜。

事实亦是如此。道光初年在张格尔叛乱发生之前，自珍已作《西域置行省议》，为朝廷筹划新疆的行政区划。但僻处江南山中的沈垚，在张格尔叛乱发生后，对其缘由始末的了解，只能得自民间谣传，他曾写信给好友张履，询问叛乱事宜说:"垚僻处山中，不见邸钞，民间喧传回逆之起，以镇守大臣之淫掠。又言四城既失，寇氛甚恶，大臣有议弃四城者，有此事否？乞示知也。"②在京城的官僚士大夫，了解朝廷大事可以通过看邸钞，亦可通过在朝为官的亲朋好友，而离开京师则没有这些便利条件。京城因系政治文化中心之故，遂为天下士子心仪之所。清代诸多学人的学术成果，皆与京师游学关系密切。

京师三年一度的顺天乡试与礼部会试，成为诸多士子进京的直接导因，但在科举前后，许多人会选择逗留京师，访师问友，进行学术撰著。陈奂早年师从段玉裁，段氏曾嘱咐陈奂说:"汝未出门交耳，读书舍此无它求矣。"③为了扩大学术视野，增进与名儒硕学的交游，嘉庆二十三年（1818）秋，陈奂抵达京师游学，时间长达三年之久。在京期间，陈奂与诸多学者名流往还，以经术相砥砺。

居京期间，陈奂前去拜访王念孙。此时念孙已年老致仕，家居多年，平日见客颇少。但其与玉裁为终身好友，书信交流频繁，事前肯定耳闻陈奂的笃志向学，因此对其来访甚为欣喜，其言:"自懋堂

---

① 沈垚:《与张渊甫》，《落帆楼文集》卷八，《清代诗文集汇编》第598册，第105页。
② 沈垚:《与张渊甫》，《落帆楼文集》卷八，《清代诗文集汇编》第598册，第106页。
③ 陈奂:《师友渊源记》，《丛书集成续编》第36册，上海书店出版社1994年版，第99页。

老人殁后,天下读书种子几绝,先生继段君而起,如见故友,愿订忘年交。"[1] 此后,陈奂时常前来请益,径至念孙卧室商榷著述,如同家人一般。念孙之子引之著有《经义述闻》一书,每成一卷,必与陈奂商讨,其言:"吾与若学术既同,闭户造车,出门合辙,德不孤矣。"[2]

嘉庆二十四年(1819)七月,陈奂与胡承珙游学京师,二人相见于万柳堂。陈奂毕生殚精竭虑于《毛诗》研究,而承珙一生于《毛诗》用力最勤,遂相互交流治经心得,商讨疑难问题。道光七年(1827),陈奂再度进京,拜谒王念孙父子。离京之际受王引之之托,代其校理《管子》《荀子》。陈奂以考据学方法校雠《管子》,上承王念孙,下启丁世涵、戴望,为后世《管子》研究奠定文献基础。陈奂生平著述甚多,代表作为《诗毛氏传疏》30卷,此书旁征博引,发明《毛传》古义,见解精辟独到,为清代《诗经》学集大成之作。

魏源学术交游的展开,亦是多次北上京师的结果。嘉庆十八年(1813),20岁的魏源被选为拔贡,第二年北上进京入国子监学习。初到京师,魏源眼界大开,师从毛诗大家胡承珙问汉儒家法,与理学大师姚学塽问宋儒之学,向今文经学家刘逢禄学习公羊春秋,同京都名士董桂敷、龚自珍切磋古文辞,这使魏源学问大有长进。同时与陶澍、贺长龄、周系英相识,并与陈沆结为挚友。

在京交游期间,魏源开始治《大学》古本,用力甚勤,希望主持功令者将古本《大学》颁布学宫,以恢复《石经》孔子、曾子千年之书。汉学家胡培翚、胡承珙等人在京师万柳堂举行祭奠东汉经学大师郑康成大会,魏源应邀参加,与在京汉学家往还颇多,并结交毛诗专

---

[1] 张星鉴:《陈硕甫先生传》,上海师范大学图书馆编:《清代碑传全集》,上海古籍出版社1987年版,第1191页。
[2] 戴望:《硕甫先生行状》,《征君陈先生年谱》,《晚清名儒年谱》第1册,北京图书馆出版社2006年版,第430—431页。

家陈奂。魏源选为拔贡后至中举前，一直奔波于邵阳与京城之间，专注于举业与学术交游。

道光二年（1822），魏源参加顺天乡试中举人，以所著《大学古本发微》请教理学大师姚学塽。姚氏对魏源纠正朱熹《大学》分章之误，大加赞赏。经其指摘得失，魏源憬然有悟，对于姚氏的道德文章终生服膺不渝。直隶提督杨芳慕名延请魏源，在北古口官邸教读子弟。闲暇之余，魏源在长城内外探察山川形势及关隘险要，访求古今兵家遗迹，这对其日后酷爱谈论兵事，以及留意研治西北地理，颇有助益。三年，魏源在京师结识姚莹，成为知己，从此与经世派学人姚莹、汤鹏、张际亮、龚自珍等人交游甚密，更加留心研究时务。

道光六年（1826），魏源入京应会试，与自珍同时落第，刘逢禄为此作诗表示惋惜，"龚魏"由此齐名。八年，魏源入赀为内阁中书舍人①，因此得以借观史馆秘阁官书以及士大夫私家著述、故老传说，为日后编纂《圣武记》打下了资料基础。魏源勤于读书治史，当时借书还书的车马不绝于道路。魏源因入国子监读书、参加顺天乡试、礼部会试等原因，多次北上京师，与京师学者名流相互往还，既结识诸多官僚士大夫，使其名声大噪，又进行学术切磋，搜集文献资料，对推动魏源的学术研究意义重大。

不仅陈奂、魏源的学术交游、著述成果与京师游学密切相关，事实上，有清一代诸多学者的学术研究，与京师游学皆有关系。京师堪称"掌故之海"，不仅进士翰林众多，名儒硕学荟萃，而且图书古籍丰富，无论是官府藏书还是私家著述，往往有着其他地方无法比拟的优势，在学术研究方面亦得风气之先，因此游学京师，天下士子"心

---

① 此一问题有不同说法，齐思和《魏源与晚清学风》(《魏源全集》第20册，附录《魏源传记资料》) 依据《内阁汉票中书舍人题名》认为魏源为中书舍人在道光八年（1828），而魏耆《邵阳魏府君事略》认为魏源为内阁中书舍人是在道光九年（1829）。

向往之"。对此梁启超曾说:

> 兹学盛时,凡名家者,比较的多耿介恬退之士。时方以科举笼罩天下,学者自宜十九从兹途出。大抵后辈志学之士未得第者,或新得第而俸入薄者,恒有先辈延主其家为课子弟。此先辈亦以子弟畜之,当奖诱增益其学;此先辈家有藏书,足供其研索;所交游率当代学者,常得陪末座以广其闻见,于是所学渐成矣。官之迁皆以年资,人无干进之心,即干亦无幸获。得第早而享年永者,则驯跻卿相,否则以词馆郎署老。俗既俭朴,事畜易周,而寨士素惯淡泊,故得与世无竞,而终其身于学。京官簿书期会至简,惟日夕闭户亲书卷,得间与同气相过从,则互出所学相质。琉璃厂书贾,渐染风气,大可人意,每过一肆,可以永日,不啻为京朝士夫作一公共图书馆,——凌廷堪佣于书坊以成学,——学者滋便焉。①

梁启超指出,京官大多科甲出身,为读书饱学之士,成进士后依旧手不释卷,士子进京可与之交流切磋学术。此外,新为京官廉俸微薄,需要为先辈教读子弟以补贴家用,而未登科第的士子,更要教馆来维持生计。那些居官京师的先辈学术功底深厚,家中藏书亦颇丰富,士子或新京官可以借教读子弟之机,阅读家主藏书、向其请教问学,完成学术著述。此外,京官政务较为清闲,升迁依靠年资,因此多无干谒奔竞之心,公余之暇研经治史,相互切磋学术。琉璃厂书肆林立,多有珍本秘籍、古玩碑拓,与近代公共图书馆类似。名儒大师的云集,图书资料的丰富,学术氛围的浓郁,使天下学子心仪京师,

---

① 梁启超:《清代学术概论》,东方出版社1996年版,第59页。

前来求道问学者络绎不绝。

在京为官的学者名流,皆以延揽士子、奖掖后进为己任,他们热衷于学术交游。裘曰修为清代名臣,文学家,官至礼部、刑部、工部尚书,乾隆帝称其"品学端醇,才猷练达"。其热衷京师交游,"每下直,即居听事西轩,环设客座,戒阍人,客至即引入坐,与共饮食,迭起迎送,竟日无倦容"①。

乾嘉时期,朱筠作为主持学术风会的领军人物,喜欢饮酒与游览名山大川,更是乐于结交天下学者,提拔后学晚辈。朱筠屡次主持乡试、会试,搜罗人才英俊不遗余力,大理寺卿陆锡熊、吏部主事程晋芳、礼部郎中任大椿,皆为朱筠所取之士。戴震、汪中性情兀傲不群,喜欢雌黄人物,但二人在朱筠幕中,唯独对朱筠无闲言。阳湖人孙星衍为诸生时,以不见朱筠为憾,嘱咐同邑好友洪亮吉进行介绍,愿对朱筠遥执弟子礼。天下士人仰慕朱筠丰采,可谓望风景附。江藩年轻时曾游于朱筠之门,其言:

> (朱筠)性又喜饮,至连举数十觥不乱,拇战分曹,杂以谐笑。每酒酣耳热时,议论天下事,自比李元礼范孟博,激扬清浊,分别邪正,慷慨激昂,闻者悚然。……先生提唱风雅,振拔单寒,虽后生小子一善行及诗文之可喜者,为人称道不绝口,饥者食之,寒者衣之,有广厦千间之槩。是以天下才人学士从之者如归市。所居之室名曰椒花吟舫,乱草不除,杂花满径,聚书数万卷,碑版文字千卷,终年吟啸其中,足不诣权贵门,惟与好友及门弟子考古讲学,酾酒尽醉而已。②

---

① 徐珂:《清稗类钞·师友类》第8册,《裘文达下直见客》,中华书局1984年版,第3610页。
② 江藩:《国朝汉学师承记》卷四《朱笥河先生》,中华书局1983年版,第68页。

朱筠喜欢饮酒，酒酣耳热之际谈论天下大事，自比汉代的李膺、范滂。朱筠大力资助提拔贫寒士人，因此天下学人归之如市。朱筠喜欢学术交游，椒花吟舫藏书万卷，其常年在书房与好友门人讲论学术，终日不倦。

姚鼐在京师时，与辽东人朱孝纯、丹徒人王文治最为相契，"一日，天寒微雪，偕过黑窑厂，置酒纵谈，咏歌击节，旁若无人。明日，盛传都下"[①]。既而王文治自云南罢官回乡，朱孝纯为两淮运使，闻听姚鼐亦南归，三人相约再次聚于扬州。朱孝纯特地在梅花岭修筑书院，一晚上植梅五百株，延请姚鼐主持讲席，此即梅花书院的始建。而三人的交谊则始于京师的聚饮。

在辽代，琉璃厂为北京东郊一个地旷人稀的小村，元代在此建琉璃窑，制造琉璃瓦器，遂得名琉璃厂。乾隆三十八年（1773）四库开馆。参与纂修的翰詹多寓居宣南，而琉璃厂与文士居所较近，又有林泉可供游赏，文人学士常至此雅集，书市乃应运而生。据陈康祺《郎潜纪闻》记载：

> 乾隆癸巳开四库馆，……每日清晨诸臣入院，设大厨供给茶饭。午后归寓，各以所校阅某书应考某典，详列书目，至琉璃厂书肆访查之。是时，江浙书贾，亦奔凑辇下，邮书海内，遍征善本，书坊以五柳居、文粹堂为最。[②]

由上可知，琉璃厂书市的形成，与邻近宣南士人聚居区有关，与四库开馆古书需求激增有关，学士翰林校阅某书，考索某典，竟然详

---

① 徐珂：《清稗类钞·师友类》第 8 册，《姚朱王相契》，中华书局 1984 年版，第 3613 页。
② 陈康祺：《郎潜纪闻初笔》卷三，《京师书肆》，《郎潜纪闻初笔二笔三笔》，中华书局 1984 年版，第 50 页。

列书目到琉璃厂书肆访求,足见当时琉璃厂书肆的图书颇为丰富。随着时代的推移,琉璃厂逐渐成为一个书肆林立、古玩字画、文具纸笺无所不有的地方,亦成为书生文人流连忘返的地方。无论是京师文人,还是外省应试入都的士子,皆热衷于到琉璃厂搜讨珍本古籍,琉璃厂因此成为图书流通的文化中心。对此孙殿起《琉璃厂小志》说:

> 琉璃厂,辽时京东附郭一乡村耳,元于其地建琉璃窑,始有今名。清乾隆后,渐成喧市,特商贾所经营者,以书铺为最多,古玩、字画、文具、笺纸等次之,他类商品则甚少。旧时图书馆之制未行,文人有所需,无不求之厂肆;外省士子,入都应试,亦皆趋之若鹜。盖所谓琉璃厂者,已隐然为文化之中心,其地不特著闻于首都,亦且驰誉于全国也。①

琉璃厂一带清幽雅静,又有书肆可供读书、买书,因此诸多学者名流在其附近寓居。王士禛寓居的古藤书屋最为闻名遐迩,士人题咏颇多,罗聘携子罗允缵寓居琉璃厂的观音阁,孙星衍则寓居琉璃厂桥西。乾嘉时期藏书家黄丕烈则借应试之机,与好友张燮到琉璃厂遍游书肆,搜访秘籍古书,被时人戏称为"两书淫"。

京中翰林职事清闲,富有之家无生计之累,他们终日在书肆消磨岁月,辗转相告呼朋引伴,成为京都士人的一种风尚,琉璃厂书肆俨然成为公共图书馆。书店门面虽然不宽,而屋内几层书架,窗明几净,香茗帷幕,读书倦时可在暖炕床上小憩,聊天谈心,吸烟喝茶。书店伙计和颜悦色,前后奉承,买书固然欢迎,不买亦不恼怒,给现钱亦可,记账也行,无形之中使人养成读书的爱好,塑造京师学术气

---

① 孙殿起辑:《琉璃厂小志》,北京古籍出版社 2000 年版,第 1 页。

氛。初次来京的学子士人，往往对古籍古董难辨真伪，招致人们的讪笑，李静山《增补都门杂咏》说：

> 画舫书林列市齐，游人到此眼都迷。
> 最难古董分真假，商鼎周尊任品题。①

书肆林立，古籍古董琳琅满目，令人眼花缭乱，古董本来真假难辨，何为商鼎，何为周尊，只得任人品题。初来乍到的士子往往被人一眼看出，难免闹出一些笑话。而琉璃厂的商铺掌柜由于长期经营书画古董，鉴别古董书籍的精到，甚至超过士大夫，即使市佣亦带着几分书卷气，夏仁虎《旧京琐记》云："琉璃厂为书画、古玩商铺萃集之所。其掌各铺者，目录之学与鉴别之精，往往过于士夫。余卜居其间，恒谓此中市佣亦带数分书卷气。盖皆能识字，亦彬彬有礼衷。"②

龚家三代为官京师，自珍六岁即告别杭州马坡巷故居，随同母亲段驯来到京师，寓居京师宣南的横街宅。期间亦有离京南下随侍父任之时，但因参加顺天乡试、会试等原因，不断往返京师与江南之间。至道光十九年（1839）自珍辞官南归，龚家三世在京师已生活百余年。自珍学术成就的铸成，与京师优越的治学条件密切相关。京师作为全国学者名流汇聚之所，各种学术流派、各种思想观点可谓异彩纷呈，大大拓宽学人的学术视野。自珍曾作诗形象反映京师学术交游中各种学术流派的交锋与碰撞：

> 一客谈古文，梦见仓颉享籀史。

---

① 李静山：《增补都门杂咏·琉璃厂》，《清代北京竹枝词（十三种）》，北京出版社1962年版，第96页。
② 夏仁虎：《旧京琐记》卷九，辽宁教育出版社1998年版，第126页。

一客谈山川，掌纹西流作弱水。

一客谈高弧，神明悒悒念弧矢，泰西深瞳一何似！

一客谈宗彝，路逢破铜拭双眦，发丘中郎倘封尔。

一客谈遗佚，日挟十钱入西市，

五钱麦糊五钱纸，年年东望日本使。

一客谈雠书，虱胫偏旁大排比。

一客谈诂训，夜祠泬长配颜子，不信识字忧患始。

一客谈虫鱼，草间闻蛙卧帖耳。

一客谈掌故，康熙老兵偻而俟。

一客谈《公羊》，端门血书又飞矣。①

自珍居住在宣武门城南，经常来喝酒聊天的朋友颇多，他们有各种各样的学术研究与爱好：有的研究先秦文字，如阮元、赵魏、徐楳对古文字研究精湛深邃，他们说其梦见创制汉字的仓颉，宴飨创造大篆的西周太史史籀；有的谈论西北史地，如徐松、程同文、沈垚精通西北地理研究，他们在手掌上比画说明弱水西流；有的谈论天文学上的高弧，一会儿又闷闷不乐念叨着数学上的矢弧，如嘉庆年间的焦循、李锐、汪莱等人；道光年间的陈杰、罗士琳、黎应南、董祐诚等人精通天文历算，他们的神态与高鼻深目的欧美传教士何其相似！有的谈论殷周时代的宗庙彝器，走在路上遇到破铜都要擦亮眼睛，倘若封官可做负责发掘坟墓的发丘中郎；而阮元、秦恩复、赵魏、何元锡、徐楳、何绍基等人对金石颇有研究。

还有的人谈论失传的古书或古书佚文，每天拿着十钱进入西市，五钱买麦糊五钱买纸，准备修复破烂古籍，年年盼望日本使者把中国

---

① 龚自珍：《城南席上谣一名嘲十客谣一名聒聒谣》，刘逸生、周锡䪖校注：《龚自珍诗集编年校注》（上），第208页。

失传的古籍带回中国来；有的谈论校雠古书，把字画细微如蚊子大腿的偏旁进行大排比，擅长此道的有顾广圻、汪远孙、陈奂；有的人谈论古书训诂，在夜间祭祀东汉文字学家许慎并以颜师古配享，他们并不相信苏轼所谓"人生识字忧患始"！精通此道的师友有王念孙、王引之父子，外祖段玉裁，朋友丁履恒、江沅、钮树玉；有的谈论《尔雅》中《释虫》《释鱼》篇，一听到草间有蛙叫，就卧在地上侧耳倾听；有的谈论前朝掌故，上自朝廷的典章制度，下到社会风俗人情，康熙朝的老兵弓着腰静候倾听；有的谈论公羊学说，端门又要飞下血书！沉寂已久的今文经学即将复兴。

自珍的诗，将京师各种学术流派聚于一堂，反映京师学术的繁荣与学者交游的频繁。对自珍而言，京师生活意味着拜访名师，探讨学术源流，与师友一道宴饮雅集，诗词唱和；上巳踏青，重九登高，游山游园，既成就其学术，又给其留下太多美好的人生回忆。因此，道光十九年（1839），自珍辞官离开京师之际，心里充满眷恋不舍。作诗云：

进退雍容史上难，忽收古泪出长安。
百年蓁辙低徊遍，忍作空桑三宿看。①

在出仕为官与归隐田园之间，自珍很难做到从容不迫，恬淡自然。离开北京城之际，自珍心中千头万绪，以致泪流涟涟，外人很难想象体会其情感。名儒硕学聚饮一堂、畅谈古今学术的场面，怎么不令人留恋？修道的道士都不肯在一棵桑树下连住三晚，以防止对桑树产生感情，自珍留恋先人留下的百年遗泽，怎么忍心拿"三宿空桑"

---

① 刘逸生：《龚自珍己亥杂诗注》第 10 首，中华书局 1980 年版，第 11 页。

之语来比附呢？

二、宣南士人聚居区的形成与学术交游的便捷

　　古代社会交通不便，居住区域的相对聚集，对于生活其中的人们的频繁往来，至关重要。就拿朝臣上朝而言，清初康熙帝、雍正帝只是偶尔驻跸畅春园、圆明园，大多数时间居于紫禁城。乾隆帝在位期间，大力兴修圆明园，且经常住园。而嘉庆帝、道光帝则长期住在圆明园，只是冬天回到城中的紫禁城。当时京城并无现代交通工具，这给朝臣上朝奏事带来诸多不便。大臣奏事要乘骡车奔波80里路，颇为辛苦。魏源曾作《都中吟》一诗，揭露此一现象：

　　　　下海淀，下海淀，请事画诺如邮传。
　　　　未明往返八十里，郎官往城堂住淀。
　　　　去时柳树啼早鸦，宫门晨开扫落花。
　　　　午归马汗和尘沙，冯唐日听官鼓挝。
　　　　我闻康熙畅春原偶跸，雍正圆明制未悉。
　　　　乾、嘉终岁始驻园，车驾入城只什一。
　　　　求衣问夜揽万几，夕奏朝可传餐食。
　　　　何况边报军书连日夕，全凭水色山光慰宸极。
　　　　君不见，西苑豹房尽城中，群臣终岁睎天容。
　　　　平台一召已仅事，那闻日日延离宫。
　　　　无逸殿中劳溽暑，趋朝敢辞海淀苦！[①]

[①] 魏源：《都中吟》，《魏源全集》第12册，岳麓书社2004年版，第577页。

皇帝常在圆明园设朝听政,军机大臣等重臣移住海淀办公,六部官员遇事画诺,风尘仆仆颇为辛苦。当时北京主要交通工具为骡拉轿车,他们往返奔波劳碌,煞费周折,往往一大早上路,中午还要赶回去,办事官员无奈,只得提前一天在海淀镇上赁屋居住。若是遇到军书络绎,报事之臣只能靠欣赏湖光山色的美景,来慰藉疲惫的身心。

与此相反,集中于京师宣南的广大士子比邻而居,距离的缩短为其交往提供最为便利的条件。有清一代,京师实行满汉内外城分居之制,使汉族士人的居住区更为集中,形成独特的宣南士乡。顺治元年(1644),清廷定都北京,基本上沿用明代北京城,但在居住政策上,实行满汉分居。原因在于京城汉官汉民与八旗杂居共处,争端日起,时常发生劫杀抢夺之事,而追究缘由满汉人等彼此推诿,为解决此一矛盾,顺治五年(1648)朝廷下令:

> 除八旗投充汉人不令迁移外,凡汉官及商民人等,尽徙南城居住,其原房或拆去另盖,或贸卖取价,各从其便。……六部、都察院、翰林院、顺天府及大小各衙门书办吏役人等,若系看守仓库原住衙门内者勿动,另住者尽行搬移。寺院庙宇中居住僧道勿动,寺庙外居住者尽行搬移。若俗人焚香往来,日间不禁,不许留宿过夜。……凡应迁移之人,先给赏银,听其择便。①

这样,北京城内除僧道之外,汉官汉人一律搬到南城居住,同时,为了保持满洲风俗的淳朴,朝廷禁止在内城开设戏园、妓院,这就导致京师的城市结构发生重大变化,形成满城(内城,或北城)与汉城(外城,或南城)分立的格局。随着时代推移汉官汉人在宣南

---

① 《清世祖实录》卷40,顺治五年八月,中华书局1985年版。

形成颇为集中的群体聚落，而与汉人生活密切相关的庙会、书肆、灯会、戏园、妓院亦转移到宣南地区，由此形成独特的宣南文化。正如夏仁虎《旧京琐记》所言："旧日汉官非大臣有赐第或值枢廷者，皆居外城，多在宣武门外。土著富室，则多在崇文门外，故有'东富西贵'之说。"①

宣南位于北京城宣武门以南，明代多有官员住宅府第，而中原及南方各省士子进京会试，要途经涿州，由卢沟桥进入广安门，因此居于宣南最为便捷，于是各省人士纷纷在宣南建立会馆。久而久之，在汉族官僚士子聚居的宣南地区，各省会馆、名刹古寺、茶馆书肆、戏园酒楼渐趋繁盛，形成独特的宣南士乡。礼部会试每三年举行一次，每榜录取二三百人，但每科参加应试的人数却多达六七千人。他们在应试之外，要访师问友，切磋学术，而考前筹备与试后候榜皆需时日。士子云集甚至给北京市面造成繁荣景象：

> 北京市面以为维持发展之道者有二：一曰引见官员，一曰考试举子，然官员引见，有凭引期限，其居留之日短。举子应考，则场前之筹备，场后之候榜，中式之应官谒师，落第之留京过夏，远省士子以省行李之劳，往往住京多年，至于释褐。故其时各省会馆，以及寺庙客店，莫不坑谷皆满。而市肆各铺，凡以应朝夕之求馈遗之品者，值考举之年，莫不利市三倍。②

皇帝引见官员，官员至京后需要各种应酬拜谒，举行宴饮，馈送礼物，对于京师市面繁荣有促进作用，但他们居京时间较短，而应试

---

① 夏仁虎：《旧京琐记》卷八，辽宁教育出版社1998年版，第118页。
② 夏仁虎：《旧京琐记》卷六，辽宁教育出版社1998年版，第108页。

举子人数多，停留时间长，为京师的各省会馆、寺庙客店、市肆店铺提供盈利机会，无论各省会馆还是寺庙客栈，无不人满为患。

参加乡会试的士子汇聚宣南，促进各省会馆的兴建。以北京会馆而言，据学者研究，以光绪《顺天府志》《京师坊巷志稿》及其他清代民国文献而论，共有地方会馆552所，行业会馆15所，合计567所，其中位于宣武区者405所。若仅就光绪朝《朝市丛载》记载，北京共有行业会馆8所，地方会馆384所，合计392所，其中在宣武区者260所。[1] 由此可见，宣南作为汉族官僚士子聚集之地，在清代形成一道亮丽独特的文化风景线。

为宦京师，卜居宣南，成为诸多士人的必然选择。参加三年一次会试的大批士子，在放榜后陆续离京，会馆腾出的空房常为小京官所租赁，但下次会试前他们又要搬出。这样，在宣南地区聚居了三年一次云集京师的公车举人，流寓京师游学的各地士子，还有赁屋而居的下层京官。这里的官绅士人由于种种原因，流动性颇大，搬家移居成为司空见惯之事，形成"冷官随处可容身"的局面，也造成了士子文人交往的频繁性与广泛性。

京官赁屋而居要经常更换寓宅，甚至出现"五春三度移居日"的频繁搬迁。乾隆十七年（1752）六月，钱大昕入都，寓居神仙胡同，同年秋移居潘家河沿，十九年（1754）又移居横街。此后他依然辗转移寓度日，先后在珠巢街、宣武门外大街等处居住。钱氏作诗描写其生活状态："真似山僧惯打包，桑根三宿等闲抛。劳如车轴无停转，拙比林鸠未定巢。市近米盐喧耳畔，客疏尘土积堂坳。年来学得安心诀，容膝三间即乐郊。"[2] 此诗并非夸张，而是其在宣南生活的真实

---

[1] 王世仁：《皇都与市井》，百花文艺出版社2006年版，第124页。
[2] 钱大昕：《自珠巢街移居宣武门外题壁》，《潜研堂集·潜研堂诗集》卷四，上海古籍出版社1989年版，第980页。

写照。

直到嘉道年间，京城官绅士人经常更换寓所的现象，依然没有改变。嘉庆进士后官至体仁阁大学士的祁寯藻，在移居烂面胡同时写道："自我官京师，十年四徙宅"，移居次数并未减少。京官频繁迁寓与升转外放、致仕返乡、丁忧守制有关，他们经常腾出空宅，为其他仕宦之人提供择寓而居的机会。加上每至会试之年，会馆住满来自全国各地的举子，他们的逗留与离京使京师士人居住的流动性大为增强，京官的频繁移居与三年一度会试的举人进京交织在一起，更使宣南地区的房屋周期性地更换住户。

聚居区域的缩小，频繁移居的流动使诸多在京的学者名流，往往在宣南比邻而居，或者居所甚近，为他们朝夕相处切磋学问、品茗夜谈饮酒赋诗、宴饮雅集赏景看花提供了地缘上的便利。康熙年间，学者邵长蘅客居京师，与王士禛、施闰章、陆嘉淑、陈维崧比邻而居，留下学术史上的一段佳话：

> 忆己未客都门，寓保安寺街，与阮亭先生（王士禛）衡宇相对，愚山先生（施闰章）相距数十武，陆冰修（陆嘉淑）仅隔一墙。偶一相思，率尔造访，都不作宾主礼。其年（陈维崧）寓稍远，隔日辄相见，常月夜偕诸君扣阮亭门，坐梧树下，茗碗清谈达曙。①

这在宣南是司空见惯的寻常乐事，却使士人离京之后对都门乐事颇为留恋，邵长蘅在离京后写信给王士禛说："奉别将十年，回忆寓保安寺街，踏月敲门，诸君箕坐桐阴下，清谈竟夕，恍然如隔世事。

---

① 戴璐：《藤阴杂记》卷九，北京古籍出版社1982年版，第86页。

清景常有，而良会难再，念至增惆怅也。"[1] 邵长衡十年之后，仍旧怀念京城师友清谈竟夕的风雅韵事，可见学者切磋聚会给他们带来的学术收获与精神愉悦。

嘉庆十八年（1813），毛诗专家胡承珙与胡培翚、张阮林在京师订交，其住所又与学者郝懿行邻近，四人每月都要会晤，畅饮之余散步庭院，高谈经义，纵论古今。培翚曾记述宴饮情形："一夕，饮君（指胡承珙）邸，酒酣，乘兴步月瑶台，四人相与高谈，纵辨于月色空明莽墟无人之地，可谓意气之盛。"[2] 文人聚会饮酒，谈经论史之乐，可以想见。

嘉庆二十四年（1819），身为翰林的程恩泽搬迁新居，陈沆曾作诗祝贺，描绘出京官经常搬家、漂泊不定的情形，同时将清初京官居住情形与嘉道年间做了对比：

> 积雨乍霁纤埃无，翰林主人移新居。
> 奉太夫人登板舆，梁家少妇左右扶。
> 奴子三五，背负鼎臼，琴尊壶架书匣砚，副以双驴车。
> 新居最近城南隅，祝园封园今则芜。
> 国初前辈风流殊，亭馆颇分俸所余。
> 虎坊别墅昆山徐，藤花书屋秀水朱。
> 老树村边给事卢，晚翠阁里多奇书。
> 太平官府百不拘，暇以文酒为欢娱。
> 枚马词赋盛西都，褚虞身在瀛洲图。
> 数十年来老辈徂，屋少于前官倍初。

---

[1] 戴璐：《藤阴杂记》卷九，北京古籍出版社1982年版，第86页。
[2] 胡培翚：《求是堂文集序》，胡承珙：《求是堂文集》卷首，《续修四库全书》第1500册，第192页。

贱子一岁三易租，草草赁得黄公垆。

君亦夜夜防穿窬，自春卜迁秋忽诸。

吁嗟，作官不谋屋一区，何况穷士远来困泥途。

何况百姓嗷嗷不得完田间，君才岂悄一室自扫除。

种花莳竹手把鸦嘴锄，寿母见之一轩渠。

以此自乐良非迂，秋来佳日不可辜。

何时花里开冰厨，槐簃看菊邀吾徒。①

　　程恩泽身为翰林，同样面临经常赁屋搬家的问题。每次搬家，老母妻子儿女，锅碗瓢盆，书籍笔砚，好不繁琐凌乱。程恩泽所赁新居在城南隅，左近的祝园、封园昔日为名流燕赏、骚客盘桓之所，如今已衰败荒芜。附近寻常巷陌的宅院，清初曾是风流才子、京官学者的寓所：虎坊桥别墅是康熙年间探花、昆山人徐乾学的寓所；藤花书屋原来住着博学鸿词科的秀水人朱彝尊；老树村边的草庐曾经住过给事中；晚翠阁为学者顾嗣立寓所，当年名士云集。这些人身处太平盛世，可以无拘无束饮酒聚会，吟诗作赋，填词唱曲，或者切磋书法技艺，犹如枚乘、司马相如辞赋誉满长安，犹如褚遂良、虞世南登瀛洲绘像文学馆。

　　陈沆进一步指出，清朝开国之初，官少屋多，因此老辈所居条件还不错，但嘉道年间京官不断增多，但房屋数量依旧，因此赁屋不易，陈沆一年三易居所，草草租赁巨儒黄叔琳万卷楼的屋子。而程恩泽从春天开始占卜迁居，到秋天才搬家，而且夜夜需要防范穿壁翻墙的梁上君子。当时做官的尚不能谋划买屋，何况风尘仆仆远道而来的

---

① 陈沆：《移居诗贺程云芬前辈》，《简学斋诗存》卷之四，宋耐苦、何国民编校：《陈沆集》，湖北教育出版社 2016 年版，第 46 页。

贫困士子？百姓更是嗷嗷待哺没有完好的田园庐舍！程恩泽亦自娱自乐，亲自种花栽竹，秋天到来菊花盛开，主人将会邀请师友前来赏花饮酒！

京官在宣南地区赁屋而居，迁徙无常，确实颇为辛苦，但由此造成学者的聚居与宣南士乡的形成。这样，清代的宣南地区不仅为地理概念，而且具有文化、学术聚落的意义，对清代官僚学者、文人雅士的学术交游、官场生活产生了深远的影响。在宣南，有数量颇为壮观的名宦名儒故居，甚至一条狭窄的小巷，一座破旧的民居，皆有学者名流生活交游的足迹。在宣南名人寓所中，古藤书屋最为闻名遐迩。

古藤书屋位于宣武门十字街口东南的海泊寺，院内有两株百余年的古藤树，紫花青藤爬出屋檐。明末清初龚鼎孳曾居于此，后迁居香严斋，顺治年间为降臣金之俊府第，康熙初年御史何龏音居住于此，而古藤书屋最为闻名遐迩的主人是朱彝尊。朱彝尊曾祖朱国祚为万历年间进士，官至户部尚书兼武英殿大学士。明亡后，朱彝尊与大儒顾炎武、岭南义士屈大均以及李因笃、傅山等人，曾进行反清复明的活动。康熙十八年（1679），朱彝尊以布衣召试博学鸿词，授翰林院检讨，充《明史》修纂官，两年后升日讲起居注官，召入南书房供奉，成为有清一代前所未有的旷典。二十三年（1684），朱彝尊为编辑《瀛洲道古录》，私入内府抄书而被劾谪官，从而迁到古藤书屋。

朱彝尊藏书万卷，古藤书屋除竹几藤床外，四壁堆满书籍，小院"藤花紫檐，桠叶绿荫"，而彝尊深入荒山野径，寻访残碑断碣，与书卷相互印证，其潜心著述，完成《日下旧闻》42卷。王原为此书跋云："先生自罢供奉，僦屋宣武门外，日夕坐卧一室，藤床竹几，架上藏书万轴，围列左右。先生目不停披，手不绝书。又时时延访遗老，质问逸事，或摹拓残碑碣，攀崖附涧，侧足重茧不惮困。……其采辑考辨，可谓勤且瘁矣。"[1]《日下旧闻》是一部历史地理典籍，详细记载京师地理沿革、历代典章制度与遗闻旧事，乾隆年间经官方修补，成《钦定日下旧闻考》120卷。

彝尊迁入后，古藤书屋成为文人学者宴饮雅集、吟咏酬唱的殿堂。严绳孙、顾贞观、陈维崧、姜宸英、梁佩兰、王士禛、查慎行等人经常光顾此地。康熙二十四年（1685），纳兰性德去世，朱彝尊与之交游十余年，在古藤树下手书《纳兰侍卫性德挽歌》："屈指论交地，星终十二年。斯人不可得，知己更难怜！"二十七年（1688），王士禛作客古藤书屋，写下"古藤书屋花未放，主人爱客招吾徒"的诗句。彝尊拿出南唐后主的宝物来令其鉴赏，王士禛为此写下《米海岳研山歌为朱竹坨翰林赋》。此年，查慎行与梁佩兰来访，与彝尊在古藤书屋纵酒谈诗，查慎行作诗说："古藤荫下三间屋，烂醉狂吟又一时。惆怅故人重会饮，小笺传看洛中诗。"据近人瞿宣颖《养和室随笔》记载，院中古藤于道光末年犹存，古藤书屋之古藤至少活了160余年。

康熙二十八年（1689），朱彝尊离开古藤书屋后，曾经发出"不道衰翁无倚著，藤花又让别人看"[2]的感叹。此后，龚鼎孳、黄俞邰、周青士、蒋京少等诸多学者皆寓居于此。三十三年（1694），孔尚任与王士禛曾来看望蒋京少，后作《燕台杂兴四十首》云："大傅吟诗归草堂，新开蒋径自锄荒。藤花不是梧桐树，却得年年栖凤凰。"古藤书屋为京都风水宝地，聚于此地的名人络绎不绝。

邓之诚《古董琐记全编》详载京师名宦名儒的京师旧居。不过在此指出，京师的官僚士大夫在京师大多赁屋而居，居所经常变动，

---

[1] 于敏中等纂辑：《日下旧闻考》，王原《原跋》，北京古籍出版社1985年版，第2582页。
[2] 戴璐：《藤阴杂记》卷九，北京古籍出版社1982年版，第83页。

邓之诚所记应是他们的旧居之一。现列表如下：

清代名宦名儒北京宣南故居统计表

斋名	主人	位置	斋名	主人	位置
香严斋	龚鼎孳（芝麓）	宣武门左	春晖堂	陈邦彦	宣武门右
小秀野堂	顾嗣立（侠君）	宣外三忠祠	乐贤堂	德保（定圃）	史家胡同
古藤书屋	金之俊、朱彝尊	海泊寺街	方壶斋	田雯（山姜）	永光寺西街（迁横街）
商宝意故居	商盘（宝意）	香炉营	梁药亭寓	梁佩兰（药亭）	永光寺
	姜西溟、汤右曾、吴元朗、查声山	西草厂胡同	得树堂	王士祯（渔阳）	保安寺前
时晴斋	汪由敦	椿树三条胡同	邵青门旧居	邵长蘅（青门）	保安寺街（与王士祯居相对，与陆冰修隔一墙）
查浦嗣居	查璞（浦嗣）	半截胡同	野航斋	徐萍村	
怀鸥舫	陆肯堂			秦大士（鉴泉）	半截胡同
爱日堂	陈元龙	绳匠胡同		陈兆仑（句山）	贾家巷，又粉坊胡同
	齐次风	半截胡同，移贾家巷句山旧居		张汉（月槎）、张鹏翮	贾家胡同
席龙堂	王熙怡（园额）		青箱堂	王崇简（堂额）	
碧山堂	徐澹园	绳匠胡同（后休宁馆）	冠山堂	徐乾学（堂额）	
四松亭	张若淇、吴嗣爵	怡园一隅		秦蕙田、姜度香	绳匠胡同
听雨楼	汪荇舟、韦约轩	北半截胡同	清远堂	纪复亨（堂名）	
东井书室	吴应棻	顺承门大街	枣东书屋	查他山	魏染胡同
饲鹤轩	吴梅村故宅，汤右曾居	枣东书屋东	一经斋	金德瑛（桧门）（浙江仁和）	魏染胡同南端
晚红堂	彭维新、吴省钦		兰韵堂（晚红堂）	沈云椒	
绿云书屋	程景伊	横街	宝言堂（梦舫室）	王文庄公（鸿儒）	韩家谭

续表

斋名	主人	位置	斋名	主人	位置
凛存堂	徐本（钱塘）	外郎营	石芝庵	曹秀光	米市胡同
	黄叔琳	李铁拐斜街	双槐轩	陈台孙	保安寺街
湘馆斋	徐文长		清勤堂	梁诗正（钱塘）	杨梅竹斜街（有藤花，后改旅馆）
绿雨楼	陆文裕深		青藤馆	陈泽州	珠市口西
秋碧堂	梁清标	有蕉林书屋，刻秋碧堂法帖	看云楼	李雨村	梁家园
十二研斋	汪蛟门（梦入广庭，得十二研，因名其斋）	宣武之右	一峰草堂	乔莱	斜街南端，朱彝尊有诗赠之
接叶亭	汤右曾（杭州人）	烂熳胡同，张南华、沈椒园曾居之	锡寿堂	王顼龄	接叶亭对门
忏园	王燕（王熙弟）	增寿寺西	晚翠阁	顾嗣立（侠君）	似在西便门
	宋荦（牧仲）	银锭桥（和珅恭王府亦在此）	余雨书屋	于敏中	兴化寺街
绚春园（晚香园）	尹继善	定府大街	野园（佟府花园）	介少宗伯第	灯市口，传为严世藩第
	纪昀	虎坊桥		汤金钊	西长安街中街
	倭仁	西城察院之左		姚伯元	东铁匠胡同，有龙秋馆、竹叶亭、小红鹅馆
	傅恒	东单二条		刘墉	驴市胡同西头，有南北二宅
	瑛宝（梦禅）	勾栏胡同，与刘墉邻巷	半亩园	李渔所创，后改会馆，麟庆得之	弓弦胡同内排子胡同
	松筠	东直门二条胡同		洪承畴	南锣鼓巷路西
小西涯	法式善	松树街东头，李公桥西墙下第一家			

续表

斋名	主人	位置	斋名	主人	位置
	庆兰（似村）	定府大街冰浆局	蝶梦园	阮元	阜成门内上岗
许乃普		石老娘胡同极东，道北一第		彭启丰	麻线胡同极东，道北
	鄂尔泰	帅府胡同（明武宗威武大将军府）		潘祖荫	米市胡同际会堂对门法华庵
	翁方纲	保安寺街		祁寯藻	宣武门外四眼井
	翁同龢（袁爽秋亦居之）	东单头条		钱大昕（竹汀）	绳匠胡同，移潘家河沿，又横街
	李莼	铁门（后迁保安寺街）			

资料来源：邓之诚：《骨董琐记全编》，北京出版社1996年版，第361—363页。

三、龚自珍的京师交游群体

嘉庆二年（1797），六岁的自珍随父母进京，居住于宣南斜街宅，八年，与叔父守正同寓横街，后移居门楼胡同，嘉庆十年至十四年在此居住。十七年（1812），丽正调任徽州知府，举家离京南下。此后因为参加顺天乡试、礼部会试，自珍多次奔波于江南与京师之间，与京都士人的交游始终没有中断。嘉庆二十五年，自珍捐纳为中书舍人，道光元年至中书任上行走，后任宗人府主事、礼部主事等职，一直在京为官，直到道光十九年辞职南归。期间道光三年七月，自珍因母亲去世，丁忧回上海守制，直到六年春回京任职。自珍在京师生活前后达30余年之久。因此，自珍的交游群体主要是在京城建立的。

自珍在宣南的居所，十一年（1831）之前，迁居烂面胡同，这年十月，自珍将上斜街旧居售与潘仕成。估计自珍在宣南居住的地方还有一些，因无文字记载，如今已不得而知。十七年前后，自珍赁屋而居，因经济状况窘迫无力缴纳房租，经常为房东追呼讨债。其作诗云：

岁丁酉初秋，龚子为逐客。室家何抢攘，朝士亦龃龉。古书乱千堆，我书高一尺。呼奚抱之走，播迁得小宅。①

从嘉庆二年（1797）进京到道光十九年（1839）辞官南归，自珍的生活在京城、杭州、徽州、安庆、上海之间进行着空间位移，与北京时即时离，其在宣南的居所，亦不断迁居变换，曾与诸多学人比邻而居，对自珍学术影响巨大的程同文、徐松皆为邻居，他们经常与自珍宴饮雅集，纵论古今学术。与自珍谈论金石的吴式芬，诗词唱和的吴嵩梁，亦与自珍比邻而居。全国各地士子以及地方官员因为参加顺天乡试、礼部会试、京师游学、在京为官、进京述职、寻师访友等，多汇聚于京师，自珍作为京都名士，亦是官僚士大夫争相交游的对象。下面对自珍的京师交游群体进行分析。

在传统时代的中国，同乡是一项颇为重要的人际关系资源，对此，美国学者福尔索姆说：

同村或同省的人，一旦离开家乡，便会感觉到彼此间有一种基于出生于同一地区的特殊的相互亲近相互忠诚的感情。因此，他们通过特别地方会社（会馆）联结起来，互助互济。来自同一省的赴京应试士子可一同下榻于各自省份的会馆，在这里，他

---

① 龚自珍：《题王子梅盗诗图》，刘逸生、周锡䪖校注：《龚自珍诗集编年校注》（上），第482页。

们复习功课准备考试会得到帮助,如果需要,还会得到经济上的资助。……当然,因职守离开原籍的政府官吏也参与其所属省份会馆的活动。这种对家乡的热爱、这种为家乡而骄傲的感情,渗透于中国社会,为本已错综复杂的人际关系世界又增添了一层关系。①

在京师,中央各部官吏主要通过科举考试来选拔,这些人来自全国各地,在"长安米贵,居不易"的环境下,因同乡之谊而结成的人际关系网络,就成为各省士子感情寄托、经济互助、官场提携的重要纽带。在同乡高官的提倡下,各省往往要在京师建立会馆,经费多来源于诸多同乡官员的捐助。会馆主要为本省参加三年一度乡试、会试的士子服务,同时成为在京同乡官员、士子、绅商进行联络沟通的中心地。

浙江由于经济发达、人文鼎盛,在京会馆省级有3个,府级11个、县级10个,共计24个。②全浙会馆在宣南下斜街路西,全浙新馆在南横街路北,杭州会馆在虎坊桥路北,距离自珍在宣南的寓所不远。各省在京师的会馆不仅仅是为同乡士人提供休憩的场所,它还是一种精神的纽带,将各地旅居士人的精神世界与原籍文化连接起来,在京师五方杂处的大环境下形成属于本乡本土的地域文化,在浓浓的乡情下将同乡士子、官僚、绅商紧紧连成一体。

在以会馆为中心的小天地间,同乡官员、士人祭祀神明与本乡先贤,进行各种庆典与团拜,迎来送往进京办事、科考之人,同乡士人聚会和诗词唱和,所有这些活动都加强了同乡官员、士人之间淳朴的

---

① 〔美〕福尔索姆著,刘悦斌、刘兰芝译:《朋友·客人·同事:晚清的幕府制度》,中国社会科学出版社2002年版,第19页。
② 胡春焕、白鹤群:《北京的会馆》,中国经济出版社1994年版,第39页。

乡谊。自珍声音清朗，渊渊若金石之声，每次同乡祭祀神明，皆由自珍诵读祭祀文，在同乡之间的联谊活动中颇为活跃。浙江同乡亦是自珍京师交游群体的重要组成部分。

嘉庆四年（1799），年仅 8 岁的自珍结识其父的同乡好友程同文，而正是程同文日后将自珍引上西北史地研究之路。嘉庆八年，浙江建德拔贡宋璠成为自珍的塾师，而引荐宋璠的是浙江开化人、刑部员外郎戴敦元，而与自珍一同学习的还有袁枚之侄、浙江钱塘人袁桐。宋璠以教读自珍获得束修，平日又可以治经，攻读举业，翌年应顺天乡试中举。嘉庆十二年，16 岁的自珍结识钱塘同乡、长于自己 18 岁的夏璜，是自珍交友之始。

嘉庆十四年（1809），浙江秀水人、51 岁的王昙登门拜访，王昙长于自珍 33 岁，与自珍结为忘年交。王昙为吴省钦门生，而吴氏窥伺和珅大势将去，原与和珅关系密切的他为了避祸自保，妄荐王昙精通掌中雷，可剿灭川楚教匪，因此罢官而去，待和珅被诛同党下狱，吴氏得以自保。但王昙从此不齿于士林，屡应会试屡次被黜，师友避之如洪水猛兽，无奈之下到门楼胡同拜访自珍，与自珍成为忘年交。同乡好友的悲剧对于自珍应有一定刺激，但自珍依然放言论政，其狂傲与王昙相比有过之而无不及。

事实上，王昙擅长作诗，性情平易近人，曾与之订交的张祥河说："王仲瞿孝廉昙少负狂名，诗有血气，余于嘉庆辛未订交，在王白斋先生际华二十四福堂中。见仲瞿颇近人情，告余所至之处，必栽花木，自称万华王人，余亦喜栽植，引为同调。余诗亦为仲瞿所赏，记其在山左时，以琵琶二十四弦祭项王墓，下七律三首，脍炙人口，殆与张船山问陶之宝鸡店题壁诗，异曲同工。"[①] 王昙喜欢种花栽木，

---

① 张祥河：《关陇舆中偶忆编》，雷瑨辑：《清人说荟》石印本，上海扫叶山房 1917 年版，第 12 页。

为人处世颇有人情味,诗歌创作水平亦高,可惜成为政治斗争牺牲品后,一生抑郁潦倒。

嘉庆十八年(1813),自珍进京应顺天乡试,四月与浙江钱塘人袁通、汪琨同游崇效寺,赏花之余填词唱和,并为袁通词集《捧月楼词》作《袁通长短言序》,对其词作颇为赞赏。嘉庆二十四年,自珍进京参加会试,去拜访在京为官的同乡前辈姚祖同,道光元年(1821)自珍任内阁中书,去拜访同乡前辈、父亲同年姚学塽,学塽精熟仁义,治学主张严于修己,自珍对其颇为敬重。

此前,程同文参与撰修嘉庆朝《大清会典》,其中《理藩院》一门及青海、西藏各图,程氏嘱托自珍进行校理,二人就西北史地研究进行切磋,互通资料有无,正是程同文将自珍领上西北舆地的研究。在京师为官期间,自珍经常参与京师士大夫的宴饮雅集,其中与自珍一同参与的亦多为浙江同乡。如道光二年,自珍参与吴嵩梁邀集的崇效寺小集,其中浙江仁和人许乃毂、海宁人陈均亦参加。道光三年(1823),自珍参加吴嵩梁寓所举行的纪念欧阳修生日的诗会,一同参加的还有浙江海盐人朱方增、嘉善人黄安涛。

道光三年为会试之年,浙江青田人端木国瑚入京会试,以诗赋受知于阮元,在京师不事干谒,在萧然的斗室之中以著述自娱。端木国瑚性情清高,好学深思,通天人之奥,旁及阴阳术数,尤其深于易学,自珍与之论《易》,赞叹其高论闻所未闻。端木国瑚出都,自珍相送,作《送端木鹤田出都》一诗:

天人消息问端木,著书自署青田鹤;
此鹤南飞誓不回,有鸾送向城头哭。
鸾鹤相逢会有时,各悔高名动寰廓。

君书若成愿秘之,不启三山置五岳。①

　　自珍与端木国瑚探讨有关天道和人事的消长变化,才学精深的端木犹如青田之鹤,而自珍自比鸾凤,将来定会名动天下,自珍还劝端木将其著述藏之名山,传之后世。道光十年(1830),端木国瑚以《地理元文注》为道光皇帝赏识,特授内阁中书,与自珍成为同寅,二人时常切磋学术问题。

　　中国人重人情,重人际交往,在清代,同乡、同学、同门、同年、同寅、同宗同族、姻亲故旧,都是中国人最为重要的人际资源,从而成为中国人援引奔竞、仕途升迁的"庇护制网络"。对此费正清《剑桥晚清史》曾说:

>　　明清两代的主要晋升道路是通过教育和文官考试制度。……就总的趋势来说,特别是在富饶而人口稠密的东南地区,上升的机遇则是每况愈下的。……对社会升迁现存渠道的压力,无疑地促成了清代中国政治行为的特殊型式——即庇护制网络结构——的形成,……庇护网结构有它传统的社会关系的根源,这种社会关系主要表现为亲属关系和同乡关系。共同的家庭纽带或者共同的乡里关系是与陌生人交往时应用的第一原则。它被用来确定社会的亲疏距离和等级制度,也被用来办理公务和确定相互间的义务。在没有这种纽带的情况下,通常就制造假亲属关系来代替它。这种关系是非正式社会交往的基础,也是常

---

① 龚自珍:《送端木鹤田出都》,刘逸生、周锡䪖校注:《龚自珍诗集编年校注》(上),第243—244页。

设性社会组织——从诗社到秘密会社到商业行会——的支柱。在学界和官场上，教育和考试制度也维系着同样的庇护人—被庇护人的关系，在这里上级就是先生（"老师"），下级就是学生（"门生"）。"老师"不仅包括学校中的教师，也包括政府官员，即乡试和会试中的主考官，以及各省的提学。[1]

在费正清看来，科举考试是中国人的晋身之阶，但在仕途壅滞的情况下，士人通过姻亲故旧、同族同乡、同门同年等关系结成庇护制网络，以便在科举中式、仕途升迁方面相互提携照顾，无论是文人诗社、商业行会还是秘密会社皆基于这一原则，学界、官场的座师门生亦是如此。揆诸事实，这一"庇护制网络"在明清社会颇为普遍，可谓传统社会的一大弊病。

考察自珍的社会交游网络，却并非如此，在其交往圈层之中，不乏达官贵人，王侯卿相，但未见自珍进行奔竞干谒，而是对当权者进献改革弊政的对策，或是进行诗文唱和的文字之交。比如嘉庆十八年（1813）四月，自珍进京应顺天乡试，入京后与礼亲王昭梿交游，听其讲述史例随代变迁、因时而创的见解；宝兴曾为自珍乡试房师，嘉庆二十四年出任吐鲁番领队大臣，自珍作《上镇守吐鲁番领队大臣宝公书》，与其讨论抚驭回民事宜；阮元身为疆臣主持一代风会，自珍与其只有文字之交而已；道光朝重臣王鼎是自珍的年伯，自珍前去拜谒，作诗望其振刷朝政，扭转士林风气；林则徐禁烟前进京陛见，自珍作序送别，与其讨论禁烟事宜。可见，自珍通过交游网络传播政治改革的主张与学术研究的见解，并非为其迁升谋求私人的"庇护

---

[1] 〔美〕费正清主编，中国社会科学院历史研究编译室译：《剑桥中国晚清史》，中国社会科学出版社1985年版，第119—121页。

制网络"。

久居京师40余年的朱鹤年,赠送自珍一幅"灌夫骂座非关酒,江敩移床那算狂"的对联,最能体现自珍的性格与处事原则,更是自珍京师交游并非寻求"庇护制网络"的明证。朱鹤年是乾嘉时期的著名画家,长期寓居京师,遍交公卿名流,为那些达官贵人绘画,因此对于当时的士林风气颇为了解。自珍幼年即进京生活,二人的结识、交游自在情理之中。

朱鹤年,字野云,乾隆三十年(1765)生于江苏泰州世代为农的家庭。自幼工于书法和绘画,对画理尤有天性独到的理解。据说有一道士能预知后世之事,对鹤年说:"僻壤不足以为栖子,当入大都,名动公卿。"[1]鹤年长大后,家贫无以养亲,于是腰缠八百钱,步行北上京师,靠一路卖画为盘费,入都后画理更为精湛,名噪一时。

鹤年品行高洁,外貌和悦而内心耿介,毫无邪恶虚伪夹杂其中,又喜欢放生。鹤年常年不辞劳苦、不惜花费来掩埋路边枯骨尸骸,同时大力奖掖寒素后辈学子,救人于死亡边缘。因此,同时代的人皆喜欢与鹤年交往,称其为"端友"。阮元与鹤年有同乡之谊,二人彼此相互友善。京师东南有万柳堂为元代右丞相廉希宪别墅,康熙年间大学士冯溥得其地而重建为别墅,朱彝尊、毛奇龄等人曾在此地燕集。朱鹤年与翁方纲寻访古迹至此,补栽柳树,作画《访柳图》。后鹤年与阮元同游此地,作画《补柳图》。廉希宪与朱鹤年皆号"野云",此一巧合令鹤年颇为欣喜。鹤年每至除夕,必定祭祀砚台,因此绘有《祭砚图》。鹤年一生所绘作品颇多,每见于诸位名家集中。

当时法式善为诗坛盟主,自号"诗龛",敬奉陶渊明,绘图征诗。

---

[1] 阮元:《野云山人传》,上海师范大学图书馆编:《清代碑传全集》,上海古籍出版社1987年版,第1594页。

而鹤年善画山水人物、花卉竹石，自颜其居为"画龛"，名气与法式善不相上下，著名画家马履泰、张问陶对其颇为推重。鹤年与画家朱昂之、朱本并称"三朱"，朱昂之善画山水和花卉，笔意劲峭，深得古人神髓；朱本善画山水、人物和花鸟。朝鲜人喜爱鹤年的画，往往不惜重金购买，而且敬重其人品，甚至有人供奉鹤年画像，当作圣贤崇拜。

鹤年性情洒脱，平生爱好交游，喜欢结纳各方人士，与京中士大夫文酒往还。翁方纲、任大椿、法式善、吴锡麒、马履泰、张问陶、顾莼诸位学者名流，皆为朱鹤年平素故交。道光元年（1821），自珍到内阁任中书，与鹤年结识。此时自珍30岁，而鹤年已是61岁的花甲老人。二人性情洒脱，最为莫逆之交。道光元年，鹤年送给自珍高句丽香，香气平和淡远。自珍作诗进行酬谢：

>但来箕子国，都识画师名。云是王宫物，申之异域情。
>和知邦政美，淡卜主心清。为报东华侣，何人讼客卿？①

传说箕子因劝谏商纣王而被囚，后被周武王释放，箕子远走朝鲜，因此朝鲜又称"箕子国"。但凡来自朝鲜的使臣、商人，都知道画师朱鹤年的大名。而鹤年所赠之香为王宫之物，具有异域风情。朝鲜使臣曾上书清廷，指出官修《皇朝文献通考》记载其世系有误，要求修正，语气特别温婉。自珍想，那些身居东华门的内阁中书同僚，谁来辨正朝鲜使臣的请求？鹤年送香给自珍，足见二人交谊颇好。

---

① 龚自珍：《野云山人惠高句骊香其气和澹诗酬之》，刘逸生、周锡馥校注：《龚自珍诗集编年校注》（上），第169页。

鹤年性好漫游,行踪遍及长江、黄河南北,游览名山大川,观看奇花异木,了解各地风土人情,以作为绘画题材,其行踪像原野上飘忽不定的浮云。道光元年(1821),朱鹤年漫游东海回京,幼女不幸夭亡,葬在东直门外一小村。那里地势低洼,每到大雨连绵,田野被淹得茫茫荡荡。鹤年见此情景,感觉和自己游东海时远望被云水环绕的姜女祠,情景极为相像,置身其间心魂摇撼,鹤年请自珍为亡女作墓碣。自珍因而作《朱殇女碣》,此文不满百字,写景抒情悲凉浩渺,写出鹤年丧失爱女的无限哀痛。

作为画师,鹤年游历京师,常常高冠大屐,绝不作江湖故态,应为京师的一道亮丽风景线;而自珍风华正茂,亦狂放不羁,二人性情相投,堪称莫逆之交。鹤年曾经书写对联赠送自珍:"灌夫骂座非关酒,江敩移床那算狂。"[①] 灌夫为西汉名将,为人刚直敢言,公元前131年,安武侯田蚡娶燕王之女,窦婴与灌夫奉王太后之命前去祝贺。灌夫敬酒,田蚡不理不睬,灌夫酒后大骂泄愤,结果被杀。自珍亦激烈批评时政,上关朝廷,下及冠盖,但其与"灌夫骂座"不同,自珍的政治批判意识颇为清醒,与醉酒没有关系。

纪僧真为南朝齐高帝宠臣,荣宠无以复加,他向皇帝求为士大夫,齐高帝说此事取决于江敩、谢瀹。世家大族出身的江敩作为士林领袖,有"风流不坠,政在江郎"之誉。纪僧真登门拜访,登榻坐定,江敩环顾左右,移床远客,纪僧真只得丧气而返。自珍身为士大夫,其狂妄与"江敩移床"相比,有过之而无不及!直指封建皇帝"一夫为刚,万夫为柔"者,能有几人?鹤年此一对联,描绘出自珍性格的狂傲与铮铮铁骨。因此自珍看到对联后喜出望外,将对联悬

---

① 徐珂:《清稗类钞·文学类二》第8册,《龚定庵喜朱野云联》,中华书局1984年版,第3939页。

挂于厅堂，太史徐垣生对人说："入门但观此联，便知是定庵家也。"①鹤年在京师居住40余年，交游广泛，善于识人，其赠送自珍的对联，乃颇为了解自珍性情之后的总结。自珍直斥时弊的狂傲性格，怎会为一己功名利禄而构筑"庇护制网络"？

四、在京与同寅吴嵩梁的诗词唱和

自珍任职内阁中书最久，因此交往群体中多为内阁同僚。清代内阁设中书舍人，定额满洲中书为70人，蒙古中书16人，汉军中书8人，汉中书30人，官阶为从七品，掌管撰拟、记载、翻译、缮写之事。清代进士朝考后，除择优入翰林院外，较次一等者部分用为内阁中书。在此指出，内阁中书"第因所处之清严，争谓此途为华美。天依尺五，地接台三。头衔垺于新翰林，体统超乎散进士"②，他们有机会接触内阁大学士，且按例应对大学士行弟子礼，可以通过师生关系被荐举拔擢；此外，中书还可以通过参加大型文献工程如《四库全书》《大清会典》《大清一统志》《全唐文》等的编纂工作，获得升迁机会；最为重要的是，军机章京亦多由中书部曹考取，可以直接跻身军机处，参与机要军国大事。这样，内阁中书经过一定年限，可以外放同知或直隶州知州，数年后成为督抚封疆大吏，因此较其他衙门的官员升迁更为迅速。

自珍任内阁中书的道光初年，中书舍人可谓人才辈出，熟悉清代掌故的陈康祺曾说："道光朝，内阁中书舍人多异材隽彦。龚自珍定

---

① 徐珂：《清稗类钞·文学类二》第8册，《龚定庵喜朱野云联》，第3939页。
② 陆以湉：《冷庐杂识》卷四《内阁中书》，中华书局1984年版，第182页。

庵以才，魏源默深以学，宗稷辰越岷以文，吴嵩梁兰雪以诗，端木国瑚鹤田以经术，时号薇垣五名士。考中书省地望清要，唐宋以后与翰林并称华选。本朝名臣名儒，亦多奋迹其中。自捐例推广，五贡及举人均可保捐，于是丝纶清切之地，竽滥滋多，文章无色矣。"[1] 当时，才华横溢的龚自珍，博学多识的魏源，以文采见长的宗稷辰，工于诗歌的吴嵩梁，经术湛深的端木国瑚，被时人称为"薇垣五名士"。当时中书省地望清要，中书舍人与翰林一样堪称士林华选，因此其中人才辈出。自珍与同僚的交游中最值得记述的是其与吴嵩梁的交游。

吴嵩梁，字子山，号兰雪，又号澈翁、玉蟾后生，江西东乡人，生于乾隆三十一年（1766），长自珍 27 岁。嵩梁年少时爱好读诗写诗，诗作受到乡人赞许，后携带历年诗作谒见诗人蒋士铨，蒋与袁枚、赵翼并称"江右三大家"。蒋士铨将嵩梁 800 首诗稿删存 60 首，写下"千篇一律，有句无章"的评语，这使吴氏颇为惭愧，师从蒋士铨学习诗法。嵩梁除了学习李白、李贺、李商隐的诗歌外，用力摹拟杜甫诗歌，诗的意境渐为开拓，技巧亦有进步。

吴嵩梁曾以诸生应乾隆四十九年（1784）召试，不遇。弱冠之年嵩梁即游学京师，与海内名士王昶、翁方纲、法式善、秦瀛、吴锡麒等人交游。他们之中有些人与嵩梁比邻而居，常相过从，诗词酬唱无虚日。此时嵩梁诗笔纵横，雄浑雅健，才高气逸，与著名诗人黄景仁齐名，被时人称为"一时之二杰"[2]，受到诗坛名流王昶、翁方纲、法式善等人的盛赞。在诗学方面，嵩梁认为，诗以忠孝为根本，义兼风雅赅群经，注重诗人的人品与才气，注重学诗门径与诗歌之正，强调打破唐宋藩篱，尊崇李杜而兼采百家，注重真性情的抒发。

---

[1] 陈康祺：《燕下乡脞录》卷二，光绪年间刻本，第 6 页。
[2] 姚莹：《香苏山馆诗集后序》，吴嵩梁：《香苏山馆古体诗钞》卷首，《清代诗文集汇编》第 482 册，第 134 页。

嵩梁才华横溢，不仅能诗，亦工文、词、书、画，但为诗名所掩。王昶曾说："今自蒋苕生（蒋士铨）后二十余年，兰雪继之，……诗如天风海涛，苍苍浪浪，足以推倒一世豪杰。"[1]诗人袁枚一向自负自傲，读嵩梁诗后颇为佩服心折，写下一段评论："读完见示诗先后五卷，如一匹云锦，满目妍华，恰寻不出一缕跳丝。年未三十而天才学力一至于斯，且用笔能放能收，可华可朴。记心馀（蒋士铨字）先生见赠云：'古来只此笔数枝，怪哉公以一手持。'请以移赠足下。"[2]嵩梁作诗，风格华美瑰丽，完美无瑕，笔墨收放自如，堪称独树一帜，因此性灵派诗人袁枚对嵩梁颇为推重，足见其诗成就之高。

嵩梁先祖吴名扬为南宋遗民，曾追随文天祥抗击元军，被擢为礼部、兵部架阁，金丞相幕府军事。文天祥写给吴名扬的书信被吴氏后人视为墨宝，后不幸失去。乾隆五十四年（1789），嵩梁请翁方纲模仿文天祥笔法，缮写成卷，并请师友同僚赋诗题跋，汇刻为《表忠录》。朝鲜学者信仰儒家学说，尊奉春秋大义，对宋明遗民颇为敬重。朝鲜诗人申纬《题吴架阁〈表忠录〉四首》云："东乡逸史压东船，不比寻常翰墨缘。此仅寥寥一录耳，令人孝悌起油然。"[3]此诗表达申纬对吴氏先祖高洁品性的钦佩之情。

嘉庆五年（1800）嵩梁中举，授国子监博士，旋改官内阁中书。嵩梁以诗名震京师，与自珍等人号称"薇垣五名士"，其诗远播朝鲜、琉球、日本，所著《香苏山馆集》深受朝鲜诗人、学者的赞誉，申纬奉嵩梁为"诗佛"。朝鲜史曹判书金鲁敬父子镂梅花为龛，供奉其

---

[1] 王昶：《〈香苏山馆诗集〉评跋》，吴嵩梁：《香苏山馆古体诗钞》卷首，《清代诗文集汇编》第482册，第135页。

[2] 袁枚：《〈香苏山馆诗集〉评跋》，吴嵩梁：《香苏山馆古体诗钞》卷首，《清代诗文集汇编》第482册，第135页。

[3] 〔朝〕申纬：《警修堂全藁》，《影印标点韩国文集丛刊》第291辑，韩国民族文化推进会2002年版，第262页。

像，置其诗卷；又在朝鲜集合名流，置酒梅龛，作诗绘图，遥祝嵩梁六十初度。徐珂《清稗类钞》亦有类似记载："西江吴兰雪中翰嵩梁工诗，朝鲜使臣得其所著诗，称为'诗佛'，筑一龛以供之，并利，梅花万树于其左右。"① 以梅作龛，以诗辅谊，反映出朝鲜诗家对嵩梁其人其诗的敬重，成为中朝诗歌交流史上的一段佳话。琉球向邦正等人入国子监学诗于嵩梁，朝鲜、琉球学者皆以获其赠诗为荣。日本商人购买嵩梁的诗扇，每首四金。嵩梁诗歌在朝鲜、琉球、日本的影响，颇为深远。

嵩梁自称有"山水癖"，酷爱游山玩水，姚莹称其"遨游吴越齐楚燕赵之区，名山大川既足以助发其奇，又与海内贤豪长者定交，故其名益盛，而所造益深"②。游山玩水不仅使嵩梁心胸开阔，诗境清丽婉约，而且借机结交海内豪杰名流，令其声名大震。嵩梁参透人生奥义，任天而动，其诗超脱达观，妙悟山水，所作《自题香苏山馆内集图》诗云：

> 我家香苏山，门临溪水隈。荒园不数亩，嘉树多手栽。
> 花时风日和，红白参差开。鸳鸯泛浦溆，蛱蝶飞庭阶。③

嵩梁的诗以梅、莲、画、梦为题材，禅意和清艳相伴相生。读其诗如餐梅子，齿牙清芬回味持久；读其诗如同面佛，邪魔妖魅净尽根诛，仿佛看到世尊拈花微笑。嵩梁的小院亦是梅花相伴，而嵩梁夫

---

① 徐珂编：《清稗类钞·文学类》第8册，《朝鲜人称吴兰雪为诗佛》，中华书局1984年版，第3933页。
② 姚莹：《〈香苏山馆诗集〉后序》，吴嵩梁：《香苏山馆古体诗钞》卷首，《清代诗文集汇编》第482册，第133页。
③ 吴嵩梁：《自题香苏山馆内集图》，《香苏山馆古体诗钞》卷15，《清代诗文集汇编》第482册，第301页。

妇超世脱俗，犹如隐居京师的世外渔翁。嵩梁雅室藏经贮史，闲暇时读经阅史，窗外疏影横斜，梅香浮动，书香与花香相伴，这样诗意的栖居，这样诗意的人生，堪称几生修来的福气。自珍箫心剑气的性情，"哀亦过人，乐亦过人"的诗人气质，参禅悟道的飘逸人生，与嵩梁的才华气质颇为相合，因此二人成为"忘年交"。

嵩梁侍妾岳绿春，山西文水县人，善画墨兰。嘉庆十二年（1807）夏，姚元之到嵩梁斋中避雨，嵩梁命绿春出来见客，绿春对客挥毫作画，姿容天然俊秀。绿春15岁嫁给嵩梁，嘉庆十五年十二月，年仅19岁的绿春不幸夭亡。嵩梁颇为伤感，约请数百同仁作诗悼念绿春，嵩梁辑为《听香馆丛录》六卷。绿春生前最喜欢梅花，吴家梅树将要开花时，绿春曾说："梅不但花可爱，影亦可爱也。"等到梅花开了，而绿春夭亡。于是嵩梁作《梅影诗》云：

临水柴门久不开，寒香寞寞委荒苔。
独怜一树梅花影，曾上仙人缟袂来。

嵩梁与绿春一往情深，学士法式善读到此诗，说嵩梁可称"梅影中书"。道光元年（1821），姚元之出使沈阳，岁暮怀人，作诗赠予嵩梁，即称嵩梁为"梅影中书"。诗云："清思都在饮茶初，今日诗家合让渠。欲识莲花旧博士，即今梅影老中书。"[1] 嵩梁喜欢饮茶，在茶清茗香之中酝酿着悠悠诗情，以前嵩梁自称莲花博士，如今人们称其为"梅影中书"。

嵩梁曾经与其妻蒋徽，两妾范闲闲、王素素相约一道隐居浙江桐江的九里梅花村，但未能如愿以偿，于是将京师居所题为"九里梅花

---

[1] 姚元之：《竹叶亭杂记》卷五，中华书局1982年版，第121—122页。

村舍"，聊以自慰。道光二年（1822）的一个春日，嵩梁带着妻妾来圆通观拜访自珍，自珍作《桐君仙人招隐歌》，以代山灵招隐嵩梁夫妇。诗云：

> 春人昼梦梅花眠，醒闻杂佩声璆然。
> 初疑三神山，影落窗户何娟娟！
> 又疑三明星，灼灼飞下太乙船。
> 三人皆隶桐君仙，山灵一谪今千年。
> 胡不相逢桐江之滨理钓舷？又胡不采药桐山颠？
> 乃买黄尘十丈之一廛，殳书大署庭之榜。
> 梅花九里移幽燕，毋乃望梅止渴梅所怜。
> 过从谁欤客盈千，一客对之中悁悁。
> 亦有幻境胸缠绵，心灵构造难具宣。
> 乃在具区之西、莫釐之北、大小龙渚相毗连。
> 自名春人坞，楼台窈窕春无边。
> 俯临太湖春水阔，仰见缥缈清空悬。
> 中间红梅七八九，轮囷古铁花如钱。
> 两家息壤殊不远，江东浙东一棹堪洄沿；
> 相嘲相慰亦有年，今朝笔底东风颠。
> 请为莫釐龙女破颜曲，换我桐君仙人招隐篇，相祈相祷春阳天。
> 开帘送客一惝恍，帘外三日生春烟。①

嵩梁一门风雅，其妻蒋徽、妹吴素云、女吴萱皆为著名画家，妾

---

① 龚自珍：《桐君仙人招隐歌（有序）》，刘逸生、周锡䪖校注：《龚自珍诗集编年校注》（上），第171页。

范闲闲、王素素，小女吴芸华皆工于诗歌。蒋徽，字琴香，一字锦秋，号石溪渔妇，江西东乡人，工诗，能琴，善画，著有《琴香阁诗笺》，工于山水画，笔致苍秀，著有《石溪渔妇小影》。蒋徽、范闲闲、王素素皆通过嵩梁的社交活动而结识自珍，常在家中接待自珍，听其谈诗论艺，她们皆有随同丈夫退隐山林之想，因此自珍作《桐君仙人招隐歌》，代桐君山灵将其归隐。

此处指出，桐君山灵源于一个美丽的传说：相传在浙江桐庐山中，从前有一人进入东山采药求道，他常倚靠在桐树下休息，人们问其姓名，他就指指桐树，因此人称桐君。后此地称为桐庐，江名桐江，岭名桐岭，山名桐君山，宋代曾在山顶建祠。嵩梁夫妇乘坐有帷幕遮蔽的车子到来，蒋徽与两位姬人身姿袅娜，环佩叮珰，令自珍想起隋朝赵师雄浮罗梦梅的典故。这样的美艳佳人，好似来自东海的三神山，她们的倩影落在窗子上多么美好，自珍怀疑她们是三位光彩照人的明星，从太乙仙人的小船上飘然而下。估计三人皆为桐君山灵贬谪人间的仙人，而且一谪至今已千年。既然如此，为何不重回桐江之滨垂钓？为何不入桐山采药？

既然不能隐居，于是嵩梁夫妇在地处幽燕的京师买下一座小屋，在檐板上大书"梅花九里"以明志趣，大有"望梅止渴"以空想自慰之意，嵩梁的小屋之内经常宾客盈门，赞叹其隐逸之情。其实尘世的纷繁并非嵩梁夫妇所愿，他们向往的是太湖之滨、莫釐山上、销夏湾大小龙渚的隐逸生活，他们要将隐居的地方名为"春人坞"，自珍向往自己一家人与嵩梁一家人一同隐居，"俯临太湖春水阔，仰见缥渺清空悬"，真是妙不可言。事实上无论是自珍还是嵩梁，他们一直在红尘与宦海中奔波，隐居不过是一个遥不可及的梦而已，多年来他们相嘲相慰。今天自珍大笔如椽，写出两家多年的心愿，希望代桐君仙人招隐嵩梁夫妇。恍然间又到送客之时，嵩梁夫妇走后，自珍内心依旧春烟袅袅，那感觉妙不可言。

但现实依然残酷，这一年，自珍与嵩梁曾一同参加礼部会试，二人均以落第告终。诗意构造的世界与现实世界的冷酷交织在一起，摧残着龚、吴二人那敏感脆弱的心灵。自珍与嵩梁的京师交游，无论是宴饮雅集、诗词唱和还是游春赏花，皆带有一种消弭科场失意、抚慰宦海沉浮的心灵调适意味。

道光六年（1826）春，自珍与嵩梁再次参加会试，二人仍旧落第。此时自珍已35岁，参加会试五次，均以落第告终。特别是此次会试，在刘逢禄力荐试卷的情况下，自珍依然落第，其心情之焦虑可想而知。而此时嵩梁已为62岁的花甲老人，这么多次参加会试，均以落第告终！转眼之间京师春光将尽，一连几场大雨还夹杂着冰雹，将自珍、嵩梁居所附近的山桃花、海棠花打落无数。残红满地融入春泥，令人触目伤心，自珍倍感惆怅凄怆。在这个风雨如晦的夜晚，自珍作诗抒怀，送给对门李威和西邻嵩梁。诗云：

> 春风漫漫春浩浩，生人死人满春抱。
> 死者周秦汉晋才几时？生者长吟窈窕天之涯。
> 闭门三日欲肠断，山桃海棠落皆半，东皇潸然下春霰。
> 西邻舍人既有怊怅词，对门太守禅定亦恼乱。
> 太守置酒当春空，舍人言愁愁转工。
> 三人文章乃各异，心灵恻怆将毋同？
> 文章之事蔑须有，心灵之事益负负。
> 蟠天际地能几时？万恨沈埋向谁咎？
> 归来春霰欲成雨，春城万家化洲渚。
> 山妻贻我珊瑚枝，劝读骚经二十五，
> 不惜珊瑚碎，长吟未免心肝苦。

>不如复饮求醲醴,人饮获醉我获醒,迥然万载难酪酊。
>一灯晃晃摇春屏,四更急雨何曾停,恍如波涛卧洞庭。
>嗟哉此灯此雨不可负,披衣起注阴符经。①

京师的春光将尽,闭门三日不出,山桃花与海棠花半数已落,在浩荡的春风里,无论是生人还是逝者,都在各自的情怀中充满希望。周秦汉晋的古人离开人世才有多久呢?而活着的人们在海角天涯吟咏自己幽深的怀抱。此时的自珍屡试不第,抱负难申,心情之惆怅可想而知。自珍的西邻是内阁中书吴嵩梁,他填词抒发伤感之情,转而更为伤感,而对门曾任廉州知府的李威精研佛理,参禅入定亦难免烦扰。三人文章各异,境遇不同,但心境悲伤莫非相同?说什么文章乃"经国之大业,不朽之盛事",其实都是莫须有的,而心灵的折磨莫可言状!

在风雨交加的夜里,万种恨事郁结在自珍的内心,妻子何吉云懂得自珍的心事,她将珊瑚枝递给自珍,自珍不禁想起晋代石崇与王恺以珊瑚斗富的典故,妻子劝他阅读屈原的《离骚》25篇,自珍想到在凄风苦雨中读《离骚》,不免令人断肠,还不如痛饮买醉,世人皆醉我独醒!天已四更,风雨不停,风雨飘摇中自己的小屋如同洞庭湖上的一叶扁舟,而自己仿佛卧波洞庭湖上。自珍不愿辜负这风雨,还有风雨中的孤灯,披衣起来注释《阴符经》。自珍关注边防,喜欢研究古代兵书,所作《最录司马法》《最录平定罗刹方略》即是明证。可见,自珍对于自己的境遇虽有抱怨,心境虽有苦闷彷徨,但一直未放弃自己的社会责任。

---

① 龚自珍:《京师春尽夕,大雨书怀,晓起柬比邻李太守威、吴舍人嵩梁》,刘逸生、周锡馥校注:《龚自珍诗集编年校注》(上),第272—273页。

吴嵩梁任内阁中书多年，一生仕途淹蹇，沉沦下僚，道光十年（1830），年已64岁的嵩梁外放贵州黔西州知州，从此嵩梁与自珍天涯远隔。嵩梁作《道光十年二月十六日出牧黔西留别中外诸公》一云：

冷官浮沉二十年，一官万里送华颠。
粗才敢厌风尘苦，结习难消翰墨缘。
易玩阳明罗甸国，诗寻太白夜郎天。
清时许作亲民吏，翻愧遭逢胜昔贤。①

嵩梁宦海沉浮30年，一朝外放却是地瘠民贫、天高皇帝远的黔西，但其吟诗作画的结习难以改变。昔日大贤人王阳明就曾谪居贵州龙场，唐代诗人李白亦曾流放夜郎，嵩梁在太平盛世去任亲民之官，肯定要追随圣贤教化万民的事迹。

嵩梁推崇王阳明谪居龙场的教化之功，特去龙岗书院讲学。黔西州城外东山有开元寺阳明祠，为了培育人才，嵩梁在此修建阳明书院，在州城南建"南书院"，城北建"北书院"，在打鼓场建"玉屏书院"。他亲到书院与诸生讲学论道，结为师友，传授阳明心学，培养出张琚、陈钟祥、莫友芝等一批人才。嵩梁在黔四年，作诗百余首，收入《香苏山馆集》达四卷之多。

嵩梁在贵州任上体恤民间疾苦，劝民农桑，倡修水利，发展生产，赈济灾民，兴办学校传播文化，深为黔西人民爱戴。道光十三年（1833），嵩梁出任长寨同知，十四年（1834）病卒。嵩梁去世后，黔西人民在阳明祠旁为嵩梁建祠纪念。嵩梁不仅与妻妾伉俪情

---

① 吴嵩梁：《道光十年二月十六日出牧黔西留别中外诸公》，《香苏山馆今体诗钞》卷18，《清代诗文集江编》第482册，第507页。

深，而且其妻蒋徽与其妾范闲闲、王素素亦姐妹情深，彼此钦慕对方的才华。嵩梁卒后，不数年蒋徽亦卒。范闲闲、王素素各自典卖金钗，分别兼任为嵩梁、蒋徽建祠纪念、刊刻文集两件事。自珍与嵩梁的交游，是心灵与心灵的相通，而诗意交游的背后是两颗无助与无奈的心。

五、龚自珍交游网络中的"异类群体"

自珍个性狂放不羁，喜欢结交各色人等。学士大夫、官僚贵族之外，还和皇宫侍卫、侠客义士、贩夫走卒与僧道娼妓多有交往，一方面展现自珍藐视等级观念的个性，另一方面亦说明其喜欢深入观察不同人群的生活，多视角审视人生百态与社会问题。自珍在《乙丙之际箸议第十九》一文中，探讨京畿春旱以及东南、西北土性问题与水旱关系时，其思想一方面源自阅读前人水利著述，如乾隆邸钞、元人虞集、明人徐孺东、汪应蛟、董应举、左光斗、朱长孺等人的著述，另一方面源自对田夫、野老、驵卒的访察。自珍感慨地说：

> 田夫、野老、驵卒之所习熟，今学士大夫谢之，以为不屑知，自珍获知之，而以为创闻。岂知先进言焉而毕瞭，圣天子处九重之上，闻焉而毕识，叩焉而毕宣，则岂非睿知天纵，而又宏加之以圣学者耶？[①]

在此自珍斥责那些对民生疾苦漠不关心的学士大夫，赞美乾隆皇

---

① 龚自珍：《乙丙之际箸议第十九》，王佩诤校：《龚自珍全集》第一辑，第10页。

帝通过大臣访察洞悉各地民情的高明。可见社会底层的劳动人民,是自珍访查社会疾苦的重要对象,是其学术创获的重要源泉。

对于社会底层人士,自珍一直颇为重视。在《己亥杂诗》中,自珍曾言撰《布衣传》一卷,始于康熙年间迄于嘉庆年间,共计39人。由于此书失传,其内容不得而知。自珍曾作诗言及此书:

> 登乙科则亡姓氏,官七品则亡姓氏。
> 夜奠三十九布衣,秋镫忽吐苍虹气。①

自珍指出,凡是中了举人、做官做到七品的就不收入《布衣传》。自珍做完《布衣传》,还拿酒祭奠这39人的在天之灵。此时秋灯大放光芒,仿佛布衣们在灯影下扬眉吐气。那些人虽身为布衣,但气度、贡献不凡,自珍对其颇为崇敬。

中国士大夫自古有侠士之风,在传统文化中,侠士心怀儒家的仁义,浑身道家的飘逸,他们身手不凡,来去无踪,在剑起剑落的瞬间行侠仗义,扶弱济贫。正如李白诗云:"十步杀一人,千里不留行。事了拂衣去,深藏身与名。"自珍赋诗作文,喜欢"箫""剑"并论,其诗词中的自我形象,颇有侠士之风,"佐命定中原,建策扬大伐。倚剑昆仑之山,饮马星宿之海"②是自珍壮志豪情的流露。

自珍在诗词中多次自诩"健儿":自珍成进士后,紫禁城的禁军武士指指点点称其为"健儿","一队欤飞争识我,健儿身手此文官"③;自珍辞官后,由杭州回京接家眷,雪夜阻山东,其言"枉说健儿身手在,青灯夜雪阻山东"。自珍还在诗词中说,道光十七年重阳

---

① 刘逸生:《龚自珍己亥杂诗注》第74首,中华书局1980年版,第108页。
② 龚自珍:《皇朝硕甫颂二十一首存序》,王佩诤校:《龚自珍全集》第七辑,第413页。
③ 刘逸生:《龚自珍己亥杂诗注》第46首,中华书局1980年版,第62页。

节,他与徐松、吴葆晋骑马游历西山宝藏寺,回京路上遇到大雨。自珍的确会骑马,有豪侠之气,这一点并无问题,而其诗中一再强调自己有"健儿身手",是"千古剑侠",估计只是诗词中豪放情怀的一种文学夸饰,其实,自珍根本不会什么功夫。但自珍之子龚橙,"性嗜酒,与余交最善……兼能识满洲蒙古字,日与色目人游戏征逐,弯弓射云,试马蹴日,居然一胡儿矣"①。龚橙豪放嗜酒,会骑马射箭,如同"胡儿"一般。反观其父,应该并非一文弱书生。

自珍喜欢结交豪侠之士,刘三即刘钟汶,字方水,是京师有名的侠士。自珍交友严谨,喜欢仗义执言,与钟汶交游颇久。一日,钟汶将要远行,自珍赋诗为其送行,在诗序中自珍说:"方水从吾游久矣,而气益浮,中益浅,吾虑其出门而悔吝多也。然吾方托以大事,倚仗之如左右手,以其人实质无可疑者,特不学无术耳。爰最以一诗送其行。"从中可以看出,自珍与刘钟汶的送别,颇有古时侠客"风萧萧兮易水寒"慷慨悲歌的味道:

刘三今义士,愧杀读书人。风雪衔怀罢,关山拭剑行。
英年须阅历,侠骨岂沈沦?亦有恩仇托,期君共一身。②

侠客对于自珍的思想意义,在于其能仗剑远行自由自在,身怀绝技以实现自己的抱负。自珍身处科举名场与仕途宦海,多么希望自己能够一显身手,实现自己的理想与抱负!但现实与理想差距可谓天壤之别!自珍在京师时,曾经乘坐驴车独游丰台,在芍药花盛开的深处,席地而坐,他拉着一个短衣人共饮,而且引吭高歌,花瓣随着自

---

① 王韬:《淞滨琐话》卷一,清宣统香艳丛书本,第16页。
② 龚自珍:《送刘三》,刘逸生、周锡馥校注:《龚自珍诗集编年校注》(上),第195页。

珍的高歌片片飞落。益阳人汤鹏从旁经过,自珍也拉着汤鹏共饮,汤鹏询问同坐何人,自珍旁顾不答。汤鹏怀疑短衣人是仙,或者是侠,但始终不知其人为谁。

对自珍交游的驳杂,魏季子曾说:"定庵交游最杂,宗室贵人、名士缁流、伧佮博徒,无不往来。出门则日夜不归,到寓则宾朋满座。"① 魏氏指出,自珍的交游最为驳杂,上至皇室宗室、达官贵人、学界名流,下至市井赌徒、侠客义士、贩夫走卒,无不结交往来,外出则彻夜不归,在家则高朋满座,如此驳杂的交游甚至影响自珍的学术研究。对于自身交游的洒脱放纵,自珍作诗云:

> 朝从屠沽游,夕拉驵卒饮。此意不可道,有若茹大鲠。
> 传闻智勇人,伤心自鞭影。蹉跎复蹉跎,黄金满虚牝。
> 匣中龙剑光,一鸣四壁静;夜夜辄一鸣,负汝汝难忍。
> 出门何茫茫,天心牖其逞。既窥豫让桥,复瞰轵深井。
> 长跪奠一卮,风云扑人冷。②

汉学繁琐馂饤,宋学空疏迂腐,因此汉宋之学的研究并非自珍所愿。关注国计民生,振刷朝纲,为万世开太平才是士大夫所为。但自珍久困场屋,沉抑下僚,经邦济世只得付诸空言,他只得与引车卖酒、屠沽驵卒交游痛饮,以消心中不快,除此还能干什么呢?其实,自珍主张社会改革,伤时忧世,他像良马一样,不等人家鞭策,看见鞭影就会快跑,"无须扬鞭自奋蹄",但岁月蹉跎一事无成,怎不令人

---

① 魏季子:《羽琌山民逸事》,《丛书集成续编·史部》第36册,上海书店出版社1994年版,第1084页。
② 龚自珍:《自春徂秋,偶有所触,拉杂书之,漫不诠次,得十五首》其五,刘逸生、周锡䪖校注:《龚自珍诗集编年校注》(上),第351页。

愤懑！自珍改革社会的抱负，如同匣中的龙泉宝剑夜夜鸣叫！战国侠士豫让、聂政仗剑复仇的故事，在自珍胸中激荡，上天何时赐予自珍长剑，助其理想得以实现？看来，自珍与侠客义士、贩夫走卒的交游背后，蕴涵着深远的政治抱负！

第四节　愧彼后世称程龚：学术交游与龚氏西北史地研究

有清一代，理藩院处理新疆、蒙古、西藏事务，由其《则例》可知，直到光绪年间，理藩院官员仍由满人、蒙古人与汉军旗人充任。因此，乾嘉时期，汉族官僚士大夫对于西北边疆事务，所知不多。理藩院的章奏文书外间不易见到，且早期奏本只有满文、蒙文，因为语言文字不通，汉族士大夫阅读、利用这些文书档案进行学术研究，亦颇为困难。因此，自珍将西北舆地研究称为"孤学"。

自珍一生游踪所至，主要集中于江南与京师之间，北京与杭州、上海、苏州是其足迹常至之地，此外就是江南各地如徽州、扬州等地。对于边疆绝域，自珍从未亲至其境。对此，自珍作诗曾云：

北游不至独石口，东游不至卢龙关。
此记游耳非著作，马蹄踥蹀书生孱。[1]

直到晚年，自珍回忆一生的行止，东至永平境内，即现在的河北

---

[1] 刘逸生：《龚自珍己亥杂诗注》第 68 首，中华书局 1980 年版，第 99 页。

卢龙县，北至宣化境内，即现在的河北宣化县，因此没有目睹东北、西北的山川地理形势，因此发出"绝域从军计惘然"的慨叹。自珍长于西北舆地研究，与其通过独特的机缘接触到西北舆地史料与研究群体，有着直接的关系。对自珍西北舆地研究影响较大的人物，一是程同文，一是徐松。

一、程同文：龚自珍西北史地研究的领路人

清代前期的西北舆地著述，如舆图、方略、图志多为官书，由方略馆、国史馆主持修纂，如康熙年间的《皇舆全览图》，乾隆年间的《大清一统志》《平定准噶尔方略》《西域图志》《西域同文志》《蒙古回部王公表传》等。这些奏疏档案深藏于军机处、理藩院与内阁等处，是学者文人研究西北舆地的重要史料。但官书藏于内府，加之卷帙浩繁，阅读与利用颇为困难。再者，此类图书一向流传不广，一般学者亦难看到。

但随着《四库全书》的编纂，一些西北舆地著述收录其中，随着七阁的建立与《四库全书》的分贮，西北舆地书籍传播渐广。学者可以在京师文渊阁、文源阁，奉天文溯阁，热河文津阁，江南扬州文汇阁，镇江文宗阁与杭州文澜阁阅览《四库全书》。随着官书修纂的增多，资料的积累与政治形势的变迁，西北舆地研究在道光年间由"孤学"走向显学。自珍在时代大潮的引领下，在与程同文、徐松、魏源等人的学术互动中，在西北舆地研究中独树一帜，取得令人瞩目的成就。而程同文是引导自珍走上西北舆地研究之路的关键人物。

1. 程同文承修《大清会典》及其学术特色

程同文，字春庐，号密斋，浙江桐乡人，嘉庆四年（1799）进士，同年授兵部主事，后任兵部郎中。嘉庆十四年任军机章京，其干练精明，遇有大事大典礼之际，或值军书紧急仓促，十余纸程氏立马写就，颇受重臣倚重。其值枢廷十余年，深得嘉庆帝的赞许。程氏充会典馆提调，承修《大清会典》，历官大理寺少卿、奉天府丞，著有《密斋文集》。程同文是自珍之父丽正的故交，当时龚家寓居宣南下斜街，程氏亦住宣武门外，两家居所较近，往来便利，加之同乡之谊，因此过从颇为密切。这一年夏天，程氏偕夫人吴玖到龚家来访，8岁的自珍第一次与程氏相见。后自珍作诗追忆说：

> 忆昔先皇己未年，家公与公相后先，
> 家公肃肃公跌宕，斜街老屋长嬴天。
> 闺中名德绝天下，鸣琴说诗锵珮瑱。
> 卅年父执朝士尽，回首髦卬中悁悁。①

自珍回忆说，程氏与其父先后成进士，丽正于嘉庆元年以二甲进士及第，授礼部主事，程氏于嘉庆四年成进士，授兵部主事，二人皆为京官。交谈之际，自珍观察到二位长辈性格的差异，丽正谨慎恭敬，程氏放纵不拘，夏季里二人在斜街龚氏老屋里谈经论史，使一旁陪坐的自珍大开眼界。一同到龚家做客的还有程氏继室吴玖，其能诗善画，夫妻二人一起弹琴论诗，音如美玉铿然作响，悦耳动听。

自珍诗中提到的吴玖，是一位技艺高超的书画家。吴玖，字瑟

---

① 龚自珍：《祭程大理（同文）于城西古寺而哭之》，刘逸生、周锡䪖校注：《龚自珍诗集编年校注》（上），第291—292页。

兮，为画家吴克谐之女，浙江石门人，程同文继室。吴玖幼年早慧，其母授以《毛诗》《论语》，能通晓大义，其性情宁静泊然，随夫宦游京师十余年，不喜华侈宴乐，闲暇之时唯有玩阅文史。吴玖工诗善画，尤其喜欢画花卉，善绘山水兰竹，皆出内心颖悟，"追踪于古，妇人无此笔也"。程同文为饱学之士，精通史地，吴玖能诗善画，二人可谓琴瑟和鸣。吴玖曾画《溪山归兴图》，程同文题句云：

人间何处觅莼羹，送老溪山一叶舟。
惭愧贤妻招隐意，年年看画过清秋。①

《溪山归兴图》画意轻灵缥缈，程氏面对妻子的画作，想起士大夫归隐的泗水之滨，可惜自己身在官场，颇为愧对妻子的招隐之意，只得在画中体味归隐山水的妙境，二人吟诗作画的风花雪月生活，由此可见一斑。吴玖的花卉图学自明朝吴门画派的沈周，山水画颇得倪瓒与黄公望的真意，大有博采众长、自树一帜的艺术风范。所著诗集为《写韵楼诗草》，画作集为《写韵楼画册》，一时名士题咏其多。

乾嘉时期，朝廷大规模组织编纂各类官书，乾隆二十九年（1764），在康熙朝《大清会典》基础上完成乾隆朝《大清会典》。随着时间的推移，清代在西北边疆的统治发生诸多重大事件，制度亦随之调整，因此嘉庆六年（1801），清廷开馆重修会典。其中"理藩院"一门编撰任务极其繁重，而作为兵部郎中的程同文身膺提调官兼总纂修官，负责"理藩院"一门的纂修工作。在十余年的会典编撰中，程同文博览群书，积累了深厚的西北史地功底。而且程氏熟悉辽金元史地，对当时史事与地理沿革如数家珍，在清代学人中独树一

---

① 汤漱玉：《玉台画史·别录》，清道光十七年汪氏振绮堂刊本，第3页。

帜，著有《元秘史译》《元史译音》《地理释》。承修《大清会典》的理藩院部分，是程氏平生精力所聚，对此，梁章钜曾云：

> 平生于学无所不窥，尤长地志，凡外国舆图古今沿革，言之极审。而辽金元三史中建置之异同，称名之淆舛，他人所不易明者，独疏证确凿，若指掌纹。尝纂修《大清会典》八十卷，裁酌损益，不假旁助，自谓生平精力尽于是书遇。朝廷大典礼经进之制，亦往往出先生手。①

梁章钜与程同文同在会典馆修书，同在军机处入值，且程氏与梁氏从兄梁曼云为进士同年，两家交往密切。梁氏负责纂修《西域图志》及校勘辽、金、元三史，二人谈经论史，意见多所相合，对此程氏作诗云："况我喜谈艺，得君肝胆倾。鸿文各无范，怀抱时峥嵘。天山闻见奇，史局丹黄精。公余更矻矻，楮墨尤纵横。定知敷政优，仕学能兼并。"② 在此程氏赞美梁章钜才具练达，政学兼优，亦记述二人谈学论史的默契。可见二人同修会典，志同道合，梁氏对程氏学术特色的评价，颇为准确全面。

纂修《大清会典·理藩院》部分对程同文学术研究的影响，曾经一同为官京师的张祥河说："奉天府丞程春庐丈同文，文章典则，为大著作手，官驾部，直枢廷十余年，充会典馆提调，承修《大清会典》一书，纂辑详备，是其平生精力所聚，尤长于舆地之学。遗书满床，归其甥朱虹舫阁部方增。今刻之《从政观法录》，即其底稿之一种。"③ 程氏作为《大清会典》的提调官，一生精力萃于此书，文章典

---

① 潘衍桐编纂：《两浙輶轩续录·程同文》卷20，清光绪十七年浙江书局刻本。
② 梁章钜、朱智撰：《枢垣记略》卷21，《诗文二》，中华书局1984年版，第268页。
③ 张祥河：《关陇舆中偶忆编》，雷瑨辑：《清人说荟》石印本，上海扫叶山房1917年版，第2页。

则堪称大手笔，亦因此成为著名的舆地学家。

乾隆朝《大清会典·理藩院》一门记述下限止于乾隆二十七年。之后西北发生诸多重大事件，如乾隆三十年（1765）新疆南麓乌什叛乱，三十六年蒙古土尔扈特部东归，清廷在新疆统治进一步加强，这些足以引起官僚士大夫的自豪感，"拓地两万余里""中外一家"成为大多数人的共识。在翻阅资料的过程中，程氏对西北地理风貌、部落世系、风土民俗有了更深的了解。其中关于青海西藏各图，皆为程氏开斜方而得。其中一幅天下三十八分之一的"地形道里"地图，程氏日日绘制，三年乃成，此图后归自珍收藏。对于此一地图的学术价值，自珍曾云：

手校斜方百叶图，官书似此古今无。
祇今绝学真成绝，册府苍凉六幕孤。①

那幅地图是绘有经纬线的地图册，这在清代舆图之中颇为罕见，当时中国地理测绘技术落后，大多数地图属于示意图，并无比例尺与经纬度。因此程氏此图古今绝世少有，堪称"绝学"。而且程同文之外，几乎无人能绘制此类地图。

程同文对西北舆地学的研究颇为精深。而程、龚两家比邻而居，交谊深厚，茶余饭后相互往还颇多。修纂会典的各种学术问题，是程氏与人谈论的重点所在，自珍在一旁倾听程氏谈论西北史地，心中埋下研究"天地东西南北之学"的种子，同时自珍亦可向程氏借阅图籍，进一步深入研究。对于程同文的史才，自珍颇为赞许钦佩，曾作诗云：

---

① 刘逸生：《龚自珍己亥杂诗注》第 55 首，中华书局 1980 年版，第 74 页。

姬刘皆世太史氏，公乃崛起孤根中。

公才十伯古太史，曰邦有献献有宗。

英文巨武郁浩汹，天图地碣森巃嵷。

贱子不文复不达，愧彼后哲称程龚。①

周朝与汉代的史官世代相承，程同文研究当时堪称"绝学"的西北边疆史地，因此处于孤军奋战的境地。但程氏学识超过古代太史十倍，可谓国家有贤才，贤才有宗师，其道德学问不愧为贤才与宗师。程同文英才焕发，学识深厚广博而性情激荡汹涌，其精研中外地理，著述博大精深，天上星图森罗万象，地上碑碣高俊如山。自珍深感自己没有文采通达，对于后人"程龚"并称颇为惭愧。

2. 龚自珍的西北史地研究与程同文的学术提携

程同文在纂修《大清会典·理藩院》一门时，曾经嘱托自珍校理，此为自珍研究"天地东西南北之学"的开始。自珍究竟是哪一年开始协助程氏校理《理藩院》一门，以及青海、西藏各图，此事已不得确知。嘉庆二十年（1815），24 岁的自珍作《黄山铭》，在序中曾说，"予幼有志，欲遍览皇朝舆地，铭颂其名山大川"②，自珍产生遍览"皇朝舆地"、铭颂名山大川的心愿，肯定与校理"理藩院"一门的官书有直接的关系。至嘉庆二十三年，《大清会典》修纂告成，此时自珍对于西北舆地已颇为熟悉。

从外在因素而言，程同文是自珍西北史地研究的领路人。但从自珍本身的学术研究路向而言，其治学本从六书小学入手，与西北史

---

① 龚自珍：《祭程大理（同文）于城西古寺而哭之》，刘逸生、周锡馥校注：《龚自珍诗集编年校注》（上），第 293 页。
② 龚自珍：《黄山铭（有序）》，王佩诤校：《龚自珍全集》第七辑，第 415 页。

地之学渺不相涉，只是因为小学中有音韵一门，而音韵之中有古韵、今韵与等韵三门，等韵中有西番一门，自珍因此触发撰写《蒙古图志》的愿望，因此"暇日聊以意推之，推之而毕通也，学恣哉"！的确，自珍确实有多方面的天赋之才，"如此则凡史籍中声音转变之地名、人名、官名、未易以今读读者，亦既挈其枢纽矣"[①]。自珍因等韵中有西番一门而进一步研究西北史地，确有聪明过人之处。

自珍没有去过西北边塞，对于躬亲考察边疆心向往之，可惜没有机缘，其西北史地研究并无"行万里路"的机会，因此只能依靠"读万卷书"来进行。嘉庆二十一年（1816），自珍随侍父任至上海，热衷搜采古籍图书，有钮树玉、何元锡的鼎力相助，应该斩获颇多。各种珍本善本的来源与途径，图书版本的年代与真伪，二人皆可从旁帮助自珍鉴别。而图书搜讨的齐备与精深，对于自珍著述的长进至关重要，特别是关于西北舆地研究，由于资料缺乏，冥搜苦采显得尤为重要。

何元锡为清代藏书家、金石学家，字敬祉，号梦华，又号蝶隐，浙江钱塘人，监生，与自珍为同乡。何元锡精于目录、金石之学，家中多藏善本古籍，古印收藏最富。因为嗜古成癖，世人目之为"何三疯儿"，而元锡亦以"疯子"自号。元锡一生耽于古籍碑拓金石的搜集，穷年累月舟车劳顿，唯以搜访图籍为事，何家延聘抄胥数十人，有些古籍无法购买，则借来抄录副本。年深月久何家积累藏书颇为繁富，往往有出于《四库全书》之外者。何元锡闻听某山中有残砖断碣，则披荆斩棘跋山涉水，冥搜苦索务求获得而后已。一日元锡入山迷路，依赖山野村夫作向导才得以出山。自珍致力于搜罗西北研究的资料，得到何元锡、钮树玉的资助良多。

---

① 樊克政：《龚自珍年谱考略》，商务印书馆2004年版，第243页。

嘉庆二十五年（1820），自珍在上海李筠嘉慈云楼藏书中，找到张宸的文集30卷，其中一些篇目与西北史地研究有关。自珍抄写录副，以带回京师。其中《北征日记》记载康熙年间随军北征噶尔丹之事，而身为兵部郎中的程同文亦从自珍处抄录一份。

受程同文影响，自珍有志于研究西北史地，深感朝廷虽有《钦定西域图志》以记述准噶尔部、回部情形，而蒙古各部纵横万余里，却没有专志，自珍遂有草创《蒙古图志》的愿望，至于自珍何时开始着手写作《蒙古图志》，已不可确知。道光元年（1821）十一月，自珍作《拟进上蒙古图志表文》，声称要自撰《蒙古图志》30篇，订定义例，为图28篇，为表18篇，为志12篇，说明此时自珍对书的体例的思考，已臻于成熟。自珍还希望此书能附于官书之后，一并流传。可以断言，《蒙古图志》肯定是在道光元年自珍至京前的几年，已经着手写作。

嘉庆二十五年，自珍捐纳为内阁中书。道光元年，自珍至京，到内阁中书行走。此时，国史馆正在重修《大清一统志》，自珍任国史馆校对官。自珍长于西北舆地，对于西北要塞之外的部落、世系、风俗、山川形势、源流分合尤为精通。自珍作《上国史馆总裁提调总纂书》，论辩西北塞外诸部落的沿革，考订旧志的疏漏，共提出修订凡例建议18条：

> 自珍于西北两塞外部落，世系风俗形势，原流合分，曾少役心力，不敢自秘，愿以供纂修协修之采纳，而仍不敢臆决其是否，……以上都一十八条，皆举其炳炳显显者，余小事，头绪尚多，未易悉宣。惧循袭而不改，阙略而不补，颠舛而不问，苟简而不具，弃置而不道，回护而不变，有重修之费，有重修之名，将使后之专门者，靡所镜也。中华文献，夥有通人，无甲

第名位，弗敢妄议；惟此类语言文字，求之亲到其地者，尚或瞢昧，答不中问，可知从事铅椠之难。珍虽非绝诣，自是孤学，倘蒙垂择，致为荣幸，而于己非有利焉。①

由上可以看出，自珍刚刚入职国史馆，就能提出旧本《大清一统志》18 处疏漏与讹误，说明自珍此前研究西北史地多年，功力颇为深邃。自珍还指出，由于语言文字不通、未曾亲历其地等原因，当时学者对于西北史地懵然不知，或者不得要领，可算得上"孤学"。自珍之所以精于"孤学"，是受程同文影响的缘故。此外，自珍的这些见地，有些源自程同文，其在《密斋文集》之中，就曾指出旧《会典》存在的类似问题。自珍早期的西北史地研究中，常常会发现程同文的影子。②

自道光元年（1821）后，自珍与程同文、秦恩复志同道合，相互友善，相约得一异书，则互相借阅抄录，无虚旬月。秦恩复，字敦夫，江苏江都人，乾隆五十二年进士，授编修。其于书无所不窥，喜欢收藏书画碑帖金石，蓄书万卷，精于鉴别。自编《石研斋书目》，各以入录之本详注于下，体例之善深得顾广圻称道。江藩《石研斋书目序》赞美秦氏读书"兀兀穷年"，其言"敦夫太史，乐志铅黄，栖神典籍，蓄书数万卷，日夕检校，一字之误，必求善本是正"③。道光元年秋，秦氏首次造访自珍，此后岁余，二人过从甚密，无三日不相见。有秦氏的从旁相助，自珍的古书收藏大受裨益。

自珍热衷于西北史地研究，二年春，自程同文家中借来《西藏

---

① 龚自珍：《上国史馆总裁提调总纂书》，王佩诤校：《龚自珍全集》第五辑，第313页。
② 郭丽萍：《绝域与绝学：清代中叶西北史地学研究》，生活·读书·新知三联书店2007年版，第122页。
③ 江藩：《石研斋书目序》，叶昌炽：《藏书纪事诗》卷五，北京燕山出版社2008年版，第438页。

志》抄录一通，将其中五篇奏文选入《续文断》，并作《最录西藏志》。陈奂家中写本《畿辅水利集说》，有自珍朱字手校，可见二人在资料方面的互通有无。李常志所撰《长春真人西游记》是研究13世纪西域、中亚史地的重要史料，但成书后一直未曾刊行。乾隆六十年（1795），钱大昕在苏州玄妙观查阅《道藏》时发现此书，于是借来抄出，遂显于世。道光年间，徐松、程同文等人加以考订，收入《连筠簃丛书》及《皇朝藩属舆地丛书》中，后有多种校注本。

程同文所有《长春真人西游记》卷册为给谏叶云素所赠，自珍从程氏处借来抄录。道光二年（1822）四月，徐松从自珍处借走此书再次抄录，并为之题跋。徐松对书中所记金山以西的地理进行考释，并将文章呈给程氏，讨论各种问题。徐松熟识西北舆地文献，并谪戍伊犁数年，亲自考察新疆南北两路，足迹遍至新疆各地，因此程同文称赞其见地堪称征实。六月，徐松向董祐诚询问书中所记日食之事，董氏为此作长跋于徐松所藏书后。正是钱大昕、程同文、徐松诸位学者整理《长春真人西游记》的努力与贡献，使自珍能利用此书考释西北史地。

非常令人惋惜的是，自珍《蒙古图志》并未撰成。道光二年九月，自珍上海家中书楼遭受火灾，《蒙古图志》已成十之五六，该书稿之半以及为撰写该书而收集的档册图志，自珍所搜罗的七阁未收书以及千余种金石拓本，大部或全部毁于火。这里应该指出，自珍于道光元年（1821）正月入京，至家中书楼失火，仅仅二十个月，此间自珍并未回上海家中，不可能将手稿、档册带回。而且《蒙古图志》体制庞大，规模宏伟，短短二十个月亦不可能完成十之五六，因此，毁于书楼失火的手稿，应是入京之前完成的。[①] 而图籍档册的搜集，可

[①] 郭丽萍：《绝域与绝学：清代中叶西北史地学研究》，生活·读书·新知三联书店2007年版，第121页。

能会更早。估计没有五六年的功夫,很难有如此之多手稿的完成。

自珍文集中所存《蒙古图志》序文,涉及清代蒙古旗分、会盟、水地、台卡、职供、像教各志,所拟叙述的蒙古各部世系、封爵、沿革各表,内容与《大清会典》颇有相似之处,但自珍之书内容更为翔实,可见,自珍撰写《蒙古图志》的体例,深受官书的影响。可惜自珍在书楼失火后,心灰意冷,不再热衷搜讨古籍,亦没有继续撰述,其《文集》中唯存诸篇序文,亦足见其对于西北史地的精博。

道光二年(1822),程同文出任奉天府丞,出京前往关东。秦恩复返回扬州,昔日搜讨书籍、商榷西北史地的前辈学者陆续星散。更为可惜的是,道光三年,程同文病逝,遗书满床归其外甥朱方增。自珍孤学无助,修撰《蒙古图志》的志向未成,集中唯存序文,并非自珍初心所在。程同文去世后,自珍曾作诗悼念:

> 北斗真人返大荒,彭铿史佚来趋跄。
> 借书不与上天去,天上定有千缥缃。
> 天上岂无一尊酒?为我降假傣友旁。
> 掌故虽徂元气在,仰窥七曜森光芒。①

自珍将程同文比作"北斗真人",将其离世说成返回极其遥远的地方,寿命八百年的彭祖还有周代史官史佚快步趋走前来迎接。自珍想起程氏在世时,旬月之间往还借书的情景,现在程氏在天国,天国的图籍是否包裹着青黄丝绸呢?想起往昔与程氏等师友频频聚会,饮酒聚谈西北史地的场景,自珍唏嘘不已,遥想天上难道就没有一壶酒

---

① 龚自珍:《祭程大理(同文)于城西古寺而哭之》,刘逸生、周锡𩣑校注:《龚自珍诗集编年校注》(上),第 295 页。

吗？能否降下来让自珍和僚友们痛饮？与程氏谈经论史的掌故虽已过去，但是社会元气、正气还在，仰头窥视天上的日月星辰，众盛罗列，光芒耀眼，昔日的前辈师友程同文，就在那个缥缈的世界吗？程氏是自珍西北史地研究的领路人，对自珍学术路向的发展，影响至关深远。

西北史地研究尤其是新疆蒙古问题研究，关系到边疆稳定与国家的长治久安，特别是随着张格尔叛乱的发生，沙俄侵略的东进，西北史地研究成为嘉道时期经世致用学风所倡导的重要内容。自珍将其称为"天地东西南北之学"，而且多次表达对西北史地研究的浓厚兴趣。作为段玉裁的外孙，自珍在研习《说文解字》方面具有深邃的古学功底与得天独厚的条件。但自珍并没有走注释古籍的道路，亦未写作大部头的西北史地著述，此与自珍的学术理念密切相关。

因为在自珍看来，治学要承袭圣人治国安邦的大道，"阶孔子之道求周道，得其宪章文、武者何事，梦周公者何心，吾从周者何学，逸于后之谭性命以求之者"[1]。而自汉代以来学者研治六经，只是汲汲于争辩经书的训诂名物与文字异同，而圣人经邦济世的微言大义反而被湮没。最可悲的是，这些训诂著作反倒"皆起而与圣者并有权，圣人所雅言益微"[2]，这样的经学研究，对于彰明圣道、发掘经书中圣人治国安邦的微言大义，可谓有害无益。因此，自珍最服膺外祖段玉裁之学，自珍曾花费六年时间，将《说文解字注》研读三遍，但终其一生，并没有走上注经的道路，没有写成任何诂经注经的专著，而是通过写作研经治史的文章以阐发其政治学术理念，但思想之深邃，议论之宏深，足以奠定其在中国近代思想史、学术史上的地位。

---

[1] 龚自珍:《古史钩沈论二》，王佩诤校:《龚自珍全集》第一辑，第25页。
[2] 龚自珍:《古史钩沈论三》，王佩诤校:《龚自珍全集》第一辑，第25页。

就是在西北史地研究上，自珍的路向与程同文亦不同。程同文的成就还是属于著史、考史类型，无论是辽金元史地研究还是《大清会典》的撰述，仍以搞清史实为主，很少对时政发表意见。而自珍则在研读大量史料的基础上，为清廷在西北边疆的治理上出谋划策。因此，自珍最早写成的西北史地著述，就是《西域置行省议》，为朝廷如何统辖新疆规划一幅蓝图。在没有实地考察新疆的情况下，凭借研究史料，规划新疆府厅州县的具体区划，虽然有不切合实际之处，但其整体思路还是将学术著述与治国安邦密切结合。

二、徐松西北史地研究群体与龚自珍舆地研究的互动

对龚自珍西北史地研究产生重要影响的是徐松西北史地研究群体。程同文的西北史地研究，一是源自自身对于辽金元史的研究，一是源自纂修《大清会典》。而徐松与程同文不同，除了精于考证古史文献中的西北史地，徐松曾经谪戍新疆，参与松筠《新疆识略》的纂修，对于天山南北各地，曾进行详细的实地考察。

1. 徐松学术道路的转向及其对道光年间西北史地研究的推动

徐松，字星伯，原籍为浙江上虞，后落籍顺天府大兴（今北京大兴），清代著名地理学家。就原籍而言，徐松与自珍亦有同乡之谊。嘉庆十年（1805），徐松进士及第，朝考一等一名，时年25岁。十四年，派入全唐文馆，其利用编纂《全唐文》之机，从《永乐大典》中辑出《宋会要辑稿》《河南志》《中兴礼书》。十五年，充文颖馆总纂，成《唐两京城坊考》五卷。同年，简放湖南学政。

正当徐松仕途春风得意之际，嘉庆十七年（1812），时任湖南学

政的徐松被御史赵慎畛参劾，发配新疆伊犁。但西谪之旅为徐松的西北史地研究提供了新的契机，使他得以全面考察新疆各地地理风貌与风土人情。二十年，伊犁将军松筠要徐松重修《伊犁总统事略》，使徐松可以翻阅伊犁将军下辖各府城上呈的各种文书，对清廷在新疆的统治状况有了系统深入的了解，同时又对天山南北两路进行详细的实地调查，获得史地研究不可或缺的一手资料。

在七年流放生涯中，徐松对新疆各地进行广泛考察，每到一地，探察山川形势，查勘各地建制屯田，记录民族风情，了解各地物产，寻访历史遗迹与碑铭石刻，重温汉唐旧事，感叹大清王朝的千古武功。对此龙万育说：

> 先生于南北两路壮游殆遍，每所之适，携开方小册，置指南针，记其山川曲折，下马录之。至邮舍则进仆夫、驿卒、台弁、通事，一一与之讲求。积之既久，绘为全图。乃遍稽旧史、《方略》及案牍之关地理者，笔之为记。……盖先生孜孜不倦，十载成书。[①]

徐松的西北史地著述之所以为后世所看重，原因在于他学识广博，曾经读过万卷书，精通乾嘉学者的考据方法；如今又有机会"行万里路"，实地考察对于地理学研究，尤为重要。此后，徐松撰成《西域水道记》《汉书西域传补注》等史地著述。本来，为官遭受贬谪新疆的处罚，应为惨痛的仕途挫折，但对于徐松而言，却带来学术研究方向的巨大转折，并为其史地研究注入当代史的内容。影响所及，徐松成为京师西北史地研究的焦点人物。对此，一度问学徐松的西北史地学家沈垚说：

---

① 徐松著，朱玉麒整理：《西域水道记·龙序》（外二种），中华书局2005年版，第9页。

> 海内读先生赋(《新疆赋》)者,无不叹先生之才,惜先生之遇。垚窃谓国家有非常之功,开辟疆域,则必有宏博伟丽之才,亲历其地,……假令先生不亲至新疆,未必为之作赋,不作赋,则新疆之山川草木,岂不闇然无色哉?然则天欲永迢陬物产不朽之传,故小谪先生,先生藉是略见其才,是亦先生之遇也。①

清代西北边疆史地研究的兴起,的确与边疆大吏、谪戍学者有着直接的关系。徐松之前的纪昀、洪亮吉、祁韵士,之后的林则徐,皆为西北史地研究或边疆治理做出贡献。嘉庆二十五年(1820),徐松七年谪戍期满,返回京师。徐松的同年好友、时任西安知府的邓廷桢闻听此事,不禁欣喜万分,作诗云:

> 投戈瀚海竟归来,琴未全焦烛未灰。
> 天要霜毫成地志,帝从雪窖老人才。
> 七年磨蝎宫中坐,万里明驼塞上回。
> 尚有书生豪气在,莫辞百罚覆深杯。②

邓廷桢闻听徐松遣戍伊犁期满,赐还京师,喜悦之余而作此诗。其中有对朋友绝域生还的庆幸,有对徐松成就西北史地之学的赞誉,有开怀痛饮的豪情流露。嘉庆二十五年(1820)夏季,40岁的徐松抵京,正赶上新疆传来张格尔卡外滋扰的消息,为其官职起复亦带来转机。此时道光帝急于了解西北边情,十二月,徐松主笔的《伊犁总统事略》适时进呈,道光帝不仅赐名《新疆识略》,而且亲撰序文,

---

① 沈垚:《答徐星伯中书书》,《落帆楼文集》卷二,《清代诗文集汇编》第598册,第32页。
② 邓廷桢:《喜徐星伯入关以诗迓之二首》,《双砚斋诗钞》卷五,《清代诗文集汇编》第520册,第520页。

下旨交付武英殿刊刻。此书被后世赞誉为"千古未有之书",徐松因此受到道光帝召见,由于奏对西陲情形甚为翔实得体,皇帝赏其内阁中书舍人一职,徐松再次得到朝廷启用。这一年,自珍亦任内阁中书,与徐松成为同僚。

徐松《西域水道记》《汉书西域传补注》《新疆赋》被人誉为"大兴徐氏三种",适应了官僚士大夫了解西北边情的需要。好事者争相刊刻,成为学人一睹为快的畅销书,一时洛阳纸贵。十六年(1836),徐松选授礼部主事,十八年,升任铸印局员外郎,著《唐登科记考》30卷。二十三年,徐松授江西道监察御史转掌江南道。二十四年简放陕西榆林知府,二十六年致仕,二十八年(1848)病逝。

由上可知,徐松与自珍在京师同时为官多年,其中二人同僚共事十余年,他们有共同商讨西北史地问题的充裕时间。徐松"自塞外归来,文名益噪,其时海内通人游都下者,争以一见为荣"[①],此时的徐松既有新疆实地考察的收获,又有新疆地方资料的积累,更有前人文献记载的熟识。徐松住在顺治门大街,与自珍比邻而居,可以朝夕相处,切磋西北史地研究。正如缪荃孙所云:"先生学识闳通,撰著精博,负重望者三十年。所居在顺治门大街,厅事前古槐一株,夭矫天际。颜之曰荫绿轩,读书处曰治朴学斋。朝野名流,相见恨晚。"[②]在嘉庆朝曾为"孤学"的西北史地研究,在道光朝成为"显学",30年来徐松肩负海内众望,其家厅前的古槐树下,经常聚集一大批学人,谈古论今商榷西北史地,互通资料有无,而徐松所撰手稿、藏书为学人提供宝贵的文献资料。这就形成一个以徐松、龚自珍等人为中心的

---

① 徐世昌撰:《大清畿辅先哲传》(下册),《文学传七》卷25,北京古籍出版社1993年版,第818页。
② 缪荃孙编:《徐星伯先生事辑》,张爱芳辑:《中国古代史学家年谱》第8册,北京图书馆出版社2005年版,第544页。

西北史地研究的群体，这个群体包括董祐诚、魏源、俞正燮、张穆、沈垚、何绍基、陈潮、缪焕章、杨亮等人。

道光十一年（1831），缪焕章来京应试，拜谒徐松请教西北史地，直到道光十八年告别徐松，其《云樵诗话》云："先生住宣武门大街，庭前有大槐树，书舍名'荫绿轩'，图书满架。名士沈氏垚、陈氏潮同寓，龚氏自珍、包氏世臣、张氏穆，常相过从。时听隽语，受益良多。"[1] 诸多学人与徐松、自珍往来密切，一同切磋西北史地、天文历算。

道光十五年（1835），陈潮、沈垚客居徐松寓所，朝夕问学。陈潮不幸病故，徐松周恤医药棺椁。后沈垚移到姚元之家教馆，二人招来张穆，时常聚会畅谈西北塞外地理。道光二十年，沈垚去世，徐松仍旧大力周恤，一如陈潮。对此，缪焕章之子缪荃孙说："泰兴陈东之潮、乌程沈子敦垚客先生寓，东之病殁，医药棺椁赒恤有加。子墩旋移馆姚总宪元之寓，每出城诣先生，为招平定张石洲穆，烹羊炊饼，置酒大嚼，剧谈西北边外地里，以为笑乐。"[2] 由上可知，徐松奖掖学术后进，可谓不遗余力，甚至可以与朱珪朱筠兄弟、翁方纲相媲美。京师为全国学人荟萃心仪之地，而徐松则成为众望所归的西北史地名家：

> 大兴徐星伯先生松，继朱文正兄弟翁覃溪后，招来后进，天性敦挚似竹君，胸次宽博较覃溪为胜，四方宿学之士，客京师者以先生为归焉。先生官湖南学政，为武陵赵文恪公慎畛劾罢，斥戍伊犁，且籍其家。……然不经此，先生之《新疆赋》及《新

---

[1] 王俭：《张穆年谱·道光十六年》，三晋出版社2012年版，第50—51页。
[2] 缪荃孙编：《徐星伯先生事辑》，张爱芳辑：《中国古代史学家年谱》第8册，第550—551页。

疆识略》不成。天山南北路,冰崖雪窖,皆昇先生著书材料也。先生归后,仍官中书,门下往来者,乌程沈垚、平定张穆、泰兴陈潮、甘泉杨亮、阳湖董祐诚,皆谈地学之友。先生事迹见艺风文集。大兴赤县,自先生没后,未有能继先生者。人士星散,京师雕耗,而国家于以不竞,陆生之宴喜西都,有道之人论东国,孰谓与国家无关哉?①

没有谪戍新疆的经历,徐松无以成就西北史地研究,而其长期居官京师,热衷奖掖青年学子、学术后进的精神,大力推动了清代中叶西北史地研究的发展。而道光年间新疆正值多事之秋,西北史地研究的兴起成为经世致用思潮的重要组成部分。

学术兴替往往与国运盛衰相连,王国维曾说:"国家与学术为存亡。天而未厌中国也,必不亡其学术。天不欲亡中国之学术,则于学术所寄之人,必因而笃之。"②事实亦是如此,各种因缘际会使徐松西北史地学达到他那个时代的最高水平,成为道光年间西北史地研究的领军人物。晚清地理学的研究趋向为之一变,其重心由古史地理沿革的考证,转向研究近代西北边疆问题,开始关注现实的边疆治理,开始关注世界局势。对此,梁启超说:

盖道光中叶以后,地理学之趋向一变,其重心盖由古而趋今,由内而趋外。以边徼或域外地理学名其家者,寿阳祁鹤皋韵士,大兴徐星伯松、平定张石洲穆、邵阳魏默深源、光泽何愿船秋涛为最著。而仁和龚定庵自珍、黟县俞理初正燮、乌程沈

---

① 李详:《药裹慵谈》卷三,《徐星伯先生》,江苏古籍出版社 2000 年版,第 56 页。
② 王国维:《沈乙庵先生七十寿序》,《观堂集林》卷 23,《王国维遗书》二,上海书店出版社 1983 年版,第 585 页。

子敦垚、固始蒋子潇湘南等，其疏附先后者也。此数君者，时代略衔接，相为师友，而流风所被，继声颇多。兹学遂成道光间显学。①

清代学术研究倾向于考证古史，因此清代前期地理学研究，多为考证古水道或古郡国的地理沿革，可以称为沿革地理学。由于康雍乾时期用兵西北边陲，开疆扩土，幅员辽阔，学者对蒙古、青海、新疆、西藏逐渐感兴趣，于是西北史地研究兴起。而祁韵士、徐松、张穆、魏源、何秋涛、龚自珍、俞正燮、沈垚、蒋湘南等人，所处时代大略相同，他们互为师友，共同推动西北史地研究的发展，使之成为道光年间的显学。在这一转变过程中，徐松成为至关重要的人物，其对自珍西北史地研究的影响颇大。

2. 徐松与龚自珍西北史地研究的互动

徐松长于自珍12岁。道光元年（1821），二人同时以中书舍人的身份进入内阁，直到道光十三年自珍升任宗人府主事，他们一直为内阁同僚。此后二人亦同官京师，学术交往从未中断。此外，徐松寓所与自珍住宅颇近，二人可以朝夕过从，商讨西北史地问题。

自珍很早就读过徐松的著述。道光元年，徐松主笔的《新疆识略》刊行，其中有《哈萨克世次表》《布鲁特头人表》，并在第十二卷《外裔门》中。道光元年，自珍作《上国史馆总裁提调总纂书》，对旧志讹误缺漏提出18条建议，其中关于"西域属国"如布鲁特、哈萨克，各官书只记大概，自珍认为徐松精于西北地理，先成哈萨克、布鲁特二表，堪称当代奇作，因此建议国史馆沿用。其言："今中书

---

① 梁启超：《中国近三百年学术史》，东方出版社1996年版，第388页。

徐松在西域时，曾钩稽两部世系地界沿革成两表，当代奇作，此可以沿用者。"① 可见，自珍对徐松有关西北史地的著述，较早就有阅读，且颇为关注叹服。

自珍成为内阁中书舍人之后，其西北史地研究的资料来源，因为职务的便利，来自其对内阁大库奏折档案的阅读。内阁中书可谓官小职微，对于自珍经世抱负的实现无济于事。但清代内阁是收藏历代皇帝诏令和臣下奏章的地方，值班中书可以随便翻阅，因此可以读到不少前朝官员的奏章，以了解军国大事与朝廷利病。对此阮葵生《茶余客话》曾云：

> 内阁大库藏历代策籍，并封贮存案之件。汉票签之内外纪，则具载百余年诏令、陈奏事宜。九卿翰林部员有终身不得窥见一字者。部库止有本部通行，惟阁中则六曹咸备。故中书品秩虽低卑，实可练习政体，博古通今。予辛巳复直票签，……一遇夜直之期，检阅尤便。每次携长蜡三枝，竟夕披览不倦。②

阮葵生身为乾隆年间进士，曾任内阁中书，因而其言较为可信。内阁大库存有皇帝上谕、六部章奏，而内阁中书值夜时可以随便翻阅，因此中书虽然官卑职微，但在了解朝廷掌故与政事方面，却有九卿翰林所不具备的优越条件。阮葵生本人曾在内阁任票签之职，就趁着夜值之机翻阅内阁大库所藏档案，甚至主动替同僚值班以便阅览，并视为乐事。自珍的好友魏源曾担任内阁中书，为其日后完成《圣武记》打下坚实基础：

---

① 龚自珍：《上国史馆总裁提调总纂书》，王佩诤校：《龚自珍全集》第五辑，第318页。
② 阮葵生：《茶余客话》卷一《内阁大库》，中华书局1960年版，第30页。

荆楚以南，有积感之民焉。距生于乾隆征楚苗之前一岁，中更嘉庆征教匪、征海寇之岁，迄十八载畿辅靖贼之岁始贡京师，又迄道光征回疆之岁始筮仕京师。京师，掌故海也，得借观史馆秘阁官书及士大夫私家著述、故老传说，于是我生以后数大事及我生以前上讫国初数十大事，磊落乎耳目，旁薄乎胸臆。因以溯洄于民力物力之盛衰，人材风俗进退消息之本末。晚侨江淮，海警飙忽，军问沓至，忾然触其中之所积，乃尽发其椟藏，排比经纬，驰骋往复，先取其涉兵事及所论议若干篇，为十有四卷，统四十余万言，告成于海夷就款江宁之月。①

魏源对于自己所生活时代的动荡极为敏感，一生经历苗民起义、白莲教起义、征讨海盗蔡牵、禁门之变以及新疆张格尔叛乱，嘉道年间的变乱四起令魏源忧时感世。也正是有感于时代的内忧外患，魏源意识到乾嘉学者埋头于经史考证的时代已过去，而亟应思考国家的前途与命运。而担任内阁中书期间可以广泛阅读官书奏折，在资料积累方面至关重要。魏源在任职期间，得以借观史馆秘阁官书以及士大夫私家著述、故老传说，为日后编纂《圣武记》打下坚实深厚的资料基础。道光元年（1821），自珍曾作《夜直》一诗，来记述其在内阁值夜的情况：

天西凉月下宫门，夕拜人来第一番。
蜡烛饱看前辈影，屋梁高待后贤扪。
沈吟章草听钟漏，迢递湖山赴梦魂。
安得上言依汉制？诗成侍史佐评论。②

---

① 魏源：《圣武记叙》，《魏源全集》第 12 册，岳麓书社 2004 年版，第 199 页。
② 龚自珍：《夜直》，刘逸生、周锡䪖校注：《龚自珍诗集编年校注》（上），第 128 页。

夜光如水照着内阁的宫门，自珍在值夜之中翻看着前代奏章，烛光下似乎看到前辈的身影。历朝朱批奏折集成一册册的丝纶簿，堆放在一起已快到屋顶，这些簿册只等后人前来翻阅。由于堆积太高，要看到裙本，需要踩着梯子上去，这些都是史官著述的史料底本。

自珍从道光元年任内阁中书，直到十三年升任宗人府主事，在内阁中书任上长达13年之久。在漫长的岁月中，自珍可以遍阅历朝章奏，因此朝政利弊得失，了然于胸。可以说，自珍担任内阁中书，最大的意义在于得闻朝廷掌故，得交天下名士与达官贵人，熟悉朝廷典章制度，为其学术著述与议政论政打下文献基础。

内阁档册之外，自珍个人亦大力搜罗文献，网罗旧闻。徐松、王徵君皆以搜罗古籍而闻名天下，自珍将其引为同志，荟萃诸多珍本秘籍。徐松擅长辑佚，爱好藏书，寓斋中所藏书籍，多外间所稀有，"古籍缤纷，足资搜讨"[①]。在文献典籍之外，徐松还收藏一些外间少见的舆图，如《乾隆十三排舆图》等。自珍对西北边疆充满兴趣与好奇，但其一生从未出塞，而徐松亲履西北的经历，耳闻目验的西北风情，对于自珍来说颇为宝贵。学术观点的交流切磋，文献典籍的相互沟通，对徐松、自珍的西北史地研究起了重要的促进作用。

在学术研究方面，徐松的西北史地研究运用考据学的方法，需要使用考据学者所发掘的史料。徐松与自珍二人经常切磋相互促进。《说文解字注》首刊于嘉庆二十年（1815），徐松在道光初年研读此书时，曾参考自珍批阅《说文解字注》的札记，徐松在其著作《汉书西域传补注》中，十余次以"段氏曰"的形式，引用《说文解字注》。徐松研究西北史地的重要资料《长春真人西游记》亦借于自珍，在此书整理中，自珍、程同文皆做出重要贡献。

---

① 沈垚：《与张秋水》，《落帆楼文集》卷八，《清代诗文集汇编》第598册，第104页。

在道光初期的十年中，在京师以西北史地研究为中心的交游群体非常活跃，徐松、龚自珍、魏源堪称核心人物。他们通过种种相互连接的纽带，如同年同寅、同乡同学、座师门生、姻亲好友等社会关系，或因声气相通、志同道合、意气相投等原因，让他们走到一起，交流研究资料，切磋学术问题。

道光六年（1826）是会试之年，龚自珍、魏源皆在京师准备会试，恰在此时，西北战事告急，杨芳、长龄被调往前线，这引起研究西北史地的学人的关注。徐松在新疆谪戍期间结识长龄，由徐松主笔的《新疆识略》虽在伊犁将军松筠任内开始修撰，却在长龄任上完成。魏源曾在杨芳家中教读其子弟，而自珍亦曾赋诗赞美杨芳"九重方破格，肺腑待奇臣"。面对西北多事，这些学人纵论天下形势，探讨西北舆地。对长龄提出来的"捐西守东"的弃疆之议，自珍、魏源多提出批评意见。

3. 徐松与龚自珍西北史地研究学术路向的差异

自珍研究西北史地的学术路向与徐松明显不同。徐松虽然关注清代对边疆的现实统治，但其著作主要是记述西北的山川物产、城邑村庄、卡伦军台、风土民情、河渠屯田等地理概貌，或者补注《汉书·西域传》，其对于清代边疆治理政策以及众说纷纭的"捐西守东"之说，从来不发表任何看法。这可能与徐松谪戍新疆的仕途挫折有关，戴罪发配虽已成为过往云烟，但肯定给徐松的心灵留下莫大的阴影，因此不愿意将自己置于舆论的风口浪尖。

而自珍恰恰相反。从自珍留下的单篇西北史地文章来看，自珍肯定阅读过大量西北史地的著述，但除了夭折的《蒙古图志》，自珍从未有过撰述大部头西北史地的打算。自珍所作每一篇文章皆是针对西北现实问题而发，具有强烈的论政议政色彩。道光九年，自珍会试中式，殿试时作《对策》一文，提出发展西北农业，巩固西北边疆的建议。在朝考时，针对张格尔叛乱被平定后新疆诸多问题亟待解决的现实，自珍作《御试安边绥远疏》，以安边、绥远为主题，提出"以边安边""足兵足食""夺伯克之权"的思想。自珍反对新疆弃地之说，提出建立行政区划、直接统治新疆地区的治边政策。其胪举时事，洋洋洒洒千余言，对时政直陈无隐，令阅卷诸公震惊不已。

对于徐松与自珍、魏源在西北史地方面的差异，学者郭丽萍说：

> 在徐松那里，西北著述重在讲求真实性与客观性的知识认知，而对于龚自珍与魏源，西北研究中则更多价值判断，对西北知识探求只是手段，由此引申而来的议政才是目的。徐松的西北研究更具学术意义，而龚自珍与魏源的西北研究更具思想影响。[1]

因此可以说，徐松的西北史地著述在传输现实的西北舆地知识，而龚自珍、魏源则是为清廷在西北边疆的统治出谋划策。但毋庸讳言的是，如果没有徐松提供的第一手西北材料，任何有助于现实统治的对策，均为空谈。徐松的西北史地研究多为地理沿革的考索，而自珍的文章则经世色彩颇为浓郁。

另外还有一种现象值得注意，自珍从道光元年在京任内阁中书，直到十九年辞职南归，除了短暂的离开之外，一直在京师为官，一直处于西北史地研究的学术圈子之中。道光十五年（1835），自珍、徐松、潘谘等人在吴葆晋家中集会，听徐松"说海内山川溪谷，东自沧

---

[1] 郭丽萍：《绝域与绝学：清代中叶西北史地学研究》，生活·读书·新知三联书店2007年版，第148页。

溟，西至昆仑外更数千里"①，这说明自珍一直没有离开这个学术圈子。其他学人各有斩获，徐松《新疆赋》《汉书西域传补注》次第刊刻，魏源著成《元史新编》《圣武记》，沈垚著有《国史地理志》《道光九域志》，张穆著成《蒙古游牧记》，但自珍在道光十年以后，几乎未有西北史地专著的写成。

道光十六年（1836），友人王元凤因事发配张家口军台，自珍嘱咐他为《蒙古图志》补绘所缺某部落某山图，并请假五日将其送至居庸关，逾越八达岭而返。为此自珍作《说居庸关》《说张家口》等文。这说明自珍仍有心思继续撰述《蒙古图志》一书，但并未有成果问世。王元凤抵达张家口之后，因无法出去考察山川，未能为自珍绘图。

友人张昭瓒曾致书自珍，劝其为《禹贡》作注。张氏曾有《禹贡》刊本，但自感过于简略，又无书可以考证。因此张氏希望自珍能有《禹贡》大作问世，他在信中说："愿阁下勉为《禹贡》功臣，推广此志以概其余，专心一志以注《禹贡》，凡平日所议为西北两方置行省各条件，悉列诸《禹贡注》中，以为信今传后之用。……《禹贡》不朽，大作与之同不朽，岂不伟哉。"②但自珍并未为《禹贡》作注。对于张昭瓒的建议，自珍感慨万千，称赞他"苦心大胆之真儒者，真豪杰。又曰：不可轻视此人，惜其老矣，不然真助我者也"③。

究其一生，自珍并未传注六经，亦未有西北史地专著，在徐松看来，这是自珍交游驳杂、号称"无事忙"、不潜心读书的结果。对此魏季子曾说："定庵交游最杂，……星伯先生目之为无事忙。又曰：以定庵之才，潜心读书，当不在竹垞（朱彝尊）、西河（毛奇龄）之

---

① 潘谘：《秋日集咏记八》，《潘少白先生文集》卷六，《清代诗文集汇编》第519册，第120页。
② 张祖廉：《定庵先生年谱外纪》，王佩诤校：《龚自珍全集》附录，第644页。
③ 张祖廉：《定庵先生年谱外纪》，王佩诤校：《龚自珍全集》附录，第644页。

下。"① 徐松与自珍比邻而居，对自珍的交游情况应该颇为了解，其称自珍为"无事忙"与事实确实相符。但若认为因此影响了自珍的学术成就，则未必准确。究其一生，自珍并未注疏六经，亦未有西北史地专著，与其治学理念有关。自珍曾言：

> 人臣欲以其言裨于时，必先以其学考诸古。不研乎经，不知经术之为本源也；不讨乎史，不知史事之为鉴也。不通乎当世之务，不知经、史施于今日之孰缓、孰亟、孰可行、孰不可行也。②

自珍认为，"一代之学即一代之治"，研经治史的根本目的是为了明晰政教风俗，通晓当前治国安邦的策略，而无益于民生政教的经史考证，是没有学术价值的。这是自珍一生坚持的学术准则，亦是其一生写下诸多振聋发聩政论文章的根源所在。自珍对徐松学术影响的评价，还是颇高的。道光十九年（1839），自珍辞官南归，告别徐松，作诗云：

> 夹袋搜罗海内空，人材毕竟恃宗工。
> 筲河寂寂覃溪死，此席今时定属公。③

自珍最为关注人才培育问题，他把海内人才之名收集记录下来，放在自己的夹袋里，无一遗漏。但人才的发现与培养，毕竟要靠有名

---

① 魏季子：《羽琌山民逸事》，《丛书集成续编·史部》第36册，上海书店出版社1994年版，第1084页。
② 龚自珍：《对策》，王佩诤校：《龚自珍全集》第一辑，第114页。
③ 刘逸生：《龚自珍己亥杂诗》第42首，中华书局1980年版，第55页。

望的人物。朱筠，号笥河，官至翰林院侍读学士；翁方纲，号覃溪，官至内阁学士。朱、翁二人皆为大兴人，乾嘉时期为学术界的领袖人物，喜欢奖掖人才，提拔后进。他们死后，提拔奖掖人才的责任就落在同为大兴人的徐松身上，事实上，道咸年间研究西北史地的学者群，皆直接或间接受到徐松的影响，当然包括龚自珍在内。

龚自珍学术交游表

	姓名	籍贯	生卒	师承功名	与龚交游活动及结识途径
1	段玉裁	字若膺，号懋堂。江苏金坛人	1735—1815	师事戴震，乾隆举人，曾任知县	江苏人。自珍外公
2	宋璠	字鲁珍。浙江严州府建德县人	1778—1819	嘉庆举人	浙江同乡。塾师
3	袁通	字达夫，号兰村。浙江钱塘人	1775—1829	袁枚嗣子，曾任知县。著有《捧月楼诗》	钱塘小同乡。游春赏花，诗词唱和，为袁词集作序
4	袁桐	字琴南。钱塘人	1716—1797	袁枚侄。官直隶河工通判。工于书画，能诗	钱塘小同乡。同学
5	陈奂	字硕甫，号师竹，晚自号南园老人。江苏长州人	1786—1863	诸生，师事江沅、段玉裁，又问学王念孙、王引之学	外祖门生，江苏人。曾教读自珍之子，为陈书作序
6	臧庸	本名镛堂，字在东，号拜经。江苏武进人	1767—1811	考据学家，国子监生，师从卢文弨，又问学于钱大昕、段玉裁	外祖门生，江苏人。《常州高材篇》
7	丁履恒	字若士，一字道久。江苏武进人	1770—1832	嘉庆拔贡，充文颖馆誊官，选授山东肥城知县	江苏人。与段玉裁交游问学
8	王昙	又名良士，字仲瞿。浙江秀水人	1760—1817	清代诗人，乾隆举人	浙江同乡。到京师龚家来访，订忘年交

续表

	姓名	籍贯	生卒	师承功名	与龚交游活动及结识途径
9	姚元之	字伯昂,号竹叶亭生,晚号五不翁。安徽桐城人	1773—1852	书画家。嘉庆十年进士,官至左都御史、内阁学士。与崔旭、梅成栋出张问陶(号船山)门下,合称"张门三才子"	安徽人。同官京师。往还借书
10	王大淮	字松坡,号海门。江苏长洲人,祖籍天津	1785—1844	副贡生,曾官曲阜县令。工诗,画有《种松图》	江苏人。同年。嘉庆十五年顺天乡试副榜。南归会晤曲阜,有诗酬之
11	王大堉	字秋坨。江苏长洲人,祖籍天津		著有《苍茫独立轩诗集》	江苏人。年弟。王大淮之弟
12	王鸿	字子梅。江苏长洲人,祖籍天津		诸生,有祭诗图	江苏人。年家子。王大淮之子
13	汪琨	字宜伯,号忆兰。浙江钱塘人		太学生,官绣山典史,著有《怀兰室词》	钱塘小同乡。游春赏花
14	舒位	字立人,号铁云。直隶大兴人,生于江苏吴县	1765—1816	乾隆举人,诗人、戏曲家,工诗善书画。著《瓶水斋诗集》《乾嘉诗坛点将录》等	大兴人。进京与文人交往而结识。长自珍27岁。龚作诗追怀
15	包世臣	字慎伯,晚号倦翁。安徽泾县人	1775—1855	学者、书法家、书学理论家。嘉庆举人,曾官江西新渝知县	安徽人。游历作幕江淮、京师,结识自珍。花之寺赏花,互赏赠送书帖
16	李锐	字尚之,号四香。江苏元和人	1769—1817	生员,古代数学家	长龚自珍24岁,与之商榷《礼经》,著《丙子论礼》
17	魏源	字默深。湖南邵阳人	1794—1857	思想家,道光进士,官高邮知州	湖南人。嘉庆十九年京师结识,道光六年同应会试落第,房考刘逢禄作诗哀之,龚魏齐名

第三章　学术交游与学术递嬗　311

续表

	姓名	籍贯	生卒	师承功名	与龚交游活动及结识途径
18	王凤生	字竹屿。安徽婺源人	1776—1834	嘉庆中入赀为浙江通判，屡摄知县事，擢河南归德知府，署两淮盐运使，魏源密友	安徽人。京师会晤，为其《黄河归棹图》题词
19	吴文徵	字南芗。安徽歙县人		工书、诗，善山水。曾任县尉一类小官	安徽人。吴寓居苏州，龚为其《东方三大图》题诗。吴为龚绘《箫心剑态图》
20	李学璜	字安之，号复轩。上海人，归懋仪之夫		著有《枕善居诗剩》	上海人。李为龚文集作序，龚作诗报之
21	归懋仪	字佩珊，号虞山女史。江苏常熟人		清代女诗人。巡道归朝煦女，上海监生李学璜妻。著作有《绣余续草》《听雪词》	江苏人。与龚母段驯交游，曾教读龚自珍妹龚自璋，与龚自璋诗词唱和
22	何其伟	字韦人，又字书田，晚号竹簳山人。江苏青浦人		增贡生，清代名医	江苏人。为丽正治病，龚为何诗集题跋
23	江藩	字子屏，号郑堂，晚号节甫。江苏甘泉人	1761—1831	监生。受业余萧客、江声，经学家	江苏人。长龚自珍31岁。龚为其书作序
24	钮树玉	自号匪石山人。江苏吴县人，家洞庭东山	1760—1827	贾于齐鲁间，不事举业，而笃志好学，日以聚书为事	江苏人。问学玉裁，丽正幕僚。相与搜讨珍本古籍，诗文唱和
25	顾广圻	字千里，号涧薲，自号思适居士。江苏元和县人	1766—1835	受业于吴县江声，问学于段玉裁，嘉庆诸生	江苏人。问学玉裁，诗词唱和，同游赏梅，互赠金石拓本
26	彭兆荪	字湘涵，又字甘亭，晚号忏摩居士。江苏镇洋人	1769—1821	清代诗人。中举后屡试不第。曾客江苏布政使胡克家及两淮转运使曾燠幕	江苏人。龚作诗追怀

续表

	姓名	籍贯	生卒	师承功名	与龚交游活动及结识途径
27	裕谦	字鲁山、衣谷，号舒亭。蒙古镶黄旗人	1793—1841	出身于将门世家。嘉庆二十二年进士，官至两江总督，鸦片战争时，裕谦守定海殉国	蒙古族。为官江浙南归时，龚氏向其陈吴中水利策
28	林则徐	字少穆。福建侯官人	1785—1850	嘉庆十六年进士，政治家、思想家，官至湖广总督、陕甘总督和云贵总督	福建人。为官京师、江浙，在京参加宣南诗社，禁烟问题上提建议，林出京赠序
29	汪远孙	字久也，号小米，又号借闲漫士。浙江钱塘人，为汪宪曾孙，汪璐孙，汪诚长子	1789—1835	嘉庆二十一年举人，官内阁中书。家有"振绮堂"藏书	钱塘小同乡，同官京师，内阁中书。为龚刻《大誓大文》。道光十三年杭州东轩吟社咏赵飞燕玉印
30	李筠嘉	字修林，号笋香，一号吾园，近翁。松江（今上海）人	1766—1828	贡生，官光禄寺典簿，藏书家。别业曰吾园，有藏书楼名慈云楼	上海人。于父任之所上海结识。为《慈云楼藏书志》作序
31	孙星衍	字渊如，号伯渊。江苏阳湖人，晚年迁居金陵。与女诗人王采薇结婚	1753—1818	乾隆五十二年榜眼，曾任山东督粮道、山东布政使。曾任"诂精经舍"教习及主讲钟山书院	江苏人。《常州高材篇》
32	何元锡	字梦华，又字敬祉，号蝶隐。钱塘人	1766—1829	清藏书家、金石学家。监生，官至主簿	钱塘小同乡。曾在龚丽正官署做事
33	吴荣光	字伯荣，一字殿垣，号荷屋，晚号石云山人。广东南海人	1773—1843	嘉庆四年进士，官至湖南巡抚兼湖广总督、福建布政使	广东人。为官京师，在京供职请龚自珍助其完成金石著述
34	夏璜	浙江钱塘人	1774—1825	嘉庆十四年进士	钱塘小同乡。京师订交，后上海相访，作《送夏进士序》赠行

续表

	姓名	籍贯	生卒	师承功名	与龚交游活动及结识途径
35	彭蕴章	字咏莪，谥文敬。江苏长洲（今苏州）人，尚书彭启丰曾孙	1792—1862	由举人入赀内阁中书，充军机章京。道光十五年进士，官拜文渊阁大学士，上书房总师傅	江苏人。同僚，同为内阁中书。诗词唱和
36	刘逢禄	字申受，号申甫，又号思误居士。江苏武进人	1776—1829	今文经学家，嘉庆十九年成进士，曾任礼部主事	江苏人。自珍师。向其问公羊家法，为其房考官。与魏源一同请陈潮整理刘《诗声衍》遗作
37	王蘐龄	字北堂。直隶昌平州人		道光元年恩科副榜，曾任教谕，后供职礼部	直隶人。京师结识，搜集善本，互通有无
38	王引之	字伯申，号曼卿。江苏高邮人，安国孙，念孙长子	1766—1834	嘉庆四年进士，官工部尚书	江苏人。自珍乡试座师，龚为其作墓表铭
39	王芑孙	字念丰，号惕甫，一号铁夫，又号楞伽山人。江苏长洲（今苏州）人	?—1851	乾隆五十三年召试举人，官华亭教谕。工书逼己墉，不期而合	江苏人。送诗文集请其评阅
40	贝墉	字既勤，号简香，又号宝严居士。江苏吴县人		监生	江苏人。龚与江沅助贝墉重刊《圆觉经略疏》
41	庄绶甲	字卿珊。江苏武进人，庄存与孙	1774—1828	嘉庆诸生	江苏人。请龚为其祖庄存与作碑铭，应龚家聘在杭州设馆授徒
42	宋翔凤	字虞庭，一字于庭。江苏长洲人，庄述祖外甥	1777—1860	嘉庆五年举人，曾任泰州学正，历官湖南新宁、耒阳知县	江苏人。在段玉裁门下游学，嘉庆二十五年结识于京师
43	胡培翚	字载屏，一字竹村。安徽绩溪人	1782—1849	1819年成进士，授内阁中书，实录馆详校，户部广东司主事	安徽人。同为嘉庆二十三年举人，互称同年。胡邀龚参加祭祀郑玄集会

续表

	姓名	籍贯	生卒	师承功名	与龚交游活动及结识途径
44	王鼎	字定九，号省厓。陕西蒲城人	1768—1842	嘉庆元年成进士，官至直隶总督、军机大臣、东阁大学士	陕西人。丽正同年，长自珍26岁。嘉庆二十四年应会试，饮于王宅，作诗
45	恽敬	字子居，号简堂。江苏阳湖（今常州）人	1757—1817	乾隆四十八年（1783）举人，阳湖文派创始人之一。曾任知县、同知，著有《大云山房文稿》	江苏人。《常州高材篇》为其诗集题跋
46	托浑布	字安敦，又字子元，号爱山。蒙古正蓝旗人	1799—1843	嘉庆二十四年进士，官至直隶布政使，山东巡抚，有《瑞榴堂诗集》	同年，为嘉庆二十三年举人，借钱给龚氏。龚建议推广蚕桑
47	沈锡东				龚丽正宾客交游送行
48	朱鹤年	字野云，号野堂、野云山人。江苏泰州人	1760—1844	画家，主要画作有《万卷书楼图》	江苏人。长期居住京师，与京师文人学士交游
49	吴兰修	字石华。广东嘉应州（今梅州）人		嘉庆十三年举人，官广东信宜训导，曾任学海堂学长	广东人。赠予龚氏砚台
50	吴葆晋	字佶人，号虹生。河南光州人		嘉庆二十三年举人，道光九年进士，官户部主事、扬州知府、淮海道	河南人。举人、进士同年，同为内阁中书。宴饮雅集，诗词唱和
51	周仪暐	字伯恬。江苏阳湖人	1777—1846	嘉庆元年举人。历官陕西山阳、凤翔知县	江苏人。嘉庆二十五年同应会试，诗词唱和，为其稿本题跋
52	钱林	字东生。一字叔雅，号金粟。浙江仁和（今杭州）人	1761—1828	嘉庆十三年进士，升侍读学士，迁左庶子	浙江同乡。以诗赠钱林
53	姚学塽	字晋堂，一字镜塘。浙江归安人	1766—1826	嘉庆元年进士，官内阁中书，兵部职方司郎中	浙江同乡。丽正进士同年，向其请教问学

第三章　学术交游与学术递嬗　315

续表

	姓名	籍贯	生卒	师承功名	与龚交游活动及结识途径
54	张祥河	原名公璠,字诗舲。江苏娄县（今上海松江）人	1785—1862	嘉庆二十五年进士,官内阁中书、工部尚书	江苏人。内阁中书同僚,宴饮雅集
55	昭梿	自号汲修主人,又号檀樽主人。清太祖努尔哈赤第二子代善之后	1776—1829	嘉庆十年袭礼亲王爵,后被圈禁,道光二年授宗人府候补主事	满人。京师结识。与之探讨史例变迁
56	潘曾沂	字功甫,号瑟庵,自号小浮山人。江苏吴县人,大学士潘世恩长子	1792—1852	嘉庆二十一年举人。五应会试不第。道光元年援例得内阁中书。五年辞官归里,遂不复出	江苏人。内阁中书同僚,宴饮雅集
57	潘曾莹	江苏吴县人。大学士潘世恩次子	1895—?	道光二十一年进士,官至吏部左侍郎	江苏人。京师唱和
58	潘曾绶	字绂庭。江苏吴县人,潘世恩三子,潘祖荫父	1810—1883	道光二十年举人,历官内阁中书、内阁侍读等	江苏人。京师唱和
59	冯启蓁	字晋渔。广东鹤山人		嘉庆十五年举人,曾任咸阳宫官学教习	广东人。同年生,与其同游北园
60	徐宝善	字廉峰。安徽歙县人。六世祖为徐乾学。榜名三宝	1790—1838	嘉庆二十五年进士,改庶吉士,授编修,历官御史	安徽人。京师雅集唱和
61	姚莹	字石甫,号展和,晚号幸翁。安徽桐城人,从祖姚鼐为桐城派创始人	1785—1853	嘉庆十三年进士。曾任两淮盐运使,台湾道,广西、湖南按察使	安徽人。京师交游,切磋经世之学
62	赵怀玉	字亿孙,一字味辛,晚号收庵。江苏武进人	1747—1823	乾隆五年召试,赐举人,授内阁中书。曾任登州、兖州知府	江苏人。《常州高材篇》
63	松筠	字湘圃。蒙古正蓝旗人	1754—1835	历任户部尚书、陕甘总督、伊犁将军	蒙古族。龚研究西北舆地,参照其书《新疆识略》《西藏巡边记》《西藏图说》
64	陈庆镛	字笙叔,号颂南。福建福州人	1795—1858	道光十二年进士,官至监察御史	福建人。通过阮元相识,陈寓斋在宣武坊,有问经堂

续表

	姓名	籍贯	生卒	师承功名	与龚交游活动及结识途径
65	陈杰	字静庵。浙江乌程人		曾官钦天监博士，国子监算学助教	浙江同乡
66	刘钟汶	字方水		为人任侠仗义，侠士	作诗为其送行
67	俞诰	字秋圃。江苏松江人		琵琶名手	江苏人。听俞弹琴赋诗
68	宗稷辰	字涤甫，号涤楼。浙江会稽人	1792—1867	道光元年举人，内阁中书，御史，山东运河道	浙江同乡。同官内阁中书，为薇垣五名士
69	江沅	字子兰，号铁君。江苏元和人，江声孙	？—1838	优贡生，世传家学，邃于许氏书	江苏人。与段交好，长龚26岁，道光元年订交，龚学佛第一导师
70	程同文	字春庐。浙江桐乡人		嘉庆四年进士，曾任兵部主事、军机章京，大理寺少卿、奉天府丞	同乡。早年与龚丽正订交，辅助龚进行西北史地研究
71	秦恩复	字近光，号敦夫。江苏江都人	1760—1843	乾隆五十二年进士，翰林院授编修，官至太史。曾主持诂经精舍	江苏人。长龚31岁，长期供职京师。互相抄借异书
72	陈沆	原名学濂，字太初，号秋舫。湖北蕲水（今浠水）人	1785—1826	嘉庆二十四年进士，状元，授翰林院修撰，道光三年任会试同考官。官至四川道监察御史	湖北人。京师结识，陈赏识龚诗文才华。龚为其诗集写批语并题词
73	谢阶树	字欣植，一字子玉，号向亭（芗亭）。江西宜黄人	1778—1825	嘉庆十三年进士，榜眼，授为翰林院编修，提督湖南学政	江西人。赏识龚诗文才华。讨论古今学术源流并劝购书
74	徐松	字星伯。原籍浙江上虞人，后迁北京大兴	1781—1848	嘉庆十三年进士，地理学家。任翰林院编修、礼部主事、江西道监察御史等	同乡。京师同僚，内阁中书，与其探讨西北舆地

第三章　学术交游与学术递嬗　317

续表

	姓名	籍贯	生卒	师承功名	与龚交游活动及结识途径
75	杨亮	原名大承,字季子。江苏甘泉人	1797—1853	监生,承先世余荫,袭三等轻车都尉	北游京师,与徐松学西北地理,结识自珍,龚辞官南下在扬州会晤
76	吴嵩梁	字子山,号兰雪,晚号澈翁。江西东乡人,吴居澳之子	1766—1834	嘉庆五年举人,授国子监博士,旋改内阁中书,擢贵州黔西知州。有《听香馆丛录》	江西人。道光二年同应会试,后同游崇效寺。为龚西邻,宴饮雅集,诗文唱和
77	董祐诚	字方立。江苏阳湖人,董基诚之弟	1791—1823	嘉庆二十三年举人。数学家	《常州高材篇》
78	姚祖同	字亮甫。浙江钱塘人	1761—1842	乾隆四十九年召试,赐举人,授内阁中书,官至河南巡抚、副都御史	嘉庆二十四年拜见姚,为其作《太常仙蝶(有序)》
79	杨芳	字通达,号诚斋。贵州松桃厅人。	1770—1846	晚清名将。道光七年,杨芳奉令随长龄、杨遇春平息张格尔叛乱,生擒张格尔,九年应召进京,道光帝召见20余次	好友魏源、邓传密教读杨家,龚为其送行,为其寄诗。杨芳平叛回朝陛见,龚作《书果勇侯入觐》
80	阮元	字伯元,号芸台、雷塘庵主、揅经老人。江苏仪征人	1764—1849	乾隆五十四年进士,官至两广总督、云贵总督、体仁阁大学士、太傅,被尊为三朝阁老、九省疆臣、一代文宗	长龚氏28岁,嘉庆六年,段玉裁在阮元幕中,主定《十三经校勘记》
81	张维屏	字子树,号南山,又号松心子,晚号珠海老渔。广东番禺人	1780—1859	道光二年进士,在湖北、江西任州县官,署理南康知府。道光十六年辞官归里	京师唱和,宴饮雅集,书信往来,为其诗集作序

续表

	姓名	籍贯	生卒	师承功名	与龚交游活动及结识途径
82	邓传密	原名尚玺,字守之,号少白。安徽怀宁人,书法家邓石如子	1795—1870	书法家,长期寄人篱下,做文书工作,在京师依附陈用光、杨芳,后依附魏源	京师结识,书信往还
83	储征甲	字瀛铨,号纪堂。江苏宜兴人		道光举人,安徽青阳教谕,著有《种竹山房诗词抄》	词曲唱和
84	程恩泽	字云芬,号春海。安徽歙县人	1785—1837	嘉庆十六年进士,授翰林院编修,历官湖南学政、侍读学士、内阁学士,官至户部侍郎	京师结识,为龚父写寿联
85	汤鹏	字海秋,自号浮邱子。湖南益阳人	1801—1844	道光三年进士,曾任礼部主事、军机章京,擢山东道监察御史,不一月回户部供职	汤鹏与龚自珍、魏源、张际亮被誉为"京中四子"
86	黄爵滋	字德成,号树斋。江西宜黄人	1793—1853	道光三年进士,官至鸿胪寺卿、大理寺少卿、通政使,后升任礼部、刑部右侍郎,与林则徐、邓廷桢为禁烟名臣	京师结识,宴饮雅集
87	张瓒昭	字洵甫。湖南平江人			探讨西北舆地研究
88	僧慈风	杭州乔松庵法师			道光四年杭州结识,向其学佛
89	裕恩	号容斋居士。满洲正蓝旗人,宗室和硕睿亲王淳颖之子,袭镇国公爵		历官内阁学士、礼部侍郎、热河都统等职。好读佛典,曾校读大藏,校刊有新译《金刚经》一卷	通识满、汉、藏、蒙、回等文字,向其学佛
90	僧唯一	北京龙泉寺僧。湖北施南人		北京宣武门西南龙泉寺主持	道光四年始向其借阅佛经,倡议修建藏经楼

续表

	姓名	籍贯	生卒	师承功名	与龚交游活动及结识途径
91	富俊	字松岩。蒙古正黄旗人	1749—1834	翻译进士，曾任协办大学士、工部尚书、东阁大学士	道光十二年富俊五度造访自珍，请其指陈时弊，龚作《当世急务八条》
92	陈文述	初名文杰，字云伯，后改名文述，别号元龙、退庵。钱塘（今浙江杭州）人	1771—1843	嘉庆五年举人，官昭文、全椒等知县，著有《碧城诗馆诗钞》《颐道堂集》	龚得赵飞燕玉印，征诗记事，陈作长诗
93	孔宪彝	字叙仲，号绣山。山东曲阜人，孔子七十二代孙	1808—1863	道光十七年举人，官内阁中书。著有《对岳楼诗录》	母孙氏为杭州名门，龚女阿纯嫁于孔之子。龚为其母作墓志铭。宴饮雅集
94	孔宪庚	字叔和，经阁。山东曲阜人		拔贡生，工诗，善画	与弟宪彝作淮阴鸿爪图，龚为之题诗。龚路过曲阜，投宿孔家
95	许翰	字印林，室名攀古小庐。山东日照人	1797—1866	道光十五年举人，主讲东阿渔山书院，后选授峄县训导、宝坻知县	道光五年进京，充武英殿校录，奉命修《康熙字典》，与龚交游
96	何俊	字晋孚，号亦民。安徽望江人		道光九年进士，历任工部主事、江苏布政使	进士同年，龚辞官南归，何以知府衔驻黄河管理河务，经济上资助龚
97	卢元良	字心农。江西南康人		甘泉知县，擢升知府	进士同年，龚辞官南归，经济上资助龚
98	马沅	字湘帆，一字韦伯。江苏上元人		湖广道御史，工诗文	进士同年，京师宴饮雅集
99	陆继辂	字祁孙（祁生），一字修平。江苏阳湖人	1772—1834	嘉庆五年举人，官合肥县训导，以修《安徽省志》叙劳，选江西贵溪知县	《常州高材篇》

续表

	姓名	籍贯	生卒	师承功名	与龚交游活动及结识途径
100	赵魏	字恪生,号晋斋。浙江仁和人	1746—1825	博学嗜古,尤工篆、隶,最精于考证碑版,其所藏商周彝器款识及汉唐碑本,为天下第一	为龚校订《羽琌山金石墨本记》
101	李宗翰	字公博,又字春湖。江西临川人	1769—1831	乾隆五十八年进士,授编修。道光时官至工部左侍郎,浙江学政。嗜金石文字,喜聚书	长龚23岁,京师结识。观碑拓
102	朱㬎	字丹木。云南石屏人	1794—1852	道光九年进士,官至陕西布政使,著有《积风阁初集》《味无味斋诗钞》。有诗才有政绩	进士同年,京师结识,龚南归为其治装
103	端木国瑚	字子彝,又字井伯,号鹤田,晚号太鹤山人。今浙江青田人	1773—1837	道光十三年进士,任内阁中书。著有《太鹤山人集》	共同研究《周易》,内阁中书同僚,京师宴饮雅集
104	朱以升	字升木,号次云。浙江仁和人		道光二十年进士,历官直隶顺义、平谷、密云知县	同乡。二人推重《汉书》
105	王元凤	山东琅玡人		任桂阳州知州	道光十六年王被发配张家口,龚送行,希望王绘图蒙古山川部落
106	戴熙	字醇士,号榆庵,又号鹿床。浙江钱塘人	1801—1860	画家。道光十一年进士,次年成翰林,官至兵部侍郎,后引疾归,曾在崇文书院任主讲	同乡。宴饮雅集
107	杨懋建	字掌生,号尔园,别号蕊珠旧史。广东梅县人		道光十一年举人,官国子监学正	道光十二年赏花游春

续表

	姓名	籍贯	生卒	师承功名	与龚交游活动及结识途径
108	钱东父	号伊庵。浙江仁和人		中年后，潜心佛典	龚的佛学导师
109	潘谘	字诲叔，号少白。浙江会稽（今绍兴）人	？—1852	学者、诗人。布衣，以教书为生。著有《林阜闲集》《少白诗文集》等	同乡，隐居京师，与姚学塽相互砥砺
110	黄玉阶	字季升，一字蓉石。广东番禺人	1803—1844	道光十六年进士，官刑部主事。著有《韵陀山房诗文集》《黄蓉石先生诗集》	京师交游，南归送行
111	顾春	原姓西林觉罗氏，字梅仙，号太清。满洲镶蓝旗人，为贝勒奕绘侧福晋		公认"清代第一女词人"。晚号"云槎外史"，有词集《东海阁集》和诗集《天游阁集》	丁香花公案
112	蒋湘南	字子潇，回族。河南固始人	1795—1854	道光十五年举人，二十四年大挑虞城教谕，主讲关中书院、同州书院	道光十六年入都结识龚自珍，宴饮雅集
113	梁章钜	字闳中，又字茝林，晚号退庵。福建长乐人	1775—1849	曾任江苏布政使、广西巡抚、江苏巡抚等职。抗英禁烟派人物	梁进京陛见，龚设宴饯行，作送序，鸦片战争进其幕府
114	吴式芬	字子苾，号诵孙。山东海丰（今无棣）人	1796—1856	道光十五年进士，官至内阁学士	二人寓宣南，隔巷而居，常相过从
115	陆献	字彦若。江苏丹徒人，为陆秀夫后裔		农学家，道光举人，历官山东蓬莱、曹县知县。著《山左蚕桑考》	为其农书作序
116	刘良驹	字星舫，一作星房，号叔千。江西南丰人		道光九年进士，翰林院庶吉士，授户部主事，累官两淮盐运使	进士同年，儿女亲家，道光二十年阿辛嫁于刘的侄子

续表

	姓名	籍贯	生卒	师承功名	与龚交游活动及结识途径
117	何绍基	字子贞,号东洲,别号东洲居士,晚号蝯叟。湖南道州人	1799—1873	道光十六年进士。曾任四川学政,历主山东泺源、长沙城南书院	资助龚氏,二人参与陈沆举行的五篑会
118	李兆洛	字申耆,晚号养一老人。江苏阳湖(今常州)人	1769—1841	嘉庆十年进士,选庶吉士,改凤台知县,后主讲江阴暨阳书院20年	辞官南归江阴会晤
119	蒋彤	字丹棱。江苏阳湖县人		李兆洛弟子,有《丹棱文钞》	辞官南归,江阴会晤
120	徐荣	原名鉴,字铁孙,号药垣。祖籍辽东,汉军正黄旗人	1792—1855	道光十六年进士。历官嘉兴县令、绍兴知府、福建汀漳龙道,工诗,著有《怀古田舍诗钞》	徐荣任嘉兴县令,龚前去访问,为其诗集作序。二人讨论银贵问题
121	步际桐	字香南,亦作香林,一字唐封。直隶枣强人		道光九年进士。十九年任山西平阳知府,授河南河北道	进士同年,修禊宴饮。南归送行
122	戴絧孙	字袭孟,号云帆,一作筠帆。云南昆明人		道光九年进士,官御史,告归掌育材书院,著《味雪斋诗文钞》	进士同年,修禊宴饮。南归送行
123	僧逸云	俗名正感,字念亭。江苏长洲人		吴县支硎山中峰寺僧人,后赴嘉兴楞严寺讲主	南归在嘉兴楞严寺会晤讲经
124	灵箫	又名阿翦。袁浦名妓			袁浦遇灵箫
125	徐楙	字仲鶱,号问蘧、泉斋,别号问年道人。浙江钱塘人		幼与兄秋巢承叔祖徐瀹之教,金石文字学家	南归故乡与其交游
126	曹籀	字葛民,一字竹书,号柳桥,又号石屋道士。浙江仁和人		诸生	同乡。道光四年杭州结识,仰慕龚氏之学,为《定庵文集》作序,刊行
127	沈鎏	字晴庚,号秋白。无锡人	?—1860	诸生,以教书为业。著《怀旧录》《留鸥吟馆草》	南归后往来吴越间得以结识,辑《庚子雅词》请其题词

第三章　学术交游与学术递嬗　323

续表

	姓名	籍贯	生卒	师承功名	与龚交游活动及结识途径
128	刘文淇	字孟瞻。江苏仪征人，凌曙外甥	1789—1854	嘉庆二十四年优贡生，候选训导。毕生研究《左传》	南归路过扬州，会晤聚饮
129	邵廷烈	字子显，又字伯扬，号退闲外史。江苏太仓人		道光十九年在扬州任教职	龚南归路过扬州，与其会晤，曾为其所辑《娄东杂著》作序
130	方廷瑚	字铁珊，号幼樗。浙江石门（今桐乡）人，画家方熏之子		工书善画能诗，嘉庆十三年举人，做过知县	龚南归时，方保阳饯行
131	陈希敬	字笠渔，又作笠雨。浙江海盐人	？—1853	道光三年进士，历任知县、知州	为方廷瑚之女做媒嫁给陈希敬之子。南归时陈任高阳知县，为龚设宴饯行
132	孙麟趾	字清瑞，号月坡。江苏长洲人		诸生。有《零珠词》《碎玉词》《一鱼庵词话》	京师结识，诗词唱和
133	改琦	字伯蕴，号香伯，又号七芗、玉壶外史。落籍上海松江	1774—1829	清代画家。创立仕女画新风格，称为"改派"	诗词唱和
134	金礼嬴	字云门。浙江山阴人，晚居钱塘	1772—1807	王昙之妻，画家，著有《秋红丈室遗诗》	龚自珍为其作《金孺人画山水序》
135	钱枚	字枚叔，一字实庭，号谢盦。浙江仁和人	1761—1803	嘉庆进士，官至吏部文选司主事。著有《心斋草堂集》《微波词》	清代中期词坛能手，龚为钱枚词集作序
136	达受	字六舟，又字秋楫，号万峰退叟。俗姓姚。浙江海宁人	1791—1858	出家为僧，居海宁白马庙。后主持西湖净慈寺	同乡。二人畅谈古文字知识
137	陈裴之	字孟楷，又字少伯，号小云。钱塘人，陈文述之子	1794—1826	入资为通判，妻为汪端	同乡。龚向其出示诗文，陈有诗相赠

续表

	姓名	籍贯	生卒	师承功名	与龚交游活动及结识途径
138	蒋祥墀	字盈阶,一字长白,号丹林。湖北天门人	1761—1840	乾隆五十五年中进士,授编修。晚年辞官后,主讲金台书院	龚入国子监肄业,师事蒋祥墀。嘉庆二十四年拜见蒋
139	宝兴	爱新觉罗氏,字献山。隶镶黄旗	1776—1848	嘉庆十五年进士,累迁内阁学士、礼部侍郎。充吐鲁番领队大臣	嘉庆二十四年,作《上镇守吐鲁番领队大臣宝公书》,上书宝兴,附呈《西域置行省议》
140	洪敏回	字子骏。安徽歙县人,洪梧嗣子			嘉庆十七年龚作《湘月》,洪以《金缕曲》相赠
141	汪龙	字起潜,一字辰叔。安徽歙县人。	1742—1823	乾隆五十一年举人。嗜古博学,尤精《诗经》	在龚丽正徽州府志局共同修志,共同复函龚氏
142	洪饴孙	字孟慈,又字祐甫。江苏阳湖人,洪亮吉长子	1773—1816	嘉庆三年举人,官至湖北东湖知县	在龚丽正徽州府志局共同修志,共同复函龚氏
143	武穆淳	字敬斯,号小谷。河南偃师人,武亿之子	1772—1832	嘉庆举人,官江西永新、信丰知县	在龚丽正徽州府志局共同修志,共同复函龚氏
144	胡文水	字鱼门。祁门人		段玉裁弟子	在龚丽正徽州府志局共同修志,共同复函龚氏。为胡《山居卷子》题《清平乐》
145	罗士琳	字次璆,号茗香。安徽歙县人,自称甘泉人	1789—1853	考取天文生。天文学家、数学家	龚向其学天文学,并作《说日昝》
146	尚镕	字乔客、宛甫。江西南昌人	1785—1835	诸生,著《持雅堂诗文集》《史记辨证》《三国志辨微》	嘉庆二十一年到上海拜访龚氏。有诗
147	徐渭仁	字文台,号紫珊、隋轩。上海人	1788—1855	监生,著名藏书家、金石学家、书画家	上海访问徐,观赏其金石
148	朱祖振	字检之。安徽歙县人,龚自璋之夫		廪生,官浙江盐大使	与之同访徐渭仁

第三章　学术交游与学术递嬗　325

续表

	姓名	籍贯	生卒	师承功名	与龚交游活动及结识途径
149	陈宪曾	字吉甫，一字子敏，号铁桥。浙江钱塘人		龚橙岳丈	
150	江凤彝	字矩香。浙江钱塘人		嘉庆举人，官景宁教谕	互通金石有无。互通书信
151	叶昶	字青原。江苏吴县洞庭山人		未遇，已逝，作诗《哭洞庭叶青昶》，以示悼念	相偕隐居
152	王念孙	字怀祖，自号石臞。座师王引之父，江苏高邮人	1744—1832	乾隆四十年进士，历任翰林院庶吉士、山东运河道、直隶永定河道	为段玉裁同门，世交，嘉庆二十四年拜谒王念孙
153	石韫玉	字执如，号琢堂，又号花韵庵主人，亦称独学老人。江苏吴县人	1756—1837	乾隆五十五年状元，历官四川重庆知府、山东按察使。主讲苏州紫阳书院20余年。尝修《苏州府志》	以文稿请其审阅，致书龚氏
154	周中孚	字信之，号郑堂。乌程（今湖州）人	1768—1831	嘉庆六年拔贡。十八年副榜，曾就学阮元，参与修辑《经籍籑诂》	与龚家世交，推荐周到李筼嘉慈云楼整理藏书，赠送龚所藏砖文
155	梅曾亮	字伯言。江苏上元（今南京）人	1786—1856	道光二年进士，与管同交好，转攻古文。居京师二十年	为龚文集稿本题诗，宴饮雅集
156	段骧				与之选编《经韵楼集》
157	江有诰	字晋三，号古愚。安徽歙县人		恩贡生	与段玉讨论音韵学，与丽正论学，为龚文写批语
158	郑师愈	号退轩。浙江秀水人		监生，塾师	为龚氏二子教读
159	王植	字叔培，号晓林，自号秉烛老人。直隶清苑人	1792—1852	嘉庆二十二年进士，历任广东学政、内阁学士、刑部右侍郎、浙江安徽江西巡抚	龚氏房师，推荐龚的试卷

续表

	姓名	籍贯	生卒	师承功名	与龚交游活动及结识途径
160	吴清鹏	字程九。浙江钱塘人，吴锡麒之子，吴清皋之弟		嘉庆二十二年探花，官顺天府丞，以清素著闻，归寓扬州，主安定书院，有《笏庵集》	同乡。有诗怀龚氏，宴饮雅集
161	吴清皋	字鸣九，一字小谷。浙江钱塘人，吴锡麒之子	1786—1849	能世家学。嘉庆十八年举人。由内阁中书官至南昌知府，有《壶庵遗诗》	同乡。有诗咏及龚氏，有诗咏龚氏赵飞燕玉印
162	陈延恩	陈希祖之子，字登之。江西新城人		监生，补松江府柘林通判，代理江阴知县。迁升川沙同知，代理扬州、常州知府，兼淮徐扬海道	道光十二年龚作《庆泽春》词为陈送行，京师宴饮雅集
163	王寿同	江苏高邮人，尚书王引之子	？—1853	捐纳刑部郎中。道光二十四年进士。用原官迁御史，出为贵州黎平知府，擢湖北汉黄德道	应王的请求，为王引之作墓铭。书信往来
164	冯鼎祚	字新斋，号文江。浙江嘉兴人		嘉庆二十三年副贡，官广西八达州同知，降盐经历，工书法	同乡。冯南归嘉兴，龚作诗送行
165	廖甡	字鹿侪。广东南海人		嘉庆二十二年进士。累迁都水司郎中，四川夔州知府，河南汝宁知府，推广种牛痘	游春，雅集
166	俞正燮	字理初。安徽黟县人	1775—1840	道光元年举人。主讲南京"惜阴书院"	评价龚文，留滞京师会馆，龚访之
167	沈垚				龚向其询问铜鱼符上文字

第三章　学术交游与学术递嬗　327

续表

	姓名	籍贯	生卒	师承功名	与龚交游活动及结识途径
168	陈元禄	字抱潜，号小铁，又号剑南。浙江钱塘人，陈宪曾子	1823—？	官直隶盐山知县，永定河南岸同知	道光十八年相见于七井胡同，作《羽琤逸事》
169	奎耀	字仲华，号芝圃。满洲正白旗人，英和次子		嘉庆十六年进士。由编修至通政使	京师相识，诗词唱和
170	许正绶	许正绶，字庸生。浙江上虞人		道光九年进士，官湖州教授。有《重桂堂集》	同乡，乡会试同年官卒，以诗悼之
171	王言	字健夫，号兰谷。浙江仁和人		嘉庆二十三年举人，官浙江寿昌训导	赴京会试十一次，与龚游厂肆，宴饮雅集
172	张宗泰	字鲁岩。河南鲁山人	1776—1852	嘉庆十二年举人，道光二年选授修武儒学教谕。二十三年升河南府学教授	道光十八年订交，二人谈论顾千里学问
173	倪以埴	字心培，号墨卿。浙江嘉善人		国学生。矢志经学，考据经淹	与龚氏以文字论交
174	庄士彦	字眉生。江苏阳湖人		诸生	在京同游
175	缪焕章	字仲英。江苏江阴人，缪荃孙之父		道光十七年举人，贵州候补道	在京师受业于徐松，结识龚氏
176	王寿昌	字子仁。江苏高邮人，王引之子		荫生，户部主事，官至广西按察使	龚氏南归过嘉兴，访之，有诗
177	吴崇俊	原名春海，字鹭云。浙江钱塘人		诸生	龚氏为其图《灵鹫高华夜吐云》作诗
178	汤贻汾	字若仪，号雨生、琴隐道人，晚号粥翁。江苏武进人	1778—1853	诗人、画家。以祖、父荫袭云骑尉，授扬州三江营守备。擢浙江抚标中军参将、乐清协副将	龚访之，为其父子作画像记。为《断钗吟图》题《水龙吟》词
179	朱坚	字石梅。浙江山阴人		工鉴赏，画梅，创造锡壶砂里，精镌刻	同乡。为其画册题《清平乐》，朱赠晋砚

续表

	姓名	籍贯	生卒	师承功名	与龚交游活动及结识途径
180	胡敬	字以庄，号书农。浙江仁和人	1769—1845	嘉庆十年进士，官翰林院编修。预修《秘殿珠林》《石渠宝笈》三编	小同乡。乡居，与龚氏父子往还，丽正卒，为其作挽联
181	麟庆	字伯余，别字振祥，号见亭。满洲镶黄旗人	1791—1846	嘉庆十四年进士。官至江南河道总督十年，有《鸿雪因缘记》	为官江淮。拜谒麟庆，为其《鸿雪因缘记》作序
182	于昌进	字湘山。山东文登人	1808—1858	附贡生，历署睢南、海防、宿北同知，官至里河同知	为官江淮，在清江浦龚为其《旧雨轩图》题词

本表参照麦若鹏《龚自珍传论》下编《龚自珍交游考略》与樊克政《龚自珍年谱考略》制。

第四章

家庭生活与情感世界

龚自珍不仅是晚清学术大家的代表，著名启蒙思想家，亦是过着世俗生活的普通人。本章着力展示龚自珍的家庭生活与生存状态，揭示母亲段驯，妻子段美贞、何吉云，侍妾灵箫在自珍情感世界中扮演的角色，并解读自珍的人性论与妇女观。此外，自珍生于世代为宦的书香门第，但其并非人们想象的那样过着钟鸣鼎食的生活，本章另一主旨就是描绘自珍的日常开销用度以及经济状况，诠释自珍重义轻利的金钱观。

家庭生活是自珍仕途宦海奔波之后宁静的人生港湾。母亲段驯是自珍人生的第一位启蒙老师，自珍一生依恋母爱，追求童心，怀念天真浪漫的童年生活，对其独特的个性成长、心理结构影响深远，进而对其诗文创作、仕途发展亦产生重大影响。自珍的妻子先有青梅竹马的表妹段美贞，后有能诗善书的绝世名姝何吉云，令世人颇为羡慕。

但自珍有选色谈空、花夜冶游的文人积习。道光十九年辞职南归途中，自珍在袁浦奇遇灵箫，在一场心灵与心灵的交汇，灵魂与灵魂的共舞之后，其发出"设想英雄垂暮日，温柔不住住何乡"的感慨，毅然纳灵箫为妾，展现出自珍追求个性解放的人性观。在妇女观方面，自珍反对个性束缚，反对缠足，欣赏舒张天性的自然美。

在消费方面，自珍一生并无服饰车马、珍馐酒肉之贪欲，其以研经治史为性命，以著述等身为宏愿，在收藏金石、搜罗古籍方面可谓一掷千金。但现实生活中的自珍既不善治生，又有"千金散尽还复来"的仗义疏财，加上嗜好赌博、随手赠金、花月冶游等文人积习，使其晚年陷入以借贷为生的困境。在金钱观方面，自珍恪守着传统士大夫重义轻利的观念，一生瞩目的是筹划国计民生，而非聚敛财富，求田问舍。

第一节　一种春声忘不得：母亲段驯

黎巴嫩诗人纪伯伦曾经说过："人的嘴唇所能发出的最甜美的字眼，就是母亲；最美好的呼唤，就是妈妈。"的确，母亲往往是人生发展的向导，是挚爱与温暖的源泉所在，许多时候亦是知己与朋友的完美结合。自珍的母亲段驯，知书达理，学识渊博，工于诗词与书法，是自珍人生的第一位启蒙老师，同时也给予他最温柔、最甜蜜的母爱。龚自珍一生依恋母爱，追求童心，对其个性发展与感情特色，仕途进取与诗文创作，皆产生极为深远的影响。

一、童年·童心·母爱与龚自珍个性的成长

家族的发达主要依赖于举业的成功，迎娶名儒之女，则是保持家族科甲鼎盛与名儒辈出的有效手段。而早在明末清初，"江南的每个城市、每一代人中，都有写作、出版和相互探讨作品的妇女。受教育女性人数的增多，她们相互间影响与社会间作用机会的充分增多，创造了一个过去不曾存在的阅读批评群体"[①]。江南人文昌盛，父兄的广博学识、等身著述、科举功名使他们的姐妹妻女耳濡目染，亦能诗善书。

段驯，字淑斋，江苏金坛人，乾嘉名儒、小学家段玉裁之女。玉裁师事乾嘉汉学泰斗戴震，一生究心经籍，深于文字、音韵、训诂

---

① 〔美〕高彦颐著，李志生译：《闺塾师——明末清初江南的才女文化》，江苏人民出版社 2005 年版，第 30 页。

之学，同时精通校勘，是乾嘉时期徽派朴学大师中最为杰出的学者之一。段驯作为名儒之女，善于吟诗，著有《绿华吟榭诗草》，书法亦工，于篆书尤为精通。据沈善宝《名媛诗话》记载："圭斋（即龚自璋）母段淑斋太夫人诗笔卓绝，余常笑谓圭斋云：'子非羲之献之乎？'然家学亲承，正复相似。"[1] 段驯工于诗词与书法，而其女龚自璋亦是如此，因此沈善宝才将其母女比作东晋书法家王羲之、王献之父子。

段驯所作诗歌，风格清新典雅，语言朴素自然。民国时期徐世昌《晚晴簃诗汇》收录段驯诗歌二首，颇能显示其才华，其一是《晚行》：

几点雁横秋，新寒倦客游。碧峰云外隐，纤月水中流。
衰草连荒道，残碑卧古邱。停车凝望处，枫叶绕层楼。

其二是《晓起渡钱塘》：

晓出钱塘口，江天月尚浮。晴初山色淡，风定早潮收。
离雁随人远，樯乌解客愁。富春名胜地，欣得一帆游。[2]

徐世昌所收的段驯这两首诗，皆为山水景物诗，寥寥几笔，勾勒出清丽曼妙的江南山水画卷，"碧峰云外隐，纤月水中流"不仅对仗工整，而且意境颇为优美。龚氏世居杭州，清晨早起渡钱塘江，应是生活中极为平常之事，段驯《晓起渡钱塘》一诗，寥寥几笔，勾勒出钱塘江山水之美，"晴初山色淡，风定早潮收"宛如一幅淡雅的水

---

[1] 沈善宝：《名媛诗话》卷六，《续修四库全书》第 1706 册，第 617 页。
[2] 徐世昌：《晚晴簃诗汇》卷 186，中华书局 1990 年版，第 8393 页。

墨山水画卷，而诗人流连于青山碧水之中，一股欣然忘返之情油然而生。段驯的小诗，将其悠然闲适的心情表现得淋漓尽致，而诗人"腹有诗书气自华"的才女形象，亦展现在读者眼前。

作为一代学术大师之女，段驯饱读诗书，学识亦不同凡响。其夫龚丽正之弟龚守正，官至礼部尚书，早年对嫂夫人的学识颇为赞赏。其《家乘述闻》曾云："余幼年偶言及诗词家每用'六朝'字，西晋及隋俱非南朝，何以言六？六嫂云：'吴及东晋、宋、齐、梁、陈为六朝。'家兄系段懋堂先生之婿，嫂为名父之女，究不同寻常巾帼也。"①守正讲述段驯解释"何谓六朝"之事，足以窥见其学识的渊雅。

江南人文鼎盛，科举发达，世代耕读的书香之家颇多，他们注重子弟教育，男孩子专心读书，读四书五经，学作科举时文，以考县学与府学，求取科举功名，做官为宦，或外出游学佐幕。而女孩子以做家务、学习女红为主，但女子同样跟随父兄习字作文，只不过不作科举时文，主要学习作诗填词与书法绘画。除了听讲四书之外，以学习《女诫》《列女传》为主，这样女子出嫁之后，可以教子女发蒙读书，还可以写信读信，粗记账簿。因此，一些出身于书香门第的女子，出嫁后颇能教育子女成才成名。

乾嘉时期诸多学者，皆得益于母亲的教育。比如洪亮吉六岁丧父，而母亲蒋氏知书达礼，丈夫去世后，历尽艰辛支撑家业，带着年幼的儿子归依母家，亲自教子读书，"正句读，审音训，故礼吉学有原本，一不染俗师之陋"②。洪亮吉的学术成就，与母亲蒋氏的启蒙教读与严厉管教有着密切的关系，"（洪亮吉）生六岁而孤，依外家读

---

① 龚守正：《家乘述闻》，《仁和龚氏集》民国钞本。
② 卢文弨：《国子监生洪君家传》，《抱经堂文集》卷30，中华书局1990年版，第407页。

书,颖悟异常儿。晚自塾归,母氏篝灯课读,机声轧轧,与书声相间不断"[1]。每个夜晚母亲轧轧的机杼声与洪亮吉的读书声交相呼应,成为洪氏幼年读书的动人场景。在清代学者之中,读书求学得益于母亲启蒙教读的,应该是一种普遍现象,洪亮吉的经历绝非个案。段驯生于一个书香门第,富有诗书才华,她对自珍的幼年教读,深深影响了其学术的成长。

此外,诸多清代学者的学术成就源自外家,即继承外祖或舅父的学术,刘文淇的学术源于舅父凌曙的发蒙教育,刘逢禄、宋翔凤的学术直接继承外祖庄存与的今文经学,戴望为学者周中孚外甥,中孚为杭州诂经精舍名宿,而戴望之学亦渊源于舅父。龚自珍的学术成就,与母亲段驯的启蒙、外祖父段玉裁的传授更是息息相关。

乾隆五十七年(1792)七月初五,龚自珍出生于杭州东城马坡巷的龚宅。此时,作为"金粉东南五十州"的杭州,仍是一派乾隆盛世的繁华表象,达官显贵、文人墨客、巨商富贾与风流士子云集于此,他们在青山绿水之间吟诗作赋,酬唱应和,宴饮游乐,显示出大清王朝歌舞升平的景象。西子湖畔的画舫游船,红衣翠袖,管弦歌舞,加之古刹佛寺的禅音袅袅,烟雨楼台的如梦如歌,令多少人流连忘返。作为文化之邦的杭州,成为龚自珍幼年生活的温床。

杭州作为浙江省城,包括钱塘、仁和两县,不仅风景秀美,而且人文昌盛,有清一代更是人才辈出:清初柴绍炳精通音韵学,工于诗文,自成"西陵体";戏曲家洪昇创作《长生殿》,与创作《桃花扇》的孔尚任并称"南洪北孔";藏书家吴焯,与当时名流雅集绣谷亭下,置酒高会,吟赏不绝。雍乾之际,赵一清精于舆地之学,以研究《水经注》著称;汪师韩一意穷经,诸经皆有著述,尤邃于易学;乾隆中

---

[1] 江藩:《汉学师承记》卷四,中华书局1983年版,第71页。

叶，卢文弨以校勘古籍著称于世，对经义注疏见解独到；性灵派诗人袁枚，以诗古文著名；著名文人、画家杭世骏一生为学博雅，淹贯众流，堪称经史大家；孙志祖为藏书家，治经专宗郑玄之学；厉鹗为浙西词派中坚人物，学问渊雅，精熟宋辽史学；梁玉绳、梁履绳兄弟以学问相切劘，尤精于史学；翟灏性嗜藏书，擅于经学。嘉道年间，龚自珍以今文经学著称于世，与魏源同为晚清思想解放的先驱。

自珍出生的杭州东城马坡巷，在宋代称为"马婆巷"，地近马院，是官府养马的地方。明人田汝成《西湖游览志余》载："马坡巷，宋时称马婆巷，盖其时在城外，马院近之，教驹游牝，皆于此地，故名马坡耳。自东花园而南，为上马坡，北抵清泰门大街，为下马坡。"[1] 据清人厉鹗《东城杂记》记载，元代奉化人戴帅初于清明时节游马坡巷，曾作《戊戌清明杭邸坐雪绝句》云："思乡处处只愁生，正好春游又不晴。雪似黎花云似柳，马坡巷口过清明。"[2] 戴帅初在清明细雨中游览马坡巷，绿柳如烟，梨花似雪，怎能不惹起诗人的思乡之情！

马坡巷是一块文墨昌盛的风水宝地，宋代书法家、画家米芾长子米友仁曾在此居住，其山水画以表现雨后山水的烟雨蒙蒙、变幻空灵而著称，世称"小米"。清代浙江桐乡人汪淮附庸风雅，在米友仁故宅的遗迹上，建园"小米山房"，俗称"小米园"。小米园属于典型的江南庭院风格，古朴典雅，主楼两层，雕梁画栋，落地花格门窗格外明亮通透，楼前小池伴以假山、水榭、小桥，一条回廊通向小花厅。乾隆五十三年（1788），自珍祖父龚敬身辞官乡居，买下马坡巷的小米园，四年之后龚自珍就出生在那里，浓郁的人文氛围滋养着自珍的性灵与浪漫情怀。龚宅在自珍记忆中的第一印象，见于成年后所

---

[1] 田汝成：《西湖游览志》卷14，东方出版社2012年版，第191页。
[2] 梁绍壬撰，范春三编译：《两般秋雨庵随笔》（下册），新疆人民出版社1995年版，第494页。

作的诗中。自珍诗云:

  凄迷生我处,宛转梦中寻。
  窗外双梅树,床头一素琴。①

  自珍对于自己出生时的家中情景,印象颇为深刻:在杭州马坡巷故宅中,窗外那散发着幽香阵阵的两株老梅,在月光下疏影横斜的梅枝,在窗棂上映出淡淡的剪影,微风送来沁人心脾的梅香;而在床头,放着一把没有精美雕饰的素琴,这一场景展现出龚家书香门第的风貌。所有这些在自珍幼小的心灵上,留下极为深刻的印迹,以致多年之后,还依然出现在他的睡梦里。

  作为龚家的独子,自珍的出生自然给这个家庭带来莫大的喜悦。更为凑巧的是,自珍出生后龚家喜事连连:乾隆六十年(1795)自珍四岁,其父丽正中式浙江乡试第五名举人,第二年进京会试,中式第31名进士,签分礼部学习行走。嘉庆二年(1797),自珍六岁就随母亲及姑父潘立诚进京,居住在北京横街寓宅。横街位于北京外城、中城与西城之间,附近有圆通寺、华严寺与粤东会馆,街上古槐参天。成年后,自珍曾作诗回忆横街住宅:"因忆横街宅,槐花五丈青"②,龚家赁屋附近,长着高大茂盛的槐树,那清香飘溢的槐花给自珍留下难忘的印象。两年后龚家移居斜街宅,斜街位于宣武门南,宅里种有艳丽的山桃花,每到春天,就给主人带来缤纷的春色与勃勃的生机。

  自珍幼年身体较弱,每每在夕阳落日中,听到卖饴糖小贩那悠扬的吹箫之声,就会脸色黯然,精神恍惚,好像生病一样,但无人知道

---

① 龚自珍:《乙酉除夕梦返故庐见先母及潘氏姑母》,刘逸生、周锡馥校注:《龚自珍诗集编年校注》,上海古籍出版社2013年版,第257页。
② 龚自珍:《因忆二首》其一,刘逸生、周锡馥校注:《龚自珍诗集编年校注》,第66页。

其中的缘故。每当这时,母亲段驯就会把自珍搂在怀里,轻轻地抚摸着他,使他真切体会到母爱的温柔,因此,母亲就成为自珍人生风雨中最可靠、最温暖的避风港。对此,自珍曾作诗云:

> 黄日半窗暖,人声四面希,饧箫咽穷巷,沈沈止复吹。小时闻此声,心神辄为痴;慈母知我病,手以棉覆之;夜梦犹呻寒,投于母中怀。行年追壮盛,此病恒相随;饫我慈母恩,虽壮同儿时。①

在此应该指出,诗中饧箫是饴糖小贩所吹的箫。自珍之父丽正身为京官,廉俸微薄,所赁宅院应该不是什么高墙深院,因此饴糖小贩的饧箫会清晰传入龚宅。那深沉悠扬的箫声,令自珍心神为痴,母亲段驯深知儿子的病,因此让自珍躺在床上,轻轻给他盖好被子,用她那温暖的手臂抚摸着儿子的额头。有时候已是深夜,睡梦中的自珍还发出阵阵呻吟,段驯听到儿子的梦呓,就悄悄来到儿子房间,把自珍抱在怀中。直到而立之年,自珍"闻箫则病"的心疾亦无改变,而段驯对儿子的爱抚,直到自珍壮年亦是如此。在母亲面前,他永远是一个长不大的孩子。

这里需要说明一下,箫为我国传统的民族乐器,音色圆润浑厚,柔和优美,给人一种悠远苍凉的感觉,极其适于演奏较为哀婉凄凉的乐曲。古人吹箫多用于送别,古诗词曲中描写箫声的句子颇多,如李白"箫声咽,秦娥梦断秦楼月",杜牧"二十四桥明月夜,玉人何处教吹箫",辛弃疾"凤箫声动,玉壶光转,一夜鱼龙舞",纳兰性德"何处吹箫,脉脉情微逗",等等,这里的箫声、吹箫,都弥漫着一种

---

① 龚自珍:《冬日小病寄家书作》,刘逸生、周锡𩣷校注:《龚自珍诗集编年校注》,第125页。

离别的哀怨悲凉。黄昏落日时分，残阳如血，倦鸟归巢，此时远处传来婉转幽怨的箫声，自然令人心生惆怅。而自珍过度的敏感多情使其"闻斜日中饧箫声则病"①，直到壮年依旧如此。估计自珍的病，并非生理意义上的疾病，而是一种内心忧伤、精神恍惚的心理状态。自珍天性淳厚，感情随在流露，而毫无遮掩与粉饰。

六岁的自珍正在私塾读书。放学之后，父亲丽正手抄《昭明文选》，并以此教自珍背诵，还令其阅读《登科录》。《登科录》是科举时代士人及第的名册，此为自珍搜集明清二百年科名掌故的开始。母亲段驯工于诗词，具有深厚的学术素养，晚上自珍从私塾放学回家，段驯则在帐下灯前，教其诵读吴伟业、方舟、宋大樽的诗文。吴伟业生活于明末清初，经历了天崩地解的亡国之痛，因此诗词之中饱含着激越苍凉的悲愤。幼年对吴伟业、方舟、宋大樽三人诗词的诵读，对自珍产生了颇为深远的影响，使其诗文创作有吴诗的宛丽、宋诗的清新、方文的气势磅礴，这是自珍汲取众家之长又独辟蹊径、不拘一格进行创作的结果。父亲教读《昭明文选》《登科录》，母亲口授吴诗，为自珍的诗文创作打下良好的基础，亦给其童年生活留下美好的记忆。成年后自珍作诗回忆这段生活：

因忆斜街宅，情苗茁一丝。银缸吟小别，书本画相思。
亦具看花眼，难忘授选时。泥牛入沧海，执笔向空追。②

在斜街的住宅里，自珍想要进行诗词创作的缕缕情丝，在他那幼小的心灵渐渐萌芽，他还依稀记得自己对着银烛，轻声吟诵那充满离

---

① 吴昌绶：《定庵先生年谱》，王佩诤校：《龚自珍全集》附录，上海古籍出版社 1975 年版，第 593 页。
② 龚自珍：《因忆二首》其二，刘逸生、周锡䪖校注：《龚自珍诗集编年校注》，第 67 页。

愁别绪的小诗，书本上好像写满了相思之情，父亲授读《文选》的情景，更是令人难以忘怀。但如梦如烟的往事如同泥牛入海，此时的自珍只得执笔面对眼前的虚空，惆怅怀念。

嘉庆五年（1800）九月，自珍祖父敬身去世，父亲丽正奔丧回杭州，由于匆忙，没有带上自珍母子。第二年八月，自珍才和母亲段驯、叔父守正由水路离京返杭，在船舶德州时，自珍有诗与母亲、叔父相唱和，自珍的诗才让母亲忘记了旅途的劳累。自珍的诗没有流传下来，段驯的诗记录了当时的情景："浮云散尽碧天空，桂魄寒生客舫中。隔浦渔歌风笛远，沿堤官柳暮烟笼。还乡不厌长途瘁，琢句偏输季子工。遥想故国今夜月，几人相对数征鸿？"① 中秋之夜，段驯坐在船头，在明月清风中听着渔歌短笛，令人陶醉，心旷神怡，而自珍的诗才，更令段驯万分欣慰，此时的自珍只有十岁。九月二十三日，自珍抵达杭州，开始在故乡生活。

自珍居杭期间，其父丽正即以题图诗卷的方式，记录其吟咏苏轼《洞仙歌》的情景。古人没有照相技术，要想把自己心仪的物象留于后世，唯一的办法就是绘画。清人对于人生当中值得纪念的事件，如宴饮雅集、友朋聚会、乔迁新居、学术交游等，往往要请画家绘图，然后遍请学者名流题诗题词，以便广为流传，垂于后世。这一现象世称"绘图征诗"，而其作品被称为"题图诗卷"。自珍童年，一幅《湖楼吹笛图》为后人留下自珍的童年倩影。

杭州的钱塘江畔，西子湖边，在曲径通幽的六桥旁，在花木掩映的深处，是龚家的一座小楼。在花香袭人的春夜，自珍梳着双丫髻，穿着淡黄色的衣衫，或是倚着阑干吹着短笛，那笛声悠扬婉转；或是

---

① 段驯：《中秋夜德州舟次季思叔珍儿同作》，吴振棫编：《国朝杭郡诗续辑》卷43，清光绪二年杭州丁氏刊本，第2页。

吟唱苏轼的《洞仙歌》,声音清朗圆润:

> 冰肌玉骨,自清凉无汗。水殿风来暗香满。
> 绣帘开,一点明月窥人,
> 人未寝,欹枕钗横鬓乱。
> 起来携素手,庭户无声,时见疏星渡河汉。
> 试问夜如何?夜已三更,金波淡,玉绳低转。
> 但屈指西风几时来,又不道流年暗中偷换。①

苏轼的词,再现了后蜀贵妃花蕊夫人的神姿仙质与娴雅风度,堪称意境绝美。而自珍那朱红的樱桃小口,凝重深思的神情,潇洒自如的姿态,还有那富有磁性的清朗之声,构成一幅绝美的画面。在如水的月光下聆听那绝美的苏词,令远处旁观的人们,无不啧啧赞叹,艳羡不已。根据这一场景,自珍父母请妙手丹青,为童年的自珍勾勒出一幅充满诗情画意的《湖楼吹笛图》。而学士余集为之题写《水仙子》一词:

> 淡溶溶云净水明楼,风瑟瑟湖平一镜秋。
> 翠生生韵递朱樱口,哀怨玉龙愁,怕湿透春衫袖。
> 兰陵水面舟,黄鹤矶头酒,猛忆得昔年游。②

宋代以降,包括纪事画在内的肖像画得以大量绘制,在这些绘画

---

① 苏轼:《洞仙歌》,《唐宋词鉴赏辞典》(唐·五代·北宋卷),上海辞书出版社1988年版,第674页。
② 余集:《水仙子·龚定庵湖楼吹笛图》,《梁园归棹录》,《清代诗文集汇编》第395册,上海古籍出版社2010年版,第82页。

作品中，往往附有数量颇多的题图诗文。绘画与诗文的相互补充，从而使题诗图成为完美的艺术品，可供亲朋师友鉴赏观摩。作为父亲的龚丽正，估计会把以儿子为主角的《湖楼吹笛图》，在自己的交游网络中不断给人传阅品题，在这一过程中，龚自珍的大名不断扩散开来。这一做法在当时社会生活中并非个案孤例。

嘉庆八年（1803）年初至六月，12 岁的自珍在杭州师从外祖段玉裁，学习许慎《说文解字》部目，并由玉裁而结识汉学家臧庸、顾明等人。七月，自珍随同父母进京，寓居横街。通过刑部员外郎戴敦元的举荐，浙江建德拔贡宋璠成为自珍的塾师，教授四书五经、诗词歌赋与书写小楷。与自珍同学的还有袁桐。袁桐，字琴南，浙江钱塘人，诗人袁枚之侄，性情洒脱，长于诗歌，工于小楷篆刻。自珍与袁桐是同乡，又同窗读书，二人一起吟诗作对，练习书法，玩耍嬉戏，留下一段美好的少年记忆。自珍曾作《百字令》一词，追忆当年读书的欢乐情景：

> 深情似海，问相逢初度，是何年纪？
> 依约而今还记取，不是前生夙世。
> 放学花前，题诗石上，春水园亭里。
> 逢君一笑，人间无此欢喜。
> 无奈苍狗看云，红羊数劫，惘惘休提起！
> 客气渐多真气少，汨没心灵何已？
> 千古声名，百年担负，事事违初意。
> 心头阁住，儿时那种情味。[1]

---

[1] 龚自珍：《百字令》，杨柏岭：《龚自珍词笺说》，黄山书社 2010 年版，第 216 页。

自珍与袁桐的同窗之谊，可谓情深似海，那是前生命定的宿缘吗？那历历在目的少年读书情景，留在"放学花前，题诗石上，春水园亭里"，两位如花年龄的同窗少年，相逢一笑的心灵交汇，令自珍深感"人间无此欢喜"！但随着时光的流逝自珍渐渐步入成年，深感人与人之间逢迎做作的"客气"逐渐增多，而淳朴自然的"真气"逐渐减少，因此不禁感叹"千古声名，百年担负，事事违初意"，感情丰富细腻、敏感唯美的自珍，成年后非常留恋纯真无邪的少年时代，体现出内心深处那种刻骨铭心的宇宙孤独感，这使他对世俗人情难以适应，对权威势力与传统道德，具有一种天然的解构与挑战的本能。因此步入成人社会之前那种童心纯真与无拘无束，就成了自珍最为可靠的避风港，他想方设法要留住心头"儿时那种情味"。

　　中国官僚政治发展到清代，已经颇为成熟，其重要表现就是官僚队伍庞大，仕途冗滥。自珍14岁，即开始对古今官制进行考证。15岁时，自珍所作古今体诗开始编年，这些诗歌，至道光六年（1826）勒成27卷，而少年所作诗歌亦在集中，可惜只字不传于后世，颇为令人惋惜。对于少作诗词，自珍颇为自豪，曾云："文侯端冕听高歌，少作精严故不磨。诗渐凡庸人可想，侧身天地我蹉跎。"① 自珍少年作诗之时，心境纤尘不染，态度恭谨庄严，犹如魏文侯穿上冕服来聆听圣王乐曲一样，因此其少作诗歌颇为精妙，故能历久而不衰，岁月流逝亦无法磨灭其艺术魅力。随着年龄渐长，自珍深感自己的诗歌创作渐渐走向凡庸，人亦渐渐失去高昂的激情，侧身天地之间自叹空度光阴，万事蹉跎！

　　嘉庆十二年（1807），自珍开始阅读《四库全书总目提要》，此为自珍平生研究目录学之始。自珍读书的书塾地近法源寺，年已

---

① 刘逸生：《龚自珍己亥杂诗注》第65首，中华书局1980年版，第95页。

十六七岁的他,满脑子奇思异想,不愿忍受私塾教育的枯燥死板,因此屡次逃塾,在法源寺屋檐下读书。而一同在龚家生活的段驯叔父段玉立,往往循声来找自珍。自珍见外叔祖来寻找自己,一时顽皮兴起,就悄悄躲进茂密的竹林,和老人家藏猫猫。玉立老人见到古灵精怪的外孙,脸上浮现出慈祥宽厚的笑容,为自珍讲述晋宋名士那些启人心智的滑稽典故。寺僧见此情景,戏称这一老一小为"一猿一鹤",自珍行动灵巧敏捷如猿,而玉立老人白发清瘦似鹤。

回到家中,温柔慈祥的母亲并不责怪儿子逃学,而是拉着他的小手,问他衣裳穿得少不少,躲在竹林凉不凉?段驯还抚摸着儿子的小肚皮,问他饿不饿,然后拿来栗子、山芋给他吃。在这充满爱怜的自由氛围中,自珍尽情舒展其性灵,张扬其个性,整个身心笼罩在父母诗书才华的光晕中,还有那无拘无束的自由成长氛围。自珍曾作诗记述这段美好的少年生活:

> 髫年抱秋心,秋高屡逃塾。宕往不可收,聊就寺门读。
> 春声满秋空,不受秋束缚。一叟寻声来,避之入修竹。
> 叟乃喷古笑,烂漫晋宋谑。寺僧两侮之,谓一猿一鹤。
> 归来慈母怜,摩我百怪腹。言我衣裳凉,饲我芋栗熟。
> 万恨未萌芽,千诗正珠玉。醰醰心肝淳,荞荞忧患伏。
> 浩浩支干名,漫漫人鬼箓。依依灯火光,去去门巷曲。
> 魂魄一惝恍,径欲叩门宿。千秋万岁名,何如小年乐?[①]

自珍的少年生活充满关心怜爱,温馨舒畅与无忧无虑,这一点成

[①] 龚自珍:《丙戌秋日独游法源寺,寻丁卯戊辰间旧游,遂经过寺南故宅惘然赋》,刘逸生、周锡䬖校注:《龚自珍诗集编年校注》,第 298 页。

为自珍一生的生活主旋律与人生基调。宽厚饱学的父亲,腹有诗书的母亲,给了自珍太阳般的光辉与温暖,也给了他博大如海洋般的学识,更给了他任思想的翅膀在浩瀚宇宙中飞翔的自由。正所谓"万恨未萌芽,千诗正珠玉",这是任何荣华富贵、功成名就都无法比拟、无法替代的,以致自珍感叹"千秋万岁名,何如小年乐"?

说到逃塾逃学,似乎并非佳子弟所为,其实并不尽然。主张性灵说的文学家袁枚,曾在《随园诗话》中,谈到养子袁通的逃学问题:"儿童逃学,似非佳子弟。然唐相韦端己诗云:'曾为看花偷出郭,也因逃学暂登楼。'……可见诗人、名相,幼时亦尝逃学矣。阿通九岁,能知四声,而性贪嬉戏。重九日,余出对云:'家有登高处。'通应声曰:'人无放学时。'余不觉大笑,为请于先生而放学焉。其师出对云:'上山人斫竹。'通云:'隔树鸟含花。'"[1] 天真浪漫、无拘无束是少年的天性使然。由此反观自珍的逃学之举,绝对不是天生顽劣,厌倦学习,他逃到法源寺,不是"聊就寺门读"吗?大概私塾课业枯燥乏味,塾师严厉刻板,让向往自由的孩子不由自主产生逃学的冲动。其实,家学的濡染使自珍充满求知的渴望,但浪漫纯真、敏感细腻的个性,使自珍不愿让自己的思想受到任何的牵绊,所以他逃到法源寺,坐在寺庙的屋檐下,静静阅读自己喜欢的书。

天真浪漫的童心,是文人墨客进行文学创作的宝贵资源,千古绝唱的诗文正是文人墨客真情实感的自然流露,对此李贽曾说:"天下之至文,未有不出于童心焉者也。苟童心常存,则道理不行,闻见不立,无时不文,无人不文,无一样创制体格文字而非文者。"[2] 自珍富有文学才华,其诗文激情奔放,在晚清风靡一时,几乎人人交口称

---

[1] 袁枚:《随园诗话》卷八,第 43 则,浙江古籍出版社 2016 年版,第 139 页。
[2] 李贽:《童心说》,《焚书》卷三,《焚书·续焚书》,岳麓书社 1990 年版,第 98 页。

赞，模拟创作。辛亥革命时期，作为"南社"发起人的柳亚子，推誉自珍诗文"三百年来第一流"，并自称"我亦当年龚自珍"，自珍之所以取得如此高妙的诗文成就，原因颇多，但与自珍终身保持童心有着直接的关系。

二、成年后对母爱的追寻与龚自珍童心的保持

嘉庆二十四年（1819），28岁的自珍赴京师参加会试，在苏州虎丘与友人饯别，作诗有"落花风里别江南"之句，自珍满腹的忧郁惆怅与失落之情，溢于言表。段驯见诗，一股怜爱之情涌上心头，作和诗四首来激励儿子。出发之前，段驯亲自为儿子剥开黄柑，递给儿子吃，她最大的愿望就是希望儿子"此日幸能邀一第"，因为只有金榜题名，才能实现治国平天下的理想与抱负！段驯的诗表达了慈母的关爱之情与依依不舍的牵挂。但此次会试，自珍未能"邀一第"，而是以名落孙山而告终。

嘉庆二十五年（1820），自珍再次进京会试，在北上途中，段驯病体稍稍好转，就频频寄信关心旅途中的儿子，"慈闻病减书频寄，稚子功闲日渐长"①，母亲牵挂儿子的拳拳之心，跃然纸上。此次会试，自珍又以落第而告终。道光元年冬，自珍寓居京师，小病后寄家书给母亲，并作《冬日小病寄家书作》一诗，表达深切的思母之情："今年远离别，独坐天之涯，神理日不足，禅悦讵可期？沈沈复悄悄，拥衾思投谁？"②自珍回忆童年"夕阳中闻箫声则病"的情形，每当此

---

① 龚自珍：《驿鼓三首》，刘逸生、周锡馥校注：《龚自珍诗集编年校注》，第54页。
② 龚自珍：《冬日小病寄家书作》，刘逸生、周锡馥校注：《龚自珍诗集编年校注》，第125页。

时，段驯就坐在自己的身边，给予他种种温暖与爱抚。母亲的爱像一条清澈明快的河流，轻轻流过自珍的心田，令他倍感轻松舒畅；母亲温柔的抚摸如同一缕清新的风，吹过他温润如玉的心灵。自珍对母亲的美好记忆，并未随着时光的流逝而减弱，因为母爱，是自珍生命活力的源泉，是自珍自由个性的温床，更是自珍艺术灵感的所在。

道光二年（1822），自珍三应会试而落第，心情之抑郁可想而知，这一年，自珍远在京师，作《黄犊谣，一名佛前谣，一名梦为儿谣》[①]诗，来表达对母亲的依恋，此诗分为六节：

> 黄犊踯躅，不离母腹。
> 踯躅何求？乃不如犊牛。

小黄牛徘徊不前，是留恋自己的母亲，自珍对母亲的深情思念，远远超过小黄牛！已过而立之年的自珍，对母亲的感情，依旧如同儿时。

> 昼则壮矣，夜梦儿时。
> 岂不知归？为梦中儿。

在白天，自珍奔波于世俗人海，知道自己已是壮年人，必须应对世间俗事，而晚上做梦，自珍依旧觉得自己还是母亲跟前的小孩子！可以天真浪漫地欢笑，而母亲是他永远的依恋！

[①] 龚自珍：《黄犊谣，一名佛前谣，一名梦为儿谣》，刘逸生、周锡䪖校注：《龚自珍诗集编年校注》，第 206—207 页。

> 无闻于时，归亦汝怡。
> 矧有闻于时，胡不知归？

自珍默默无闻时，只要他一回家，仍令母亲满心欢喜，何况此时自珍虽然会试屡次落第，但他已为京都名士，蜚声文坛，为何还要在外奔波劳碌，而不回家侍奉母亲，让母亲愉悦欣喜呢？

> 归实阻我，求佛其可。
> 念佛梦醒，佛前涕零。

自珍归乡受阻，在佛前求签问卜，得到佛的许可，自珍在念佛之中沉沉睡去，夜半梦醒，不见家园与慈母，自珍在佛前唯有涕泣如雨！

> 佛香漠漠，愿梦中人安乐。
> 佛香亭亭，愿梦中人苦辛。
> 苦辛恒同，乐亦无穷。

佛香袅袅升起，祝愿自己思念的母亲安康快乐，佛香烟雾垂直而上，愿母亲不辞辛劳，经常到梦中探视儿子。在梦中母亲不辞劳苦来看望儿子，她内心的快乐也一定无穷无尽。

> 噫嘻噫嘻！归苟乐矣，儿出辱矣。
> 梦中人知之，佛知之夙矣。

哎呀哎呀，如果儿子回家母子团聚，能给自己与母亲带来欢乐，儿子就会从屡次落第的痛苦屈辱中站起来,梦中的母亲一定会知晓自珍的心事,而佛祖早就知道了自珍的心事!自珍对母亲的感情与依赖,永远是一个孩子对母亲的感情与依恋!自珍依恋那纯洁无瑕的人间真情,依恋那无拘无束、自由自在的心灵翱翔!成年后的自珍,对母爱的追寻从未终止。

道光三年(1823)三月,因叔父龚守正为同考官,自珍未能参加会试。对此段驯内心充满无奈,作诗安慰自珍。此时的段驯,病体一天天沉重起来,自珍在京城任内阁中书,无法亲自服侍母亲,朝夕问候。但母亲的笑影时时浮现在他的眼前,还有印在脑海里母亲那深沉博大的关爱。这年夏天,自珍填词《洞仙歌》:

> 平生有恨,自酸酸楚楚,十五年来梦中绪。
> 是纱衣天气,帘卷斜阳,相见了,有阵疏疏微雨。
> 临风针线净,爱惜余明,抹丽鬟低倚当户。
> 庭果熟枇杷,亲蘸糖霜,消受彻甘凉心腑。
> 索归去依依梦儿寻,怕不似儿时,那般庭宇。[1]

人生的穷通荣辱,种种酸楚之感欲诉无从,15年来自珍的人生爱恨,化为梦中飘浮的思绪,从中寻求一丝丝的安慰。此时,正是身着纱衣的夏天,帘笼卷起,窗外一抹斜阳,还有那一阵阵稀稀疏疏的细雨,落在自珍的心头,打湿了他那忧郁的心绪。他的心不禁飘向远方,飘回15年前的少年时光。回想当年的母亲,那么年轻,那么美丽,她当窗临风,就着夕阳的余晖,辛辛苦苦做着针线活,晚霞之下她的秀发美丽如云。庭院里枇杷熟了,橙红的果皮泛着诱人的光泽,

---

[1] 龚自珍:《洞仙歌》,杨柏岭:《龚自珍词笺说》,黄山书社2010年版,第292页。

清幽的芬芳害得自珍偷偷咽口水。这时，母亲剥去外皮，蘸着糖霜，送到自珍的嘴里，果肉甜美的味道令他陶醉，回味无穷。

自珍难忘那个夏日夕阳下的庭院，难忘母亲留给他的温馨体验。但是如今沉浮于宦海的他，渐渐感觉自己童心已失，自由飞翔的思想受到压抑，率真无忌的个性处处碰壁，这是自珍最难以忍受的。"儿时那般庭宇"才是他那颗未泯的童心真正的栖息地，他所怀念的，是儿时单纯、宁静、清纯的心境；他所恨的，是童心无法"归去"的悲哀与无奈……

七月初一，母亲段驯去世，时年56岁。因为居忧，自珍下半年无诗。母亲离去了，永远地离去了，她的灵魂去了另外一个美丽的世界，留给儿子的是温馨美好的回忆，是一尘不染、清纯无滓的真爱。童年时母亲帐下灯前教读的记忆，仿佛就在眼前，32岁的自珍又依稀回到童年，温柔慈祥的母亲抚摸着他，教他读吴伟业、方舟、宋大樽的诗词，自珍回忆说：

> 余于近贤文章，有三别好焉；虽明知非文章之极，而自髫年好之，至于冠益好之。兹得春三十有一，得秋三十有二，自揆造述，绝不出三君，而心未能舍去。以三者皆于慈母帐外灯前诵之，吴诗出口授，故尤缠绵于心；吾方壮而独游，每一吟此，宛然幼小依膝下时。吾知异日空山，有过吾门而闻且高歌，且悲啼，杂然交作，如高宫大角之声者，必是三物也。[①]

自珍对吴伟业、方舟、宋大樽三人诗词的爱好，直到成年依旧未变。事实上，与其说三人独具特色的诗文风格打动了自珍，不如说是

[①] 龚自珍：《三别好诗（有序）》，刘逸生、周锡䪖校注：《龚自珍诗集编年校注》，第214页。

自珍对母亲帐下灯前教读记忆的珍惜。特别是吴伟业的诗词，段驯亲自口授，逐字讲解，那饱含深情的语调，如一股淙淙泉水，流过自珍幼小的心灵，浇灌了他诗词才华的幼芽。因此，许多年以后，母亲读诗的声音一直萦绕在他的脑海里，种种情丝缠绵于他的心中。即使到了壮年，每一吟诵吴诗，自珍都会回忆起儿时在母亲膝下读书的场景，那盏荧荧的灯火，还有母亲那慈祥的面容。对此，自珍作诗说："莫从文体问高卑，生就灯前儿女诗。一种春声忘不得，长安放学夜归时。"①

道光四年（1824）三月，自珍将母亲的棺椁，经过苏州送回家乡杭州，葬于先祖墓侧，那个地方有一个美丽的名字——花园梗，自珍亲自在母亲的墓旁，栽种梅树五十株。梅花高洁脱俗，不受人世半点尘埃的侵扰，就让梅花的横斜疏影与清幽浮动的暗香，陪伴着母亲"质本洁来还洁去"的灵魂。杭州东海之滨母亲的墓地，亦成为自珍常常思念的地方。道光五年（1825）腊月，自珍在昆山羽琌山馆小住，看到一枝红梅，不由得思念长眠于地下的母亲：

绛蜡高吟者，年年哭海滨。明年除夕泪，洒作北方春。
天地埋忧毕，舟车祖道频。何如抱冰雪，长作墓庐人？②

喜欢面对红烛高吟的自珍，年年在东海之滨母亲的墓前痛哭不已，明年的除夕，自珍将在京师痛哭，把眼泪洒在北方的红梅之上。寄愁于天上，埋忧于地下，自珍奔波于京师与杭州之间，年年舟车阻隔，岁岁与亲朋师友饯别！他多么想怀抱冰清玉洁之心，在母亲的墓

---

① 龚自珍：《三别好诗》其一，刘逸生、周锡䪖校注：《龚自珍诗集编年校注》，第215页。
② 龚自珍：《乙酉腊，见红梅一枝，思亲而作，时小客昆山》，刘逸生、周锡䪖校注：《龚自珍诗集编年校注》，第256—257页。

旁筑室居住，长相厮守在母亲的身旁！

多数人童年时天真浪漫的个性，随着年龄的增长、阅历的加深，以及与实际社会的不断碰撞，思想感情就渐趋实际，儿时的种种奇思异想与童真率直，渐渐为圆滑世故所取代。但自珍始终留恋童年，依恋母爱，保持天真浪漫的个性，终其一生未曾改变，正如其诗所言："少年哀乐过于人，歌泣无端字字真。既壮周旋杂痴黠，童心来复梦中身。"① 自珍这种哀乐过人、敏感多情与童心未泯的个性，对其一生的学术造诣与诗词创作，产生极其深远的影响。

三、依恋母爱与追寻童心对龚自珍诗文风格的影响

关于母爱对个人成长的作用，心理学家弗洛伊德曾说："如果一个人成为他母亲无可否认的宝贝儿子，那么他一生都会拥有胜利的感觉，对于成功的自信心也一定很强，很少不能达到真正的成功。"② 的确，自珍在学术上取得不朽的成就，与母亲段驯深沉博大的母爱的激励与滋润，有着密不可分的关系。段驯对自珍最大的影响，莫过于其个性的形成，而其个性又造就了自珍独特的诗词风格。

自珍一生重视童心，追寻童心，"既壮周旋杂痴黠，童心来复梦中身"，在世俗生活中奔波的自珍，虽然以痴黠周旋应酬，但梦中依旧追寻那纤尘不染的童心；"道焰十丈，不敌童心一车"，童心的价值是巨大的，即使十丈道焰，也比不上一车童心；"瓶花帖妥炉香定，觅我童心廿六年"，无论怎样的宦海奔波、仕途沉浮与人生沧桑，也

---

① 刘逸生：《龚自珍己亥杂诗注》第170首，中华书局1980年版，第239页。
② 《图解天下名人丛书》编委会编：《弗洛伊德》，广东世界图书出版公司2010年版，第1页。

无法阻挡自珍对童心的追寻。正是率真无忌的童心性情，令自珍毫无顾忌地"狂来说剑"，直陈时政得失，尖锐辛辣地批判君主专制；同时亦令自珍"怨去吹箫"，诠释着忧郁惆怅、凄凉缠绵的文人心态。

自珍的个性，一个突出特色就是坦率无隐的真性情，据张祖廉《定庵年谱外纪》记载：

> 先生广额巉颐，戟髯炬目，兴酣，喜自击其腕。善高吟，渊渊若出金石。京师史氏以孟秋祀孔子于浙绍乡祠，其祭文必属先生读之。与同志纵谈天下事，风发泉涌，有不可一世之意。而后学有所问难，则源流诲之，循循然似老师，听者有倦色，先生洒然也。舆皂隶贩之徒暨士大夫，并谓为龚呆子。[①]

由上可知，自珍声音清朗，喜欢高声吟诵诗文，喝酒尽兴时，就击腕高歌，其性情之坦荡率直，确实超出常人。与师友同志谈论天下大事，更是风发云涌，不可一世，与后生晚辈探讨学术源流，更是滔滔不绝，一幅老师宿儒的派头。听者面带倦容，而自珍却谈笑自如，因此被士大夫以及贩夫走卒称为"龚呆子"。正是这种直言无忌的呆子个性，使自珍敢于抨击时政，敢于直斥封建皇帝"一夫为刚，万夫为柔"。自珍率真无忌的个性，正源自与母亲相处交流时，那种纯洁无瑕、毫无渣滓的心灵对话，源自其内心深处的灵魂召唤。

对母爱的依恋，对童心的追求，使自珍形成率真无隐的个性。而童心对于文学创作而言，是非常宝贵的，正如明代李贽所言："夫童心者，真心也，若以童心为不可，是以真心为不可也。夫童心者，绝假纯真，最初一念之本心也。若失却童心，便失却真心；失却真

---

① 张祖廉：《定庵年谱外纪》，王佩诤校：《龚自珍全集》附录，第632页。

心，便失却真人。人而非真，全不复有初矣。"[1] 只有保持童心，才能保持人性之真，只有保持人性之真，才能创作出不朽的诗文，而学术研究亦有永不枯竭的源泉。对此主张性灵说的清代诗人袁枚曾说："王西庄（即王鸣盛）光禄，为人作序云：'所谓诗人者，非必其能吟诗也。果能胸境超脱，相对温雅，虽一字不识，真诗人矣。如其胸境龌龊，相对尘俗，虽终日咬文嚼字，连篇累牍，乃非诗人矣。'余爱其言，深有得于诗之先者，故录之。"[2] 在王鸣盛与袁枚看来，诗歌的境界与诗人的性情有着直接的关系，决定诗歌的高雅与否。

民国时期，著名学者朱杰勤即注意到自珍诗词"孩子气太重"，他说："吾人读龚定庵之诗文，常觉其孩子气太重，似是弱点，不知正其作品之最精华之处也。人之一生，想像最丰富之时期，莫过于童年。孩童之幻想，乃天真未凿，活泼而自由；……都德（Daudet）亦谓：'诗人是犹能用儿童眼光去看之人。'……龚定庵者乃最善坠入旧时想像之人生观者也。其诗中有'猛忆儿时心力异'，又'觅我童心廿六年'等句，可见其对于儿时之依恋矣。其追想童时之作品颇多，但又为世人了解者亦少。……其诗至情弥漫，真情悱恻，殊非专务神韵及格律而忽性灵者所可梦到。"[3] 童年的追忆，童心的未泯，造就了自珍独特的个人性情，成就了自珍独特的诗词风格。

自珍一生对童心的追寻，塑造了自珍的人性之真，而人性之真决定了自珍诗文风格的高雅脱俗。自珍本人亦深感自己负有不世之奇才，怀抱奇情奇志，所谓"之美一人，乐亦过人，哀亦过人"[4]。而这种奇志奇情是滋养其艺术想象与诗歌创作的绝好种子，因此其艺术主

---

[1] 李贽：《童心说》，《焚书》卷三，《焚书·续焚书》，岳麓书社1990年版，第97页。
[2] 袁枚：《随园诗话》卷九，第67则，浙江古籍出版社2016年版，第167页。
[3] 朱杰勤：《龚定庵研究》，商务印书馆1940年版，第65页。
[4] 龚自珍：《琴歌》，刘逸生、周锡馥校注：《龚自珍诗集编年校注》，第70页。

张注重心灵与想象,即"心灵之香"与"神明之媚":

> 夫心灵之香,较温于兰蕙,神明之媚,绝嫣乎裙裾。殊呻窃吟,魂舒魄惨,殆有离故实、绝言语者焉。鄙人禀赋实冲,孕愁无竭,投间蹇乏,沉沉不乐,抽毫而吟,莫宣其绪,欹枕内听,莫讼其情。谓怀古也,曾不朕乎诗书;谓感物也,且能役乎肇悦。将谓乐也,胡迭至而不和;将谓哀也,抑屡袭而无痰。徒乃漫漫漠漠,幽幽奇奇。①

自珍的诗文创作,颇为强调非现实的想象之美,超越自然与现实的仙幻之美,即所谓"心灵之香""神明之媚"。而自珍的诗词,往往将平生的学术理念、经历心愿、丽想绮情融于其中,空灵曼妙,哀艳瑰丽,飘逸神奇,有合庄骚为一心的幽玄意趣,所谓"庄骚两灵鬼,盘据肝肠深"②是自珍的夫子自道。这与自珍一生保持童心未泯有着直接的关系,身为自珍好友的魏源,整理自珍遗文时敏感地捕捉到这一点:

> 昔越女之论剑,曰:"臣非有所受于人也,而忽然得之。"夫忽然得之者,地不能囿,天不能擅,父兄师友不能佑。其道常主于逆,小者逆谣俗、逆风土,大者逆运会,所逆愈甚,则所复愈大。大则复于古,古则复于本。若君之学,谓能复于本乎?所不敢知,要其复于古也决矣。……君愤于外事,而文字窆奥洞

---

① 龚自珍:《写神思铭》,王佩诤校:《龚自珍全集》第七辑,上海古籍出版社 1975 年版,第 414—415 页。
② 龚自珍:《自春徂秋,偶有所触,拉杂书之,漫不诠次,得十五首》其三,刘逸生、周锡𩦹校注:《龚自珍诗集编年校注》,第 348 页。

辟，自成宇宙，其金水内景者欤？虽锢之深渊，缄以铁石，土花绣蚀，千百载后发砌出之，相对犹如坐三代上。①

魏源此言，堪称至论，一语道出自珍诗文的特色。正如越女论剑，自珍诗文的高超绝妙之处，在于"忽然得之"的灵感爆发，在于内心真情实感的喷薄而出，在于童心无忌的率真与"天然去雕饰"的清丽。自珍才思飘逸洒脱，天地不能限定规囿，父兄师友无法佑助劝导，因为那是内心深处天籁之音自然而然的宣泄！不敢说自珍之学复于学术之源，大道之本，但其学堪称"自成宇宙"，直追上古三代！

再者，诗词的高雅与诗人的学识有着密切的关系，人们常说李白斗酒诗百篇，苏轼嬉笑怒骂皆成文章，但并不能因此否认学识在诗词创作中的重要作用，正如清代诗人袁枚所言："诗难其真也，有性情而后真，否则敷衍成文矣；诗难其雅也，有学问而后雅，否则俚鄙率意矣。"②事实上，诗人只有具有真性情，诗词才能"真"；只有学问渊博，诗词才能"雅"。自珍具有渊博的学识，正如支伟成所说："其为学，务博览，……治经始由训故，继及刘申受、宋于庭游，闻常州庄氏说，则转好今文之学。……又熟习掌故，通蒙古文，长于西北舆地，旁逮诸子道释金石术数，莫不贯串。为文瑰丽恢诡，诗亦奇境独辟。著述极富，惜多佚弗传。"③可以说，自珍既有真情随在流露的率真性情，又有渊雅的学识，因此其诗才达到"奇崛渊雅，不可一世"的境地，对此林昌彝曾说："仪部（指龚自珍）为金坛段懋堂先生外孙，学问渊源，盖有所自。古文词奇崛渊雅，不可一世，……其为学，凡经学、六书、子史，下至金石、钟鼎、古文，皆

---

① 魏源：《定庵文录叙》，《魏源全集》第12册，岳麓书社2004年版，第245页。
② 袁枚：《随园诗话》卷七，第66则，浙江古籍出版社2016年版，第125页。
③ 支伟成：《清代朴学大师列传》，岳麓书社1986年版，第397—398页。

第四章　家庭生活与情感世界　357

悉心精究。诗亦奇境独辟，如千金骏马，不受缰绁，美人香草之词，传遍万口。善倚声。道州何子贞师谓其诗为近代别开生面，则又赏识于弦外弦、味外味者矣。"① 对于自珍的个性与诗文特色，民国著名学者朱杰勤曾说：

  定庵乃一热肠之人，一个至性之人，极富于同情心之人。其同情心之伟大，可以震动天地，可以使吾人惊，可以使吾人起敬，使吾人唏嘘，使吾人号泣。其忠君爱国，忧时忧世，不让杜甫；江湖侠骨，健儿身手，不让辛弃疾。②

  回肠荡气，不愧高咏，格虽守常，而意有独创，极抒情之能事，造语奇崛，一片豪迈之气，凌纸怪发，读之令人兴会标举，齿颊生香，其诗有时毗于李白；有时近于陆游，但亦不甚相类，因定庵之诗，个性绝强，处处皆有"我"在。亦即定庵自谓："欲为平易近人诗，下笔清深不自持"者是也。③

事实的确如此，自珍的诗文率直奇诡，瑰丽古奥，简洁凝练中有铺排夸张，一泻汪洋中有含蓄曲折，可谓上承先秦两汉古文，开创了一代诗文新风。龚诗韵律趋于自由，往往冲口而出，不受格律限制，带有一股自然清丽之气，开创了近代诗体的新风貌。自珍的诗词特色，正如学者钱志熙所言：

  龚诗是学人之诗，又是本色的诗人之诗、才人之诗、情人之

---

① 林昌彝：《射鹰楼诗话》卷十，杜松柏主编：《清诗话访佚初编（七）射鹰楼诗话十二卷》，台北新文丰出版公司1987年版，第387页。
② 朱杰勤：《龚定庵研究》，商务印书馆1940年版，第72页。
③ 朱杰勤：《龚定庵研究》，商务印书馆1940年版，第80页。

诗。这造成龚诗的多重美感，对后来者有很大的吸引力。但是后来的诗界革命与南社诸家，只是学习龚诗富丽与回肠荡气的作风，其博大雄奇、神思飘逸之处，则未能逼真。某种意义上说，龚自珍跟李白一样，也是不可复制的独特的天才。①

总之，自珍诗文的特色，与其"乐亦过人，哀亦过人"②的感情体验有关，更与其一生依恋母爱、追寻童心的心理特征，有着密切的关系，正是这种独特的心理结构与奇思奇情，成为自珍酝酿其文学精神与艺术想象的绝好种子。还应该指出，自珍抱有不世奇才，又饱读万卷经典，有些诗文用典过繁，用词过于生僻，或含蓄太甚，不免产生艰深晦涩之弊，影响了世人对自珍诗文的接受。

第二节　名姝与国士相并：妻子段美贞与何吉云

自珍之妻，先有段美贞，后有何吉云，嘉庆十七年（1812），年仅21岁的自珍，由外祖做主，与同龄的表妹段美贞完婚，不幸一年三个月后，美贞病死，香消玉殒。嘉庆二十年（1815），自珍娶继室何吉云为妻，何吉云为安庆知府何裕均孙女，何镛之女，工于诗歌、书法，生长子龚橙、次子龚陶与长女阿辛，自珍有一妾未留下姓名，生次女阿莼。灵箫是道光十九年（1839）自珍辞官南归，路过袁浦所纳歌姬。段美贞、何吉云与灵箫是自珍生命中最为重要的三个女人，由

---

① 钱志熙：《论龚自珍诗歌的复与变》，《求是学刊》2016年第2期。
② 龚自珍：《琴歌》，刘逸生、周锡馥校注：《龚自珍诗集编年校注》，第70页。

此我们可以窥见自珍的情感世界及其独具个人特色的女性观、婚恋观。

一、尔舅尔姑尔夫之厚尔兮：原配段美贞

嘉庆十七年（1812），自珍随同母亲段驯归宁苏州外家，见到外祖段玉裁。回到阔别多年的故乡，段驯难以掩饰内心的喜悦，欣然赋诗："廿年风雨客都门，骨肉存亡几断魂。难得归来还似旧，白头人笑劝开尊。"[1] 侄女段美贞与自珍同龄，是玉裁次子段驡之女。已经出落为温柔娴雅、落落大方的淑女。玉裁颇为看重龚家孝友传家的书香仕宦门第，决定将美贞许配自珍，四月，在苏州完婚。夏季，自珍与美贞同至杭州，二人泛舟西湖，面对绿柳如烟的美景，加上新婚燕尔的喜悦，自珍不禁豪兴大发，作《湘月》一词：

> 天风吹我，堕湖山一角，果然清丽。
> 曾是东华生小客，回首苍茫无际。
> 屠狗功名，雕龙文卷，岂是平生意？
> 乡亲苏小，定应笑我非计。
> 才见一抹斜阳，半堤香草，顿惹清愁起。
> 罗袜音尘何处觅？渺渺予怀孤寄。
> 怨去吹箫，狂来说剑，两样消魂味。
> 两般春梦，橹声荡入云水。[2]

---

[1] 段驯：《自题枝园话旧图》，沈善宝：《名媛诗话》卷十，《续修四库全书》第 1706 册，第 666 页。
[2] 龚自珍：《湘月》，杨柏岭：《龚自珍词笺说》，黄山书社 2010 年版，第 13 页。

清新秀丽的西湖美景,激起自珍"澄清天下"的豪情,寻常的功名与华丽的文卷,并非自珍的理想与追求,因此他慨然而歌:"屠狗功名,雕龙文卷,岂是平生意?"但自珍深知,"澄清天下"谈何容易?因此发出"罗袜音尘何处觅?渺渺予怀孤寄"的感慨。是呀,实现兼济天下的政治理想,如同寻找"凌波微步,罗袜生尘"的洛神一样困难,自珍的人生,"怨去吹箫,狂来说剑,两样消魂味","箫心剑气"正是其个性的独特写照。箫声往往给人悠远苍凉的感觉,"怨去吹箫"是自珍闲适恬淡、超尘脱俗生活状态的真实写照。"说剑"语出《庄子》,在中国文化中,剑既是武力的象征,也是正义的象征,带有强烈的建功立业、劝谏君王的壮志豪情,自珍言辞犀利的政论文,抨击时政的言论,改革政治积弊的建议,都是他"狂来说剑"的体现,独特的个性使自珍对人生有着独特的思考。

《湘月》一词并未提及美贞,但自珍豪兴大发的喜悦之情,亦足见自珍对这一婚事的满意。再者,美贞是由外公做主许配自己的,又是母亲的侄女,养女随姑,自珍一定会从美贞身上,嗅到母亲年轻时的味道与风韵,因此这段婚姻对自珍而言,可谓天作之合。游完杭州,自珍与美贞一起回到徽州府署。关于自珍与美贞的感情生活,基本没有明确的诗文记述,令世人难以窥其底里。但自珍曾填《浣溪沙》一词,以细腻温婉的笔触,描写一对男女午夜缠绵的情景:

> 香雾无情作薄寒,银灯吹处气如兰,凭肩人爱夜阑珊。
> 花语绿窗凉月听,云欹文枕画鸾看,钏声微戛梦儿难。[1]

这首词没有注明本事,只能依据自珍《无著词选》的编次,断定

---

[1] 龚自珍:《浣溪沙》,杨柏岭:《龚自珍词笺说》,黄山书社 2010 年版,第 135 页。

词作于嘉庆十七年（1812），此年是自珍与美贞的新婚之年，因此可以说，"凭肩人爱""钏声微戛"描写的是自珍的新婚体验，起码有二人新婚作为创作背景：夜深人静，香炉里的烟雾渐渐散去，化作袅袅的轻薄的寒气，佳人轻轻吹灭银灯，吐出的气息如同兰花那轻盈淡雅的香气，两位有情人相依相偎，缠缠绵绵，不知不觉夜已阑珊。一弯凉月如水，二人在绿纱窗下悄悄细语，佳人飘逸的秀发垂下来，散在绣着鸾凤的枕头上，她的首饰发出清脆细微的响声，面对良辰美景，自珍想进入梦乡却难上加难！新婚之前，自珍写过大量天人相恋的游仙词、梦游词，而如今，天上的琼楼玉宇变成眼前的"花语绿窗"，仙界冰清玉洁的仙女化作眼前的"云欹文枕"的凭肩人。由此可以推断，自珍与美贞的婚后生活，有着才子佳人般的美满。

婚后的美贞听从家教，敬事公婆，体贴丈夫，可惜好景不长。嘉庆十八年（1813）年初，美贞感觉身体不适，但庸医认为美贞因为怀孕所致，于是家人没有重视，亦未及时诊治。四月，22岁的自珍踌躇满志，离开徽州府署入都，准备参加顺天乡试，此时美贞病情加重，但乖巧懂事的她，盼望丈夫早日蟾宫折桂，因此对自己的病情暗自隐瞒，不愿自珍因为自己而分心。万万没有料到，自珍与美贞的这一分别，竟然成为永诀。美贞病重时，丽正曾请徽州名医沈虹桥为其诊治，但为时已晚，沈氏已无力回天。七月初五，美贞香消玉殒，卒于徽州府署，年仅22岁。

在美贞病逝后，段驯作《悼亡妻美贞》诗，并自注说"媳为吾弟两千之女，癸酉七月没于新安郡署，时珍儿赴京秋试"。诗云：

> 落叶悲秋籁，伤怀不自持。髫龄劳梦想，嫁日颇融怡。
> 断魂归无影，招魂漫有诗。蘋蘩谁寄托，空叹鬓成丝。
> 为望成名早，沉疴讳不宣。结缡才几月，诀别已经年。

柱使归装促，仍教别恨悬。何当奠尊酒，和泪洒重泉。①

既为儿媳又为侄女的美贞去世，自然令段驯伤悲不已。美贞与自珍同龄，二人可谓青梅竹马，两小无猜，婚后家庭生活其乐融融，而如今美贞香消玉殒，家里人只能以诗招魂，怎么不令人痛断肝肠！即使儿子匆匆赶回，二人已是阴阳两隔，无法再诉衷肠。作为公婆的丽正与段驯，当然感到万分遗憾，难以接受年纪轻轻的小夫妻未得相见、即成永别的事实！亲人们唯有和着眼泪，以酒来祭奠美贞的亡魂。

自珍离开徽州赴京参加乡试，美贞身体不佳，虽然不知妻子病情的严重性，但他不可能没有丝毫感觉。七夕前夕，自珍在京师拜访工部都水司主事汪全德，在其书斋见秋花而作词七首，以记载当时落寞孤寂的心情，其中既有担心乡试不中的隐忧，亦有对妻子的某种挂念：

瑟瑟轻寒，正珠帘晓卷，秋心凄紧。
瘦蝶不来，飘零一天宫粉。
莫令真个敲残，留傍取、玉妆台近。
窥镜，乍无人，一笑平添幽韵。
芳讯寄应准。待穿来弱线，似玲珑情分。
移凤褥，欹宝枕，露干香润。
秋人梦里相逢，记欲堕，又还黏鬓。
醒醒，海棠边、慰他凉靓。〔右咏玉簪〕②

---

① 段驯：《悼亡妻美贞》，王洪军：《段驯龚自璋抄本诗集考》，《文献》1998 年第 2 期。"妻"疑为"媳"，原文如此。
② 龚自珍：《惜秋华》，杨柏岭：《龚自珍词笺说》，黄山书社 2010 年版，第 171 页。

这首词的写作时间，与美贞病逝较为相近，在当时的交通与通讯条件下，自珍不可能得知美贞病逝的凶讯。不过知道妻子身体欠佳，自珍颇为牵挂。这首词咏玉簪花：瑟瑟轻寒中，珠帘已在早晨卷起，秋蝶不来，玉簪花粉空自飘零，真希望玉簪花不要凋谢净尽，要留下一些供闺中人妆扮。窥镜才发现闺人不在身边，一笑之间，玉簪花平添多少优雅的韵味。此时正值七夕，牛郎织女相会，佳人穿线乞巧以寄托美好心愿，自珍想象着闺中人移开华美的凤褥，斜靠着枕头，戴上自己寄去的玉簪花，甜甜睡去，此时风干的花儿散发着清香。结尾写词人从梦中醒来，出门安慰寒秋中的玉簪花。梦中之景抒发了自珍对闺中人的极度思念，亦衬托出闺中人的孤独寂寞之情。词没有点明闺中人为谁，但从"芳讯寄应准""秋人梦里相逢"可知，所寄之人应是妻子美贞。可见自珍与美贞应是情深意笃，爱得刻骨铭心。

自珍《高阳台》一词，亦作于与美贞分别三月后的七月，在"江南消息沈沈"的情况下，而秋声、秋花引发自珍的无限伤感与离愁别绪。新婚不久即北上京师，参加顺天乡试，本来就令人伤感，何况此时的京城弥漫着一片秋声，自珍醉卧汪全德家中，见到兰花，闻到兰香，内心漾起一缕温馨，胸怀大志的他，思念着远方的妻子，感受着前程未卜的焦灼与壮志难酬的感慨，因此而作《高阳台》一词：

> 南国伤谗，西洲怨别，泪痕淹透重衾。
> 一笛飞来，关山何处秋声？
> 秋花绕帐蕾腾卧，醒来时芳讯微闻。
> 费猜寻，乍道兰奴，气息氤氲。
> 多愁公子新来瘦，也何曾狂醉，绝不闲吟。
> 璧月三圆，江南消息沈沈。
> 魂消心死都无法，有何人来慰登临？

劝西风，将就些些，莫便秋深。①

　　南国遭人之谗，西洲与妻子作别，可谓伤心至极，哀怨的《关山月》笛曲飞来，令自珍心中充满秋声。秋花惨淡围绕着纱帐，词人醉酒迷迷糊糊而卧，醒来闻到兰花的芬芳，心中无限惆怅。作为多情公子的自珍的新瘦与狂醉，并非"为赋新词强说愁"，而是离开江南已三月，家中没有一丝消息。即便魂消心死，也难以免去牵挂与愁绪，有谁来慰藉词人登山临水引发的归思？只有求西风将就，不要紧吹，别再添凄凉。自珍的这首词，虽然没有明确点明对美贞的思念与牵挂，但离开江南到京城乡试，这种刻骨铭心的牵挂、忧愁与思念，与美贞的病肯定有着密切的关系。

　　但自珍此次乡试却以落第告终。离开京师不久，"禁门之变"发生，当他急匆匆赶回新安，新婚妻子美贞已经离他而去，他却未能目睹妻子的生颜！国事令自珍忧愤，愤而写下抨击君主专制的《明良论》，妻子的去世令他断肠，但自珍没有留下一篇诗文来悼念爱妻！目前流传下来的自珍诗词，从嘉庆二十四年（1819）开始，或许自珍曾作诗填词悼念美贞，后来散轶亦未可知。美贞病殁前后自珍的词作留下不少，但其中的香草美人，爱恨别离，本事不清，托寓不明，难以实指女主人公为谁。李商隐曾说："非关宋玉有微辞，却是襄王梦觉迟。一自高唐赋成后，楚天云雨尽堪疑。"的确，"诗无达诂，易无达言，春秋无达辞"，我们不能用武断的猜测来解说自珍诗词的情爱寄寓，本来就是"自古情语爱迷离"！自珍没有专门为美贞而作诗文，他们经历短短一年三个月的夫妻生活，没有生育子女，就这样阴阳两隔。

　　嘉庆十九年（1814）三月，自珍携带美贞之柩返回杭州，暂时

---

① 龚自珍：《高阳台》，杨柏岭：《龚自珍词笺说》，黄山书社2010年版，第182页。

安放于西湖毛家步,正值玉裁来到徽州,作《龚自珍妻权厝志》,令人刻石于墓前。其墓铭云:"深深葬玉非余悲,乃尔姑嫜之悲。泪浪浪犹未绝兮,苟非尔之婉嬺兮,曷为经三时而犹痛其摧折?尔舅尔姑尔夫之厚尔兮,尔亦可以自慰而怡悦。委形付诸空山兮,魂气升于寥沉。"① 从玉裁的墓铭可以看出,厚待爱惜美贞除了公婆就是其夫自珍,美贞的离世对丽正、段驯、自珍而言,皆为沉重的打击,令龚氏全家人悲痛不已,因此美贞的在天之灵,亦可得到安慰。安置好美贞灵柩之后,自珍泛舟西湖,再填《湘月》一词:

> 湖云如梦,记前年此地,垂杨系马。
> 一抹春山螺子黛,对我轻颦姚冶。
> 苏小魂香,钱王气短,俊笔连朝写。
> 乡邦如此,几人名姓传者?
> 平生沈俊如侬,前贤倘作,有臂和谁把?
> 问取山灵浑不语,且自徘徊其下。
> 幽草黏天,绿阴送客,冉冉将初夏。
> 流光容易,暂时著意潇洒。②

西湖,是人间天堂杭州明媚的双眸,正如明人所言:"海上之士,往往谈蓬莱三岛之胜,恍忽渺茫,莫可踪迹。岂若西湖重青浅碧,抱丽城闉,陆走水浮,咸可涉览?况帝都之余,藻饰华富,即海上之士所称珠宫贝阙,琪树琼花,当不过此,宜乎胜甲寰中,声闻夷服也。"③ 此时自珍西湖泛舟,由于物是人非,刚刚丧妻的他,内心充满

---

① 段玉裁:《龚自珍妻权厝志》,《经韵楼集》卷九,凤凰出版社 2010 年版,第 212 页。
② 龚自珍:《湘月》,杨柏岭:《龚自珍词笺说》,黄山书社 2010 年版,第 198 页。
③ 田汝成:《西湖游览志叙》,《西湖游览志》卷首,东方出版社 2012 年版。

孤独忧伤，已没有新婚后激昂的情绪。但从《湘月》一词来看，自珍并没有局限于个人的儿女情长，而是从科场的失意、生命的陨落联想到人生意义的永恒话题，何况历史上的乡邦名人中，苏小小的艳骨令人咏叹，钱镠偏安一隅的志短气狭，自珍不由发出"几人名姓传者"的深沉感叹。因为美贞的离去，此时的自珍已陷于"有臂和谁把"的感情孤独，面对人生无常与时光流逝，只能发出"暂时著意潇洒"的身世之感。此时自珍的情感，"狂来说剑"而建功立业的豪情，占据着主流，因此，美贞的离世虽然给自珍带来巨大的情感冲击，但并未冲淡其建功立业、追求生命永恒的豪情壮志。

二、蕙兰气质，鸾凤神情：何吉云

安葬段美贞之后一年，即嘉庆二十年（1815），自珍娶继室何吉云为妻。何吉云，浙江山阴（今绍兴）人，安庆知府何裕均孙女，何镛之女，二人可谓门当户对。何裕均为官，"历六郡，完密平和，善管守，属县无亏蚀"，可以看出，何裕均为官清廉，颇有操守。此外，何家与龚家一样，属于知书达理的孝友之家，"其处家也，以友兄弟闻。凡兄弟之子若孙皆育之，其女善嫁之，远兄弟皆赡之，犹子、诸甥侍左右，肃然立，见者知为礼法故家也"。正因为何裕均为官清廉，所以"卒之日，无寸椽一瓦"[①]，嘉道时期吏治腐败，贪污之风颇为盛行，以致有"三年清知府，十万雪花银"之说，而何裕均作为知府，历经六郡，却没有给子孙留下任何财富，颇为令人尊敬。

吉云之父何镛，字桂笙，一字奏廷，或署名高昌寒食生，监生，

---

① 龚自珍：《江南安庆府知府何公墓表铭》，王佩诤校：《龚自珍全集》第二辑，第152页。

为清末戏曲作家。何镛精于音律，善于鼓琴，著有《一二六存稿》，[①]词作有《琴浮山房红楼梦词》，剧作有传奇《乘龙佳话》，演绎柳毅传书故事，本于唐人小说《柳毅传书》与元人杂剧《张生煮海》，自谓与李渔同题材的《蜃中楼》不相上下。祖父的清廉自守与父亲的戏曲才华，使吉云知书达理，才华横溢。从世俗角度而言，自珍与吉云的婚姻，亦是令人艳羡。

嘉庆二十一年（1816），自珍路过苏州，住在外祖的段氏枝园，初次结识有"女青莲之目"的女词人归懋仪，并索要其词阅看。自珍读完在其诗集后，题词《百字令》："扬帆十日，正天风吹绿江南万树。遥望灵岩山下气，识有仙才人住。一代词清，十年心折，闺阁无前古。兰霏玉映，风神消我尘土。……"[②]自珍将归懋仪视为"仙人"，认为其词令人心折，"闺阁无前古"。归懋仪以原韵作和词来答谢自珍：

> 更羡国士无双，名姝绝世，仙侣刘樊数。
> 一面三生真有幸，不枉频年羁旅。
> 绣幕论心，玉台问字，料理吾乡去。
> 海东云起，十光五色争睹。[③]

归懋仪称自珍为"国士无双"，称吉云夫人为"名姝绝世"，认为他们二人堪称"仙侣刘樊数"，其中难免有溢美之词，但亦可见，吉云在世人眼中，绝非平庸女子。此后，自珍与吉云的婚姻生活，可

---

① 邓绍基主编：《中国古代戏曲文学辞典》，人民文学出版社2004年版，第236页。
② 龚自珍：《百字令 扬帆十日》，杨柏岭：《龚自珍词笺说》，黄山书社2010年版，第213页。
③ 归懋仪：《百字令 龚定庵公子惠题拙集，次韵作答》，李雷主编：《清代闺阁诗集萃编·归懋仪集》，中华书局2015年版，第2513页。

谓一帆风顺，琴瑟和谐。嘉庆二十二年（1817）九月二十七日，自珍长子龚橙生于苏松太兵备道署中，二十四年（1819）二月二十三日，次子龚陶出生，两个男孩的接连降生，更给龚家带来无限的喜悦。此外，吉云还育有一女，名叫阿辛。

吉云善于作诗，道光六年（1826），自珍携吉云北上会试，路过昆山，在李增厚家与孙兆溎相识，座间自珍出示赵飞燕玉印。而吉云与李增厚之妻吴芳珍以及蒋立玉、李葆麐夫人等人宴饮雅集，曲水流觞之际填词吟诗，吉云作《留别清麐女史》一诗云：

> 气味花同馥，聪华玉比温。神仙居上界，谪降亦高门。
> 竹柏前缘在，松梦雅谊敦。足征家法古，相业百年存。
> 笑我无家者，看山便结缘。偶同栖庑客，不费买邻钱。
> 乡梦同思越，离樽又入燕。将何夸别墅，只合署迎仙。①

清麐女史即吴芳珍，字韵卿，号清麐，工于词赋，善画兰花，著有《清麐阁吟草》。吴芳珍为大学士吴璥第三女，亦为钱塘人，与自珍为小同乡。清麐女史作为大学士之女，出身高贵，气质不凡，吉云赞其气香如花，温润如玉，本来应如仙女居住天上仙界，被贬谪人间亦是高贵的相国之门。此诗清新典丽，可见吉云诗才不同凡响。在日常生活中，吉云作诗应该不少，可惜传世无多，但足令后人窥其诗才。清麐女史善于填词，曾以《临江仙》变调填词一阕，题为《送吉云女史北上》，来酬谢吉云之诗：

> 只恨订交晚，蕙兰气质，鸾凤神情。

---

① 徐珂：《清稗类钞·文学类》第 8 册，《何吉云能诗》，中华书局 1984 年版，第 3939 页。

更堪美名姝国士相并,心钦是前缘定。

台岑合是第一知音,贻新句愧玉温花馥,饱锡平生。

消魂分离太易,骊唱愁听声声。

况秾花春梦,春水方盈。

丁宁记,同心约,鳞鸿便问讯须频。

江南好,正绮窗梅放,偕我思君。①

在清麐女史看来,吉云有蕙兰的气质,有鸾凤的神情,自珍与吉云的婚事,清麐女史沿袭归懋仪的说法,认为他们是一对"名姝国士",为才子佳人般的绝配,是前生注定的姻缘。清麐女史认为自己与吉云堪称天下第一知音,但分别就在眼前,二人相互叮咛,同心相约,将来一定会鸿雁传书,频频问讯。作为才华出众的相国千金,她颇为推崇吉云的才华与气质,大有相见恨晚之情,并引为"第一知音",虽然诗词唱和之中难免有溢美之词,但亦足见自珍与吉云的婚姻令人艳羡,而吉云是颇为难得的才女。

众所周知,自珍因为书法不佳,科举、考差屡屡受挫,而吉云工于书法,以至于有人戏称,若是吉云考差,书法一定没有问题。魏季子《羽琌山民逸事》记载此一趣事:"龚补中书,考差,先君问徐伯星先生曰,定庵如得差,所取必异人。星伯先生曰:'定庵不能作小楷,断断不得差。如其夫人与考,则可望矣。'盖吉云夫人有书名也。"②此一故事,难免有打趣自珍之嫌,但吉云以书法闻名,亦为事实。

自珍喜欢花花草草,不仅与友人赏花,还在从官署回家的路上,买芍药花送给妻子:"可惜南天无此花,丽情还比牡丹奢。难忘西掖

---

① 孙文光、王世芸编:《龚自珍研究资料集》,黄山书社1984年版,第79页。
② 魏季子:《羽琌山民逸事》,《丛书集成续编》第36册,上海书店出版社1994年版,第1084页。

归来早,赠与妆台满镜霞。"① 自珍认为,他们所居宣南外城没有芍药,非常可惜,因为就艳丽而言,芍药的情调比牡丹还要烜赫耀眼,自珍从皇城西门回家的路上,天色还早,就顺便买了一大把芍药,放在妻子的梳妆台旁边,连镜子也发出犹如红霞的光彩。这说明自珍与吉云的感情,颇为恩爱和谐。

但自珍年轻时,即有花夜冶游的习气。道光元年自珍曾刊刻《影事词》一卷,追忆自己的情事,其中《暗香》一词的小序说:"姑苏小泊作也。红烛寻春,乌篷梦雨,一时情事,是相见之始矣。"小序说明此词写作的背景,自珍途经苏州短暂停留,其中所言"寻春""梦雨",皆与花月冶游的"一时情事"经历有关,应是自珍亲身经历的真实写照。《暗香》一词如下:

> 一帆冷雨,有吴宫秋柳,留客小住。
> 笛里逢人,仙样风神画中语。
> 我是瑶华公子,从未识露花风絮。
> 但深情一往如潮,愁绝不能赋。
> 花雾,障眉妩。更明烛画桥,催打官鼓。
> 琐窗朱户,一夜乌篷梦飞去。
> 何日量珠愿了,月底共商量箫谱?
> 持半臂亲来也,忍寒对汝。②

此词的写作时间尚有争议,据杨柏岭先生考证,应作于嘉庆十七年(1812),龚丽正简放徽州知府,龚家举家离京南下,二月初抵达

---

① 刘逸生:《龚自珍己亥杂诗注》第 205 首,中华书局 1980 年版,第 273 页。
② 龚自珍:《暗香》,杨柏岭:《龚自珍词笺说》,黄山书社 2010 年版,第 100 页。

苏州之时与歌姬冶游，此时自珍21岁，尚未与美贞完婚。词中"吴宫秋柳""露花风絮"则暗示女主人公的妓女身份，虽说是"冶游"，但初涉情场的自珍却动真感情，居然"但深情一往如潮，愁绝不能赋"。

此后，自珍再次造访那位苏州妓女，并作《摸鱼儿》一词，小序云："二月八日，重见于红茶花下，拟之明月入手，彩云满怀。"词中还运用春秋时期越国大夫范蠡携西施泛舟五湖的典故，抒发与女子一同隐居的想法："人生百事辛苦。五侯门第非侬宅，剩可五湖同去。卿信否？便千万商量千万依分付。花间好住。倘燕燕归来，红帘双卷，认我写诗处。"① 自珍在进入婚姻生活之前，夜泊苏州，即花月冶游，初见动情，为其日后形成"选色谈空"的结习埋下种子。

提到清代娼妓，以江苏苏州、扬州、清江浦最为闻名，清人徐珂《清稗类钞》云："古之佳人，大抵出于燕、赵，实指妓女而言。晚近以来，则以扬子江流域之江苏为多，苏州、扬州、清江皆有之，引类呼朋，分往各省，南之闽、粤，北之辽、沈，无不为其殖民之地。……江苏多美妇人，不独苏州也，而苏为尤美。但以娼妓言之，金阊名姬，所在皆有，其在上海者无论矣，近而浙、皖，远而湘、鄂，且北及于、赵以出榆关，所至为人欢迎，固著称于通国也。他若扬州、若清江之隶名乐籍者亦多。"② 自珍长期生活的京师、杭州、上海以及苏州、扬州，皆为娼妓发达之区，那些歌姬女乐虽然身处青楼，但貌美如花，无论是琴棋书画还是诗词歌赋，皆有较高的造诣，天生丽质却沦落风尘的妓女与满腹才华却怀才不遇的文人墨客，在樽酒流连之间容易产生同病相怜的感情共鸣，因此历史上诸多文人迷恋

---

① 龚自珍：《摸鱼儿》，杨柏岭：《龚自珍词笺说》，黄山书社2010年版，第103页。
② 徐珂：《清稗类钞·娼妓类》第11册，《苏州扬州清江之妓》，中华书局1984年版，第5159页。

勾栏青楼，或在偎红倚翠中听玉人吹箫，看歌舞楼台；或在浅斟低唱中激情恋爱，并为青楼歌妓写诗填词，留下一段风流佳话。因此秦楼楚馆就成为失意文人最好的去处，自珍作为晚清著名的思想家亦未能免俗。

自珍与美贞的婚姻，只存在短短的一年三个月，便以美贞的香消玉殒而告终。自珍与吉云的婚姻门当户对，两年后更喜得贵子，一切都那么顺顺利利，完美无瑕。但"父母之命，媒妁之言"的婚姻最缺乏的是激情，还有两情相悦的爱情。自珍于婚后五年，长子龚橙三岁时，在享受着家庭生活温馨的同时，却产生狎妓之想。嘉庆二十五年（1820）早春，自珍再次由上海北上京师参加会试，路过苏州时，见风月楼里灯火通明，欢歌笑语不断飞扬，不禁神思飘荡，产生狎妓之想：

> 钗满高楼灯满城，风花未免态纵横。
> 长途借此销英气，侧调安能犯正声？
> 绿鬓人嗤愁太早，黄金客怒散无名。
> 吾生万事劳心意，嫁得狂奴孽已成。[①]

自珍面对旅途的寂寞，遥望烟花柳巷里的灯红酒绿，他深知沉溺声色，未免消耗自己锐意进取的英气，但偶尔接近歌儿舞女，不过逢场作戏而已，因为他深信"侧调安能犯正声"！一想到妻子在家中的操劳辛苦，自珍内心不由产生一丝愧意，感觉吉云嫁给自己这样的"狂奴"丈夫，一辈子注定要受尽辛苦与委屈。

自珍的花月冶游随其创作的情诗艳词，在其人际圈子激起波澜，

---

① 龚自珍：《驿鼓三首》，刘逸生、周锡䪺校注：《龚自珍诗集编年校注》（上），第 55 页。

惹来不少闲言碎语。自珍曾经过访归懋仪,并与之谈诗。归懋仪曾作诗说:"风风雨雨掩重门,香烬薰炉火不温。幻梦几时登觉岸,多生未免种愁根。删除芸箧闲诗稿,渐洗春衫旧泪痕。絮泊蓬飘成底事,客中情绪不堪论。"① 自珍寒夜里读懋仪的赠诗,看到"删除芸箧闲诗稿,渐洗春衫旧泪痕"之语,怅然失意写下和诗:

风情减后闭闲门,襟尚余香袖尚温。
魔女不知侵戒体,天花容易陨灵根。
蘼芜径老春无缝,薏苡谗成泪有痕。
多谢诗仙频问讯,中年百事畏重论。②

从归懋仪原诗与自珍和诗来看,自珍的风流韵事引起世人非议,因此归懋仪劝自珍擦去泪痕,忘记昔日旧情,删尽书箧中的情诗艳词,并频频加以问讯。而自珍此时只能闭门思过,感觉自己犯了色戒才被魔女侵入怀中,目前陷于各种谗言蜚语之中,自然心事重重,忧谗畏讥。

仕途的不顺,使自珍产生归隐家乡的心思。道光六年(1826),自珍作《寒月吟》四首,其小序云:"《寒月吟》者,龚子与其妇何岁暮共幽忧之所作也。相喻以所怀,相勖以所尚,郁而能畅者也。"③ 在年终岁暮,由于仕途不顺会试屡次落第,自珍心灰意冷,于是向往夫妻双双归隐杭州的生活。他要和吉云在离故乡不远之处,买山建屋而居,自珍对世事不闻不问,吉云涵养内心美好的感情,而母亲段驯的

---

① 归懋仪:《定庵过访谈诗见赠次韵二律》,李雷主编:《清代闺阁诗集萃编·归懋仪集》,第2464页。
② 龚自珍:《寒夜读归佩珊夫人赠诗,有"删除芸箧闲诗料,渐洗春衫旧泪痕"之语,怅然和之》,刘逸生、周锡䪖校注:《龚自珍诗集编年校注》(上),第82页。
③ 龚自珍:《寒月吟》,刘逸生、周锡䪖校注:《龚自珍诗集编年校注》,第311页。

庐墓亦在附近，这就是自珍最为理想的归宿。由此可见，吉云一直是自珍生命中的重要支柱。在《寒月吟》其三中，自珍还把吉云比作老莱子逸妻：

> 我读先秦书，莱子有逸妻。闺房以逸传，此名蹈者希。
> 勿慕厥名高，我知厥心悲。定多不传事，子孙无由知。
> 岂但无由知，知之反涟洏。羞登中垒传，耻勒度尚碑。
> 一逸处患难，所全浩无涯；一逸谢万古，冥冥不可追。
> 示君读书法，君慧肯三思。①

老莱子，春秋晚期著名的道家人物，夫妻二人耕于蒙山，后来楚王登门拜访，诚恳邀请老莱子辅政，因推托不过而应允。妻子打柴回来教训说："妾闻之，可食以酒肉者，可随以鞭棰，可拟以官禄者，可随以斧钺。"官禄酒肉往往与驱使刑罚相连，于是两人离开蒙山，隐居江南。由此可见，莱妻是一位不同凡响的高士，而吉云就是自珍的"老莱子逸妻"，亦是隐遁山林、傲俗遗世的隐逸之士，而不好世俗的荣华富贵。不过，自珍沉痛指出，人们只看到莱妻的高洁，有谁知道怀才不遇背后的心酸？吉云在自珍心目中所占有的位置，还是非常重要的。

自珍在京师居于闲官冷曹，有时吉云亦侍奉公婆于上海苏松太道官署，夫妻的暂时别离，往往引起自珍的无限思念。道光十年，自珍作《题盆中兰花四首》其二云：

> 华堂四宦下红罗，谢家明月何其多？

---

① 龚自珍：《寒月吟》，刘逸生、周锡䪖校注：《龚自珍诗集编年校注》，第313页。

郁金帐中闻夜语，谢娘新病能诗魔。

二月奇寒折万木，严霜夜夜雕明烛。

小屏风下是何人？翦撷云鬟换新绿。[1]

吉云不在身边，自珍想象吉云居住的地方，华堂之中的红罗幔帐，散发着吉云温馨的气息，皎皎明月照着妻子居住的庭院，郁金香熏过的帐下，他仿佛听到妻子的低语，具有谢道韫诗才的她，小病之后写得好诗，犹如诗魔一般。但自珍回过神来，只见京师在二月的奇寒中，万木摧折萧条，夜里的寒霜让屋舍的烛光更加冷清，曾经立于屏风之下的伊人是谁？那如云的绿鬓如同纤纤细长的兰叶。在自珍心目中，吉云志行高洁，能诗工书，是一位超世脱俗的才女佳人。

但自珍从青年开始，就有着"选色谈空结习成"的情结，晚年更是访僧访妓。对于自珍的花月冶游，吉云持何种态度，由于文献缺乏不得而知。只知道这位知书达理的女性，一直居于自珍夫人的地位，养育了二子一女。道光十七年（1837），自珍与灶婢生下一女，取名阿辚。阿辚五岁时，其母去世，由吉云抚养。自珍晚年迷恋灵箫的爱情，并纳灵箫为妾，与吉云一起生活在羽琌山馆。

自珍与吉云的婚姻，在世人看来是一对美满的神仙眷侣，孔宪彝曾作诗赞誉云："一家眷属神仙侣，有女能文字阿辛。莫爱南朝姜白石，学耶才调自惊人。"[2] 在孔氏看来，自珍青年时代即为京都名士，妻子吉云工于书法，长女阿辛工于词赋，这样一家人，自然被目为"神仙眷侣"。道光二十一年（1841）八月十二日，自珍暴疾卒于丹阳县署，吉云成为孀妇。三年后吉云仙逝，这对"神仙眷侣"的佳话

---

[1] 龚自珍：《题盆中兰花四首》，刘逸生、周锡馥校注：《龚自珍诗集编年校注》，第443页。
[2] 况周颐：《蕙风簃随笔》卷二，《蕙风丛书》，上海中国书店1926年版，第9页。

成为永远的过去。

第三节　温柔不住住何乡：侍妾灵箫

自珍才华横溢，其以浪漫的激情，辛辣的笔触，对君主专制的毒辣、大清王朝的腐朽进行无情的批评，为世所不容。久沉下僚、抱负难施亦使自珍厌倦官场生活。道光十九年（1839），自珍辞官离开京城。在出都之前半月，自珍忧思成疾，以致严重咳血，在给好友吴葆晋的信中，其言："弟因归思郁勃，事不如意，积痗所鼓，肺气横溢，遂致呕血半升，家人有咎酒者，非也。"[①] 自珍出都之前心情何等抑郁，由此可想而知。

四月二十三日，自珍不带眷属仆从，只身离京南下，同行的只有两车，一车自载，一车载诗文集百卷，独自一人回归故乡杭州。昆山的羽琌山馆久不居住，房屋需要修葺，花木需要栽种，因此自珍一人先回故乡。离开多年居官生活的北京，自珍满腹惆怅，有对朝廷的眷恋，亦有对时局的忧虑。

自珍文章词锋凌厉并非与生俱来，因为生于官宦世家与书香门第，幼年习闻政事，长大熟悉朝廷掌故，深知朝政利弊，可谓百年的淬厉磨炼使自珍文章光芒显耀；自珍为官后，青年时代议政论政的锋芒不得不稍加收敛，高谈阔论大为减少，如今自己无官一身轻，因此悄悄向龙泉宝剑祈祷祝愿，自己会再次锋芒毕露，因此抒情感怀、鞭挞时弊的诗作如连珠泉涌。

---

① 龚自珍：《与吴虹生书（一）》，《龚自珍全集》第五辑，第347页。

此时，一位名叫灵箫的苏州歌姬走进自珍的生活，在热烈恋爱之后，自珍感慨万千，"设想英雄垂暮日，温柔不住住何乡"？因此大胆决定纳灵箫为妾，毅然为其脱籍。自珍在辞官南下的途中花夜冶游，并公开形之于诗，应是多年沉沦下僚的宣泄与报复，而为灵箫脱籍纳妾，则是自珍晚年爱情勃发的必然结果。

一、袁浦奇遇与初识灵箫

自珍离京南行，五月十二日到达袁浦，在此停留十日。袁浦又称清江浦，位于清代黄河与运河交汇之处，为南河总督治所所在。清江浦扼清代漕运、盐运、河工、榷关、邮驿之枢纽，为"南船北马，九省通衢"的交通要冲，与扬州、苏州、杭州并称运河"四大都市"。乾嘉时期，清江浦漕船"帆樯衔尾，绵延数里"，可谓水运繁忙，市井稠密，人文荟萃。诸多显宦世家、达官贵人、巨商富贾、文人墨客聚集于此，"灯影半临水，筝声多在船"成为清江浦繁华景象的真实写照。据《清稗类钞》记载：

> 清江浦为南北孔道，乾、嘉间河工极盛。距二十里即湖嘴，乃淮北盐商聚集之地。再五里为淮城，乃漕船所必经者。河、盐、漕三途并集一隅，故人士流寓之多，宾客饮宴之乐，自广州、汉口外，虽吴门亦不逮也。[①]

[①] 徐珂：《清稗类钞·豪奢类》第 7 册，《典商汪己山之侈》，中华书局 1984 年版，第 3269 页。

在袁浦这一风流繁华地，在与友人宴饮席上，灵箫走进自珍的内心世界。灵箫又名阿䉱，苏州人，是袁浦歌姬。当时，自珍与朋友宴饮欢歌，席上遇到灵箫，而临时抽签定韵，即限韵赋诗，亦得"箫"字，难道是天作之合吗？箫，是自珍生命中最为奇特的一种东西，正如《红楼梦》中贾宝玉的通灵宝玉。自珍天生敏感，幼年时在夕阳斜晖中，听到悠扬凄凉的吹箫之声，内心就会升起一种莫名的忧郁伤感，昏昏沉沉如同生病一样。箫，对于自珍而言，是具有特殊意义的灵物。

"大宙南东久寂寥，甄陀罗出一枝箫。箫声容与渡淮去，淮上魂须七日招。"[1] 浩瀚宇宙中的东南繁华地袁浦，久已没有杰出人物横空出世，因此显得寂寞落魄，佛经上似人似神、能作歌舞的甄陀罗化作曼妙婀娜的歌姬灵箫！灵箫吹奏的箫声凄美悠远，在灯红酒绿的淮水上慢慢散去，而自珍的心魂也随着箫声缥缈而逝，需要七日招魂，才能使自珍的灵魂与躯体合一！此诗娓娓道出灵箫那摄人魂魄的魅力。

少年击剑更吹箫，剑气箫心一例消。
谁分苍凉归棹后，万千哀乐集今朝。[2]

少年时代的自珍既能舞剑，又能吹箫，如今自珍的剑气箫心一律消失，少时的豪侠之气、幽怨之心被无情的岁月湮没。如今的自珍怀着苍凉的心境南归故乡，而在此时飘飘欲仙的灵箫来到自珍眼前，千万种哀乐涌上心头，真是做梦都梦不到的事情。

---

[1] 刘逸生：《龚自珍己亥杂诗注》第 95 首，中华书局 1980 年版，第 135 页。
[2] 刘逸生：《龚自珍己亥杂诗注》第 96 首，中华书局 1980 年版，第 137 页。

> 天花拂袂著难消，始愧声闻力未超。
> 青史他年烦点染，定公四纪遇灵箫。①

"天花著衣"的典故出于《维摩诘所说经》："有一天女，见诸天人闻所说法，便现其身，即以天华，散诸菩萨大弟子上。花至诸菩萨，即皆堕落，至大弟子，便著不堕。……结习未尽，华著身耳；结习尽者，华不著也。"②结习，即附着于人身上的世俗感情与种种烦恼，天花落在自珍的衣袖上即难以消除，说明自珍六根未净，尘缘未了，依旧被各种世俗恩怨烦恼所纠缠，于是开始惭愧自己学佛修道多年，还未达到超越世俗男女之情的境界。自珍幽默地说，在将来的史书上，要烦劳史家记上一笔：我龚定庵四十多岁的年纪遇见美丽的灵箫。但自珍已无暇顾及于此，他的灵魂只能跟着感觉走！这就注定自珍与灵箫之间，会有一场万劫不复的爱情！

灵箫，是人是仙？他与她的相遇，是梦是幻？第二天清晨，自珍赋诗报谢：

> 一言恩重降云霄，尘劫成尘感不销。
> 未免初禅怯花影，梦回持偈谢灵箫。③

自珍坦率承认，灵箫的一句话就像天上掉下的恩旨，让他难以违抗，就算经历如同微尘那样多的劫，而这些劫又化作无数微尘，自珍也不会忘记灵箫的浓情厚意，自珍参禅修道，尚在初禅阶段，对于灵

---

① 刘逸生：《龚自珍己亥杂诗注》第97首，中华书局1980年版，第138页。
② 杨文元编著：《维摩诘所说经索引》附，鸠摩罗什译：《维摩诘所说经》卷中，《观众生品》，1998年，第78—79页。
③ 刘逸生：《龚自珍己亥杂诗注》第98首，中华书局1980年版，第138页。

箫的感情亦是初度定情，那花影般如影随形的灵箫，自珍还有几分怯意，一觉醒来自珍拿着写好的诗词答谢灵箫。

女人就是女人，歌姬就是歌姬，眼看自己须眉皆白，已是天命之年，还要与一位歌姬有什么感情纠葛吗？他要以放荡无度的花月冶游，抹去灵箫在他心中挥之不去的倩影。六月初，自珍来到扬州。扬州地处长江与大运河的交汇处，有清一代是经济繁荣、人文阜盛的"淮左名都、竹西佳处"。自珍再次花月冶游，另一位扬州歌姬小云款款而来：

> 能令公愠公复喜，扬州女儿名小云。
> 初弦相见上弦别，不曾题满杏黄裙。①

初弦指每月农历初三，上弦指每月农历初八，自珍在扬州花月冶游，初三与小云相识，初八与小云作别，二人相处非常短暂。小云既有才情美貌，又任性不羁，她一会儿让自珍郁闷，一会儿又让自珍喜笑颜开，开怀畅饮，那高超的挑逗功夫与桀骜不驯的性格，有点像《红楼梦》中的晴雯。这个聪明伶俐、娇小可爱的扬州女儿小云，真是令人爱怜不已。书法家王献之钟爱12岁的羊欣，在她熟睡脱下的裙子上题写几幅字，而自珍差点儿没有题满小云的杏黄裙。但小云对于自珍，并没有灵箫那种摄人魂魄的力量，一番怜香惜玉之后，自珍毅然决然与小云分手：

> 坐我三熏三沐之，悬崖撒手别卿时。

---

① 刘逸生：《龚自珍己亥杂诗注》第99首，中华书局1980年版，第139页。

不留后约将人误，笑指河阳镜里丝。①

　　齐桓公将重用管仲，就三次给管仲薰香沐浴，自珍要离别小云，自然是极尽殷勤之意，但自珍决心悬崖撒手，撤步抽身，义无反顾与小云分手。东晋美男潘岳为河阳令，头发已是黑白相间的"二毛"，如今的自珍即将天命之年，他笑指镜中的白发，不肯约定再来的日子，小云正处于青春妙龄，不能耽误她的终身大事。自珍走了，毅然决然地走了，留下伤心、愠怒的小云。自珍的友人闻听小云大名，三次登门拜访，小云避而不见，致使那位友人大怒不已。自珍非常理解小云的心境，作诗规劝友人：

美人才调信纵横，我亦当筵拜盛名。
一笑劝君输一著，非将此骨媚公卿。②

　　作为绝代美人的小云，自有不拘管束、任性而为的才调，自珍在宴席上膜拜过小云的盛名，自珍劝友人一笑了之，暂且输了这一招，小云避而不见，非为取媚于公卿，女孩儿有女孩儿的心事。年仅弱冠即名满京师的自珍，此次辞官南归，一路拜访名儒公卿，一路诗篇脍炙人口，一路风流潇洒地花月冶游，还把纵情于酒色之事毫无顾忌地写入诗篇，这激起某些士人的不满，某生在《与友人书》中，以讥诮的口吻说：

　　某祠部辩若悬河，可抵之隙甚多，勿为所慑。其人新倦仕

---

① 刘逸生：《龚自珍己亥杂诗注》第100首，中华书局1980年版，第140页。
② 刘逸生：《龚自珍己亥杂诗注》第101首，中华书局1980年版，第141页。

宦，牢落归，恐非复有网罗文献、搜辑人才之盛心也。所至通都大邑，杂宾满户，则依然渠二十年前承平公子故态。其客导之出游，不为花月冶游，即访僧耳……①

自珍看到某生指责自己倦于网罗文献而为花月冶游的批评书信，不禁感慨万千，初到扬州时，自珍曾作《己亥六月重过扬州记》云："卧而思之，余齿垂五十矣，今昔之慨，自然之运，古之美人名士富贵寿考者几人哉？……抑予赋侧艳则老矣，甄综人物，搜辑文献，仍以自任，固未老也。"② 可见自珍颇有雄心壮志，仍以"甄综人物，搜辑文献"为己任，但二十多年身处闲官冷曹，怀才不遇，磨去自珍太多的热情与心志，逃于花月冶游的结习已是难改。看完某生书信，自珍仰天一笑，挥笔作诗道：

网罗文献吾倦矣，选色谈空结习存。
江淮狂生知我者，绿笺百字铭其言。③

网罗文献考究一代典章制度，还不是"垂空文以为万世法"？因此自珍早已感到厌倦。其实，自珍年轻时已敏感意识到："纵使文章惊海内，纸上苍生而已，似春水干卿何事？"④ 事实亦是如此，自珍犀利的论政议政文章，改革更法的建议，西域建省的主张，哪一个不是付之东流？自珍花月冶游，寻找惬意的女人；自珍访僧访道，玄谈佛学义理，责任是在于他自身吗？嘉道时期大清王朝国运中衰，是一个

---

① 刘逸生：《龚自珍己亥杂诗注》第 102 首，附录《某生与友人书》，第 142—143 页。
② 龚自珍：《己亥六月重过扬州记》，王佩诤校：《龚自珍全集》第三辑，第 186 页。
③ 刘逸生：《龚自珍己亥杂诗注》第 102 首，中华书局 1980 年版，第 142 页。
④ 龚自珍：《金缕曲（癸酉秋出都述怀有赋）》，杨柏岭：《龚自珍词笺说》，黄山书社 2010 年版，第 186 页。

最需要英雄的时代，也是一个英雄最无用武之地的时代。自珍写完诗，在编辑诗集时特地将此信附录于后，把江左狂生"绿笺百字"作为自己的座右铭来警诫自己。自珍要以此告诉世人，知我者江淮狂生，"选色谈空"正是自己的一贯喜好！自珍的滥情与沉湎酒色，不正是"一夫为刚，万夫为柔"的君主专制的杰作吗？

在自珍看来，从前称霸天下的帝王，既野心勃勃又武力强大，既英明神武又富有四海，为了保住自家的万代江山，维护帝王之尊与万世子孙的帝位，必然会采用种种手段打压天下英雄豪杰，去掉士人的礼义廉耻，把雄豪之士变成皇帝的忠实奴仆，绝对顺从他一人的意志而不许有丝毫的非议。这样，皇帝一人可以随心所欲，为所欲为，结果任何人只能成为皇帝俯首帖耳的顺民，否则就是大逆不道的乱臣贼子，轻者贬谪、罢官、下狱、充军、流放，重者腰斩枭首、诛灭九族，这样，就形成"万马齐喑""万籁无声"的政治局面，这是专制皇帝"振荡摧锄天下廉耻"的必然结果，难怪整个社会江河日下。

历代帝王不但以科举功名、严刑峻法、伦常名教束缚士大夫，最为险恶的是，皇帝甚至使用"乐籍"即官妓来腐蚀士人。自珍遍览古史，发现唐、宋、明时期无论是京师还是通都大邑，都有大量乐籍即官妓存在。在龚氏看来，"自非二帝三王之醇备，国家不能无私举动，无阴谋。霸天下之统，其得天下与守天下皆然"[①]。历代帝王除了三皇五帝道德醇备、政治清明以外，其他称霸天下的皇帝，他们设置国家的各项制度与措施，无不深怀阴谋，无论是得天下还是守天下，亦是如此。其中官妓就是对付士大夫的有力武器。作为知识掌握者的士大夫，在四民之中最具聪明才智，最喜欢议论朝政，无论是祖宗之法还是人主的举措施政，抑或一代号令，都是他们臧否褒贬的对象。这

---

① 龚自珍：《京师乐籍说》，王佩诤校：《龚自珍全集》第一辑，第117页。

是专制帝王所不允许的，于是居心叵测以官妓软化消弭士大夫的斗志。龚氏说：

> 乐籍既棋布于京师，……目挑心招，捭阖以为术焉，则可以箝塞天下之游士。乌在其可以箝塞也？曰：使之耗其资财，则谋一身且不暇，无谋人国之心矣；使之耗其日力，则无暇日以谈二帝三王之书，又不读史而不知古今矣；使之缠绵歌泣于床笫之间，耗其壮年之雄才伟略，则思乱之志息，而议论图度，上指天下画地之态益息矣；使之春晨秋夜为骖体词赋、游戏不急之言，以耗其才华，则论议军国臧否政事之文章可以毋作矣。如此则民听壹，国事便，而士类之保全者亦众。①

从隋唐开始，统治者大规模科举取士，明清以来每三年在京城举行一次会试，因此，京师就成为全国各地士子云集荟萃的地方。龚氏认为，官妓大量密布于京师，一些贪恋女色的士人被目挑心招，结果资材耗费，精力消磨，斗志扰乱，还有一些多情士子，作些缠绵悱恻的情诗艳赋，来消耗大好年华。这样，士子对于专制帝王的所作所为以及军国大政，就没有精力也没有心思顾及了，真是一举多得！

自珍具有改革弊政的远大抱负，但久抑下僚，不去花夜冶游又能干什么呢？《京师乐籍说》所言士人斗志被皇帝以乐籍女子所消磨的情形，难道不正是自珍南下途中花月冶游的自画像吗？自珍数度沉湎酒色，并不能用白璧无瑕的道德标尺来苛求，而只能说统治者权术的高超而已，看来即使自珍这样具有犀利批评精神的思想家，亦难逃出统治者设下的罗网。

---

① 龚自珍：《京师乐籍说》，王佩诤校：《龚自珍全集》第一辑，第118页。

自珍不但把自己花月冶游之事公然行之于诗,还理直气壮地为自己辩解:

> 不容儿辈妄谈兵,镇物何妨一矫情?
> 别有狂言谢时望,东山妓即是苍生。[1]

前秦苻坚企图一举消灭东晋,谢安派谢玄、谢石在淝水迎战,大军凯旋,谢玄不愿儿辈因胜而骄,妄谈用兵,因此表现极为镇静,故意与宾客对弈,面无喜色。在此自珍亦要矫情一番,他要狂妄地告诉那些负有时望的圣贤:士大夫要兼济苍生,而东山歌姬亦是苍生的一员!事实上,自珍表面的矫情,并非内心世界的真实反映,而是面对朝政时局的万般无奈!

自珍联想到乾隆年间的状元毕沅,想到毕沅与昆曲旦角李桂官的男风之恋:

> 汉代神仙玉作堂,六朝文苑李男香。
> 过江子弟倾风采,放学归来祀卫郎。[2]

作为状元、翰林的毕沅职清务闲,悠游自在,世人谓之玉堂仙,作为京师宝和部的旦角李桂官,容貌俊美,曾大力资助发迹前的毕沅,因此获得"状元夫人"的美誉,著名文人赵翼、袁枚所作《李郎曲》堪比六朝时绮靡淫丽的骈文,江南一带贵族富豪家的子弟倾慕"李男"这类人物的风度神采,读书归来后便祭祀被称为"玉人"的

---

[1] 刘逸生:《龚自珍己亥杂诗注》第126首,中华书局1980年版,第178页。
[2] 刘逸生:《龚自珍己亥杂诗注》第127首,中华书局1980年版,第179页。

美男卫玠。在此自珍揭露乾嘉时期官宦贵族子弟玩弄男宠、男戏子的恶劣风气。关于毕沅与李桂官之间的风流佳话,清人笔记曾载:

> 毕秋帆尚书沅李郎之事,举世艳称之。袁大令、赵观察俱有《李郎曲》,而袁胜于赵。……溧阳相公,呼李郎为状元夫人,真风流佳话也。①

由此可知毕沅与李桂官的男风之恋,经过文坛名流袁枚、赵翼的作诗宣扬,成为尽人皆知的风流韵事。身为状元、封疆大吏与引领一代学风的毕沅尚且有男宠之好,久沉下僚的自珍辞官之后,花月冶游算得了什么!自珍进一步为自己辩解,自己遇到歌女、沉迷酒色不过是偶然之事而已:

> 偶赋凌云偶倦飞,偶然闲慕遂初衣,
> 偶逢锦瑟佳人问,便说寻春为汝归。②

昔日司马相如作《大人赋》,汉武帝大悦,司马相如飘飘然有凌云之气,好似游于天地之间,自珍偶然成为进士,亦有飘飘欲仙之感,如今偶然厌倦仕途生活,现在偶然辞官换上当年布衣,偶然遇到锦瑟佳人,美貌歌姬,偶然为歌姬寻春归隐,亦是正常现象。自珍以凝练的笔触概括自己的大半生,一连串的"偶",好像这一切皆出于偶然,事实上,自珍因为慷慨议政得罪了当权派,遭受一连串的意外打击,无可奈何中辞官归隐,不是偶然而是必然。目前有谁能够理解

---

① 梁绍壬撰,范春三编译:《两般秋雨盦随笔》卷四《李郎》,新疆人民出版社1995年版,第462页。

② 刘逸生:《龚自珍己亥杂诗注》第135首,中华书局1980年版,第191页。

自珍痛苦无奈的心境？几个"偶"字勾勒出自珍的愤怒与冷嘲，既然不能长歌当哭，于是就仰天惨笑。王国维《人间词话》却说"其人之凉薄无行，跃然纸墨间"[①]，由此王氏认为自珍巧佞轻佻，应该是未体察自珍深意。

七月初九，自珍到达杭州故乡，当时自珍人未到家，而出都留别师友同僚、访朋交友的诗作先已传诵至乡，可谓"诗先人到"，害得老父丽正天天翘首倚门而待。回到家乡，自珍在陪父亲钱塘观潮、拜亲访友之外，最为重要的事情就是将羽琌山馆加以整理修葺，以迎接妻儿一同居住。在山馆东面有一大片绿荫蔽天的竹林，自珍花了一大笔钱买了下来，以使山馆更为幽静别致。看着优雅的羽琌山馆，自珍忽然想起远在袁浦的灵箫，认为最适合在这座灵山中居住的，就是貌美如仙的灵箫：

灵箫合贮此灵山，意思精微窈窕间。
丘壑无双人地称，我无拙笔到眉弯。[②]

山馆的小路幽深曲折，景致美妙悠远，独一无二的山馆风景，安置如梦如歌的灵箫，可谓天、地、人相称，可惜自己没有一支拙笔，不能像汉代张敞那样为自己心爱的人画眉。自珍与灵箫的爱，可谓刻骨铭心，是一颗心与另一颗心的约会，是一个灵魂与另一个灵魂的共舞，令自珍难以忘怀，亦令世人难以非议。自珍漫步在羽琌山馆，想起山馆始建之时，一片荒芜凄凉，而如今已是青青翠竹与郁郁松柏交相辉映，景致颇为优雅。那么，应该拿什么使山馆更加熠熠生辉、文

---

① 王国维著，夏华等编译：《人间词话·不可做偎薄语》未刊稿及删稿，万卷出版公司2016年版，第251页。
② 刘逸生：《龚自珍己亥杂诗注》第200首，中华书局1980年版，第268页。

采飞扬呢？那就是携着美人灵箫，飞上别墅的高阁！

二、岂是梅花处士妻：再晤灵箫

九月十五日，自珍再次出发，回京师迎接妻儿。重过扬州时，自珍依旧饮酒狎妓，再次见到聪明美丽的小云：

> 濯罢鲛绡镜槛凉，无端重试午时妆。
> 新诗急记消魂事，分与胭脂一掬汤。①

小云洗罢丝织手帕，镜槛已经凉透，夜已深了，无缘无故却又梳起午时装束。自珍赶快写下新诗，记下这令人销魂的风流韵事，洗脸的热水浸润了美丽的胭脂。面对可爱的小云，自珍也不愿薄幸无情：

> 谁肯心甘薄幸名？南舣北驾怨三生。
> 劳人只有空王谅，那向如花辨得明？②

自珍也不甘心担当薄幸之名，但自己不过是南来北往、为生计奔波的过客，小云要怨就怨自己薄命吧。自珍的奔波劳苦只有佛祖才能谅解，怎能和如花似玉的小云分辨清楚呢？自珍与小云注定是一场没有结果的巫山云雨，分手是必然之事。

---

① 刘逸生：《龚自珍己亥杂诗注》第 240 首，中华书局 1980 年版，第 310 页。
② 刘逸生：《龚自珍己亥杂诗注》第 242 首，中华书局 1980 年版，第 312 页。

怕听花间惜别词,伪留片语订来期。

秦邮驿近江潮远,是剔银灯诅我时。①

　　自珍害怕听到小云依依不舍的惜别之语,只好趁小云不在时,悄悄向其女仆留下话,谎称不久回来看望小云。自珍坐着漕船,已接近高邮,离开长江边上的扬州已经很远,他想象着此时小云发现自己不辞而别,一定一边剔着银灯,一边咒骂自己的薄幸与无情。但自珍已无暇顾及这些。

　　小云如一朵浮云,从自珍身边一掠而过,王文濡校本在此诗眉上注云:"小云后归定公,其人放诞殊甚。辛丑,定公至丹阳,暴疾捐馆,或言小云酖之。"②自珍南归时作《己亥杂诗》315首,其中关于花月冶游的达40余首,而两年后自珍暴病而亡,暴卒缘由自然会有各种流言蜚语。在此指出,小云归自珍之事纯属无稽之谈,其毒杀自珍更属臆测。

　　也有人认为毒杀自珍的不是小云而是灵箫,王文濡误将小云当作灵箫,此说见柴萼《梵天庐丛录》。自珍与灵箫的交往与感情,仅见于《己亥杂诗》,其文集唯一见于《上清真人碑书后》文末"姑苏女士阿箭侍,附记"③。由中可见,灵箫确实归了自珍,但以《己亥杂诗》所述二人感情,绝不会发生灵箫毒杀自珍之事。

　　二十五日,自珍到达袁浦,直到十月六日渡河而去,在袁浦停留十日,天天与灵箫一起饮酒欢歌,大概喝醉的时候多而清醒的时候少,自珍与灵箫热烈相恋,并写下一组堪与世界最著名爱情诗组相媲美的《寱词》,《寱词》即是一场幽梦中写成的词。在315首《己亥杂

---

① 刘逸生:《龚自珍己亥杂诗注》第243首,中华书局1980年版,第312页。
② 刘逸生:《龚自珍己亥杂诗注》第99首,中华书局1980年版,第139页。
③ 龚自珍:《上清真人碑书后》,王佩诤校:《龚自珍全集》第四辑,第298页。

诗》中，自珍为灵箫而作的诗歌共有 34 首，其诗表现了自珍对女性的尊重和赞美，描写灵箫的体态健美、词令聪华，简直是绝世仙姝，此外还记录自珍热恋的甜蜜，展现其处境的矛盾和感情的波折。当灵箫要求自珍为其脱籍、从良而嫁时，年已 48 岁的自珍内心矛盾重重，年近半百还要纳妾吗？简直荒唐至极！自珍作诗谢绝灵箫的要求：

豆蔻芳温启瓠犀，伤心前度语重题。
牡丹绝色三春暖，岂是梅花处士妻？①

灵箫还是娉娉婷婷的豆蔻年华，明眸皓齿，美丽如花，上次与灵箫见面时，灵箫就提出脱籍与自珍永结同好。在自珍看来，灵箫就像春天盛开的牡丹富丽繁华，而自珍堪比宋代"梅妻鹤子"的处士林逋，中年已过，渐入人生晚境，怎能纳妾呢？但对于灵箫的才华，自珍颇为欣赏：

对人才调若飞仙，词令聪华四座传。
撑住南东金粉气，未须料理五湖船。②

灵箫应付宾客，才情格调犹如天仙，满座生风，灵箫口齿伶俐，富于才华，四座八方早有传闻，灵箫可以支撑东南金粉地繁华阜盛的气象，不需要像西施追随范蠡那样，坐着鸱夷船隐居五湖。从理性角度而言，自珍觉得不能耽误灵箫的终身。但在内心深处，自珍无法摆脱灵箫的软语温存，善解人意：

---

① 刘逸生：《龚自珍己亥杂诗注》第 245 首，中华书局 1980 年版，第 314 页。
② 刘逸生：《龚自珍己亥杂诗注》第 246 首，中华书局 1980 年版，第 315 页。

鹤背天风堕片言，能苏万古落花魂。

征衫不渍寻常泪，此是平生未报恩。①

灵箫说的每一句话，在自珍听来，都像骑鹤仙人从天而降，都是妙语仙言，自珍那孤独寂寞的万古落花之魂，被灵箫激发而复苏。自珍身上征尘仆仆的衣裳，不会浸润寻常女人的眼泪，只是自己拿什么回报灵箫的恩情？灵箫的细语恍如珠玉泻泉，清快流畅，一股温馨芬芳的感觉滑过自珍的心田，他感觉自己年轻了，明镜里的自珍仿佛变成英俊少年。经历20多年的宦海沉浮，自珍的身心早已疲倦，年轻时叱咤风云的才智谋略，早已消磨殆尽。如今的自珍，只剩下梳妆台前看美人眼色行事：

风云才略已消磨，甘隶妆台伺眼波。

为恐刘郎英气尽，卷帘梳洗望黄河。②

灵箫唯恐自珍英气耗尽，因此梳妆时故意卷起珠帘，使自珍能远眺黄河，激起他的雄心壮志。可见，灵箫是一个善解人意的女子，她看出自珍的颓唐萎靡与心灰意冷，她要悄悄以自己的方式，改变自珍，给他以温暖，给他以自信。灵箫并非娇喘微微、蛾眉轻颦的西施，并非只有花容月貌，她是西方佛国的大地神女坚牢，或是一棵娑罗树，亭亭玉立：

玉树坚牢不病身，耻为娇喘与轻颦。

---

① 刘逸生：《龚自珍己亥杂诗注》第247首，中华书局1980年版，第315页。
② 刘逸生：《龚自珍己亥杂诗注》第252首，中华书局1980年版，第318页。

天花岂用铃旛护？活色生香五百春。①

在唐代，宁王李宪装置铜铃以惊走鸟雀，来保护园中之花，而士子崔元徽竖立七曜朱旛来护花，灵箫是从天而降的一朵天花，哪里需要铜铃与朱旛来守护呢？灵箫那生动的颜色，鲜活的香气，足以让人间春意盎然五百年。

卢梭曾说："一个有思想的人不应该娶一个不能与他共同思想的妻子。""我的第一个需求，最大、最强烈，也是最得不到满足的完全在我的内心：希望有个近亲（精神上的），尽可能亲密。这种奇特的需求，仅是最亲密的肉体结合是无法满足的，那需要两个心灵的结合。"② 思想的共鸣、灵魂的共舞是自珍与灵箫爱情的坚实基础。灵箫的气概、性格与西楚霸王的美人虞姬非常类似，眉宇之间有一股不凡的英气，说话坚定劲利：

眉痕英绝语谡谡，指挥小婢带韬略。
幸汝生逢清晏时，不然剑底桃花落。③

灵箫指挥小婢做事，具有大将风度与文韬武略，幸好灵箫生于太平盛世，不会像虞姬那样自刎楚帐之中，在桃花纷落如雨中死去。灵箫美丽的容貌，坚毅的性格，干净利落的处事，勇于为爱牺牲的品质，深深猎取自珍的心。关于灵箫的身世，世人唯一可知的就是她是苏州人，与南齐钱塘第一名妓苏小小同乡：

---

① 刘逸生：《龚自珍己亥杂诗注》第253首，中华书局1980年版，第319页。
② 〔美〕威尔·杜兰、艾丽尔·杜兰：《名人与时代：卢梭时代》（下），东方出版社2007年版，第305页。
③ 刘逸生：《龚自珍己亥杂诗注》第254首，中华书局1980年版，第320页。

凤泊鸾飘别有愁,三生花草梦苏州。

儿家门巷斜阳改,输与船娘住虎丘。①

灵箫原是良家少女,如同鸾凤一般美好,却不幸沦落风尘。灵箫前生或许是苏州的花草,因此梦中都是苏州的旧影。在自珍眼中,灵箫是上天钟爱的第一流人物,并非是与苏小小、真娘为伍的名妓,也许她是佛国的优昙钵花转世,而在人间示现为灵箫之身,自珍的肉眼凡胎难以推测:

难凭肉眼测天人,恐是优昙示现身。

故遣相逢当五浊,不然谁信上仙沦。②

佛祖派灵箫下凡与自珍在人世相逢,来涤荡自珍身上的五浊,否则仙人不会沦谪到世间来。灵箫的美貌画师难以描画:"云英化水景光新,略似骖鸾缥缈身。一队画师齐敛手,只容心里贮秾春。"③灵箫捧水时,恰似唐人传奇中云英捧水的情景,身段袅袅娜娜,飘飘然如同骑着鸾凤的仙女,一流画师对着她也无从下笔,因为无法画出她的美丽,她的美丽只能让人藏在心里。美人,美酒,何止千杯不醉?此前自珍在清江浦不但与灵箫交好,还与其他歌姬往还,此时他的心只专注于灵箫:

收拾风花伉荡诗,凌晨端坐一凝思。

---

① 刘逸生:《龚自珍己亥杂诗注》第 255 首,中华书局 1980 年版,第 321 页。
② 刘逸生:《龚自珍己亥杂诗注》第 257 首,中华书局 1980 年版,第 322 页。
③ 刘逸生:《龚自珍己亥杂诗注》第 258 首,中华书局 1980 年版,第 323 页。

勉求玉体长生诀，留报金闺国士知。①

自珍冷静下来，要把描写花月风情的诗收起来，凌晨端坐凝思自己的人生，他打算努力寻找延年益寿的秘诀，留着报答灵箫这位"闺中国士"的知遇之恩。自珍用梅魂、菊影来形容灵箫，感觉颇为完美，但现实颇为残酷，自珍有妻有妾，灵箫的命运，要么继续做歌姬，要么成为自珍之妾：

臣朔家原有细君，司香燕婔略知文。
无须诇我山中事，可肯花间领右军。②

细君是西汉东方朔之妻，自珍亦有妻室，还有个管烧香的姬妾，亦略通文字，灵箫用不着打探自珍家中的情况，是否愿意带领花间右军，安于姬妾身份。灵箫就是灵箫，面对人生的抉择应对自如：

道韫谈锋不落诠，耳根何福受清圆？
自知语乏烟霞气，枉负才名三十年。③

灵箫的才华堪比东晋才女谢道韫，议论锋芒不落俗套，自珍的耳根有何福气来消受灵箫那清朗圆润之音？自珍知道自己的话缺乏山清水润的烟霞之气，白白辜负三十年的才名。灵箫对自己为人做妾的命运颇为矛盾，因此她对自珍的态度变化难测，不断玩弄"手段"：

---

① 刘逸生：《龚自珍己亥杂诗注》第 260 首，中华书局 1980 年版，第 324 页。
② 刘逸生：《龚自珍己亥杂诗注》第 262 首，中华书局 1980 年版，第 326 页。
③ 刘逸生：《龚自珍己亥杂诗注》第 263 首，中华书局 1980 年版，第 326 页。

喜汝文无一笔平，堕侬五里雾中行。
悲欢离合本如此，错怨蛾眉解用兵。[1]

灵箫对自珍的态度变化无常，就像自珍写文章一样，没有一笔平铺直叙，这把自珍推入云里雾中。人生的悲欢离合本来就是如此，不能错怪灵箫。既然无缘就扬长而去吧，自珍有自珍的主见。他不辞而别，如同浩渺天空的鸿雁飞走了。灵箫虽然美妙清高，才华横溢，但无法摆脱为人做妾的命运，除了屈服她别无选择：

青鸟衔来双鲤鱼，自缄红泪请回车。
六朝文体闲征遍，那有萧娘谢罪书。[2]

灵箫派人给自珍送来结成双鲤鱼形状的书信，在信中向自珍道歉，请他回去，信上还沾着灵箫的胭脂泪。自珍读完不觉好笑，遍查六朝文体，风尘女子写信认错，可谓史无前例，灵箫对自珍的爱情颇为坚定，可见一斑。面对灵箫摄人魂魄的爱情，自珍再也无力阻挡，决心以羽琌山馆安置灵箫，就像汉武帝金屋藏娇：

万一天填恨海平，羽琌安稳贮云英。
仙山楼阁寻常事，兜率甘迟十劫生。[3]

自珍祈求老天把恨海填平，让自己与灵箫结成姻缘，他要把灵箫安置在羽琌山馆。什么海上仙山、琼楼玉宇，对自珍而言都是平常

---

[1] 刘逸生：《龚自珍己亥杂诗注》第 264 首，中华书局 1980 年版，第 327 页。
[2] 刘逸生：《龚自珍己亥杂诗注》第 266 首，中华书局 1980 年版，第 329 页。
[3] 刘逸生：《龚自珍己亥杂诗注》第 268 首，中华书局 1980 年版，第 331 页。

事，唯有灵箫才是无上珍宝，为此自珍宁愿推迟十劫到兜率宫投生。美貌与才华之外，灵箫还有藐视权贵的傲骨：

> 身世闲商酒半醺，美人胸有北山文。
> 平交百辈悠悠口，揖罢还期将相勋。①

二人喝得半醉之时，偶然谈论个人身世，自珍虽曾为官，不过穷酸小京官而已，现在已是辞官为民的隐逸之士，但灵箫具有鄙视官场、同情隐逸的心，与灵箫聊天，没有世俗交游中封侯拜相的恭维话。如果灵箫是那种庸俗之辈，二人也不会如此心心相印。十天一晃而过，自珍要出发北上。在分别前的那个晚上，油灯渐渐熄灭，月光照进房间恍如烟雾，徒然害得灵箫一夜未眠。听说灵箫盛装打扮要来相送，自珍先登上木兰舟避开灵箫，因为"冷落清秋节"的送别太令人伤感。但灵箫还是来了，二人又谈起脱籍之事，最后以破裂告终，正如《易卦》以"未济"终结。

三、整顿全神注定卿：纳妾灵箫

自珍心里未免空虚飘忽，行至渔沟道中，不禁题壁一首："未济终焉心缥渺，百事翻从阙陷好。吟到夕阳山外山，古今谁免余情绕。"②人间百事，大概唯有缺陷最好，吟着"夕阳山外山"的诗句，不禁引起自珍的恋恋余情。年已48岁的自珍饱经人世沧桑，让他接

---

① 刘逸生：《龚自珍己亥杂诗注》第270首，中华书局1980年版，第332页。
② 刘逸生：《龚自珍己亥杂诗注》第272首，中华书局1980年版，第333页。

受一个歌姬的爱情，谈何容易，但他又如何能够忘记？自珍难以遏制对灵箫的思念，忍不住作诗一首寄给灵箫：

> 欲求缥渺反幽深，悔杀前番拂袖心。
> 难学冥鸿不回首，长天飞过又遗音。[1]

自珍想忘记灵箫，让自己的心灵变得缥缈空虚，反而陷得更深，对自己以前拂袖而去的鲁莽之举深感后悔。自珍也想像征鸿一样一去不回头，但还是忍不住留下自己的音讯，写诗寄给灵箫。船至泗阳县的众兴市集道中，自珍再写一诗寄给灵箫：

> 明知此浦定重过，其奈尊前百感何？
> 亦是今生未曾有，满襟清泪渡黄河。[2]

自珍明知到北京接到眷属，还会再次返回清江浦与灵箫相会，但樽酒之前自珍还是忍不住百感交集，自珍这一生还从来没有过这种如醉如痴的热恋，船渡黄河时泪满衣襟。船至宿迁顺河集，自珍又作诗三首。其一：

> 绝业名山幸早成，更何方法遣今生？
> 从兹礼佛烧香罢，整顿全神注定卿。[3]

想想自己藏之名山的著述早已完成，还要如何度过自己的余生

---

[1] 刘逸生：《龚自珍己亥杂诗注》第 273 首，中华书局 1980 年版，第 334 页。
[2] 刘逸生：《龚自珍己亥杂诗注》第 274 首，中华书局 1980 年版，第 335 页。
[3] 刘逸生：《龚自珍己亥杂诗注》第 275 首，中华书局 1980 年版，第 335 页。

呢？从此可以烧香礼佛，全神贯注以待灵箫：

> 少年虽亦薄汤武，不薄秦皇与武皇；
> 设想英雄垂暮日，温柔不住住何乡。①

西晋嵇康有"美非汤武而薄周孔"之语，自珍少年时亦曾轻视商汤与周武王，但对于千古一帝的秦始皇与雄才大略的汉武帝，却未尝菲薄。汉成帝宠幸赵飞燕，要终老于温柔乡，设想自己也是迟暮的英雄，不终老于温柔乡，又能去向何方？至此自珍决心为灵箫脱籍，要金屋藏娇。在顺河集道中，十月十日，自珍再寄一诗给灵箫：

> 阅历天花悟后身，为谁出定亦前因。
> 一灯古店斋心坐，不似云屏梦里人。②

自珍与如同天花的灵箫打过一番交道后，如今已觉悟过来，自己同灵箫在一起无法收心敛性，如同出定状态，也许有前世因缘在其中吧。此刻，自珍在旅店中心情安定地坐着，完全不像睡在云屏旁边灵箫的梦中人。此后，自珍不再为灵箫作诗。两月后，自珍接到眷属从北方南回，重到袁浦，但灵箫已不见踪影，问讯其下落，得知灵箫已回归苏州，闭门谢客。为何不等自己再来呢？灵箫的心迹行踪，亦有不可推测之处，他与她，就这样匆匆地擦肩而过吗？

道光二十年（1840）春，自珍写信给好友吴葆晋，一方面要吴葆晋做媒，将次女阿纯嫁给孔圣人后裔孔宪彝之子。谈到袁浦奇遇，自

---

① 刘逸生：《龚自珍己亥杂诗注》第 276 首，中华书局 1980 年版，第 336 页。
② 刘逸生：《龚自珍己亥杂诗注》第 278 首，中华书局 1980 年版，第 337 页。

珍说："奇遇一节，记君饯我于时丰斋之夕，言定庵此游，必有奇遇合。何以君能作此谶？但遇合二字甚难，遇而不合，镜中徒添数茎华发，集中徒添数首惆怅诗，供读者回肠荡气，虹生亦无乐乎闻此遇也。"① 二月初三，长子龚橙之子、自珍之孙光第出生，已身为祖父的他，还要思虑与一个歌姬的爱情吗？

在"温柔不住住何乡"一诗真迹本之下，小注云："作此诗之期月，实庚子九月也。偶游秣陵小住，青溪一曲，萧寺中荒寒特甚，客心无可比拟。子坚以素纸索诗，书竟，忽觉春回肺腑，掷笔拿舟回吴门矣。仁和龚自珍并记。"② 也就是一年后的同一月，即道光二十年（1840）九月，自珍游历南京，住在荒寒的萧寺，在孤寂难耐之中忽然春心萌动，毅然回到苏州为灵箫脱籍，纳为侍妾。自珍所作《上清真人碑书后》一文，文末有"姑苏女士阿箾侍，附记"之语，说明自珍确实纳灵箫为妾。自珍的风流韵事传扬开来，孔宪彝曾在自珍所赠《己亥杂诗》刻本的卷首，题诗写道：

戒诗以后诗还富，哀乐中年感倍增。
值得江湖狂士笑，不携名妓即名僧。③

自珍感情丰沛，晚年颇好花夜冶游，访僧访道，成为名扬士林的一大奇闻。但好景不长，道光二十一年（1841）八月十二日，自珍暴病而亡，他与灵箫之间的爱情，从此画上了终止符。

---

① 龚自珍：《与吴虹生书（十二）》，王佩诤校：《龚自珍全集》第五辑，第354页。
② 刘逸生：《龚自珍己亥杂诗注》第276首，中华书局1980年版，第336页。
③ 张祖廉：《定庵先生年谱外纪》，王佩诤校：《龚自珍全集》附录，第646页。

四、龚自珍的人性论与女性观

自珍富有文学才华,其诗文缠绵悱恻,富有个性解放的人文色彩。比如自珍题《独立士女》图而作《卜算子》:

> 拜起月初三,月比眉儿瘦。
> 不遣红灯照画廊,飘渺临风袖。
> 庭院似清湘,人是湘灵否?
> 谁写长天秋思图,熨得阑干透![1]

古代女子有拜月习俗,以乞巧祈福或求得婚姻美满,自珍这首词刻画了《独立士女》图中女子拜月的形象:初三夜里的月儿,比拜月女子的峨眉还要细瘦,女子拜月后,起身临风伫立,长袖飘逸,月色如洗倾泻庭院,因此,就不用拿着红灯来照亮画廊。月光下的庭院如同清澈的湘水,而拜月女子不就是神话中美丽的湘灵吗?辽阔的夜空下,眉如弯月的佳人湘灵,秋思浩渺的轻盈意境,月色墨晕的纤美之笔,勾画出一幅令人神往的"长天秋思图"!那拜月女子与其说是自珍的意中人,不如说是自珍纤尘不染的自我心灵的外化。自珍的词,意象丰富而幽美,如红窗、落日、金炉、花魂、月梦、罗衣、香阶……都是自珍经常吟咏的意象,展现出自珍敏感细腻的内心世界,交织着自然情思的萌动与道德礼教的冲突,抒发一种孤独清幽、无所适从的人生哲思。

在人性思想方面,龚自珍主张人性解放,个性自由,不能用同

---

[1] 龚自珍:《卜算子》,杨柏岭:《龚自珍词笺说》,黄山书社2010年版,第13页。

一模式束缚压制现实生活中千差万别的个人，不能把一个个鲜活的个人，变成毫无个性的奴隶。因此，现实生活中不管是温柔敦厚还是乖僻暴戾的，都有权利依照其个人性情自由发展，其言：

> 人才如其面，岂不然？岂不然？此正人才所以绝胜。……天胎地息，以深以安，于是各因其性情之近，而人才成。高者成峰陵，碓者成川流，娴者成阡陌，幽者成蹊迳，驶者成泷湍，险者成峒谷，平者成原陆，纯者成人民，驳者成鳞角，怪者成精魅，和者成参苓，华者成梅芝，戾者成棘刺，朴者成稻桑，毒者成砒附，重者成钟鼙，英者成珠玉，润者成云霞，闲者成丘垤，拙者成崔嶪，皆天地国家之所养也，日月之所煦也，山川之所咻也。①

人的个性就如同山川河流，无论是高耸还是卑矮，娴静还是幽远，湍急还是险峻，坦平还是淳朴，斑驳还是精怪，温润还是华美，暴戾还是拙朴，毒辣还是浑厚，……大自然可谓绚丽多姿，斑驳陆离，而大千世界的芸芸众生，无论是性格叛逆的，还是循规蹈矩的，他们皆有自由发展、合理成长的权利，无论是统治阶级还是习惯势力，皆不能将人驯服为伦理道德的工具，暴力统治的顺民。

在个性自由思想的主导下，自珍以诗词公然记述自己偶遇的"恋情"。道光六年（1826），自珍在京师的一个湖畔，遇见一位贵族少妇，二人彼此产生恋情，自珍作《纪游》一诗加以记述：

> 春小兰气淳，湖空月华出。未可通微波，相将踏幽石。

---

① 龚自珍：《与人笺五》，王佩诤校：《龚自珍全集》第五辑，第338—339页。

一亭复一亭，亭中乍瞳黑。千春几辈来？何况婵媛客！
离离梅绽蕊，皎皎鹤梳翮。鹤性忽然驯，梅枝未忍折。
并坐恋湖光，双行避藓迹。低睐有谁窥？小语略闻息。
须臾四无人，颜弱未工热。安知此须臾，非隶仙灵籍？
侍儿各寻芳，自荐到扶掖。光景不少留，群山媚瞑色。
城闉催上灯，香舆伫烟陌。温温怀肯忘，嗳嗳昀靡及。
祗愁洞房中，余寒在鸳屐。①

在一个春色未浓的湖边早晨，天空中的残月刚刚隐去，自珍与一位贵族少妇在湖边相遇，还没来得及眉目传情，二人就相随踏着幽石漫步，穿过一个又一个亭子。身边的梅花开得正盛，白鹤悠闲地梳理着羽毛，自珍想折梅相送，但看着温顺的婵媛佳人，忽然产生不忍折梅的念头。二人并坐欣赏湖边美景，少妇双眸低垂，自珍仿佛听到她轻轻喘息的声音。四下寂静无人，自珍感到少妇身上有一股凛然不可侵犯的气息，使他的一言一行不由自主地合规中矩，难道这位少妇籍隶仙灵吗？少妇的侍女各自寻芳而去，自珍自告奋勇前来扶掖。

走得最急的都是最美的时光，转眼间城上灯火阑珊，少妇乘坐的车子渐渐远去，自珍含情脉脉地看着少妇离去，想象着少妇回到自己的闺房，那绣着鸳鸯花纹的绣鞋是否还留有湖边的余寒吗？在这次奇遇之后，随后两三天自珍依然来到湖畔，希望再次奇遇那位少妇。但是风景依旧，少妇却杳无踪迹：

破晓霜气清，明湖敛寒碧。三日不能来，来觉情瑟瑟。
疏梅最淡冶，今朝似愁绝。寻常苔藓痕，步步生悱恻。

---

① 龚自珍：《纪游》，刘逸生、周锡馥校注：《龚自珍诗集编年校注》，第266页。

寸寸蝴蟆枝，几枝扪手历；重重燕支蕾，几朵挂钗及。
花外一池冰，曾照低鬟立。仿佛衣裳香，犹自林端出。
前度未吹箫，今朝好吹笛。思之不能言，扪心但先热。
我闻色界天，意痴离言说。携手或相笑，此乐最为极！
天法吾已受，神亲形可隔。持以语梅花，花颔略如石。
归途又城闉，朱门叩还入。袖出三四华，敬报春消息。[1]

  湖边还是一样的清寒，梅花还是一样的淡雅幽香，不见婵媛佳人，自珍的内心生出一丝丝的寒意与惆怅，踩着那寻常的苔藓痕迹，自珍每走一步内心就升起一种缠绵悱恻的情愫。那胭脂红的花蕾，可曾挂过少妇头上的金钗？花外那一池春水，曾映照过少妇低头而立的倩影？少妇衣裳的香气，仿佛还留在林间。前几天相见我没有为你吹箫，今日我为你吹笛！内心的思绪向谁言说？扪心自问，心头一阵阵发热。当一个人进入色界的十八重天，当感情进入痴狂状态时，什么言语都难以表达这一感受！二人如果能携手相笑，这是人间最大的快乐！自珍此时已皈依佛法，他将自己的心事告诉梅花，那些梅花像顽石一样点头赞同！不见佳人自珍只得返回，当他看到朱漆大门时，他多想拿出袖中的三四枝花，把自己内心的春的消息，报给婵媛佳人！

  那婵媛佳人，是现实生活中的贵族少妇？还是天界仙灵？抑或自珍想象中的绝妙佳人？从诗词内容来看，应是自珍在北京某一湖畔的奇遇，或是二人暗中相约的一次幽会，那湖边的情境是在人间而非想象中的琼楼玉宇，仙界瑶台，那婵媛佳人自然是现实生活中的贵族少妇。

  自珍的诗词大多抒写缠绵情爱，或流连山水的退隐之思，对于世

---

[1] 龚自珍：《后游》，刘逸生、周锡䪖校注：《龚自珍诗集编年校注》，第268页。

人鄙夷的艳情艳遇毫不回避。由上述二诗可见,自珍的情诗毫无俗气,感情由衷而发,可与唐人李商隐的无题诗相媲美。世俗的香艳诗最易流于绮靡悱恻,堆砌华丽辞藻,但自珍的香艳诗则"奇气逼人,感情丰富,亦儿女,亦英雄,读其诗如见公孙大娘舞剑,仪态万端,振疲起弱"[①],具有追求个性解放的鲜明特色。

自珍对待女性交往上的开放态度,与江浙一带的社会风气有关。明清时期关于女性外出限制颇多,但上香求佛不在其列。乾隆年间两江总督陈宏谋曾指责江苏社会风气浮靡,认为当地妇女"习于游荡":

> 少妇艳妆,出头露面,绝无顾忌,或兜轿游山,或灯夕走月,甚至寺庙游观,烧香做会,跪听讲经,僧房道院,谈笑自如。又其甚者,三月下旬以宿神庙为结缘,六月六日以翻经十次可转男身,七月晦日以点肉灯为求福。或宿山庙,还愿求子,或舍身于后殿寝宫,朔望供役。僧道款待,恶少围绕,本夫亲属,恬不为怪。[②]

由上可知,乾嘉年间,江苏妇女的社会交往空间颇为广阔,少女艳妆出行亦无顾忌,她们坐轿游山玩水,到寺庙道观烧香做会,甚至夜宿寺庙,与僧道或陌生男子交往,但其丈夫与亲属并不在乎。这对理学名臣陈宏谋而言,简直"深为风俗之玷"!因此他要求"妇女礼处深闺,坐则垂帘,出必拥面,所以别嫌疑、杜窥伺也"[③]。并通告寺院庵观,若听任少妇进入寺庙,地方官将僧道枷示于庙前,并将其丈

[①] 朱杰勤:《龚定庵研究》,商务印书馆1940年版,第84页。
[②] 陈宏谋:《风俗条约》,魏源、贺长龄辑:《皇朝经世文编》卷68,《魏源全集》第16册,第657页。
[③] 陈宏谋:《风俗条约》,魏源、贺长龄辑:《皇朝经世文编》卷68,《魏源全集》第16册,第657页。

夫拘捕惩处。从陈宏谋的《风俗条约》来看，江浙一带的妇女并非如后世想象的那样锁在深闺，她们与男子的交往亦非完全禁绝。由此反观自珍与婵媛佳人的湖边幽会，应是一种颇为普遍的社会现象。

对于女性美，自珍的认识有着独特的个性色彩，其中最为突出的一点，就是反对缠足，赞美天足。自珍对汉族女子缠足的恶习坚决反对。早在道光七年（1827），自珍作《婆罗门谣》一诗，通过对中国西北崇奉婆罗门教的少数民族妇女"玉颜大脚"的赞美，间接表达其对缠足的排斥：

>婆罗门，来西胡，勇不如宗喀巴，智不如耶稣。
>绣衣花帽，白若鹄凫。
>娶妻幸得阴山种，玉颜大脚其仙乎？
>女儿十五卖金线，归来洗手礼曼殊。
>礼曼殊，膜额角。天见膜额角，地见断牛肉。
>地不涌谄药叉，天不降佞罗刹。
>曼殊大慈悲大吉祥，千年大富万年乐。[①]

少数民族妇女不缠足，她们性情豪爽，崇尚自然，对大地河流山川有一种深沉的眷恋与源自心灵深处的热爱，这在自珍看来，堪称"玉颜大脚其仙乎"。中国各省的汉族妇女缠足习俗亦各不相同，自珍的故乡杭州，许多父母不忍心让女儿缠足，而造成大脚女现象，对此钱泳《履园丛话》说：

>元、明以来，士大夫家以至编民小户，莫不裹足，似足之

[①] 龚自珍：《婆罗门谣》，刘逸生、周锡馥校注：《龚自珍诗集编年校注》，第336页。

不能不裹，而为容貌之一助也。其足之小者，莫如燕、赵、齐、鲁、秦、晋之间，……而两广、两湖、云、贵诸省，虽大家亦有不缠者。今以江、浙两省而言，足之大莫若苏、松、杭、嘉四府，为其母者，先怜其女缠足之苦，必至七、八岁方裹。是时两足已长，岂不知之，而不推其故，往往紧缠，使小女则痛楚号哭，因而鞭挞之，至邻里之所不忍闻者，此苏、杭人习焉不察之故也。然则苏、杭皆大足耶？曰否。得其法则小，不得其法则大。[①]

明清时期，缠足最厉害的是直隶、山东、山西与陕西，而两广、两湖、云贵各省即使大家之女亦有不缠足者，而江浙的苏、松、杭、嘉四府，许多母亲怜悯女儿缠足之苦，直到七八岁才开始缠足，此时女孩子的脚已经长成，致使女孩子因为缠足而号哭不止，父母不得已加之鞭打，致使邻里不忍听其号哭。自珍作为杭州人，自然闻听过女孩子缠足痛苦的号哭之声，主张个性解放的他，对缠足产生反感亦属常理。

道光十九年（1839）自珍辞官南归故里，作《病梅馆记》，以梅喻人，控诉病态社会对个性价值的压抑。按照文人画士的审美，梅树"以曲为美""以欹为美""以疏为美"，因此对梅树"斫其正，养其旁条，删其密，夭其稚枝，锄其直，遏其生气"，致使江浙一带的梅树备受摧残，而统治阶级与卫道士用病态的、异化的道德标准销蚀人的个性，就像文人画士摧残梅树一样，使人精神萎缩，人性扭曲，毫无生机与活力。因此自珍发誓要"疗梅"，让梅树在沃土中自然生长。对于个人而言，就是打破人精神上的锁链，让每个人自由自在、无拘无束地成长，让被压抑的个性得到解放。而缠足对于女性的迫害，更

---

① 钱泳：《履园丛话》（下），二十三《杂记》上，《裹足》，中华书局1979年版，第629页。

有甚于人们对梅树的摧残。自珍的同乡前辈、主张性灵说的诗人袁枚，曾经发出"女子足小有何佳处"的喟叹，作诗云：

> 三寸弓鞋自古无，观音大士赤双趺。
> 不知裹足从何起，起自人间贱丈夫！①

袁枚对缠足的批判，具有振聋发聩的作用。而嘉道时期的学者钱泳，则将缠足与王朝兴衰、民族强盛密切相连，在其笔记《履园丛话》中探讨缠足之害：

> 天下事贵自然，不贵造作，人之情行其易，不行其难。惟裹足则反是，并无益于民生，实有关于世教。且稽之三代，考之经史，无有一言美之者，而举世之人皆沿习成风，家家裹足，似足不小，不可以为人，不可以为妇女者，真所谓戕贼人以为仁义，亦惑之甚矣！国朝八旗妇女皆不裹足，古道犹存，其风足尚。……
>
> 考古者有丁男丁女，惟裹足则失之，试看南唐裹足，宋不裹足得之；宋金间人裹足，元不裹足得之；元后复裹足，明太祖江北人不裹足得之；明季后妃宫人皆裹足，本朝不裹足得之，从此永垂万世。由是观之，裹足为不祥之兆明矣，而举世犹效之何也？盖妇女裹足，则两仪不完；两仪不完，则所生男女必柔弱；男女一柔弱，而万事隳矣！且裹足为贱者之服，岂可以行之天下，而且行之公卿大夫之眷属耶？予所以喋喋言之者，实有系于

---

① 袁枚：《随园诗话》卷四，第37则，浙江古籍出版社2016年版，第62页。

天下苍生,非仅考订其源流而已。①

缠足起源于何时,虽有学者考证,但因正史无考,未有定论。钱泳亦对缠足进行考证,引证大量证据,认为裹足始于五代。事实确实如此,大致五代至南宋时期,缠足习俗在民间相沿成俗,谬种流传。缠足使女子的脚变成畸形,影响健康运动与生活生产显而易见,而举世相沿成风,最令人不可思议。钱泳认为,元朝与大清不缠足是他们战胜宋、明的重要因素,而缠足弱化了汉族的种姓,认为妇女裹足"无益于生民,有关于世教",是"戕贼人以为仁义"。此一见解出自士大夫之口,颇为难能可贵。主张个性解放的自珍,在《己亥杂诗》中亦鲜明反对缠足:

姬姜古妆不如市,赵女轻盈蹑锐屣。
侯王宗庙求元妃,徽音岂在纤厥趾。②

古代贵族妇女,她们的打扮就不如倚着门市卖弄美色的女子那样轻佻,像赵女郑姬之流为了体态轻盈,才穿着尖头鞋子,王侯为了奉祀祖先、绵延子嗣而选择配偶,看重的是妇容妇德,难道会看重女子被缠足毁坏的小脚吗?在此自珍公开对妇女缠足陋习进行抨击,思想超前激进。

自珍反对缠足,根源于人性解放思想。另一方面,与满族旗人女子的天足亦有关系,其对西北少数民族妇女的"玉颜大脚"的赞美即为明证。清初入关后,实行剃发易服的政策,激起汉族士人的激烈

---

① 钱泳:《履园丛话》(下),二十三《杂记》上,《裹足》,中华书局1979年版,第630—631页。
② 刘逸生:《龚自珍己亥杂诗注》第117首,中华书局1980年版,第166页。

反抗，但被湮没在刀光剑影之中。旗人女子出自东北，妆扮贴近自然而然的生活，自然是大脚天足，旗人女子当然以天足为美。因此人们将旗人女子的妆扮称为"旗家打扮"，而将南方汉家女子的缠足称为"蛮子打扮"，旗人妇女笑汉家妇女为"小脚娘"，而汉家妇女以旗人妇女为"大脚片"。顺治康熙年间，朝廷亦曾有禁缠足令，但缠足之风屡禁不止，后禁令逐渐松弛，缠足在汉族妇女之中依旧盛行。清初朝廷以政令禁止妇女缠足，几乎未有效果，自珍赞美天足与反对缠足，亦湮没于历史长河之中。

总之，自珍的女性观，与其人性解放的思想有密切的关系。自珍眼中的女性，大多数纤尘不染而旷世独立；世人鄙夷的艳情艳遇，自珍在诗词中并不回避。对于女性美，自珍追求人性解放，赞美天足，对汉族女子缠足恶习坚决反对。

第四节　君子谋道不谋食：龚自珍的生计状况

提起龚自珍的家世，世人皆知龚家是杭州名门望族，祖辈、父辈两代人在京师为官，在人们的想象中，自珍应过着钟鸣鼎食、衣食无忧的生活，但事实并非如此。自珍的家庭生活，虽然没有冻馁之忧，但亦并非钟鸣鼎食，豪华奢侈，大概不过是中等之家的生活。

一、"宛似寒家"的父祖家业

以资产而论，龚氏家族在杭州，顶多不过中等人家。自珍高祖龚茂城幼年丧父，因为家道败落无以为生，身为太学生的他不得不弃儒经商。据载，茂城有陶朱公经商之才，三次积累资产千金，但经常周济龚家兄弟子侄，对同乡30余家接济麦粥，使他们不致遭受冻馁之苦。因此，茂城不会有太多的积蓄留给子孙，他所做的一件大事，就是在南高峰买地，建立龚氏坟茔。自珍曾祖龚斌成为仁和县学附生后，21岁时为塾师，以束修养家，收入微薄。随着子女长大，读书婚嫁皆需费用，龚斌无奈之下，亦弃儒为商，经商获利当然倍于塾师。龚斌秉承仗义疏财的祖训，经常接济同族乡里。由于刑部司官汪某信任，龚斌得其白金巨万，任其经营使用十余年，获利甚丰。

自珍祖父兄弟五人，皆为读书士人，且皆有功名，唯有治身为国学生而弃儒经商。此时龚家的家境，估计属于中产的小康之家，从现有文献中，未有经济拮据困顿的记载，但亦非豪富。敬身成进士后居官京师，据同僚纪昀回忆，敬身生活清苦，"齑盐风味，宛似寒家，晏如也"①。敬身朝齑暮盐，靠吃腌菜和蘸盐吃饭来度日，生活之清贫可见一斑。或许此时的龚家，家道还算小康，因此纪昀才说"宛似寒家"，但敬身清贫自守，安贫乐道，表现出一位士大夫的高尚情怀，大概这也是龚家家风的一贯延续。

乾隆五十三年（1788），敬身辞官回到杭州乡居，清约自守，无贵奢习气。他买下位于杭州东城马坡巷的宅院，这是一块文墨昌盛的风水宝地，园林古朴典雅，因为北宋书法家米芾之子曾寓居于此，后世称为小米园。四年后，即乾隆五十七年，近代启蒙思想家龚自珍出生于此。此时龚家经济小康，不会再为谋生奔波。丽正青年时代师从卢文弨与段玉裁，嘉庆元年（1796）成进士，年仅30岁，此后为

---

① 纪昀：《云南迤南兵备道鲍伯龚公墓志铭》，《纪文达公遗集》卷16，《续修四库全书》第1435册，上海古籍出版社1995年版，第470页。

官京师,直到十七年(1812)外放徽州知府。在漫长的 17 年京官生涯中,龚家在京师并无个人住宅,只能赁屋而居。

明清时代,人们大多秉承着勤俭持家、量入为出的治家观念。康熙朝治河名臣靳辅曾说:"治家莫要于俭。俭非鄙吝之谓也。先总计一家人口若干,每岁衣食用度必须若干,因而制财用之经,量入为出,一切凶吉之费皆有限制,又须常留赢余,以备不时意外之需。至于堂室、舟车、服侍、器用,则概从俭朴,勿矜胜而观美,则可免窘乏难继之患。"[1] 事实上,不仅编户齐民如此,就连士大夫之家亦不例外。作为小京官的龚家,日常生活颇为俭朴。龚家的日常生活状况,由段驯诗中可见一斑:

> 家风本寒素,世德媲先贤。忆我初为妇,扪心幸寡愆。
> 鸡鸣循省问,日出治盘筵。汲瓮甘操作,荆钗不斗妍。
> 几曾寻画舫,何暇理香笺。颇爱清贫味,同筹藜藿钱。
> 无有真黾勉,疾灾未缠绵。叔子埙篪雅,书声旦晚联。
> 雍雍敦布被,蔼蔼溢门楣。况有兰闺伴,相依萱室前。
> 宵分频问药,秋冷劝装棉。奉养方期永,春晖不少延。
> 两番垂缟幕,一恸渺黄泉。了了悲欢迹,堂堂乌兔迁。
> 渐看儿女大,都是婚嫁年。燕北风沙地,江南花柳天。
> 妆宁空有梦,生计苦多缠。幸遂南来愿,沉疴快一痊。
> ……平生辛苦甚,吟倩汝曹传。[2]

嘉庆二十二年(1817),自珍娶何吉云为继室,母亲段驯与儿媳

---

[1] 靳辅:《庭训》,徐梓编注:《家训——父祖的叮咛》,中央民族大学出版社 1996 年版,第 331—332 页。
[2] 段驯:《赋新妇何三十韵》,王洪军:《段驯龚自璋抄本诗集考》,《文献》1998 年第 2 期。

挑灯夜话，诉说自己在龚家的生活经历。段驯认为，龚家家风寒素，生活清贫，一向靠勤俭持家。作为家中主妇，段驯每天刚刚鸡鸣，就去问候长辈，日出就制备早饭，抱瓮汲水，烧火做饭，饭菜并无山珍海味，却常有藜藿之羹，万幸的是家中并未断粮，发生饥荒。

知书达理的段驯衣着朴素，荆钗更谈不上争奇斗艳，也曾与同伴画舫同游，但生活的忙碌辛苦，使这种机会并不多；段驯喜欢吟诗填词，但往往因为柴米油盐等琐事，无暇顾及那些"香笺"。小叔子守正与他们一家人共同生活，读书吟咏之声通宵达旦，期间又经历公婆相继离世。在段驯眼中，她在龚家的生活，可谓"生计苦多缠"，"平生辛苦甚"，此诗写给自己的儿媳，应是段驯在龚家生活多年的真实感受，而没有必要矫揉造作，遮遮掩掩。就是这样一个开销用度并非宽裕的京官家庭，在段驯的打理下，人们生活得安宁和睦，给自珍留下了美好的童年记忆。而这个家族的发展亦蒸蒸日上。

道光五年，丽正引疾致仕，回归故里，主讲杭州紫阳书院十余年。道光六年（1826），自珍作《寒月吟》："幽幽东南隅，似有偕隐宅。东南一以望，终恋杭州路。城里虽无家，城外却有墓。相期买一丘，毋远故乡故。"[①] 诗中"城里虽无家，城外却有墓"一语说明，此前杭州城内马坡巷龚家旧宅已经出售。龚宅售出缘由无文献记载，缺钱大概是非常重要的因素。

丽正乡居，颇受乡邻敬重，当时年纪、功名与丽正不相上下的致仕官绅，只有姚同祖、陈嵩庆、张青选、胡敬与张鉴五人。但这些人虽然海内颇有清望，但生活亦颇为清贫，正如道光十九年自珍作诗所言："醰醰诸老惬瞻依，父齿随行亦未稀。各有清名闻海内，春来各

---

① 龚自珍：《寒月吟》，刘逸生、周锡馥校注：《龚自珍诗集编年校注》，第311页。

自典朝衣。"① 丽正与姚同祖这些致仕官绅,他们宽厚温和,富有人情味,使与其接触的人颇感惬意,并且负有很高的威望,但他们的生活消闲清贫,甚至像唐代杜甫那样"朝回日日典春衣",靠典当衣服来维持日常生活。

在这个具有寒素家风的大家族里,虽然没有钟鸣鼎食的豪华生活,但有着仗义疏财、周恤亲戚同族的家训,有着诗书传家、科甲昌盛的传统。丽正任苏松太道前后九年,廉俸优厚,大力周恤族人亲戚、乡里故旧与文人雅士,据其弟守正观察,"大约九年之中,所费不下数万金"②。中国传统儒家士人严守《大学》义利之辨,继承孟子"何必曰利"与宋儒反对言利的思想,以求田问舍聚敛财富为耻,身为进士、长期为官京师与地方的敬身、丽正父子,不仅不为子孙谋取意外之财,相反却用个人俸禄周恤同族、亲朋故旧,他们没有留给子孙钱财,却给他们留下研经治史、胸怀天下与造福地方的家族传统与精神财富。

二、龚自珍的日常收入与开销用度

明清时代的读书士人,科举高中入仕做官,既可以实现人生理想,又能解决谋生问题,但最终得以入仕的士人毕竟是少数,他们需要另谋他途来养家糊口。其出路不外乎训蒙教馆以糊口,继续攻读举业;或是进入高官幕府做幕僚,以辅佐主官处理政务来获取修金;或是成为医卜,或是弃儒就贾;甚而包揽词讼,成为讼师;或是放浪形

---

① 刘逸生:《龚自珍己亥杂诗注》第164首,中华书局1980年版,第230页。
② 龚守正:《家乘述闻》,《仁和龚氏集》民国钞本。

骸隐居山林，成为山人或名士；或是卖文鬻画，以替人祝寿献词、写墓志铭来换取报酬；还有人参与古董的鉴赏、收藏及买卖。总之，士大夫以知识学问为钵盂，或是"售与帝王家"，或是行走于社会、江湖与山林之间，来谋求自身的生存。

自珍出身于官宦世家，早年随同父母一起生活，读书求取科名，衣食所需与读书所用皆来自父母。嘉庆二十五年（1820），自珍捐纳为内阁中书，道光元年十一月，至内阁中书行走，任职先后十余年。道光十五年（1835），自珍由内阁中书升任宗人府主事。十七年三月，自珍由宗人府主事改礼部主事，于祠祭司上行走，四月补主客司主事，仍兼祠祭司行走。十九年四月，自珍辞官，返回故乡杭州。自珍居官京师，多年以来皆为冷署闲曹，俸禄颇为微薄，靠俸禄维持一家人生活，应颇为艰辛拮据。

俸禄之外，京官收入还有印结费与地方官奉送的陋规。按照清制，京师部员在同乡地方官进京办事时，可以出具保结，按例规给予印结费；再者地方官到京，要给予同乡、同年、世交的京官"炭敬""冰敬""别敬"等陋规。京官以此为生，俨然分所应得，习以为常，并不妨碍官声廉洁，自珍收入亦包括此类。但清代京官的贫困亦为突出问题，自珍亦不例外。

自珍有一大爱好，就是喜欢收集金石、碑刻与古书，花费亦为不菲。嘉庆十三年（1808），自珍年仅17岁，进入国子监肄业。国子监大成门左右有十个大石鼓，上面文字介于籀文与小篆之间，近人定为秦国刻石，自珍对石鼓文喜好异常，于是开始收集石刻。二十一年正月，自珍到上海苏松太兵备道署父亲任所随侍，与学者钮树玉、藏书家何元锡等人一起搜讨古籍善本与金石碑刻，在自珍出仕为官之前，其收藏古籍碑刻的花费无不取于其父丽正。自道光元年（1821）后，自珍到京师出任内阁中书，与程同文、秦恩复相约得一异书，则互相借录，无虚旬月。徐松、王徵君皆以搜罗古籍而闻名天下，自珍将其引为同志，荟萃诸多珍本秘籍。

道光二年九月，自珍上海家中书楼遭受火灾，诸多金石古玩、珍本秘籍毁于火。这给自珍造成巨大的精神打击，若遇见一些金石新物，往往勾起自珍对被毁旧物的回忆，甚至不愿再耗费精力收藏金石。四年，自珍购得宋拓《兰亭》定武本，为天壤之间屈指可数的稀世瑰宝。五年（1825）十二月，赵婕妤玉印就花费白金六百九十七两三钱，购于嘉兴文氏。①

当然，自珍诸多金石碑拓来自师友馈赠，钱塘同乡江凤彝曾与自珍结为金石之交，赠送自珍婴桃转瓦文一种，以及安阳各种、鲁王石人题字、刘韬碣、竹邑侯张君碑等，共计七种，再加上郃阳黄初残字一种。②对此自珍颇为欣喜，遂与凤彝定为金石之交，而且将自己所藏金石全目抄示。嘉庆二十五年十月，钱塘同乡、藏书家何元锡以《兰陵王碑》拓本相赠。道光元年，周中孚手拓吴兴收藏家砖文87种相赠。道光七年，顾广圻自苏州寄来唐睿宗书《顺陵碑》拓本。包世臣还将梁《瘗鹤铭》送给自珍。

当然，自珍与士大夫之间的金石交往，还包括相互观摩鉴赏、撰写题跋、诗词唱和等。自珍亦将自己藏品或拓本赠送师友，或令其把玩鉴赏。如道光元年，自珍将北京石墨数种拓寄顾广圻；道光六年夏，自珍将包括"婕妤妾娋"拓本在内的金石文字拓本19种寄给秦恩复。至道光七年，自珍撰成《羽琌山馆金石墨本记》。

关于自珍一生收藏，钱塘同乡陈元禄云："羽琌之山藏庋奇物不

---

① 张祖廉：《定庵先生年谱外纪》，王佩诤校：《龚自珍全集》附录，第634页。
② 龚自珍：《致江凤彝书》，樊克政编：《中国近代思想家文库·龚自珍卷》，中国人民大学出版社2015年版，第41页。

可胜纪,而三秘、十华、九十供奉,尤为最。"① 其中"三秘"指自珍所藏汉赵婕妤玉印、秦天禽四首镜、唐石本晋王大令《洛神赋》九行;"十华"指大圭、召伯虎敦、孝成庙鼎、秦镜、元虞伯生隶书卷、杨太真图临唐绢本、赤蛟大砚、古瓦、优楼频螺花一瓮、君宜侯王五铢。九十供奉有"玉之属七,铜之属十三,书之属二,画之属五,瓷之属四,砚材之属六,印材之属十一,法物之属二,泉之属二十八,金石文字拓本之属十二"②,自珍所收藏的金石古玩、珍本秘籍,总计不下一千种,而且多为孤本,自然需要花费巨额金钱。

纵观自珍的一生,并无服饰车马之奢侈,亦无珍馐酒肉之贪欲,相反,在衣食住行方面,与寒素之家并无区别。但自珍以考经治史为天职,以读书著书为性命,在收藏金石、搜罗古籍方面可谓一掷千金,甚至为了购进金石古籍不惜倾家荡产,折射出清代士人独特的消费观念。

三、龚自珍的金钱观与借贷乞食

生于书香仕宦之家的自珍,在金钱观方面,有着"千金散尽还复来"的豪爽,以及"君子谋道不谋食""君子忧道不忧贫"的传统士大夫的人生信仰。龚家一向仗义疏财,喜欢周济乡里同族与亲朋故旧,从来没有聚敛财富以奢侈享乐的龌龊。自珍耳濡目染,亦有轻财好义的习气。嘉庆十六年(1811),自珍作《水调歌头》云:"结客五陵英少,脱手黄金一笑,霹雳应弓弦。"③ 十八年,自珍作《金缕曲》

---

① 张祖廉:《定庵先生年谱外纪》,王佩诤校:《龚自珍全集》附录,第 634 页。
② 张祖廉:《定庵先生年谱外纪》,王佩诤校:《龚自珍全集》附录,第 641 页。
③ 龚自珍:《水调歌头》,杨柏岭:《龚自珍词笺说》,黄山书社 2010 年版,第 49 页。

云:"愿得黄金三百万,交尽美人名士,更结尽燕邯侠子。"[1] 青年时代的自珍意气风发,豪情满怀,在其看来,结交天下豪杰与有志之士,练出一身武艺,即便散尽黄金百万以博取一笑,亦颇为值得。虽然诗词所抒发的情感难免有夸饰与浪漫的一面,但在金钱观方面,自珍并非贪财好利、求田问舍的庸俗之辈却显而易见。

作为仕宦之家出身的自珍,本应过着衣食无忧的生活,但由于金石古籍收藏耗资过多,晚年生活陷于困顿,此外自珍有好赌的恶习。嘉道年间,赌博在全国各地的不同阶层颇为盛行,而且名目繁多,钱泳曾云:"近时俗尚叶子戏,名曰马吊碰和。又有骰子之戏,曰赶洋跳猴,掷状元牙牌之戏,曰打天九斗狮虎,以及压宝摇摊诸名色,皆赌也。上自公卿大夫,下至编氓徒隶,以及绣房闺阁之人,莫不好赌者。"[2] 自珍亦嗜好赌博,尤其喜欢摇摊。摇摊为清代赌博名目之一,庄家用四颗骰子藏在容器之内,经过摇晃之后摆定,赌者即猜测点数下注。为了研究摇摊,自珍在帐顶绘制先天象卦,推究其中的生死门道,自以为精于摇摊,但每次赌博必输。

有一次,杭州某盐商家有宴会,名士巨贾齐集一堂,饮酒尽兴后就在屋后花园作樗蒲之戏。唯独自珍拂水弄花,昂首看云,大有超世脱俗的出尘之态。王某上前询问,自珍感慨道:"今日宝路,吾本计算无讹,适以资罄,遂使英雄无用武之地,惜无豪杰之士假我金钱耳。"[3] 王某本来倾慕自珍的文名,因此解囊相助,二人一同入局,自珍每战则败,不到三五次,资金全部输尽。自珍大怒,于是狂步出门而去。

---

[1] 龚自珍:《金缕曲》,杨柏岭:《龚自珍词笺说》,黄山书社2010年版,第186页。
[2] 钱泳:《履园丛话》二十一《笑柄》,《赌》,中华书局1979年版,第578页。
[3] 徐珂:《清稗类钞·赌博类》第10册,《龚定庵嗜博常负》,中华书局1984年版,第4888页。

道光十五年（1835），自珍好友周仪暐作诗云："嗤他阳向术非工，古意沉酣射覆中。何必樗蒲须担石，神仙妙手本空空。"诗下自注："龚瑟人主事窘而好博。"① 由此可见，自珍本来不会汉代王吉与刘向的炼金术，更缺乏生财之道，但却有喜欢赌博的恶习，经常输得两手空空。此外，现实生活中自珍还有随手赠金的习惯。据魏季子《羽琌山民轶事》记载，"山民不喜治生，交游多山僧、畸士，下逮闺秀、优倡，挥金如土，囊罄，辄又告贷"②。魏季子指出，自珍不善经营家业，但又挥金如土，只好靠借贷为生。京官本来俸禄微薄，加上轻财好义，喜欢赌博、狎妓与随手赠金等原因，使得自珍在京师的生活陷入困境。随着生活的窘迫自珍所藏金石古玩，在辞官南归之前亦变卖殆尽，《羽琌山典宝记》所载的古玩吉金，所剩百无一二。③

十八年冬，自珍在礼部主事任上因事罚俸，京官俸禄微薄，生活清贫是常有之事，罚俸使自珍的生活更为雪上加霜。此时他无力交纳赁屋之金，被房主追债只得东躲西藏，喝酒已靠赊欠。生活困顿使自珍不得不靠借贷为生。无奈之下，自珍只得向直隶布政使托浑布借贷，托浑布与自珍同在嘉庆二十三年中举，有同年之谊。自珍曾作《乞籴保阳》四首记述此事，其一：

> 长安有一士，方壮鬓先老。读书一万卷，不博侏儒饱。
> 掌故二百年，身先执戟老。苦不合时宜，身名坐枯槁。
> 今年夺俸钱，造物簸弄巧。相彼蚴蟉梅，风雪压欹倒。
> 剥啄讨屋租，诟厉杂僮媪。笔砚欲相吊，藏书恐不保。

---

① 樊克政：《龚自珍年谱考略》，商务印书馆2004年版，第378页。
② 魏季子：《羽琌山民轶事》，《丛书集成续编》第36册，上海书店出版社1994年版，第1083页。
③ 刘逸生：《龚自珍己亥杂诗注》第216首，中华书局1980年版，第285页。

第四章　家庭生活与情感世界　419

妻子忽献计，宾朋金谓好。故人有大贤，盍乞救援早！
如臧孙乞籴，素王予上考。西行三百里，遂抵保阳道。①

自珍读书万卷，精熟本朝二百年掌故，但志趣不合时宜，只得久抑郎官下曹，壮年鬓发已斑白，而且难以填饱肚子！今年因故罚俸使自珍的生活雪上加霜，讨要房屋租金的敲门声不断，辱骂声中夹杂着仆人的抱怨声，甚至藏书面临被变卖的危险。妻子吉云忽然献计，让自珍向同年托浑布告贷乞援。自珍想到春秋时鲁国大夫臧孙辰曾向齐国求借粮食渡过饥荒，孔子考核官员将其列为上等，这使自珍觉得借贷亦为可行之计。因此自珍西行三百里，到保定府向托浑布借贷。

托浑布颇为慷慨大方，见到自珍名帖不禁哈哈大笑，热情摆酒招待自珍，还令三个儿子侍立陪酒，并解囊相助，解决自珍的生活困境。自珍不禁感慨唏嘘，回想父亲任苏松太道，东南文人雅士十之八九集于丽正门下，得到龚家的慷慨资助。如今龚家少爷却要乞贷度日，怎不令人羞愧。目前的困境难道是自己没有父亲那样慷慨助人的报应吗？自珍感慨道：

我器量不宏，我情谊不厚，岂无绨袍赠？或忘穆生酒。
求釜但与庾，求奇莫与偶。呜呼此一念，浇漓实可醜。
上伤造物和，下令福德朽。所以壮岁贫，天意蓄报久。
昔也雏凤蹲，今也饿鸭走。既感目前仁，自惭往日疚。
我昔待宾客，能如托公否？②

---

① 龚自珍：《乞籴保阳》其一，刘逸生、周锡馥校注：《龚自珍诗集编年校注》，第493页。
② 龚自珍：《乞籴保阳》其三，刘逸生、周锡馥校注：《龚自珍诗集编年校注》，第496页。

自珍认为，自己的困境是由于没有像父亲那样，在富贵时慷慨接济宾客。自珍也曾像春秋时期魏国中大夫须贾那样，慷慨赠予贫士绨袍，也曾像楚王刘交那样，为穆生特设甜酒，但后来或许还是遗忘了某些贫士，自己的器量还是有些狭小，才会有现在贫困的报应！自珍接受托浑布的周济，还不忘直隶百姓的困苦，向托浑布进言奖励农桑：

嫠不恤其纬，忧天如杞人。贱士方奇穷，乃复有所陈：冀州古桑土，张堪往事新。我观畿辅间，民贫非土贫，何不课以桑，治织纴组紃？昨日林尚书，衔命下海滨，方当杜海物，獱麀拒其珍。中国如富桑，夷物何足攟？我不谈水利，我非剿迁闻。无稻尚有秋，无桑实负春。妇女不懒惰，畿辅可一淳。我以此报公，谢公谢斯民。①

自珍的政治眼光确实不同凡响，在自己贫困告贷的情况下，依旧不忘国计民生，他以劝谏托浑布奖励种桑、抵制洋货，来报答托浑布的周济之恩。古时直隶就曾广植农桑，汉代渔阳太守张堪就曾劝民广植桑树，受到民众欢迎。此时林则徐南下广州禁烟，抵制洋货，若直隶广植桑树，妇女勤于纺织，一定会家给人足，民风淳朴。自珍曾对直隶土性、水利、推广种桑等问题进行深入研究，林则徐曾著《畿辅水利议》，因此自珍此一建议，并非玄虚空谈。

道光十九年（1839），自珍辞官南归。六月，路过扬州，此时斧资告罄，不得不向朋友借钱。自珍心情沉重，忽然想起《史记·信陵君列传》中的句子："客有说公子曰：物有不可忘，或有不可不忘。

---

① 龚自珍：《乞籴保阳》其四，刘逸生、周锡䪖校注：《龚自珍诗集编年校注》，第498页。

夫人有德于公子，公子不可忘也；公子有德于人，愿公子忘之也。"①自珍祖父与父亲乐善好施，周济过众多亲族与贫寒士子，此时自珍身为世家华胄的大家公子，竟然沦落到借贷为生的地步，内心之复杂与酸楚可想而知，于是自珍赋诗道："公子有德宜置诸，有德公子毋忘诸。我方乞籴忽诵此，箴铭磊落肝脾虚。"②龚家有德于人，不应挂在嘴边；而他人对自己的帮助，却不应忘记，这不正是古人对自己的警告与劝勉吗？

自珍反思自己的经济困境，作诗自嘲云："黄金脱手赠椎埋，屠狗无惊百计乖。侥幸故人仍满眼，猖狂乞食过江淮。"③作为瑶华公子的自珍，甚至脱手将黄金赠予盗墓者，现在自己却要靠借贷乞食为生。幸好南归渡过江淮之后，满眼皆是故人，自珍就向朋友借钱。自珍得到好友海阜同知何俊、甘泉知县卢元良的资助，才不致困顿窘迫。自珍虽然沦落到借贷境地，但路过袁浦、扬州，依旧花月冶游，挥金如土。

自珍为自己困顿的处境唏嘘感叹，想到东晋的陶潜与唐代的杜甫："陶潜磊落性情温，冥报因他一饭恩。颇觉少陵诗吻薄，但言朝叩富儿门。"④陶渊明胸怀坦荡磊落，但性情温和宽厚，穷困潦倒时向人借粮，作《乞食》一诗云："感子漂母惠，愧我非韩才。衔戢知何谢，冥报以相贻。"陶渊明表示，即使生前无法报恩，死后也要给予报答。相反，杜甫的口吻就颇为轻薄："朝扣富儿门，暮随肥马尘。残杯与冷炙，到处潜悲辛。"⑤杜甫吃了人家的酒食，却说什么"残羹冷炙"，抱怨生活痛苦艰辛，自珍认为杜甫的口吻太过轻薄。对于友

---

① 司马迁：《史记》第七册，卷77，《魏公子列传》，中华书局1972年版，第2382页。
② 刘逸生：《龚自珍己亥杂诗注》第113首，中华书局1980年版，第160页。
③ 刘逸生：《龚自珍己亥杂诗注》第94首，中华书局1980年版，第135页。
④ 刘逸生：《龚自珍己亥杂诗注》第131首，中华书局1980年版，第184页。
⑤ 杜甫：《奉赠韦左丞丈二十二韵》，周家丞主编：《唐诗三百首新编》，2016年，第179页。

人的资助，自珍有着韩信"一饭千金"的气量。

自珍回到昆山羽琌山馆，生计成为刻不容缓的大问题，这年正值歉收年景，有人想出卖六亩田，自珍想买下来耕作，作为闻名海内的学者，这是求田问舍的粗鄙之人的做法吗？"倘容我老半锄边，不要公卿寄俸钱。一事避君君匿笑，刘郎才气亦求田。"[①]假如自珍能在半耕半读中终老一生，他不想要公卿好友寄俸钱给自己，像自珍这样的名士具有"刘郎才气"，世人闻听是否会暗自偷笑？但求田问舍，亦比接受朝廷官员的施舍更好！

九月，自珍由杭州返回北京迎接眷属，二十五日到达袁浦，直到十月六日渡河而去，在袁浦停留的十日之中，自珍天天与灵箫一起饮酒欢歌，还忘情去赌博，直到输得两手空空。"电笑何妨再一回，忽逢玉女谏书来。东王万八千骁尽，为报投壶乏箭材。"[②]诗中"电笑""投壶"皆是赌博之意，"玉女"指代灵箫。自珍与朋友大赌特赌，囊中资财即将输尽，连赌博本钱都没有了，因此灵箫才会写信，劝谏自珍不要赌博。

自珍晚年生活的贫困，与其好赌有着直接的关系，家资因为赌博而消耗殆尽，但自珍却一直以精于赌博而自负，认为自己可以凭着声音猜测骰子的点数，十有八九能够猜中。有人对此大惑不解，反诘自珍既然精于赌博，为何屡赌屡输？为何因此耗尽家资？自珍皱着眉头说："有人才抱马、班，学通郑、孔，入场不中，其魁星不照应也；如予之精于博，其如财神不照应何！"[③]一个人即使具有班固、司马迁的史才，郑玄、孔颖达的博学，进入场屋照样科举不中，这是魁星不

---

① 刘逸生：《龚自珍己亥杂诗注》第 215 首，中华书局 1980 年版，第 284 页。
② 刘逸生：《龚自珍己亥杂诗注》第 267 首，中华书局 1980 年版，第 330 页。
③ 魏季子：《羽琌山民轶事》，《丛书集成续编》第 36 册，上海书店出版社 1994 年版，第 1084 页。

照应的结果；而自珍精于赌博，却输得家财荡尽，这是财神爷不照应的结果。事实上，自珍博学多识却六应会试才成进士，不正是科举制度不合理的结果吗？何止财神不照应呢？

总之，龚自珍恪守着传统士大夫重义轻利的传统，其一生瞩目的是国计民生的筹划，是理想抱负的实现，是著述等身的宏愿，而不是聚敛财富，求田问舍。现实生活中的自珍既不善治生，又有"千金散尽还复来"的仗义疏财，加上嗜好赌博、随手赠金、花月冶游等文人积习，使本来廉俸不多的他，晚年陷入借贷为生的困境。

第五章

休闲生活与声誉传播

中国人有中国人的生存智慧，这种智慧不仅体现在做官处世方面，更体现在休闲生活方面。历代士大夫虽然以修身齐家、治国平天下为己任，"致君尧舜上，再使风俗淳"是其一生奋斗的目标，但仕途险恶、命运无常、人生苦短的感慨，让他们懂得"对酒当歌，人生几何"亦是一种生存智慧。对于普通大众而言，人生七件事就是"柴米油盐酱醋茶"，而士大夫在此之外，还有更为高雅的七件事即"琴棋书画诗酒花"。清代京师士人情有独钟的休闲方式，包括宴饮雅集、游山赏花、饯春诗会、重九登高与冬日消寒等，可谓丰富多彩。这些逸乐既舒展其性情，又传播其声名才华，为其学术成长、仕途发展积聚丰厚的资本，而士大夫论政议政之风亦潜滋暗长，嘉道年间的官风士习在悄然发生转向。

龚自珍生于一个世代为宦的书香门第，生于人文鼎盛、物阜民丰的杭州，长于天下士子心仪的京师，自命"瑶华公子"，其休闲生活的内容，多为宴饮雅集，诗词唱和，游山游园，赏景看花等。龚自珍的休闲生活体现着清代文人士大夫的人生境界，氤氲着审美、艺术与诗性的气质，蕴涵着丰富的哲学意义。本章将精描细画自珍休闲生活的实景，展现其休闲生活的本体意义：休闲，是人向道生成的自由状态。

自珍生前即为"京都名士"，其成名与诗文的刊刻与广泛传播有着直接的关系。虽然"千古声名，百年担负"并非龚氏生前的刻意追求，但其死后声誉日隆，那极尽嬉笑怒骂之能事的社会批判，那激越的叛逆之音投合晚清一代又一代年轻人要求冲破传统束缚、向往自由和个性解放的愿望。因此龚氏生前的声名传播与近代百年龚自珍形象的塑造，是本章探讨的另一问题。

第一节　高会大江南北士：宴饮雅集与赏花游山

中国士大夫大多以儒治世，以佛治心，这就使他们的休闲生活"乃是自在的超越，超越意味着人在悠悠自适中能以一种自在无心的方式实现对世俗功名利禄、价值体系、物我、忙闲等的超拔逾越，从而形成新的精神追求与生命气象。中国士人或是在功名如幻、尘网羁人的感慨中，或是在捐利心放、忘名趣深的赞美中，或是在富贵勤苦、势利白头的叹惘中，实现一种达观与超脱"[1]。在休闲娱乐中，人才能对世界对自身进行透彻反思，从而完成对世俗世界的超越，达到一种空明自由的心境。而琴棋书画、诗词歌赋、投壶雅歌是士大夫独有的休闲方式，更体现出他们对艺术审美的追求与人性升华的努力。

一、清代京师士大夫日常生活的总体况味

有清一代，由于实行满汉分治的政策，不但京城直接以城市区划来分割不同民族，满洲、蒙古、汉军八旗在内城居住，汉族在外城居住；而且在迁升方面亦存在巨大的差异，满蒙八旗稍有才气，高官厚禄迁升迅速，但汉族士子通过十年寒窗，即使幸而高中进士，官位既不显赫，俸禄也不优厚，甚至20年沉浮郎署，得不到迁升机会。乾

---

[1] 赵玉强：《优游之道：宋代士大夫休闲文化及其意蕴》，上海古籍出版社2017年版，第26页。

隆八年（1743），自珍的同乡仁和先贤杭世骏，在考选御史时作《时务策》，对此曾大发牢骚，称言：

> 意见不可先设，畛域不可太分。满洲才贤虽多，较之汉人，仅什之三四，天下巡抚尚满汉参半，总督则汉人无一焉，何内满而外汉也？三江两浙，天下人才渊薮，边隅之士，间出者无几。今则果于用边省之人，……而十年不调者，皆江浙之人，岂非有意见畛域？①

作为汉族士大夫，杭世骏对于清初满族入关时屠戮汉人的史实，不可能一无所知。但清廷一向自诩"满汉一体、中外一体"，而杭世骏却抱怨皇帝用人分别满汉畛域，江浙为人才渊薮，但诸多江浙人却常年没有迁升！杭氏所言应为事实，江浙人文昌盛，高中进士的人数远远高于其他省份，而在京沉抑下僚长期不得迁升的大有人在，作为杭州人的杭世骏应感触颇深。但其以汉族文化优势来讽刺满洲为"边省之人"，大大刺伤乾隆帝的民族自尊心，亦戳破"满汉一体"的谎言，结果杭世骏被革职。

对于汉族小京官在京师生活的曹司况味，另外一位杭州人、身为翰林的韩朝衡填曲《司嘲》，穷形尽相描绘他们的境况，当时传诵一时：

> 谩道司曹，地位清高，文章收拾簿书劳，上衙门走遭。
> 笑当年指望京官好，到如今低心下气空愁恼。
> 要解到个中辛苦耐人熬，听从头说晓。

---

① 《清高宗实录》卷184，乾隆八年二月，中华书局1985年版。

几曾见伞扇旗锣红黑帽，叫名官从来不坐轿。

只一辆破车儿代腿跑，賸有个跟班的夹垫驮包，傍天明将驴套。

再休题游翰苑三载清标，只落得进司门一声短道。

办事费推敲，手不停，披目昏眊，那案情律意多用心操。

还有滑经承弄笔蹊跷，与那疲贴写行文颠倒。

细商量坐把精神耗，才得回堂说稿。

大人的聪明洞照，中堂的度量容包。

单只为一字宽严须计较，小司官费尽周旋敢挫挠！

从今那复容高傲？免不得改稿时颠头簸脑，说堂时垂手呵腰。

西苑路迢遥，候堂官偏难凑巧。

东阁事更饶，抄案件常防欠早。

受用些汗流浃背的秋阳照，沙飞扑面的冬风暴。

那顾得股颤心摇，肠枯舌燥。

百忙中错误真难保，暗地里只眼先瞧。

敢只望乞面去捱些脸臊，那知到吃雷回唬得魂销。

若是例难逃，律不饶，忙检举也半边儿焦，

只怕因公罣误几降调，幸得霹雳声高雨点小，赶办过平安暂报。

公堂事了，拜客去西头路须先到，约债去东头路须亲造。

急归家，栅闭沟开沿路绕。淡饭儿才一饱，破被儿将一觉。

奈有个枕边人却把家常道。

道只道非絮叨，你清俸无多用度饶，

房主的租银促早，家人的工钱怪少，

这一只空锅儿等米淘，那一座冷罏儿待炭烧。

且莫管小儿索食傍门号，眼看着哑巴牲口无麸草。

况朝几家分子，典当没分毫。

空烦扰，空烦扰，五旬外头颅老。

休嗟悼，休嗟悼，千里外家山邈。

无文貌，没相巧。怪不得办事徒劳，升官尚早。

回头顾影空堪笑，把平生壮气半向近年销。

这便是那司官行乐图儿信手描。[1]

清代京官廉俸微薄，小京官更是面临着经济拮据、入不敷出的尴尬。他们去衙门只得坐驴车而不能坐轿，在衙署忙于簿书期会与案牍文字，去堂官那里回事垂手哈腰，出了纰漏又惧怕处分。办公之外要忙于拜客与各种交际应酬。回到家中又面临着各种生活压力，一家日常用度、房租、仆费又让小京官们捉襟见肘。所有这些令他们感慨唏嘘，嗟叹不已。

但身为士大夫，他们的京官生涯亦有自得其乐的一面。英国历史学家汤因比在《生命的选择》一书中说："如果说需要是文明之母，那么空闲就是文明的保姆。"因此，休闲生活在人生当中扮演着举足轻重的角色，对此学者赵玉强曾说：

休闲以生命为本位，融摄着时空、主客的统一，展现着人德行的饱满与精神的美好，内蕴着深厚的心性根基，浸透着对宇宙自然的体悟与生命境界的沉思，不仅是人的一种特殊存在方式，也是人的一种内在生命状态，更是一种至高至善至美的生命理想。在中国哲学中，唯有最高范畴"道"能因融宇宙本体、价值本体与人生境界为一而涵盖上述多重意蕴，堪为理所当然的休

---

[1] 戴璐：《藤阴杂记》卷二，北京古籍出版社1982年版，第14—15页。

闲本体。①

人生在世，除了仕途况味，还要面临着天命、生死、穷通等各种终极问题，休闲使人的心灵得以恬然自适，使生命的价值与意义得以自由绽放，休闲成为人生向道生成的自由状态。中国文人自古就有"登高而赋"的雅兴，他们"苦独唱之岑寂，乐同声之应和"，因此喜欢相互标榜，诗酒唱和是士大夫交往的传统方式。他们于樽酒流连之间，感物造言，发而为诗，继而啸吟长歌，是文人墨客偶傥风雅的重要表现，他们往往"傲雅觞豆之前，雍容衽席之上，洒笔以成酣歌，和墨以藉谈笑"②。

此外，游春赏花亦为历代文人的一大癖好，春花秋月的美景与诗词书画的绝艺，皆是文人追求与向往的。对此，明代陈继儒曾云：

> 沧海日，赤城霞，峨眉雪，巫峡云，
> 洞庭月，潇湘雨，彭蠡烟，广陵涛，
> 庐山瀑布，合宇宙奇观，绘吾斋壁；
> 少陵诗，摩诘画，左传文，马迁史，
> 薛涛笺，右军帖，南华经，相如赋，
> 屈子离骚，收古今绝艺，置我山窗。③

无论是作为"宇宙奇观"的人间美景，还是作为"古今绝艺"的经史子集、诗词歌赋、琴棋书画，皆为文人墨客的心仪之物，亦是其

---

① 赵玉强：《优游之道：宋代士大夫休闲文化及其意蕴》，上海古籍出版社2017年版，第17页。
② 刘勰著，龙必锟译注：《文心雕龙·时序篇第四十五》，贵州人民出版社2008年版，第440页。
③ 陈继儒撰，陈桥生评注：《小窗幽记》卷四，中华书局2008年版，第113页。

心灵最为适宜的安放之所，在公暇之余，他们就会沉浸于游山玩水、吟诗作画、研经治史，自得其乐。

在清代，康乾盛世百余载，士大夫习惯于歌舞升平，他们褒衣博带，投壶雅歌，诗酒唱和之风颇为盛行，至嘉道时期，流风遗韵不减于前朝，常有一大批文人京官，设宴聚会饮酒，艳诗丽词歌咏不绝；或者春秋佳日，邀集三五同好，悠游于陶然亭、花之寺、西山等幽僻之处，小酌清谈，吟诗联句，留下诸多文人佳话。对于京官休闲生活的常态，韩朝衡填曲《司慰》作了绝好的描述：

> 薄宦天涯，首善京华，公余随伴散司街，任逍遥似咱。
> 便无多钱钞供挥洒，较似他风尘俗吏殊高雅。
> 再休为长安清况辄嗟呀，且衔杯细话。
> 有多少宦海茫茫吁可怕，那风波陡起天来大。
> 单听得轿儿前喝道喧哗，可知那心儿里历乱如麻，到头来空倾轧。
> 霎时间升美缺锦上添花，蓦地里被严参山头落马。
> 你我赴官衙，坐道从容尽潇洒，只照常办事便不争差。
> 可有急公文特地行查，与那紧差使横空派下？
> 所言公案无多寡，将依样葫芦便画。
> 特题的才能俊雅，推升的器识清华。
> 便只要颈上朝珠将就挂，到其间科道挨班分定咱。
> 何须一等夸京察？但盼个学政儿三年税驾，试差儿一榜通家。
> 频年俸渐加，添置些绵衣布袜。
> 挨时米不差，觳养个车夫奶妈。
> 一任咱壶冰贮水消炎夏，炉煤聚火煨残腊。
> 且落得酿酒栽花，题诗品画。

客何来几句闲谈罢,忙捧上大叶清茶。

他待要决胜负一枰对下,我还与叶宫商弦管同抓。

不用果毂嘉,器皿华,野蔬菜便似山家。

尽射覆藏阄倾巨罋,直到月落参横,

更鼓打,且莫去和衣共榻。

回看家下,满壁的今和古书签挂,满院的开和落花枝亚。

笑相迎,子妇牵衣闲戏耍。奴婢儿多宽假,鸡犬儿无惊唬。

但博得夜眠时一枕神清暇。虽则久别家,把圣水孤山梦想遐。

蹽厂的香车宝马,赶庙的清歌杂耍。

才看了殿春风红芍药,又开到傲秋霜黄菊花。

你便道茶园戏馆太喧哗,试与我窑台揽胜多幽雅。

况争夸燕山八景,风日倍清华。

真休暇,真休暇,暗移却春和夏。

无牵挂,无牵挂,渐了却婚和嫁。忘机诈,绝虚假。

受尽老健年华,清高声价。

太平时节恩光大,或京堂几转帽顶变山查。

这便是老司官头白为郎尽足夸。[①]

清代京官按年资迁升,熬过几年的光阴岁月,无论是宦海仕途还是生活境况,大概会有苦尽甘来的峰回路转,对于公务处理逐渐娴熟,同时亦学到处惊不变的本领。官位渐渐高升,俸禄逐年增加,物质生活不断得以改善。同时他们的休闲生活亦颇为雅致:古籍满架,题诗作画,品酒栽花,赶庙会听清歌看杂耍,茶馆戏园的热闹,陶然亭的幽雅,友朋往来饮酒喝茶,听戏唱曲,游山赏花,他们的心灵开

---

① 戴璐:《藤阴杂记》卷二,北京古籍出版社1982年版,第15—16页。

始得以宁静的栖息。北京的士民喜欢游览，妇女尤甚，据夏仁虎《旧京琐记》记载：

> 喜游览，妇女尤甚。正月最繁，所谓六部灯也，厂甸也，火神庙、白云观也，按时必至。春初，则出郊外，曰看青。六月，则南薰门外之南顶，永定门外之中顶，各有会。植旛、使叉、秧歌、花鼓。演者率为子弟，观者奔波远来，挥汗相属。大抵四时有会，每月有会。会则摊肆纷陈，士女竞集，谓之好游荡可，谓之升平景象亦可。①

在清代，北京的士民喜欢游览，妇女更是喜欢到处看灯逛景，正月的庙会花灯，春季的踏青赏花，夏季的各种演出如秧歌、花鼓，可以说四时有会，月月有会，届时商贩云集，摊上各种物什，士民少妇奔波而来，一派盛世景象。

一些名儒宿学、文坛领袖热衷于诗会雅集，奖掖后学晚辈。朱筠晚年，自安徽学政归京以来，闲暇无事，每日坐于书斋椒花吟舫，与亲朋师友聚会晏谈："朋友门生及四方问字之士踵接于门，阍者不能尽通，听其自入，宾位不足，常有循栏坐者，先生笑语酬酢，尽日无倦容。"②朱筠曾上疏开四库馆，喜欢奖掖学术，交游颇为广泛，出现了门庭若市的盛况，朱筠与门人师友饮酒谈笑，相互切磋学术，众人有如沐春风之感。朱筠曾请人绘《椒花吟舫图》，而朱筠之弟、身为嘉庆帝师傅的朱珪曾作诗云：

---

① 夏仁虎：《旧京琐记》卷一，辽宁教育出版社1998年版，第80页。
② 罗继祖编：《朱笥河先生年谱·乾隆三十九年》，沈云龙主编：《近代中国史料丛刊》第372册，台北文海出版社1967年版，第21页。

> 椒花吟舫谁创修？筼河先生此息游。
> 十年卉木手灌植，一时过从樊张俦。
> 玉堂望重耻干谒，提唱许郑宗韩欧。
> 嗜古金石富赢箧，载醪漏夜交觥筹。
> 万籖堆架中坐卧，高歌吐气干斗牛。
> 文禽翩然绕庭树，鹒鶊鹦鹉鸣清悠。
> 我还自晋参末坐，哂我不饮花鸟羞。[①]

诗中朱珪写道，筼河先生朱筠修造椒花吟舫，亲手栽花植木，一时间与其交游过从的皆为硕学名儒，虽然清望颇高，但朱筠耻于干谒权贵，在经学研究上提倡东汉郑玄、许慎之学，文章宗主韩愈、欧阳修，喜欢收藏金石碑拓，他每日坐于堆满金石古籍的书斋，与学者名流觥筹交错，饮酒欢笑，高谈阔论经史诗赋，屋外是鹦鹉清悠的鸣叫，身为弟弟的朱珪在末座相陪，不善饮酒。朱筠淡泊名利、乐与鸿儒交游的形象跃然纸上。

嘉道时期为宦京师的龚自珍，经常参加京师士大夫的诗酒雅集，或谈诗论道，或吟诗题句，为其学术成长与诗文传播营造了绝佳的机会。自珍生于世代为宦的书香门第，具有传统文人的敏感气质，因此赏春游园亦是自珍的一大爱好，是其士大夫生活不可或缺的组成部分。无论是生活于上海，还是为官京师，自珍颇为乐于赏花游园，游山玩水，展示着他"怨去吹箫"的文人情怀。

[①] 朱珪：《题椒花吟舫图》，《知足斋诗集》卷14，《续修四库全书》第1451册，上海古籍出版社1995年版，第121页。

二、龚自珍参与京师雅集及其文化意蕴

清代京师士人宴集清游,正如严我斯作诗所云:"莫惜登高佳节过,好携尊酒送飞鸿。"① 自古以来,文人墨客就喜欢饮酒赋诗。康熙年间,以豪饮著称于京师的学者名流,大有人在:学者顾嗣立称为"酒王",庄楷称为"酒相",缪沅称为"酒将",方觐因为没有留须,人称"酒后",曹夔年纪最小,人称"酒孩儿"。五人之外,吴士玉、郑任钥、林之浚、王澍、蒋涟、蒋泂、孙兰芷酒量不亚于"将相"。特别是荆山人尤方,凌驾于"酒王"之上:

> 康、雍以还,承平日久,辇下簪裾,燕集无虚日,琼筵羽觞,兴会飙举。……荆山尤方驾酒王,每裙屐之会,座有三数酒人,辄破瓮如干,觥爵无算,然醉后则群喧竞作,弁侧屦舞,形骸放浪,杯盘狼藉。唯荆山饮愈邑神愈惺,酬酢语默,不失常度,夷然洒然略无矜持抑制之迹。其闳量非同时侪辈所及,而欿然不以善饮之名自居。荆山一寒士,弱不胜衣,貌癯瘠无泽,而享盛名,跻右秩。昔人云:"魏元忠相贵在怒时,李峤相贵在寐时。"荆山之相,必贵在醉时也。②

诸多官僚士大夫喜欢饮酒,但不胜酒力者多,醉后喧哗嬉闹,以致杯盘狼藉。而尤方看似弱不禁风,面貌清瘦,但饮酒神色不乱,从来不失体统风度,为他人所不能及,因此驾于"酒王"之上。嘉道

---

① 戴璐:《藤阴杂记》卷七,北京古籍出版社1982年版,第68页。
② 徐珂:《清稗类钞·饮食类》第13册,《辇下燕集》,中华书局1984年版,第6283页。

年间，京师的士大夫经常以各种名义举行诗会雅集，以行文酒交游之乐，或冬季消寒，或春秋佳日游春，或为纪念欧阳修、苏轼生日，或纪念东汉经学大师郑玄，名目不一而足。

1. 纪念文学巨匠、经学大师生日的学术雅集

乾隆年间，翁方纲乐于各种交游雅集。乾隆三十八年（1773），翁氏在琉璃厂书肆购得宋版《施顾注苏诗》残本，令其欣喜万分。翁氏后半生居官京师，发起了持续几十年的"为东坡寿"文人雅集。集会时，翁氏令人观阅珍本秘籍，摹写苏轼画像，分韵赋诗，请人题写序跋。身为诗坛领袖，翁方纲诗论提倡"肌理说"，参与雅集的青年学子向其请益问学，使其诗学理论发扬光大。为"东坡寿"的雅集一直持续到嘉道时期，清代中期以后诗歌发展走上宗主宋诗的道路，与翁氏"为东坡寿"的雅集活动有一定关系。

清代学者除了祭祀苏轼以外，还经常举行纪念欧阳修生日的活动。道光三年六月二十一日，陈用光召集吴嵩梁、龚自珍、朱方增、徐松、黄安涛、汤储璠、潘锡恩、张祥河、李彦章、李彦彬、潘曾沂等人[①]，在吴嵩梁寓所石溪渔舍举行诗会，纪念欧阳修生日。发起者陈用光，江西新城人，嘉庆六年进士，官至礼部左侍郎。当时陈用光与梁章钜等人一同入宣南诗社，被推为祭酒。其人乐于交游，"平居著作，抄录书史，几案上无空隙处，断章片纸贴满屋壁中，或过从宾客游赏吟弄，家之有无，绝不顾及"[②]。诗会上，潘曾沂作诗云：

岁晚岩花乐有余，石唐仙境紫云居。

---

① 一说无汤储璠、潘锡恩、李彦章、李彦彬而另有谢阶树，见樊克政：《龚自珍年谱考略》，第 223 页。
② 叶衍兰、叶恭绰编：《清代学者象传·第一集·第四册·陈用光》（下），上海书店出版社 2001 年版，第 310 页。

五言敢望庐山作，一出能将昆体除。

司业送钱为此会，舍人宗派在何书？

年年把钓西湖约，棋罢相看谁起予。①

宣南诗社的司业指时任安徽巡抚的陶澍，陶澍在京为官时乐于参加宣南诗社的活动，出任地方官仍然每年寄钱，作为诗社宴饮的经费。在会上应该每位参加者皆会赋诗填词，想见自珍亦不例外，但并未有诗词流传下来，估计自珍选编诗集时要求较严，因而此次诗作没有收录。

郑玄，字康成，东汉著名经学大师，治学兼通今古文，门徒达数千人。其综括百家，遍注儒家经籍，完整保存至今的有《三礼注》与《郑笺》。辑佚本有《箴膏肓》《起废疾》《发墨守》《易》《书》《鲁论》《孝经》注。据清儒郑珍考证，郑玄著述约共有60余种。郑玄遍注群经，打破今古文界限，实现经学之融合与统一，其所注经书代表汉代学术的最高成就，对后世经学产生深远影响，世称"郑学"，而郑玄成为汉代经学的集大成者。唐贞观年间，郑玄列于二十二"先师"之列，配享孔庙。清代考据学发达，可谓"家家许（慎）郑（玄），人人贾（逵）马（融）"，郑玄成为清代学者最为推崇的经学大师。

学者胡培翚宗主汉学，对郑玄尤为推重。嘉庆十九年（1814），培翚搜取各书，参考《后汉书》本传，补其缺略，著《郑公传考证》一卷。其据《太平广记》《三国志》注引《司农别传》载"康成永建二年七月戊寅生"，据此推得郑玄生日为永建二年七月五日，于是培

---

① 潘曾沂：《欧阳文忠公生日，陈丈用光招集吴嵩梁石溪渔舍，同朱丈方增、徐松、龚自珍、黄安涛、汤储璠、潘锡恩、张祥河、李彦章、彦彬》，《功甫小集》卷六，樊克政：《龚自珍年谱考略》，第223页。

翚广发邀请，与郝懿行、朱珔、洪孟慈、马瑞辰、徐璈等学者，公祭郑玄于京师万柳堂。嘉庆二十四年，胡培翚再次邀集同仁在万柳堂祭祀郑玄生日。道光六年（1826）七月五日，胡培翚第三次邀集同仁胡承珙、龚自珍等人，在寓斋祭祀东汉经学大师郑玄的生日。此次集会，胡培翚请人绘为图卷，同仁发为诗歌。自珍作《祀议》一篇，并隐括其意旨，作诗一首：

> 我稽十三经，名目始南宋。异哉北海君，先期适兼综。
> 诗笺附庸毛，易爻辰无用。尚书有今文，只义馈贫送。
> 四辨馈尧典，三江馈禹贡。鲁论与孝经，逸简不可讽。
> 尔雅剩一鳞，引家亦摭弄。排何发墨守，此狱不可讼。
> 吾亦姑置之，说长惧惊众。唯有孟七篇，千秋等尘封。
> 我疑经籍志，著录半虚哄。义与歆莽违，下笔费弥缝。
> 何况东汉年，此书未珍重。余生恶周礼，考工特喜诵。
> 封建驳子舆，心肝为隐痛。五帝而六天，诞妄谶所中。
> 同时有四君，伟识引余共。堂堂十七篇，姬公发孔梦。
> 经文纯金玉，注义峙麟凤。吾曹持议平，功罪勿枉纵。
> 郑功此第一，千秋合崇奉。[1]

胡培翚，安徽绩溪人，以研究三《礼》著称于世，与其祖胡匡衷、其叔胡秉虔三世潜心经学，尤其精研《周礼》《仪礼》《礼记》，自成一家，世人尊为"三胡礼学"，其家学之盛，可与鄞县万氏、元和惠氏、嘉定钱氏相媲美。胡匡衷为岁贡生，以孝友为乡里推重，著

---

[1] 龚自珍：《同年生胡户部培翚集同人祀汉郑司农于寓斋，礼既成，绘为卷子，同人为歌诗，龚自珍作祀议一篇质户部，户部属隐括其指，为韵语以谐之》，刘逸生、周锡䪖校注：《龚自珍诗集编年校注》（上），上海古籍出版社2013年版，第323页。

有《仪礼释官》《周礼井田图考》等，于经义多有发明。胡秉虔为匡衷之侄，曾任刑部主事，著有《绳轩读经记》《卦气解》等，深受学者纪昀、王念孙的推重。龚家与胡家堪称世交，自珍之父丽正任徽州知府，曾为胡匡衷《仪礼释官》作序，给予高度评价，并资助刊刻此书。同时还资助胡秉虔刊刻所作《卦气解》。

胡培翚幼承家学，师事礼学名家凌廷堪，为学博洽精审，长于礼经，其一生积40年之功，撰成《仪礼正义》40卷，上推周公、孔子、子夏垂教之旨，发明郑玄、贾公彦之得失，兼采先儒经生之论议，张皇幽眇，为清儒新疏中上乘之作，对清代礼学研究做出杰出贡献。但在礼学研究方面，自珍的学术见解与培翚不同，因此作《祀议》一篇，对其礼学研究提出质疑。但此篇文稿已佚，幸亏自珍将其内容改为诗歌形式，谐为韵语，使后世得见自珍《祀议》主旨。在自珍看来，十三经名目始于南宋，而东汉人郑玄兼治十三经，其说唯见于《隋书经籍志》著录的《孟子注》，大概并不可信。

自珍又言生平厌恶《周礼》，对《隋书经籍志》之说颇为怀疑，特别是《孟子》一书，在东汉作为诸子之一，并未受到重视，直到南宋才身价抬高，列入十三经之一，而郑玄所注《孟子》早已湮没无闻，不可稽考真伪。特别是孟子言西周封建诸侯之制，与《周礼》完全不同，而郑玄注《周礼》时驳斥孟子之说，因此郑玄注《孟子》一事颇可怀疑。而当时著名学者庄绶甲、宋翔凤、刘逢禄、张瓛昭言封建之制，皆信《孟子》疑《周礼》。此外，郑玄经学夹杂着谶纬之学的毒素。自珍认为，郑玄最大功劳在于注解《礼经》十七篇，千秋万代值得崇奉。在祭祀郑康成生日的京师聚会上，自珍以诗歌、古文形式与培翚商榷今古文礼学，使其学术思想得以广泛传播。

道光九年（1829）清明日，吴嵩梁与龚自珍、汪喜孙、范元伟等人在法源寺枣花堂，祭祀前辈诗人翁方纲、王昶、李尧栋并祀刘嗣绾、蔡銮扬。法源寺为京师名胜，正如夏仁虎《旧京琐记》云："法源寺唐之悯忠观也。丁香最盛，中有石幢，为辽代旧物，壁嵌唐苏灵芝碑。又一碑为史思明书，其结衔为御史大夫幽州太守。"[1]京都士人常在法源寺聚会游乐。翁方纲官至内阁学士，清廷开四库馆，被任命为纂修官。翁氏曾为陶然亭撰写楹联："烟藏古寺无人到，榻倚深堂有月来。"显现出庵堂幽深绝世的韵味。翁方纲晚年，在京师发起"为东坡寿"的文人雅集，对清代中期以后诗歌发展产生一定影响。

王昶，字德甫，号述庵，又号兰泉，上海青浦人，清乾隆十九年（1754）进士，曾随大学士阿桂入川平定大小金川叛乱，负责起草所有奏檄，凯旋之日乾隆帝赐宴紫光阁。王昶于学无所不究，名满天下而不立门户，金石学方面，编成《金石萃编》，此外还从事文学选编工作，辑有《湖海诗传》《湖海文传》《明词综》《国朝词综》等。翁方纲、王昶皆为嘉惠士林的学界领袖，吴嵩梁、龚自珍等人在清明节对其进行祭奠，显示出后学晚辈对其奖掖学术的尊敬。范元伟作诗云：

> 感逝怀恩涕欲涟，诸君高义彻幽泉。
> 当时风雅壶殇地，今日清明麦饭天。
> 姓氏半编先友记，文章共赋大招篇。
> 九原可作应怜我，市上吹箫旧少年。[2]

范氏此诗，写出当时学界晚辈对翁方纲、王昶、李尧栋、刘嗣绾、蔡銮扬等学术前辈的感激之情，当年翁方纲、王昶等人热衷于京师学者名流雅集宴饮，大批晚辈后学在学术研究上深受其影响，如今

---

[1] 夏仁虎：《旧京琐记》卷八，辽宁教育出版社1998年版，第121页。
[2] 樊克政：《龚自珍年谱考略》，第335页。

大家写诗作赋为其招魂,街市上吹箫者尽为旧日少年。

2. 消寒雅集与重阳登高

京师雅集活动名目众多,冬季进入"数九"之后,官僚士大夫每逢"九"日举行雅集,邀请挚友同僚在一起聚饮,众人围炉而坐,吟诗作画,饮酒娱乐,饮酒时必以"九"或与"九"相关事物为酒令,时人谓之"消寒会"。参与者意在修身养性,陶冶情操,在娱乐中联络感情。关于消寒会,吴锡麒说:

> 京师以十月一日为开炉节,民间皆作暖炉会。从此毡帘火炕,花户油窗,足支风雪之辰,小占屏帷之福。士大夫退直余暇,结侣消寒。关东鱼肥,津门蟹大,合尊促席,排日为欢,刻烛捶琴,吟事斯起矣。①

为了消寒,士大夫聚会饮酒,吃鱼品蟹,吟诗作赋,亦为文人风雅趣事。一些著名的文坛领袖身边聚集一大批文人墨客。如大学士朱筠的椒花吟舫成为士大夫消寒燕集之所,朱筠曾多次召集京中友人家中小聚消寒,大学士英和记述当年雅集的情景:

> 予昔与大兴朱文正公同值南斋,一日文正曰,北方气候苦寒,时蔬荐晚,当此春韶佳丽,南省已挑菜盈衢,家家作春盘之会矣。犹忆家竹君兄,于当年多方构觅,极尽新蔬之品,约士大夫宴集于家。坐上客满,或琴或书,或对楸枰,或联吟,或

---

① 吴锡麒:《有正味斋词》,《永遇乐》小序,陈乃乾辑:《清名家词》第五卷,上海书店出版社1982年版,第55—56页。

属对,勾心斗角,抽秘骋妍。①

当年英和与朱珪同值南书房,朱珪向英和讲述了朱筠冬季举行消寒雅集的情况。北京冬季的气候对于南方士子而言,可谓苦寒难挨,不但天寒地冻,而且新鲜蔬菜供应不上,而此时的南方,正是家家户户挑菜以备春盘之时。因此朱筠极力备全新鲜蔬菜,邀集士大夫家中聚会,大家或吟诗作画,或弹琴下棋,或对对联写书法,极尽士大夫以文会友、以友辅仁之意。

道光六年岁暮,徐宝善邀集龚自珍、汪元爵等八人在其寓斋举行消寒雅集,徐宝善出示其六世祖徐乾学《邃园修禊卷子》,请众人阅览题诗。徐宝善,字廉峰,安徽歙县人,祖籍江苏昆山,嘉庆二十五年进士,由庶常授翰林院编修,此后长期居官京师,道光十二年,外任山西道监察御史。宝善年少时喜欢吟咏诗词,成年后漫游大江南北,遍交海内名流士大夫。其熟读汉魏至唐宋各家诗歌,作诗出入于诸家而不拘一格。宝善喜欢与学者名士广泛交游,在京多次主持各种文人雅集。自珍与徐宝善于嘉庆二十五年订交,此年自珍曾作《与徐廉峰书》,讲述自己游洞庭山之事,并将所作诗歌抄录四章,请宝善品鉴。自珍此时在内阁中书任上,二人交游更为频繁。

宝善六世祖徐乾学,字健庵,为康熙朝重臣,知名学者,因其结为朋党,纵容子侄贪赃受贿而被人指控,只得上疏请求致仕,晚年在江苏昆山城北的邃园颐养天年。此次聚会宝善拿出其六世祖健庵先生传下来的《邃园修禊卷子》,请众人观览题诗,自珍作诗二首,题于卷尾:

其一:

---

① 英和:《恩福堂笔记》卷下,上海古籍出版社1985年版,第119页。

昆山翰林召词客，酒如渌波灯如雪。

八人忽共游康熙，二十二贤照颜色。

七客沈吟一客言，请言君家之邃园。

一花一石有款识，袖中拓本春烟昏，背烟酹起尚书魂。①

其二：

二十二贤不可再，玉山峨峨自千载。

东南文献嗣者谁？别之综之抑有待。

布衣结客妄自尊，流连卿等多酒痕。

十载狂名扫除毕，一丘倘遂行闭门，以属大人君子孙。②

《邃园修禊卷子》是康熙三十年（1691）著名画家禹之鼎所绘，当时参加修禊的共有 12 人，有徐乾学、徐秉义兄弟，钱陆灿、盛符升、尤侗、秦松龄、许缵曾等人。宝善请众人在卷末题词，自珍曾到过昆山邃园旧址，把园中花石款识拓印下来，藏在袖中的拓本颜色如同昏暗的春烟。自珍作诗，其中所言 22 人，实为误记，应是 12 人。面对画卷，自珍深知当年的风流人物不再，但画中人物秀美的丰仪千载流传。邃园园林的兴废，触发了自珍保存东南文献典籍、聚集人才的想法。

重阳节是中国重要的传统节日，《易经》把九列为阳数，九月九

---

① 龚自珍：《同年生徐编修（宝善）斋中夜集，观其六世祖健庵尚书邃园修禊卷子，康熙三十年制也。卷中凡二十有二人。邃园在昆山城北，废趾余尝至焉。编修属书卷尾》，刘逸生、周锡䪖校注：《龚自珍诗集编年校注》（上），第 306 页。

② 龚自珍：《同年生徐编修（宝善）斋中夜集，观其六世祖健庵尚书邃园修禊卷子，康熙三十年制也。卷中凡二十有二人。邃园在昆山城北，废趾余尝至焉。编修属书卷尾》，刘逸生、周锡䪖校注：《龚自珍诗集编年校注》（上），第 308 页。

为两阳相重,"重阳"之说由此而来。重阳节的习俗有登高、插茱萸、饮菊花酒、吃菊糕等。"京师谓重阳为九月九。届日,都人士辄提壶携榼,出郭登高,南则在天宁寺、陶然亭、龙爪槐等处,北则在蓟门烟树、清净化城等处,远则在西山八刹等处。"①《清代北京竹枝词》描述了京城登高的情景:"土城关上去登高,载酒吟诗兴致豪。遥望蓟门烟树外,几人惆怅尚题糕。"②

道光十二年(1832)闰九月初九日,龚自珍、戴熙、王言招集吴清鹏、吴葆晋、吴俊民等九人,在吴葆晋、吴俊民兄弟寓斋为展重阳会举行雅集。闰重阳更是非常难得的佳日,乾隆二十一年(1756)为闰重阳,至道光十二年已有77年,而77年前的重阳日,陈浩赠给吴葆晋祖父吴士功的诗保存至今。而且吴氏出示当年的诗作,向众人征求和诗,并请画家戴熙作《闰九诵芬图》以纪事。陈浩与吴士功二人同为雍正朝进士,乾隆二十一年闰重阳日,吴士功在湖北任按察使,与身为学政的陈浩宴集汉江之上,陈浩作七律一首赠吴士功。诗作的保存展示了吴家书香门第的荣耀,因此道光十二年的闰重阳日,吴葆晋、吴俊民兄弟拿出诗作,追和当年七律原韵,题曰"诵芬"。

吴葆晋,为自珍最为相知的挚友,二人为内阁同僚,亦为进士同年。因此自珍邀集好友、浙江同乡王言、戴熙、吴清鹏等人举行雅集,绘图征诗以示留念。戴熙作诗记录此次聚会:

其一:

客中秋尽逢秋闰,难得素心人复闲。
七十六年如流水,两重九日又看山。

---

① 徐珂:《清稗类钞·时令类》第1册,《京师九月九》,中华书局1984年版,第33页。
② 李静山:《增补都门杂咏·重阳》,《清代北京竹枝词(十三种)》,北京出版社1962年版,第95页。

各言兹会良非偶,小住何缘到此间。
记取芦花空阔处,遥峰几笔是荆关。

其二:

主宾欢洽忘形迹,觞咏来消半日闲。
话旧心情浓似酒,吟秋肩影瘦于山。
小窗灯月迷离下,满座清狂笑语间。
却是一天风雨过,苍苍夜色到柴关。①

人生难得在闲暇之际小聚畅饮,何况是在百年难得一遇的闰中秋之际。77年前,吴葆晋的祖父与友人在遥远的荆关饮酒赋诗,留下诗句墨宝。今年吴氏兄弟召集客人宴饮雅聚,直到小窗灯月迷离,宾主仍旧饮酒欢娱,笑语盈盈,叙情话旧。闰重阳在一天风雨中流逝,夜色苍茫令人想起千里之外的荆关。吴清鹏作诗亦云:

孟公楚北重阳社,今日长安复此闲。
往者尊前逝东水,我来篱下见西山。
酒场绝续百年内,花事扶持一月间。
谁似前贤才不愧,流传诗思满江关。②

吴清鹏的诗,令人感到时光确如流水一般,77年前是闰重阳,

---

① 戴熙:《道光十二年壬辰闰重九,吴舍人红生集九客为展重阳会,出示陈未斋前辈丙子闰重阳与其大父湛山先生诗,索步韵为步二章》,《习苦斋诗集》卷四,《清代诗文集汇编》第608册,上海古籍出版社2010年版,第31—32页。
② 吴清鹏:《闰重阳日集家红生葆晋舍人寓宅,酒后登阁望西山,追和陈紫澜先生原韵。盖先生官楚时以赠舍人尊祖者七十七年矣》,《笏庵诗钞》卷七,清咸丰五年吴氏一家稿本。

转眼间又是一度闰重阳。东篱下采菊,远处是隐隐的西山,亲朋故友相聚饮酒,赋诗吟咏,追忆前贤令人幽思缕缕。

道光十五年九月初九日,又逢重阳佳节,龚自珍与潘谘、徐松、端木国瑚、宗稷臣、吴葆晋等人,在吴葆晋家宜园南轩聚会饮酒。自珍、潘谘、宗稷臣、端木国瑚皆为浙江人,而徐松虽籍隶北京大兴,但祖籍为浙江上虞,因此可戏称之为"浙产"。潘谘作文记述此次宴饮雅集的谈论内容:

> 艺之愜人心通一理者,皆可使人终身求之而可进于道者也。……士大夫多暇读书,故通识该闻之士所在恒有。乙未九日又集南轩,主人致客,得通该擅雅望者数人,皆吾浙彦也。酒既行,主人欲为咏,左右谈辨之气塞空无虚,举杯濡怀而静听之亦伟矣:山阴徐氏说海内山川溪谷,东自沧溟,西至昆仑外更数千里,天时物气指顾毕列;武林龚氏以奇物异事之传于古者贯之;端木氏以为人事所至,犹在迹象之内,说二仪阴阳,环转阖辟,洋洋乎以达无始;宗氏以诗书愜心,善语作谈辨而时吐之,与诸客应问,如歌按拍而为之节。吾与主人坐听其间,上下古今,出入霄壤,容与于太虚太始,而归于人事之内,千态万状,以醇酒沃之,岂不伟哉! ……是日也,客皆无诗,予饮先醉,盖庖人致馔而坐食者甘之,诸君读书而坐听者乐之焉,故漠然以冥默存之而以为犹咏也。①

此次宴饮众人并未赋诗,而是谈论学术问题。徐松长于西北史

---

① 潘谘:《秋日集咏记八》,《潘少白先生文集》卷六,《清代诗文集汇编》第 519 册,第 120 页。

地,因此谈论海内山川溪谷;自珍则谈论古史上的奇物异事;端木国瑚精于易学,自珍平素对人不轻许可,但唯独与端木国瑚论《易》,叹为闻所未闻,其谈论内容为二仪四象八卦,天人消息;宗稷臣诙谐幽默,以《诗经》《尚书》的惬心善语与诸位应答,如乐歌合拍符节。潘谘与主人吴葆晋侧耳倾听,酒酣尽兴。文人聚会的价值就在于此,既可以把每一天过成饮酒、赋诗与赏花,尽享生命的快乐,亦可切磋学术,传播个人的思想主张与学术声名。

3. 田园雅集与饯春诗会

清代士大夫每次聚会,在游山赏花、饮酒欢娱之余,都要作诗填词吟曲。对参加者而言,既可以欣赏美景陶冶性情,在山水花草与诗词美酒中尽享生命的快乐,同时亦使自己的学术声名、诗词才华与文人雅趣在京师达官贵人、学者名流之间广为传播,因此士大夫乐此不疲,但在这些雅集背后,亦有诸多经世的关怀。

与魏源、龚自珍、汤鹏并称"道光四子"的诗人张际亮,道光五年进京,之后留居京师三年之久,与京师名流徐宝善、黄爵滋、汤鹏、潘德舆等人广泛交游雅集,因此"深观当世之故,颇能言其利而救其弊",但慑于文字狱高压以及自身地位卑微,张氏"既不敢献策,复不敢著书",所以只能恸哭。而友人担心张际亮因此伤身,所以"每为征乐部少年,清歌侑酒,以相嬉娱"[1]。张际亮政治眼光的开阔与诗名大震,皆与京师雅集有密切的关系,而他不敢向朝廷献策、不敢著书、唯有恸哭的事实,恰恰揭示京师雅集与议论朝政利弊密切相关、但表面上却呈现出休闲逸乐之态的现实。

---

[1] 张际亮:《金台残泪记自序》,《思伯子堂诗文集》(下)附录,上海古籍出版社2007年版,第1443页。

道光六年（1826），是京师会试之年，全国各地举人云集京师，因此各种宴饮雅集颇多。这一年姚莹至京师，结识魏源、张际亮、龚自珍与汤鹏。五人之中"定庵言多奇僻，世颇訾之。亨甫诗歌几追作者。默深始治经，已更悉心时务，其所论著史才也。君（指汤鹏）乃自成一子。是四人者，皆慷慨激厉，其志业才气，欲凌轹一时矣"①。姚莹，安徽桐城人，嘉庆十三年进士，工于诗词古文，讲究经世之学，关注国计民生与时政利病。此年春夏间，李宗传、姚莹邀集自珍、吴嵩梁、姚元之、胡方朔、端木国瑚、邓显鹤、周仪暐、管同、魏源、饶廷襄、马沅、查林、曹应枢、陈世镕、陈方海、姚子卿等人，一同参加尺五庄聚会。尺五庄位于右安门外，为都门士人夏日聚会游玩之所：

> 尺五庄在南西门外里许，都人士夏日游玩之所也。有亭沼荷池、竹林花圃，可借以酌酒娱宾。其西北为柏家花园，有长河可以泛舟，有高楼可以远眺，茂林修竹，曲榭亭台，都中一胜境也。尺五庄乃其附庸耳。……庄外余一亭，沿河构屋数间，周曲设以苇篱，有售酒食者，以供游人饮歇。城市庄严，到此饶有野趣，都人称"小有余坊"焉。②

尺五庄景色优美，荷池花圃，茂林修竹，曲榭亭台，有长河可以泛舟，沿河有亭子小屋供人饮酒休憩，是理想的游玩聚会场所。尺五庄风景类似田园，不妨称之为"田园雅集"。姚莹为姚鼐后人，而李宗传曾师事姚鼐。张祥河作诗记述了此次雅集：

---

① 姚莹：《汤秋海传》，《东溟文后集》卷11，《清代诗文集汇编》第549册，第533页。
② 姚元之：《竹叶亭杂记》，中华书局1982年版，第67页。

昔我登金山，四望壮心起。

欲开瑶席对江天，高会大江南北士。

竭来瑟缩长安居，诗社仅复联襜裾。

鲍叔云亡董潘返，城南落落陈钱吴。

今朝折束数佳客，经术词章各专席。

桐城主人皆素交，酒后狂歌脱巾帻。

古藤一架水一湾，白日照耀配朱颜。

东南秀出者诸子，何曾一笑逢金山。

槃敦人间足千古，远翠西峰亦飞舞。

兹会还当胜地书，门也丰宜庄尺五。①

张祥河，江苏娄县人，嘉庆二十五年进士，历官内阁中书、陕西巡抚、工部尚书等，工于诗词书画。张祥河作为文人墨客，登临祖国大好河山，往往产生盛宴大会天下士大夫的豪情。宣南士人卜居京师，以诗社形式来联络学者名流、达官显贵的情谊。如今内阁学士鲍桂星业已亡故，新增加了翰林院编修董琴南、内阁中书潘曾沂。还有宣南落落之士陈用光、钱仪吉、吴嵩梁的加入。而此次参加聚会的宾客，有精于经术的，有工于词章的，这些宾客皆为素年知交，饮酒醉后狂呼高歌，还脱掉头巾。一架青翠的古藤，一弯清澈见底的溪水，映照着宾客喝醉发红的脸。参加聚会的多为南方士子，此次聚会相逢，可谓千金难得。面对尺五庄的美景，真是令人心醉神怡。

此次聚会，自珍未有诗作流传。四月会试放榜，自珍与魏源在

---

① 张祥河：《李海帆太守、姚石甫大令招同吴兰雪、龚定庵两舍人，姚豸青侍讲，胡小东比部，端木鹤田学博，邓湘皋、周伯恬、管异之、魏默深、饶啸渔、马湘帆、查花农、曹梅雪、陈雪炉诸孝廉，陈伯游茂才，姚子卿五官正集尺五庄》，《小重山房诗词全集》，《诗舲诗外》卷二，《清代诗文集汇编》第551册，上海古籍出版社2010年版，第107页。

刘逢禄力荐的情况下，依然落第，从此"龚魏"开始并称。落第对于科举士人而言，是一个莫大的精神打击，亦对其仕途功名产生一定负面影响。但自珍与魏源一道获得今文经学家刘逢禄的大力举荐，称二人为"无双国士"，加之自珍在京师达官贵人、学者名流之间有着广泛的学术交游，经常参与士大夫举行的各种宴饮雅集、游山游园活动，反而使其声名远播，誉满文坛。学术交游、宴饮雅集对于士人传播声名学术的价值，学者王标曾引用日本学者岸本美绪的观点，进行分析说：

> （岸本美绪）认为，人们之所以结集在乡绅的周围，就像股票市场的投机行为一样，人们注资购买高成长性的牛股，随着股价上涨，投资者获得收益，而收益的根源其实就在于因为多数人购买了这只股票。"这是一只牛股"的共通认识、多头行情的预测、基于这种预测的实际行动，这些因素综合在一起，结果使股价上涨。[1]

事实确实如此，士大夫的雅集聚会就如同股票投资一样，会有巨大的潜在收益。何况京师为人文渊薮，是天下士子云集之处、心仪之所，自珍频繁参与京师士大夫的聚会，为其积聚了丰厚的文化资本，自珍之所以成为嘉道年间的名公子，京都名士，与其世家华胄的书香门第、才华出众有着直接的关系，更与其长期的为宦求学京师、频繁参加京师宴饮雅集活动密切相关。

道光九年是大比之年，又是全国举子云集京师的一年，会试完毕

---

[1] 王标：《城市知识分子的社会形态——袁枚及其交游网络的研究》，上海三联书店2008年版，第25页。

放榜之前，更是士大夫聚会的高峰期。三月二十八日，黄爵滋、徐宝善邀集龚自珍、顾翰、郭仪霄、潘德舆、汪喜孙、周仲墀、管同、马沅、李彦彬、谭祖同、谭祖勋、吴佳泾、简钧培、张际亮、汤鹏、杜宝辰、卢馘、潘曾绶、徐卓等人，在陶然亭举行饯春会，饮酒作诗。京师陶然亭在宣南黑窑厂南慈悲庵内，康熙年间工部郎中江藻所建，因此又名江亭，亭名由白居易诗句"更待菊黄家酿熟，与君一醉一陶然"而来，是清代士大夫宴饮雅集的胜地。关于陶然亭的风光，据汪启淑《水曹清暇录》载：

城南隅旧有慈悲庵，届乎南厂之中，地漥，故饶芦苇，在处野水沧漪。康熙乙亥岁，工部郎官江藻监督琉璃窑时，偶游其地，乐之。为重修葺，增建高亭，额曰"陶然"。春中柳烟荡漾于女墙青影中，秋晚芦雪迷濛于欹岸斜阳外，颇饶野趣，甚得城市山林之景。①

陶然亭地近宣南，位于慈悲庵内，因地势低洼积水，到处生长着芦苇，春天，绿柳春烟荡漾水中，映照着女墙的青影；秋天，芦花飘雪一般，夕阳中颇有迷蒙气象，此地充满野趣，堪称城市的"山林之景""田园之态"。这些景物特色颇合文人墨客向往自然、崇尚归隐的审美情趣，成为他们经常宴饮雅集、游赏聚会的地方。陶然亭周边景色优美静谧，茂林修竹，鸟语花香，又地近宣南士人的居所，因此成为嘉道年间京师士大夫雅集宴饮的理想之所。

发起雅集的徐宝善是自珍的多年故交。黄爵滋，字德成，号树斋，江西宜黄人，道光三年进士，常与师友招客论文，饮酒赋诗，同

---

① 汪启淑：《水曹清暇录·陶然亭记》卷 11，北京古籍出版社 1998 年版，第 171 页。

宣南诗社成员诗酒往还颇为频繁。关于此次雅集的盛况，徐宝善作诗云：

> 故人千里别，魂犹黯然销。春光似流波，一去不可招。
> 苕苕江翁亭，高会延宾僚。主宾尽东南，和若竽笙调。
> 西山带遥堞，爽气来僧寮。臧臧芦笋长，疏疏棘花飘。
> 浓阴如昏画，堂深昼疑朝。题诗满落壁，残墨蜗涎消。
> 秀语撰荒秒，浊酒对一浇。百年岁月饯，先后如奔潮。
> 追思古贤达，身世皆寂寥。不朽唯令名，所业患弗劭。
> 名亦身后计，内贞防外雕。何如屏国爵，知足群鹪鹩。
> 青春去堂堂，人事空喧嚣。劝君且尽醉，散发凌天飙。①

此时京师春光明媚，鸟语花香，陶然亭一派生机盎然的景象。参加雅集的多是南方才子。他们饮酒赋诗，在长满苔藓的墙壁上，题满了诗句。徐氏想象着百年之后，残墨被蜗牛的涎液销蚀。士大夫最为关注的令名，亦不过是百年之后的事情。自珍参加了雅集，未有诗词传世。此次会试放榜后，自珍考中进士。

道光十年六月初二日，自珍招张维屏、周凯、张祥河、魏源、吴葆晋在龙树寺兼葭簃举行宴集。龙树寺在陶然亭西北，门前野趣横生，里面有兼葭簃，为士大夫作诗吟啸之所。张维屏，字子树，一字南山，号松心子，又号珠海老渔，广东番禺人，嘉庆九年中举后，至京师拜见翁方纲，翁氏大呼："诗坛大敌至矣！"由此诗名大震。此

---

① 徐宝善：《江亭饯春偕黄树斋爵滋招顾简塘翰、杜尺庄煦、郭羽可仪霄、潘砚辅德舆、汪孟慈喜孙、周雪桥仲墀、管异之同、马湘帆沅、李兰屏彦章、谭桐舫祖同、菊农祖勋、龚定庵自珍、吴清如嘉淦、简梦岩钧培、张亨甫际亮、汤海秋鹏、杜稼轩宝辰、卢籁亭韡、潘绂庭曾绶、家莘生卓，分韵得朝字。未至者苏宾崛孟旸、雪堂廷梅、潘星斋曾莹》，《壶园诗钞选》卷五，《清代诗文集汇编》第567册，第24—25页。

次宴饮雅集,张维屏作诗云:

> 老树百年柯叶改,天龙一指春常在。
> 酒人醉眼半模糊,一片蒹葭绿成海。
> 楼头帘卷西山青,座中簪盍皆豪英。
> 主人好客善选胜,此地压倒陶然亭。①

在龙树寺原有一棵明代的龙爪槐,后来被毁,寺僧就补种一棵,寺内龙爪槐绿荫森森,是龙树寺的一大特色,那虬枝铁干如同天龙手指青翠碧绿,诸位诗人墨客饮酒至酣,醉眼模糊,眼前的蒹葭成为一片绿色海洋。楼上帘栊半卷,在座的学者名流皆为豪杰,他们豪兴大发,面对青青西山高谈阔论。自珍善于选择聚会地点,此地美景压倒陶然亭。每次文人聚会要在饮酒赋诗之余,切磋学术,对参加者而言,既陶冶性情又大开眼界,同时亦能使自己声名远播。

道光十六年三月,徐宝善邀请同朝士18人,在丰宜门外花之寺举行宴集,众人在海棠花下小酌,自珍酒酣微醉,填词《凤凰台上忆吹箫》:

> 白昼高眠,清琴慵理,闲官道力初成。
> 任东华人笑,大隐狂名。
> 侥幸词流云集,许陪坐、裙屐纵横。
> 看花去,哀歌弦罢,箫寒春城。
> 连旬,朝回醉也,纵病后伤多,酒又沾唇。

---

① 张维屏:《龚定庵舍人自珍招同诸词人集龙树寺》,《张南山全集·松心诗录》第3册,广东高等教育出版社1994年版,第112页。

> 对杜陵句里，万点愁人。
> 若使鲁阳戈在，挽红日重作青春。
> 江才尽，抽思骋妍，甘避诸宾。①

自珍沉抑下僚，政治抱负难以施展，产生辞官归隐的念头。这首词以诙谐的口吻，写自己退值回家后呼酒买醉，白昼高眠，慵懒度日，任凭东华门办公的高官嘲笑自己大隐隐于朝，背负狂名亦不在乎。今日词流骚客云集，自己非常侥幸陪伴着达官名流一同看花赏景，呼酒买醉，弹琴吟啸，一连数旬皆如此。若真能鲁阳挥戈却日，自珍愿重振雄风大干一番，可惜自己"江郎才尽"，因此整理好思绪心甘情愿回避诸位宾僚。面对春光美景，自珍无心欣赏，对无所事事的下僚生活表现出难以名状的痛苦与无奈。

立秋后，龚自珍与进士同年庆勋、吴葆晋、马沅、戴絅孙、步际桐、徐启山等人，在积水潭举行秋禊，登西北高楼纵饮，自珍填词《百字令》：

> 江郎老去，又追陪、彩笔多情俊侣。
> 禁苑山光天尺五，西北高楼无数。
> 珂佩晨闲，文章秋横，要被西山雨。
> 尊前醉起，茶陵来和诗句。
> 猛记，旧约湖山，长湾消夏，一舸寻幽去。
> 裙褶留仙无处问，目击云飞南浦。
> 易稳鸥眠，难消虹气，且合词场住。
> 桥名相似，醉中错措归路。②

---

① 龚自珍：《凤凰台上忆吹箫》，杨柏岭：《龚自珍词笺说》，黄山书社2010年版，第355页。
② 龚自珍：《百字令》，杨柏岭：《龚自珍词笺说》，黄山书社2010年版，第355页。

在农历七月十四日，古人到水边举行祓除不祥的祭祀活动秋禊，通过熏香沐浴、洗濯身体以除去凶疾。积水潭在京师西北，湖中多植莲花，景色秀美，周围帝王宫殿、园林、道观、庙宇甚多，是京师士人举行修禊的最佳去处。从地理位置而言，积水潭距离市区最近，人们在垂钓、赏荷、观景之余，可到两岸酒肆饭庄小饮，因此文人墨客津津乐道，流连忘返。

此时自珍深感政治抱负难以施展，因此慨叹自己江郎才尽，产生回乡归隐的念头。自珍那些穿戴整齐、环佩叮当的进士同年以洒洒地，要用西山雨拔除不祥。自珍猛然忆起自己曾与友人相约湖山买宅，在苏州洞庭湖消夏湾隐居，驾着小舟寻幽而去。自珍的思绪已随云朵飞向南方洞庭湖，去看那南浦的云飞。洞庭湖西山曾是自珍外祖隐居著述之地，风景宜人鸥眠易稳，最适合隐居。但隐居亦难以消除自珍内心的剑气虹气，自己还是暂且栖息在文人荟萃的京师。由此可见，自珍辞官归隐是长期思考的结果，己亥四月出都南下，绝非仓皇突然之事，与所谓"丁香花公案"亦没有关系。①

龚自珍是道光年间京师聚会的重要参加者，几乎每有聚会皆积极参与，但奇怪的是，一向善于作诗填词的龚氏，却多次未有相关诗词传世，亦不见同仁提及龚氏曾有创作，这大概是"避席畏闻文字狱，著书只为稻粱谋"的真实反映，即使在朝廷放弃文字狱的嘉道时期，即使是喜欢放言高论的龚自珍，亦有所畏惮，其他雅集参与者的诗词，也只是记载宴饮唱和之乐，丝毫不见议政论政的痕迹。对此台湾学者王汎森指出，清代由于文字狱高压而在文人中形成自我压抑的

---

① 关于龚自珍己亥离京南下与辛丑暴卒，有所谓"丁香花公案"的说法，认为自珍与奕绘侧福晋顾太清关系暧昧，因此被迫南下，而卒于丹阳县署是被仇人所杀。此说不可信，见樊克政《龚自珍年谱考略》附录六《关于龚自珍己亥离京与辛丑暴卒的原因问题》。自道光十六年至十八年，龚自珍与友人交游唱和的诗歌中，多次表示归隐之意。

普遍现象,"虽然有灿烂的逸乐、有多姿多彩的文化活动,但它们的根本性质却是私性的,……或是不以公共讨论的方式来处理政治相关的议题。……人们因为害怕惹祸而小心翼翼地防止自己或防止他人以公开方式讨论政治,所以面临政治的议题时,也常常倾向于将它私化或隐匿,转译成别的方式处理。"[1] 因此,乾嘉道时期京师的雅集聚会,究其目的,确实并非政治集会,大多数呈现出单纯逸乐与文人雅趣的表征,不足为怪。

作为道光年间京师雅集的积极参加者黄爵滋,多次提出禁银出海,严禁鸦片,道光十六年(1836),太常寺少卿许乃济提出弛禁鸦片的主张。两年后,时为鸿胪寺卿的黄爵滋上《严塞漏卮以培国本疏》,力主严禁鸦片,受到湖广总督林则徐的极力推崇。史家评论"禁烟之议,创自黄爵滋",对于道光帝派林则徐前往广东查禁鸦片,起了推动作用。自珍对禁绝鸦片见解深邃,应与频繁接触黄氏有着密切的关系。

三、游山赏花与龚氏精神世界的形塑

远离尔虞我诈的官场,诸多缙绅士大夫更乐于投入大自然的怀抱,因而幽静之处的游山赏花成为清流之辈最为重要的社交活动。面对春花秋月,他们对酒当歌,吟诗作赋,留下脍炙人口的名篇佳作。乾隆帝本人尤其喜好舞文弄墨,寄情山水,君臣雅集唱和的史载颇多,而官僚士大夫纷纷仿效。京师为人文渊薮之地,汇聚全国各地的

---

[1] 王汎森:《权力的毛细管作用:清代的思想、学术与心态》(修订版),北京大学出版社2015年版,第431页。

精英，春秋佳日，文人墨客提壶携酒，结伴出行，在赏春看花之余，作诗填词，抒发怀乡思亲之情。

有清一代，京师缙绅赏花之风甚炽，四季花开，幽人韵士赋诗唱和。陈康祺《郎潜纪闻》云："都门花事，以极乐寺之海棠，枣花寺之牡丹，丰台之芍药，十刹海之荷花，宝藏寺之桂花，天宁寺之菊花为最盛。春秋佳日，挈榼携宾，游骑不绝于道。"[①] 京师宣南草桥一带，地势低洼，水田分布广泛，而且土质肥沃适宜种植花卉，故而花田分布广泛。春时所种牡丹、芍药连畦接垄，夏日荷香香远益清，颇似江南风景。缙绅士大夫往往三五成群，野游至此赏花看景，作诗吟咏抒怀。

嘉庆十八年四月，自珍进京参加顺天乡试。五月，正是牡丹盛开的季节，自珍与袁通、汪琨同游崇效寺。崇效寺位于宣南白纸坊，为唐代名刹，明朝嘉靖年间重修，其藏经阁周边环植枣树千株，因此又名"枣花寺"。清初名士王士禛、朱彝尊等人在寺内种植梅树、丁香、海棠。还有人将山东曹州的牡丹移入寺内，尤以绿牡丹、墨牡丹闻名。乾隆年间以丁香、牡丹著称，每到春暖花开的季节，来此观花赏春的文人雅士络绎不绝。

自珍与袁通、汪琨皆为浙江杭州人，有同乡之谊。袁通为诗人袁枚之子，独工倚声填词，著有《捧月楼词》。汪琨，字宜伯，号忆兰，为太学生，曾官四川秀山典史，著有《怀兰室诗》《怀兰室词》。三位青年风华正茂，才华横溢，善于吟诗填词。袁通作《南浦·偕汪大忆兰、龚大自珍游崇效寺》一词，记述了当时游览的情景：

---

① 陈康祺：《郎潜纪闻初笔》卷12，《都门花事》，《郎潜纪闻初笔二笔三笔》，中华书局1984年版，第258页。

花底骤骄骢，惹风鬖雾鬉满堆香絮。
小憩四禅天，寻春兴，又被啼莺留住。
乱红暗锁，门前不见天涯路。
竹里瓶笙听渐熟，难得此间萍聚。
未须同怨飘零，被汀鸥梁燕笑人辛苦。
弹指几番来，庭前柳，高出檐牙如许。
画墙粉涴，低迷忘却前游句。
只合问他今夜月，可记旧题诗处？①

在崇效寺，春花争奇斗艳，绿竹森森，啼莺婉转，香絮飘飞，门前繁茂的花木掩盖了通向天涯的小路。自珍与袁通、汪琨各自为了科名仕途与生计奔波，分离总是太多，相聚总是太少，京师重逢亦是难得的浮萍相聚。三人不想嗟叹人生的天涯飘零，以免被汀上的沙鸥、梁间的燕子讥笑人世间的辛苦。弹指算来分别已是多年，庭前的柳树已高出檐牙许多，估计画墙与明月，都已无法记起前次游览题写的诗句。袁通的词伤感三人聚少离多，有一种深沉的飘零之感。

游览之余，三人在僧寺小憩，汪琨填词《金缕曲》，其中有"望南天，倚门人老，敢云披薙"之语。汪琨有出家之想，但母亲在家年老，倚门望儿归，他怎么忍心削发出家呢？自珍对汪琨内心的多愁善感、填词的雅正清新颇为欣喜，因此作《鹊桥仙》一词安慰汪琨：

飘零也定，清狂也定，莫是前生计左。
才人老去例逃禅，问割到慈恩真个？
吟诗也要，从军也要，何处宗风香火？

---

① 袁通：《捧月楼绮语》卷六，樊克政：《龚自珍年谱考略》，第68页。

少年三五等闲看，算谁更惊心似我？①

在自珍看来，人生的飘零，个性的清狂，无一不是前生注定，也无一不是前生的失算。才子空有满腹才华但大多怀才不遇，遁世逃禅几乎成为许多人命定的归宿，剃发出家还非要在慈恩寺吗？自珍要匡时济世，吟诗也要，从军也要，哪会关心佛教一宗的风化与寺庙香烛灯火的兴盛呢？一起游历的少年三五成群，个个意气风发，前途未可等闲视之。有哪个人像自珍一样箫心剑气，情感跌宕惊心呢？他不会选择出家，主要是出家与济世抱负相矛盾，其精神境界与汪琨大不相同。

道光二年（1822），自珍与嵩梁一起参加会试。在放榜之前一日，即闰三月初九日，吴嵩梁邀集龚自珍、周仲墀、许乃榖、陈均、夏宝晋等24人同游崇效寺，应邀前往者14人，均为江南才子。在清代科举制下，读书、科考、做官是士人谋求社会地位、经济收入的最重要途径，因此，科举考试中式，几乎成为士子第二生命。为此，读书人往往皓首穷经，付出毕生心血以求取功名，但最终金榜题名者少，名落孙山者多。在年复一年的各级考试中，士子要忍受各种精神折磨。及至发榜，中式者甚至如《儒林外史》中的范进，欣喜而至于痴迷癫狂，名落孙山者则失魂落魄。此时吴嵩梁诗名满天下，但以58岁高龄仍与年轻人竞逐于场屋，其心境可想而知。

此次崇效寺赏花，参加者的心情应颇为复杂。崇效寺始建于唐贞观元年（627），在北京宣南城外白纸坊，关于其花事，据《燕京风土录》记载：

---

① 龚自珍：《鹊桥仙》，杨柏岭：《龚自珍词笺说》，黄山书社2010年版，第168页。

> 城南诸寺，以崇效寺花事最盛，清初以枣花名，乾隆中以丁香名（王渔洋朱竹垞均有手植丁香，迨后吴兰雪又移植海棠于丁香左），今则专以牡丹名矣。每岁春暮，游屐常满，牡丹各色甚多，墨色者祇一株，号为难得，寺僧爱护甚至。然花质易谢，盛时不及一月。①

崇效寺花事最盛，而游春看花为文人墨客的赏心乐事。顺康年间崇效寺花事以枣花著名。康熙年间学者王士禛、朱彝尊在寺内亲植丁香，至乾隆年间崇效寺则以丁香花著名。而吴嵩梁在丁香树丛左侧又移种海棠，嘉道以后崇效寺以海棠、牡丹闻名。

此次崇效寺之游，诸位才子名流在赏花之余，分别作诗、填词、绘画。嵩梁首先吟唱一诗，周仲墀应和，许乃穀、陈均各作一画，自珍填词《一萼红》，夏宝晋次韵填词，京师听候放榜的情味尽在其中。自珍此词已不见集中。夏宝晋填词云：

> 早晴天，向花阴小立，春事在谁边？
> 雨洒横街，风回别院，飞絮犹自缠绵。
> 有几客流连不去，更低唱绮语出樽前。
> 游便题名，饮须破戒，休负今年。
> 难得萧闲事外，爱马头泼翠，车脚寻烟。
> 琼岛摘豪，玉堂限韵，那及对景裁笺。
> 切莫诵权公危语，怕花外容易堕吟鞭。
> 且与闲游醉乡，一梦蘧然。②

---

① 王彬、崔国政辑：《燕京风土录》（上卷），光明日报出版社 2000 年版，第 198 页。
② 夏宝晋：《一萼红》，《笛橾词》卷二，樊克政：《龚自珍年谱考略》，第 187 页。

春天的小雨洒在士人聚居的宣南横街，杨柳飞絮缠绕在小院篱笆上，无力飞起。第二天一早天气放晴，14 名举子参加崇效寺之游，他们有的在花荫下伫立，寻找春天的踪迹；有的流连忘返，在樽酒前浅斟低唱；有的在古迹上题名留念；总之，不想辜负大好春光。人生难得偷闲于功名之外，骑马踏青赏花，作诗吟句没有危言高论，唯恐吟鞭在花前坠落。明日放榜是金榜题名还是名落孙山，无人知晓，还是暂且在闲游中沉湎醉乡，虽然可能是黄粱一梦。等待放榜的士子心态可谓复杂、沉重、忧郁！

道光七年三月二十七日，自珍同金应城、汪潭、朱祖毂、龚自树①一同去花之寺赏海棠。自珍作《西郊落花歌》，在诗序中自珍云："出丰宜门一里，海棠大十围者八九十本，花时车马太盛，未尝过也。三月二十六日，大风；明日少定，则偕金礼部应城、汪孝廉潭、朱上舍祖毂、家弟自榖出城饮而有此作。"

西郊落花天下奇，古来但赋伤春诗。
西郊车马一朝尽，定庵先生沽酒来赏之。
先生探春人不觉，先生送春人又嗤。
呼朋亦得三四子，出城失色神皆痴。
如钱唐潮夜澎湃，如昆阳战晨披靡；
如八万四千天女洗脸罢，齐向此地倾胭脂。
奇龙怪凤爱漂泊，琴高之鲤何反欲上天为？
玉皇宫中空若洗，三十六界无一青蛾眉。
又如先生平生之忧患，恍惚怪诞百出难穷期。
先生读书尽三藏，最喜维摩卷里多清词。

---

① 龚自树：原名龚自榖。

又闻净土落花深四寸，冥目观想尤神驰。

西方净国未可到，下笔绮语何漓漓？

安得树有不尽之花更雨新好者，三百六十日长是落花时。①

丰宜门当京师城南关厢，三官庙花之寺在丰宜门外，海棠最盛，花开时节成为京都士人宴集赏花的理想处所，车马颇为繁盛，自珍因嫌人多未尝赏花。在一夜大风之后，第二天自珍与好友金应城、汪潭、朱祖毂、家弟龚自树一同赏海棠。因伤春而赋诗填词，是古代文人的癖好，自珍来探春赏花人们并不知觉，而自珍伤怀送春人们就笑其痴情。

一夜大风之后海棠落花满地，春风吹起漫天飞舞，如同钱塘潮涌，又像八万四千天女洗脸之后，将含有绯红胭脂的水倾泻在地，因此自珍大呼"西郊落花天下奇"！一夜大风之后，树上已无海棠花，如同洗净的碧空一般。海棠落花的娇美奇艳洗净了自珍平日的忧患，自珍平日喜欢读佛家三藏经典，尤其喜欢《维摩诘所说经》里的清丽之语，自珍听说庄严洁净的极乐世界落花积有四寸之深，难道眼前的西郊落花就是极乐世界的景象？其实有谁到过极乐世界？自珍深感自己在讲绮语！怎能有落花不尽的树，一年三百六十日都是落花的时节？漫天纷落的海棠花引起自珍无限的遐想，从中可见自珍思想深受佛教的影响。

道光十二年春，又是会试之年。自珍招杨懋建、宋翔凤、包世臣、魏源、端木国瑚等应试名士十四五人，在花之寺游春赏花。杨懋建《京尘杂录》记录此次盛会，当时杨氏初闻花之寺之名，不知其所在，其年伯御史中丞朱士彦一听，笑着对工部尚书徐士芬说："此必君同年生所为。"② 大家猜测花之寺为自珍杜撰。

---

① 龚自珍：《西郊落花歌》，刘逸生、周锡䪖校注：《龚自珍诗集编年校注》（上），第373页。
② 杨懋建：《梦华琐簿》，《京尘杂录》卷四，上海同文书局，清光绪十二年。

到花之寺游览,杨懋建看到海棠绮疏尽拓,前后到处是铁梗海棠,境地清华,令人颇为惬意,清幽雅静适于观赏。杨氏诘问自珍不该变易地名以求新奇,避俗避熟。自珍却说是两淮盐运使曾燠的戏言。乾嘉年间,画家罗聘自称前身为花之寺僧,长期主持东南风雅的曾燠闻听此事,于是将北京南城外三官庙改为花之寺。花之寺给自珍留下颇为难忘的印象,自珍辞官回归故里之后,依然作诗回忆花之寺中大学士董诰栽种的海棠:"女墙百雉乱红酣,遗爱真同召伯甘。记得花阴文宴屡,十年春梦寺门南。"① 自珍认为董诰此举,可与西周召伯甘棠遗爱相媲美。

道光十七年九月初九日,又是一年重阳节,又是桂花飘香的季节。自珍与徐松、吴葆晋到西山宝藏寺游览赏花。宝藏寺以桂花闻名,三人骑马连行,回京路上遇到骤雨。自珍辞官返回杭州,曾作诗回忆此次游览:

秋光媚客似春光,重九尊前草树香。
可记前年宝藏寺,西山暮雨怨吴郎。②

两年后重阳节的前三天,自珍回忆京师的宝藏寺之游,心中充满了温馨,他还记得西山秋天的风景像春天一样引逗游客,连草树散发的清香都能闻到。当时游完宝藏寺,傍晚回京路上遇到一场大雨,吴葆晋还把老天爷着实埋怨了一番。

道光十八年三月二十九日,龚自珍邀请孔宪彝、廖牲、吴葆晋、吴式芬、蒋湘南、梁恭辰聚饮,相约次日崇效寺赏海棠。四月初一,

---

① 刘逸生:《龚自珍己亥杂诗注》第 208 首,中华书局 1980 年版,第 275 页。
② 刘逸生:《龚自珍己亥杂诗注》第 222 首,中华书局 1980 年版,第 292 页。

众人到崇效寺,此时自珍将乞养南归,举行诗会。 诗会上孔宪彝作诗云:

> 城南古寺多嘉木,肯使名芳遂孤独。
> 招呼些屐访凌晨,七子幽情差免俗。
> 红尘渐少黄花开,已觉风光近岩谷。
> 青莎细细引幽径,绿柳条条低佛屋。
> 入门但觉春风香,翻愧尘躯曾食肉。
> 老僧指点百年树,今岁花迟开未足。
> 出尘清韵高人逸,绝世秾华艳女淑。
> 不知吟兴更清迥,但讶余芳清入腹。
> 何当烧烛照红妆,遂欲编篱借修竹。
> 春来冠盖盛如云,日日看花少真目。
> 苏斋先生不可作,更惜才人死黔蜀。
> 闲情此日念手栽,后来谁更清于鹄?
> 相如末至亦佳尔,且请为花歌一曲。
> 明年君踏浙西春,更念芳华生感触。①

自珍要回归浙江杭州归隐,同邀好友游春赏花,举行诗会,亦是风雅韵事。 崇效寺古木萧萧,大好春光不去游春,那倾城的名花定会笑话世人俗气,一旦好友相招,各位学者如同新莺出谷,凌晨就欢呼着结伴而来,孔宪彝最后一个到来,自珍戏称"相如末至亦佳尔"。此时节气还早,海棠花儿并未盛开。 在绿柳修竹之间,大家高谈阔论,自珍限用苏轼定惠院海棠诗韵。 大家吟诗作赋,竹叶烘焙的清茶

---

① 孔宪彝:《次日同人崇效寺看海棠,定庵限用东坡定惠院海棠诗韵》,《对岳楼诗录》卷下,樊克政:《龚自珍年谱考略》,第 422—423 页。

令人口有余香，花猪肉亦为难得的美味。崇效寺内有诗坛领袖翁方纲的题记石刻，诗人吴嵩梁附刻诗二首，有"百年老树红过屋，更有何人念手栽"的句子。如今翁方纲已然作古，而诗人吴嵩梁远放贵州作州同，也在四年前卒于任所。如今自珍要辞官返回故乡，第二年春天自珍若踏青西湖，更会思念今天的游春诗会吧？不知不觉中已是月照屋檐，众人各自返回。

花，在龚自珍的生活中，一直占有非常重要的位置。嘉庆九年（1804），塾师宋璠命自珍作《水仙花赋》，年仅13岁的自珍，运用比兴手法，将水仙花比喻为"玄冰荐月"的花仙子，其描摹的水仙花风姿绰约、高雅脱俗：

> 鞟翠为裙，天然妆束；将黄染额，不事铅华。
> 时则艳雪铺峦，懿芳兰其未蕊；玄冰荐月，感雅蒜而先花。
> 花态珑松，花心旖旎。一枝出沐，俊拔无双；
> 半面凝妆，容华第几？弄明艳其欲仙，写澹情于流水。
> 磁盆露泻，文石苔皴。休疑湘客，禁道洛神。
> 端然如有恨，翩若自超尘。姑射肌肤，多逢小劫；
> 玉清名氏，合是前身。尔乃月到无痕，烟笼小晕。①

水仙花亭亭玉立于清水微波之上，淡雅素洁的小花超凡脱俗，宛若凌波仙子踏水款款而来，它那清幽缥缈的清香沁人心脾。一位年仅13岁的少年，以优美轻灵的笔调，与其说勾勒出水仙花的神韵雅姿，不如说道出了自珍隐于灵魂深处的高洁脱俗，还有那冰清玉洁的绝世情怀。一位佚名学者曾评价自珍《水仙花赋》云："定公十三龄而作

---

① 龚自珍：《水仙花赋》，王佩诤校：《龚自珍全集》第七辑，上海古籍出版社1975年版，第409页。

此赋,逸韵骚情,已能超拔流俗,……盖定公之文,实从汉魏六朝入手。"[1] 自珍自定文集时,将此赋冠于卷首,足见自珍本人对《水仙花赋》的垂青。

嘉庆十五年(1810),自珍19岁倚声填词。在常人看来,19岁,正是风华正茂、生气勃发的年龄,亦是充满激情、极具浪漫想象力的年龄。然而"少年哀乐过于人"的自珍,诗词中却充满生命的惆怅与内心的孤独。20岁时自珍曾填词《如梦令》,认为自己"本是花宫幺凤,降作人间情种",纷繁芜杂的人间并非自珍心仪的居所:

> 本是花宫幺凤,降作人间情种。
> 不愿住人间,分付药炉烟送。
> 谁共,谁共?三十六天秋梦。[2]

自珍心中的世界,是一尘不染的世外仙源,而他自己则是仙界神鸟幺凤下凡,化为情种谪居人间。自珍爱花成癖,赏花是他人生最大的乐趣。回到故乡杭州,自珍曾作诗回忆在京师看海棠、丁香、芍药、鸳枝花的情景,语意之中充满温馨与惬意。其中一首诗云:

> 弱冠寻芳数岁华,玲珑万玉嫭交加。
> 难忘细雨红泥寺,湿透春裘倚此花。[3]

自珍20岁喜欢看花,常常计算着这个时节什么花儿应该盛开,可以去赏花了。而丁香花密密簇生,就像万玉玲珑,交相辉映,非常

---

[1] 孙文光、王世芸编:《龚自珍研究资料集》,黄山书社1984年版,第180页。
[2] 龚自珍:《如梦令》,杨柏岭:《龚自珍词笺说》,黄山书社2010年版,第60页。
[3] 刘逸生:《龚自珍己亥杂诗注》第207首,中华书局1980年版,第274页。

美丽。自珍记得在京师时,有一次去观赏丁香花,那天正下着细雨,他在红泥寺中衣服都湿透了,还是依恋着丁香花,不肯离去。正是这种精神洁癖,使自珍无法容忍社会上的种种污浊,使他狂来说剑,激烈批判社会政治当中的种种丑恶。

龚自珍宴饮雅集与游园游山统计表

时间	地点	参加者	活动内容
嘉庆十八年	崇效寺	龚自珍与袁通、汪琨	游春
嘉庆二十一年	上海吾园	龚自珍与袁桐	游览李筠嘉吾园
嘉庆二十三年二月初一至初六	太湖洞庭山	龚自珍与钮树玉、叶昶	同游太湖洞庭山
嘉庆二十五年秋	苏州虎丘	龚自珍与赵魏、顾广圻、钮树玉、吴文徵、江沅	同集于虎丘,举行秋宴,有诗
道光元年正月	苏州邓尉	龚自珍与顾广圻	探梅之游
道光元年夏	扬州筱园	龚自珍与周仪暐、吴嘉洤、王嘉禄	赴京路过扬州,与友人同游筱园,看芍药
道光二年闰三月初九日	崇效寺	吴嵩梁邀集龚自珍、周仲墀、许乃毅、陈均、夏宝晋	崇效寺小集,自珍作词《一萼红》
道光二年秋		龚自珍、包世臣、何绍基、陈沆	参加陈沆所设五箴会
道光三年六月二十一日	吴嵩梁寓所	龚自珍与陈用光、朱方增、徐松、黄安涛、汤储璠、潘锡恩、张祥河、李彦章、李彦彬、潘曾沂(一说无汤储璠、潘锡恩、李彦章、李彦彬而另有谢阶树)	纪念欧阳修生日
道光五年夏	上海豫园	龚自珍与曹籀、王曰申	豫园话月,王曰申绘《豫园话月图》,查冬荣为图题诗
道光五年秋	上海水仙宫	龚自珍邀顾王畿、魏源、查冬荣	宴集
道光六年春夏间	右安门尺五庄	李宗传、姚莹邀集龚自珍、吴嵩梁、姚元之、胡方朔、端木国瑚、邓显鹤、周仪暐、管同、魏源、饶廷襄、马沅、查林、曹应枢、陈世镕、陈方海、姚子卿	尺五庄聚会

续表

时间	地点	参加者	活动内容
道光六年七月五日	胡培翚寓斋	胡培翚邀集胡承珙、龚自珍等人	胡培翚邀同仁祭东汉经学大师郑玄生日
道光六年冬	龚自珍寓斋	龚自珍邀集吴嵩梁、汤储璠、姚莹、汪元爵、周仲墀、徐士芬、徐宝善	宾主八人举行消寒第一集，分咏江乡诸食品
道光六年岁暮	徐宝善寓斋	徐宝善邀集龚自珍、汪元爵等八人	消寒第二集，徐宝善出示其六世祖徐乾学《邃园修禊卷子》，自珍题诗于卷尾
道光七年三月二十七日	花之寺	龚自珍同金应城、汪潭、朱祖毂、龚自树	赏海棠，作《西郊落花歌》
道光九年三月二十八日	陶然亭	黄爵滋、徐宝善邀集龚自珍、顾翰、郭仪霄、潘德舆、汪喜孙、周仲墀、管同、马沅、李彦彬、谭祖同、谭祖勋、吴佳洤、简钧培、张际亮、汤鹏、杜宝辰、卢蕨、潘曾绶、徐卓	陶然亭饯春会，饮酒作诗
道光九年	法源寺枣花堂	龚自珍与吴嵩梁、汪喜孙、范元伟	祭翁方纲、王昶、李尧栋并祀刘嗣绾、蔡銮扬
道光十年四月初九日	花之寺	黄爵滋、徐宝善邀集龚自珍、朱为弼、彭绹畡、潘德舆、周仲墀、汪全泰、简钧培、魏源、汤鹏、陈延恩、潘曾莹、潘曾绶	诗会，看海棠，赋诗
道光十年六月初二日	龙树寺蒹葭簃	龚自珍招张维屏、周凯、张祥河、魏源、吴葆晋	宴集
道光十一年七月二十四日	自珍寓所	龚自珍、曹籀、项名达、孙仁寿、朱瀚	为曹籀饯行
道光十二年春	花之寺	龚自珍招杨懋建、宋翔凤、包世臣、魏源、端木国瑚等应试名士十四五人	游春赏花
道光十二年九月初九日	吴葆晋、吴俊民寓斋	龚自珍、戴熙、王言、吴清鹏、吴葆晋、吴俊民等九人	为展重阳会，吴葆晋出示陈浩于乾隆二十一年闰重阳日赠其祖父吴士功诗，征和，戴熙作图以记
道光十三年	东轩吟社		咏龚自珍所藏赵飞燕玉印，举行诗会

续表

时间	地点	参加者	活动内容
道光十四年四月	那兴阿苏园	龚自珍	寓苏园五日，为那兴阿水流云在卷子题诗二首
道光十五年九月初九日	吴葆晋家宜园南轩	龚自珍、潘谘、徐松、端木国瑚、宗稷臣、吴葆晋	饮酒
道光十六年三月	丰宜门外花之寺	徐宝善邀请同朝士18人	宴集，赋《凤凰台上忆吹箫》
道光十六年五月	吴葆晋寓斋	龚自珍、程恩泽、徐松、吴葆晋、梁章钜	为梁章钜赴任广西巡抚饯行，自珍作《送广西巡抚梁公序》
道光十六年立秋后	积水潭	龚自珍、庆勋、吴葆晋、马沅、戴絅孙、步际桐、徐启山	积水潭秋禊，登高楼纵饮，自珍填《念奴娇》词
道光十七年九月初九日	宝藏寺	龚自珍、徐松、吴葆晋	游览赏花
道光十八年四月初一	崇效寺	龚自珍、孔宪彝、廖牲、吴葆晋、吴式芬、蒋湘南、梁恭辰	三月二十九日聚饮，相约次日崇效寺赏海棠，自珍将乞养南归，举行诗会
道光十八年八月十四日	广恩寺	龚自珍、王筠、汪喜孙、陈庆镛、陈金城、何绍基	为吴式芬、许瀚饯行，吴式芬任江西南昌知府，许瀚将赴永平
道光十八年八月二十七日	东便门外三忠祠	龚自珍、陈庆镛、汪喜孙、何绍基、黄玉阶	祖饯阮元致仕归里

资料来源：此表据樊克政《龚自珍年谱考略》而做出统计。

第二节 负尽狂名三十年：诗文品评与声誉传播

清人治学，坚持学理第一，即使师友之间亦不弥缝含糊。姚元之《竹叶亭杂记》曾记载，乾嘉时期学者刘开与同学、翁方纲与钱载因论学意见不合，甚至相殴相搏的故事："吴中翰兰雪说吾乡刘孟涂开在江西与同学数人论道统,中有两人论不合,继而相詈,继而挥拳。因忆翁覃溪、钱择石两先生交最密,每相遇必话杜诗,每话必不合,甚至继而相搏。或谓论诗不合而至于搏,犹不失前辈风流。"①刘开与同学数人讨论道统问题,其中有二人意见不合,始则对骂,继则挥拳相向;而诗人翁方纲与钱载讨论杜诗问题,因意见不合继而相搏,其实这些举动并非有伤斯文,反而令人敬佩其对学术的执着。

龚自珍20多岁即为"京都名士",一方面固然与其身为著名乾嘉学者段玉裁的外孙有关,但更与龚氏诗词、文集的结集较早有关,自珍诗词瑰丽奇伟,古文纵横诸子百家之间,而每一次结集后,自珍都会送给师友进行评阅,每次都会引起士大夫的强烈反响。自珍的才华横溢,得到诸多学者的一致肯定。

一、陈裴之等人对自珍诗文的激赏与王芑孙的规戒

嘉庆二十一年(1816),自珍向陈裴之出示所著诗文,陈氏有诗相赠。陈裴之为著名诗人陈文述之子,浙江钱塘人,与自珍为同乡,亦有亲戚关系。陈裴之有经世抱负,尤其留意精研天文、地理、兵法、河渠、钱谷、漕盐、农田、水利,每每在大庭广众、宾朋满座的筵席上,陈氏喜欢"纵论天下大计,风发泉涌,慷慨激昂,人目为陈同甫、刘龙洲之流,非仅以文学名也。"②陈氏关注国计民生,与宋代陈亮、刘过一样具有经世爱国情怀。因此当其读到自珍《明良论》时,颇为赞赏,作诗云:

---

① 姚元之:《竹叶亭杂记》卷五,中华书局1982年版,第125页。
② 汪端:《梦玉生事略》,《颐道堂诗集》卷首,樊克政:《龚自珍年谱考略》,第105页。

其一：

> 玉有精神剑有铓，治安策后论明良。
> 家传廉让难为继，志在科名苦讳狂。
> 笔底戈矛才子气，卷中金粉丽人妆。
> 从来领袖归英绝，珍重名山万古藏。①

其二：

> 不才未敢学君狂，湖海豪情也未忘。
> 西北果能兴水利，东南始可论河防。
> 徙薪今日谋宜早，筹海他年愿待偿。
> 一事语君劳记取，休言阿士善文章。②

陈氏对自珍诗文大加赞赏，认为自珍的笔端犀利，有矛戈战斗之气，《明良论》可比西汉晁错的《治安策》，而自珍堪称"英绝领袖"，而其著作将会"藏之名山，传之后世"！第二首诗则表现出自己经世文章的影响力，其关注的西北水利、东南河防问题是困扰嘉道政局的严重问题，希望统治者能够未雨绸缪。同时也展现了陈氏经济之裕、抱负之宏。

与此同时，自珍将所著诗文出示钮树玉，树玉阅后颇为赞赏，走笔作诗称赞道：

---

① 陈裴之：《赠龚定庵明经自珍，即题所著诗古文词后》，《澄怀堂诗外》卷二，樊克政：《龚自珍年谱考略》，第104页。
② 陈裴之：《赠龚定庵明经自珍，即题所著诗古文词后》，《澄怀堂诗外》卷二，樊克政：《龚自珍年谱考略》，第104页。

> 翠蜩游青霄，酰鸡舞盆盎。赋形既悬绝，高下焉能仿？
> 大雅久不作，斯文日惝恍。蛙声与蝉噪，倾耳共嗟赏。
> 浙西挺奇人，独立绝俯仰。万卷罗心胸，下笔空依仗。
> 余生实鄙陋，每获亲椒傥。偏览所抒写，如君竟无两。
> 君今方盛年，负志多慨慷。大器须晚成，良田足培养。
> 阳气已潜萌，万汇滋生长。率尔成赠言，聊以资抚掌。①

清代中叶以来，文人们的诗歌创作因袭疲软，风骨不振，普遍缺少个性，可谓"大雅久不作，斯文日惝恍"，而自珍读万卷书，诗文一挥而就，走笔而成，读后令人惬意无比。龚诗风格哀艳伤感，章法纵横奇变，体制瑰丽斑斓，在树玉看来，自珍著述不同于流俗文人的蛙声蝉噪，其作品风格独创，一空依傍。自珍超越时代文风的诗文必将千古流传。由树玉之诗，足见二人学术交往之深，不然不会有如此知人论世之言。

二十一年秋，江西诸生尚镕到上海拜访自珍。尚镕，字乔客，江西南昌人，少时下笔千言，有神童才子之誉。工于诗词古文，邃于史学，读史颇有妙解，尤精考据，诗歌沉郁苍劲，古体尤胜。但屡屡受困于科场，曾游历吴越江淮，一时名人多折节与交。尚镕一生以读书讲学为业，历主三山、聚星、崇实等书院。著有《持雅堂集》《三家诗话》《史记辨证》《三国志辨微》。尚镕学识益广，才学益进，落拓不羁，被人目为"狂生"。尚镕阅读自珍诗文后，作诗大加赞美，然亦提出质疑与商榷：

> 百川障狂澜，体兼众人美。古文至昌黎，论者叹观止。

---

① 钮树玉：《匪石山人诗·龚君率人出示诗文走笔以赠》，《丛书集成初编》第 2333 册，中华书局 1985 年版，第 12 页。

欧柳曾王苏，亦复山岳峙。元明文运衰，荆川振颓靡。
国朝侯魏方，相继彬彬起。虽逊昌黎醇，皆可称绝技。
不读唐后书，君如明七子。论道必韩文，序事更迁史。
出示琳琅篇，客心忽惊喜。铮然生面开，不比虎贲似。
狂言或过当，才自胜何李。吾乡罗圭峰，庶几可方轨。
我客五苴城，君名动逅迤。仙禽鸣九皋，骏马走千里。
俯视眼中人，碌碌不足齿。今朝甫谋面，使我亦失恃。
十年学古文，力竭无敢弛。上争欧苏锋，下摩侯魏垒。
君皆一洗空，毕竟谁为是。近来泠痴符，操觚多率尔。
学未半袁豹，文辄献辽豕。茫茫貉一丘，固宜弃敝屣。
卓哉恽子居，鲸鱼掣海澨。韩苏九原作，定当笑相视。
君亦加贬词，谁能测微旨。文人好相轻，闻多每行怩。
愿进刍荛言，风休射马耳。文章从三易，篱落榬六枳。
真气养木鸡，尘梦淡槐蚁。扬雄嗜奇僻，壮抱雕虫耻。
干莫锋不藏，李邕被谗死。生才天实难，我亦鉴止水。①

在尚镕看来，自珍诗文瑰丽，有障百川使之东流入海的气势，文体兼有众家之美。韩愈的古文，人们叹为观止，其后更有柳宗元、欧阳修、曾巩、王安石、苏轼的崛起，其古文诗词成就之高，如同山岳对峙。元明时期文运衰颓，大儒唐顺之起而拯之，肯定唐宋古文运动，推崇唐宋八大家，提出写作诗文应"直据胸臆，信手写出"，要有"真精神"及"千古不可磨灭之见"。但是自珍与明七子李梦阳、何景明等人一样，不读唐以后之书，论道一如韩愈，叙事一如司马迁

---

① 尚镕：《上海访龚定庵晤而有作》，《持雅堂诗集》卷二，樊克政：《龚自珍年谱考略》，第95—96页。

《史记》。

自珍出示的诗文堪称琳琅满目,令人震撼惊喜,虽然有时狂言过当,但才情胜过李梦阳、何景明,尚镕认为自珍可与江西先贤明代学者罗玘相媲美。尚镕客居江苏松江时,自珍已名闻遐迩,如同"仙禽鸣九皋,骏马走千里",今日亲睹自珍诗文,尚镕亦感心虚气短,十多年来学习古文,在自珍的雄文面前亦感黯然失色。自珍诗文上可与欧阳修、苏轼争锋,下可与侯方域、魏禧对垒,事实上,自珍对韩愈、苏轼的诗词古文,亦时时加以贬斥,若起韩愈、苏轼于九泉,二人定会相视而笑。从尚镕的诗中,足见自珍诗词成就之高与性情之狂傲。

二十一年十一月,好友王昙来访,自珍亦出示诗文集给王昙,王昙读后,大加赞美说:"瑟人出所著诵读,惊才绝世,一空前宿,难得以班、扬、晁、贾之文,分一艺于填词,其诗亦新奇。所惜者,其结集未多。"① 在王昙看来,自珍才华绝世,古文有班固、扬雄、晁错、贾谊之风,诗词亦有新奇之气。

嘉庆二十二年,自珍将诗稿与文稿各一册,托陈裴之转交吴中宿儒王芑孙,向其请教得失。其中包括《明良论》《乙丙之际著议》等政治批判性论文。而王芑孙对自珍文集与诗集评价,与外祖玉裁大相径庭。芑孙读后,深感自珍见地卓绝,才华横溢,但对自珍愤世嫉俗的个性与狂放不羁的文风进行批评:

> 昨承枉示诗、文各一册,读之,见地卓绝,扫空凡猥,笔复超迈,信未易才也。然自古异才皆不求异而自异,非有心立异也。……足下年少,才甚高,方当在侍,具庆之年,行且排金门,上玉堂,和其声以鸣国家之盛。……至于诗中伤时之语,骂

---

① 王昙:《与陈云伯书》,樊克政:《龚自珍年谱考略》,第98页。

坐之言，涉目皆是，此大不可也。……甚至上关朝廷，下及冠盖，口不择言，动与世迕，足下将持是安归乎？足下病一世人乐为乡愿，夫乡愿不可为，怪魁亦不可为也。……循循为庸言之谨，抑其志于东方尚同之学，则养德、养身、养福之源，皆在于此。①

王芑孙为人生性简傲，臧否人物"少可多否"，以平交姿态与王侯公卿结交，被世人目为狂人。芑孙早年怀有经世之志，但才丰遇吝，潦倒场屋，其肆力于古文诗词，以词章之学享誉海内，当时与洪亮吉、孙星衍等大家齐名。芑孙好友秦瀛曾说：

近数十年来，海内士大夫以诗古文名者不过数家，而王君惕甫以诸生拔起东南。虽终其身祇一为校官，晚岁杜门，连蹇以殁，而其名横骛一世，光气照耀，不可掩抑。世之人称之无异辞。②

芑孙正因为不趋于时，心高气傲，以致一生潦倒。其阅读自珍诗文集时，年已63岁，且不到一月即病卒。大半生风尘仆仆的辛酸，令芑孙意识到自珍的批判言辞动辄"上关朝廷，下及冠盖，口不择言"，将来势必影响仕途。出于对晚辈的爱护，芑孙以海内高谈之士如王昙、恽敬等人作惊世骇俗之论、不为世所容、坐老荒郊破屋的事例警告自珍。

王芑孙在乾嘉学者中，辈分资望较高，作为大学士刘墉门生，为刘墉诗卷题写跋文，对其师之过亦当仁不让，因此芑孙之言对自珍而论，不失诤友之义。但芑孙仅从做人处事、科举功名的角度规劝自

---

① 眭骏：《王芑孙年谱》，华东师范大学出版社2010年版，第521—522页。
② 秦瀛：《王惕甫墓志铭》，《小岘山人续文集补编》，《续修四库全书》第1465册。

珍，而对其文章根柢诸子百家、思想走在时代前列的远见卓识，并无觉察与肯定。相比之下，外祖段玉裁则敏感地意识到，自珍犀利的政论文正中时弊，他的外孙龚自珍终将开启一代学术新风！

二、三鼎甲石韫玉、陈沆、谢阶树对龚自珍的诗文评阅

嘉庆二十五年，自珍以所撰诗文请石韫玉审阅。石韫玉，字执如，号琢堂，又号花韵庵主人，亦称独学老人，江苏吴县人。乾隆五十五年（1790）状元，授翰林院修撰，历官重庆知府，山东按察使，主讲苏州紫阳书院20余年，喜欢藏书。石韫玉读完自珍文稿，写信给自珍，对其文稿大加赞誉："前承示大稿，读之累日，不忍释手。其意匠奥衍，似从周秦之间诸子得来，非汉唐以后之文也。"[①] 石韫玉认为自珍文章意匠博大精深，深回广衍，有周秦诸子之风。

同时他指出，《徐尚书代言集序》所列"昆山三徐"的伯仲、科第有误；《乾隆两卿事》所言曹锡宝弹劾和珅后，"三日罢官去"为传闻之讹，事实上曹锡宝卒于任上，未尝被罢官。石韫玉深知，自珍才华横溢，"尊著皆大文章，将来必传信百世。此两人者，某犹及与之同朝，事出耳闻目见，恐留疑案于后来，故不敢嘿而息也。"[②] 石韫玉深信，自珍文章为大手笔，将来必然流传后世，而其与曹锡宝、和珅同朝为官，自珍误记可能会为后世留下疑案，因此写信进行更正。

自珍诗文集刊刻行世，赢得海内学者的高度赞誉，身为嘉庆

---

① 石韫玉：《与龚瑟人孝廉书》，《独学庐四稿》文卷四，《清代诗文集汇编》第447册，第496页。

② 石韫玉：《与龚瑟人孝廉书》，《独学庐四稿》文卷四，《清代诗文集汇编》第447册，第496页。

二十四年状元的"荆楚才子"陈沆,是一个颇为典型的例子。陈沆原名学濂,字太初,号秋舫,室名"简学斋""白石山馆",湖北蕲水人,其父陈光诏为乾隆四十四年(1779)举人。陈沆自幼聪颖好学,嘉庆十八年(1813)乡试中举。二十四年(1819)进京会试,殿试取为状元,授翰林院修撰。有清一代湖北仅有刘子壮、蒋立镛与陈沆三位状元,其科举之顺可以想见。

陈沆长自珍八岁,他们结识应在嘉庆十三年(1808)国子监读书之时,二人同为蒋祥墀门生。但嘉庆二十四年会试,陈沆高中状元,而自珍却名落孙山。就在此年,魏源亦在陈家教馆,为其子陈廷经讲授经学。在交友方面,陈沆倾心结交那些具有真才实学的学者名流,而不以有无科举功名为转移。据清末翰林同乡周锡恩《陈编撰沆传》记载:

> 时邵阳魏中书源居京师,沆倾身与之,友人谓沆且贵,胡折节乃尔?矧源鳞甲难近。沆不听,交源益笃,源亦笃好沆为人,盖金石如也。沆既以诗文雄海内,承尘接颜走其门者日众,沆独慎所与友,理学之友则董太史桂敷,姚比部学塽其人也;经济之友则贺制军长龄、陶文毅澍、龚礼部自珍其人也。[①]

高中状元的陈沆,与身为拔贡的魏源倾心交往,在俗人看来,大有折节之叹。自从陈沆以诗文蜚声海内,奔走其门的大有人在,但陈沆交友谨慎,与其谈论理学的有董桂敷、姚学塽,探讨治国安邦之道的则有贺长龄、陶澍、龚自珍。从陈奂与陈沆的交往中,可以看出陈

---

① 周锡恩:《陈编撰沆传》,闵尔昌:《碑传集补》卷八,上海师范大学图书馆编:《清代碑传全集》,上海古籍出版社1987年版。

沆敬重有真才实学的人，而不屑与达官贵人、科名中人交往。

道光二年冬，陈奂与陈沆结识于京师水月庵姚学塽寓所。一次，陈沆邀请唐鉴、陈奂在家中吃饭，当时陈沆身着公服出门迎接，在堂中摆设香案，唐鉴身为上客，而陈奂身为介宾，陈沆待二人极为恭敬。唐鉴为嘉庆十四年进士，历官国史馆协修、御史等。其热衷涵养心性，并以程朱理学为立身之道，主敬主静，注重涵养、省察、惩忿窒欲、迁善改过等功夫，但并不囿于空谈心性，正如好友贺熙龄所言："非有裨于身心意知之理者，不以关其虑也；非有关于天下国家之故者，不以用其功也。"① 唐鉴曾以理学与陈沆相切磋，探讨修身感悟。

此时陈奂仅为诸生，游学京师，一生致力于《毛诗》研究，陈沆与其交往征逐，而陈奂之侄陈兆熊与陈沆为同榜进士，同为翰林，但二人交往并不密切。可见陈沆耻于奔竞仕进而甘于恬退，最为看重朋友的道德学问。陈奂曾说：

（秋舫）与余从侄兆熊同榜进士，秋舫不相交亲而独亲于余。与镜塘姚先生执礼甚恭敬。常自言"状元固不从学问中来也，前明罗念庵积二十年始脱去状头二字"。秋舫脱去状头矣。②

由上可知，陈沆所礼敬的人如唐鉴、姚学塽、陈奂等，皆为道德高尚、学问优长之人。陈沆深知状元三年一个，与学问没有直接关系，而才子千古难寻。明朝状元罗洪先一生致力于地理绘图与理学研究，花费20年时间脱去"状头"名号。而陈沆亦不愿空有状元之名，

---

① 唐鉴：《唐确慎公集》卷首，贺熙龄：《序》，《四库备要·集部》，上海中华书局据原刻本校刊。
② 陈奂：《师友渊源记》，《丛书集成续编》第36册，上海书店出版社1994年版，第106页。

因此折节交友，致力于诗赋创作与理学研究。陈沆对龚自珍、魏源最为钦佩，称赞自珍古文为"奇宝"，称魏源为"讲学最契之友"，陈沆与龚、魏二人写诗作文必定相互质难，以求达于精微。道光元年，陈沆看到自珍古文，颇为倾倒，陆献对此记述说：

> 献每过先生无不见，见必商榷古今。忽屡过而未一见，心窃疑之，乃排闼入，先生大笑，语之曰："吾近获奇宝，杜门谢客者数日，今手抄毕矣。天下之宝当与天下共之，不妨携吾抄本去手录一过也。""奇宝"非他，乃仪部龚定庵所为古文上下卷也。先生好贤重友之诚如此。①

此时，农学家陆献与陈沆过从甚密，二人商讨古今学术，但有一段时间，陈沆闭门谢客，避而不见。陆献心中疑惑，破门而入，陈沆哈哈大笑说，我近得"奇宝"，杜门抄录，现在已抄完，你也不妨拿去抄一份。原来陈沆视为"奇宝"的正是自珍古文集《伫泣亭文》上下卷，包括《明良论》《尊隐》《乙丙之际著议》等。这些政论文尖锐批判封建专制，估计陈沆欣赏的不仅是自珍瑰丽奇异的文笔，还有其锋芒毕露的批判思想。

自道光元年冬至道光三年夏，自珍与陈沆交往甚密，陈沆好言诗而不肯轻易作诗，尤其不肯轻易存诗，直到中年所存诗仅有40余首。道光二年八月，陈沆请自珍评阅其《白石山馆诗》稿本。自珍尽诤友之义，墨笔第一通，朱笔第二通，为其诗写批语并题词。其中既有赞誉之词，又直言不讳指出其诗作之缺点与不足。自珍的评语，多数颇

---

① 陆献：《〈简学斋诗存〉跋》，宋耐苦、何国民编校：《陈沆集》附录，湖北教育出版社2016年版，第475页。

为尖刻犀利，如"惜中幅多芜词累之耳。又曰：此章陈义太高，而申以常语，为不相应，辞亦太率"。"其拙颓之句，墨所点中者，是也，然正不可及"。① "实不工，不如比兴之为愈也"。"诗之瘠而露筋者，终非合作"。"二律乏神味，语语促节，其脂颇枯"。② 魏源亦对陈沆诗作进行品题删改，这使陈沆诗歌的水平大有长进。

陈沆改诗如改过，对龚魏二人指出其诗的瑕疵，颇为谦虚虔诚，三番五次对诗稿进行修改，每次修改皆有长足进步。事实上，早在嘉庆二十一年夏，魏源就批阅陈沆诗稿，并加以指正，其言："第一、二卷，可存者十之一、二，第三卷以后，可存者十之六、七；壬申（嘉庆十七年）之七古，乙亥（嘉庆二十年）之五古，皆集中擅场也。"③ 从魏源的题记可以看出，陈沆早年作诗水平更差，但其虚怀若谷接受魏源的指导，因此诗作质量有突飞猛进的提高。当然，龚、魏直言不讳的评点与雅正，亦是敬畏学术的体现，值得赞赏。对于陈沆其人其诗，魏源曾说：

蕲水太初修撰，兰蕙其心，泉月其性，即其比兴一端，能使汉、魏、六朝、初唐骚人墨客，勃郁幽芬于情文缭绕之间，古今诗境之奥衮，固有深微于可解不可解者乎！至于因比兴而论世知人，……此笺皆表章出之，如浴日星出沧海而悬之中天之际。④

从知人论世的角度，陈沆作诗如做人，"兰蕙其心，泉月其性"是其诗作能够"如浴日星出沧海而悬之中天之际"的根本原因所在。

----

① 龚自珍：《语录》，王佩诤校：《龚自珍全集》第八辑，第435页。
② 龚自珍：《语录》，王佩诤校：《龚自珍全集》第八辑，第436页。
③ 魏源：《跋陈沆简学斋诗》，《魏源全集》第12册，岳麓书社2004年版，第741页。
④ 魏源：《〈诗比兴笺〉序》，《魏源全集》第12册，岳麓书社2004年版，第238页。

作为一代状元，士林华选陪侍皇帝左右，陈沆最难得的是其能俯身低就，与功名远远低于自己的龚自珍、魏源交游，虚心求教。自珍毫不客气指出陈沆诗作的缺点，而陈沆视自珍古文为"奇宝"。学者汪均之对陈沆的评价，最为贴切：

> 读秋舫诗，知其怀抱深远，立心忠厚，非徒欲以诗人自画者也。既与纵谈，果然所愿。秋舫力自淬精为有用之学，勿玩物以荒远大，词章犹足损人意气也。况所怀益大，则诗亦自能醇厚深远第于诗求之浅矣。①

诗如其人，文如其人。怀抱的高远，立心的忠厚，济世忧时的情怀，使陈沆诗歌的立意到达了颇高的境界，大有白居易"香山乐府"的遗风。道光二年秋，陈沆设立五篑会，只允许五人参加。经常参加者包括龚自珍、包世臣、何绍基，偶尔参加的是黄树光与何绍业。何绍基曾作诗记载聚会的情景：

> 多时五篑会，客止三人来。论议几千载，酣嬉无算杯。
> 门稀杂宾至，日有好花开。一事君输却，明湖探早梅。②

由上可知，陈沆与龚自珍、包世臣、何绍基、黄树光、何绍业等人，志同道合，博学多才，他们一道饮酒酣嬉，赏景探梅，议论上下几千年的政治演变与学术源流，相互砥砺而眼界大开。

清代学人之中，彼此交游只论学问不论功名者大有人在，姚莹与

---

① 汪均之：《跋〈简学斋诗〉》，宋耐苦、何国民编校：《陈沆集》附录，第472页。
② 何绍基：《东洲草堂诗钞·陈秋舫属题秋斋饯别图》卷三，曹旭校点：《东洲草堂诗集》，上海古籍出版社2012年版，第76页。

刘开即是这样的诤友:"桐城姚石甫,少与刘孟涂为友。后石甫成进士归,里人招饮,两人在座,孟涂直斥其文。石甫几不能堪,避席引去,至阶,复入席坐,孟涂骂如故。石甫避而返者三,终入坐,泣曰:'孟涂真吾好友,吾知过矣,请改之。'孟涂骂始息。"[1] 姚莹与刘开少时即为好友,姚莹成进士后荣归故里,大宴宾客,刘开当众指斥姚莹的文章,姚莹非常难堪而三次离席,但又三次返回,流着眼泪承认刘开是自己真正的好友,请其改正文章。对于新科进士,刘开不仅没有阿谀奉承,而是直指其文章缺陷,不愧诤友之意。

与陈沆一起拜访自珍的还有学士谢阶树。谢阶树,字欣植,又字子玉,号芗亭,乾隆四十三年(1778)生于江西宜黄。嘉庆十三年(1808)殿试为榜眼,授翰林院编修,官至侍读学士。他秉性刚直,不畏权贵,敢于和权臣和珅斗争。谢氏亦喜欢议论时政,看到清王朝危机四伏,亦主张变革,大谈变革必须"正之以道",宣扬"世可变,道不可变"的观点,企图用儒家的"道"去消弭民众的反抗与不满,因此谢阶树对自珍的变革思想颇为赞同。

嘉道之际,一些文人学者结为"宣南诗社",谢阶树是最早成员之一。他才思敏捷,诗作意境清深,工于书法,楷法尤为壮丽。陈沆与谢阶树一个是状元,一个是榜眼,他们皆年长于自珍,但并不自命清高。二人对自珍倾心结交,求为师友,有所撰述皆请自珍评阅。自珍回忆说:

> 两君皆以巍科不自贤,谓高官上第外,有各家师友文字,皆乐相亲近,而许贡其言说。辛巳冬迄癸未夏,数数枉存余,求

---

[1] 徐珂:《清稗类钞·师友类》第 8 册,《刘孟涂为姚石甫好友》,中华书局 1984 年版,第 3617 页。

师友，有造述，皆示余，余僭疏古近学术源流，及劝购书，皆大喜。学士德量尤深，莫测所至。修撰闭门，斐然怀更定之志，殊未成，而忽然以同逝，命也。①

一位年长的榜眼，侍读学士，一位新科状元，翰林院修撰，对只有举人功名的青年学子龚自珍，倾心交流学术心得。他们多次亲自拜访自珍，一有著作就请自珍评阅，愿意倾听自珍对其著作的意见，显示出二人对学问的虔诚，对真知的热爱，对青年才俊的尊重。自珍为他们讲述古今学术源流，对其著作得失直言无隐。

道光五年，谢阶树、陈沆不幸病逝。特别是陈沆英年早逝，去世时年仅42岁，殊为可惜。第二年夏季，自珍作《二哀诗》进行悼念。其一是悼念谢阶树：

读书先望气，谢九癯而温。平生爱太傅，匪徒以其孙。
翰林两抗疏，志欲窥大源。春华不自赏，壮岁求其根。
谁谓寻求迟，迈越篱与藩。造物吝君老，一邱埋兰荪。②

谢阶树之名，即源自《世说新语》谢玄的典故。史载太傅谢安问诸位子侄："子弟亦何预人事，而正欲使其佳？"大家都默不作声，只有车骑将军谢玄回答说："譬如芝兰玉树，欲使其生于庭阶耳。"③谢玄因此而受到叔父谢安的器重。谢阶树的名字正取意于此。

自珍开篇描绘谢氏的精神风貌，断定一个人读书如何，要先查看一个人的气色，谢氏清瘦而温和。谢阶树敬爱东晋名臣谢安，谢氏后

---

① 龚自珍：《二哀诗（有序）》，刘逸生、周锡𩈯校注：《龚自珍诗集编年校注》，第287页。
② 龚自珍：《二哀诗（有序）》，刘逸生、周锡𩈯校注：《龚自珍诗集编年校注》，第289页。
③ 刘义庆：《世说新语》，《言语第二》九十二，浙江古籍出版社1998年版，第56页。

世子孙无人能与山水诗人谢灵运相比。谢阶树在翰林院时两次上疏直言时政，志在探讨治国的根本大计。谢氏富有文学才华，但其并不追求文辞的绮丽，壮岁以后努力探讨文章学术的根本。谁也不会认为这种探求太迟，谢氏能超越束缚人聪明才智的某些法度与门户之见。造物主啬嗇谢氏年老，一抔净土掩埋芝兰玉树。

《二哀诗》其二悼念陈沆：

> 读书先审器，陈君虚且深。荣名知自郐，闻道以自任。
> 闻道岂独难？信道千黄金。遂使山川外，某某盈君襟。
> 幸哉有典则，惜哉未酣沈。手墨浩盈把，甄搜难为心。①

读书要先看一个人的器识度量，陈沆谦虚而深沉，虽状元及第却以获得真理来要求自己，大有孔子"朝闻道，夕死可矣"的气度。何止问道困难，坚信守道更为可贵。陈沆气度超越高山大川之外，非常幸运其学术已有典章法则，但不幸的是陈沆学问还没有达到饱满深厚的地步，便英年早逝。陈沆留下的手迹笔墨颇多，自珍已经来不及加以甄别选拔。陈沆对学术真谛的追求，已到无以复加的地步，自珍对陈沆的早逝深感惋惜。

三、反复戒诗与龚自珍的诗文成就

道光七年十月，自珍从道光元年以来的诗作中，选录 128 首编为《破戒草》一卷，又选 57 首编为《破戒草之余》一卷，删而不录者尚

---

① 龚自珍：《二哀诗（有序）》，刘逸生、周锡馥校注：《龚自珍诗集编年校注》，第 290 页。

有 105 首。十月十五日,《破戒草》《破戒草之余》编辑完竣,自珍作跋文一篇,言欲戒诗 36 年。十月十七日,诗稿由小胥抄录完毕,同年加以刊刻。

> 余自庚辰之秋,戒为诗,……然不能坚也。辛巳夏,决藩篱为之,至丁亥十月,又得诗二百九十篇,自周以迄近代之体皆用之;自杂三四言,至杂八九言,皆用之。不自割弃,而又诠次之。录百二十八篇,为《破戒草》一卷。又依乙亥、庚辰两例,存余集,凡五十七篇,亦一卷。大凡录诗百八十四篇,删勿录者,尚百五篇。……乃矢之曰:余以年编诗,阅岁名十有八。自今以始,无诗之年,请更倍之,惟守戒之故,使我寿考。汝如勿悛,勿自损也,俾无能寿考于而身,至于殁世,汝亦不以诗闻,有如彻公。①

自珍为何戒诗,在此说得非常清楚,就是戒诗可以长寿,作诗可谓自损,自珍亦不愿以诗人闻于后世。这与自珍的性情有关,其感情丰沛,"哀亦过人,乐亦过人",而且喜欢对社会问题进行尖锐批判,同道师友当然赞不绝口,但社会上的非议批判更令人窒息。自珍亦曾试图压抑自己胸中愤世嫉俗之气,几度戒诗、烧诗,还是不断作诗:"百脏发酸泪,夜涌如原泉;此泪何所从,万一诗祟焉。"② 自珍的叛逆性格终已铸就,改掉谈何容易?因此其戒诗经历了艰难而激烈的思想斗争。

这次戒诗奏效了,自珍的诗歌编年,自道光八年到十九年辞官南

---

① 龚自珍:《跋破戒草》,王佩诤校:《龚自珍全集》第三辑,第 243 页。
② 龚自珍:《戒诗五章》,王佩诤校:《龚自珍全集》第九辑,第 451 页。

归，基本上付诸阙如。这是一个莫大的遗憾，因为自珍的诗歌，真实记录其思想轨迹与学术交游，漫长十年中自珍参加诸多活动，如京师宴饮雅集，游山玩水，自珍都没有作诗以使后人窥视其所思所想。

道光十九年，自珍辞官南归，好友汤鹏书赠楹联："海内文章伯，周南太史公。"自珍晚年，对自己的经史著述充满了自豪感。在南归途中，自珍路过曲阜，拜谒孔庙、孔林，满怀豪情地写道：

> 少年无福过阙里，中年著书复求仕；
> 仕幸不成书幸成，乃敢斋祓告孔子。[1]

在此之前，自珍多次到兖州，但没有取道曲阜拜谒孔林孔庙。自珍相继写成《五经大义终始论》《群经写官答问》《六经正名论》《古史钩沈论》等经史之作，自珍这才慨然感叹："可以谒孔林矣。"[2] 但这次拜谒孔庙孔林，对于两庑陪祀的先贤名儒，亦是有的祭拜有的并不祭拜。自珍个性之强烈，学术持论之严谨，可以想见。

四月二十三日，自珍只身离京南下，独自一人携带诗文稿回到故乡杭州，后又北上迎接眷属，十二月二十六日，回到昆山羽琌山馆。离开令人窒息的京师，自珍鞭挞时弊的诗作即如连珠泉涌。从京师至故里杭州，自珍两次往返九万里，历时十月之久，沿途拜访师友，作诗吟咏，共作诗 315 首，道光十九年为己亥年，因此称为《己亥杂诗》。

《己亥杂诗》是七言绝句联缀而成的大型组诗，内容颇为丰富驳杂，其中不少诗篇自述家世出身、仕宦经历、师友交游、平生著述，

---

[1] 刘逸生：《龚自珍己亥杂诗注》第 281 首，中华书局 1980 年版，第 341 页。
[2] 吴昌绶：《定庵先生年谱》，王佩诤校：《龚自珍全集》附录，第 624 页。

同时涉及时事、政治、经济、文化等极为广阔的领域,既是自珍对一生思想阅历的回顾与总结,也是嘉道时期中国社会的一个缩影。道光二十年三月十九日,新安女士程金凤将自珍《己亥杂诗》抄录完竣,作跋云:

> 天下震矜定庵之诗,徒以其行间璀璨,吐属瑰丽;夫人读万卷书供驱使,璀璨瑰丽何待言?要之有形者也。若其声情沈烈,恻悱道上,如万玉哀鸣,世鲜知之。抑人抱不世之奇材与不世之奇情,及其为诗,情赴乎词,而声自异,要亦可言者也。至于变化从心,倏忽万匠,光景在目,欲捉已逝,无所不有,所过如扫,物之至也无方,而与之为无方,此其妙明在心,世乌从知之?……尝闻神全者,哀不能感,乐不能眩,风雨不能蚀,晦朔不能移,乃至火不能烧,水不能溺,此道家言,似不足以测学佛者之,抑古今语言所可到之境止于此,定公其殆全于神者哉!全于神者哉!①

自珍有诗人的才情,有超迈时代的思想意识,又有饱读万卷书的学识,因此他的诗作不仅璀璨瑰丽,而且明妙在心,无论是艺术手法还是思想境界,皆有通乎神明之感。自珍卒后,一位名不见经传的江苏阳湖诸生庄士彦,阅读自珍《无著词》之后,作诗写道:

> 料君应是神仙谪,早谢红尘返玉京。
> 入世功名成梦幻,出言冰雪净聪明。
> 半江花月春光丽,一卷楞严禅味清。

---

① 程金凤:《己亥杂诗跋》,王佩诤校:《龚自珍全集》第十辑,第538—539页。

画笔诗才同聚首，陶然亭外夕阳晴。①

庄士彦曾与自珍在京师陶然亭同游。在其眼里，自珍应是神仙遭到贬谪来到人世间，是早早谢世从红尘返回天上的玉京。自珍出言作文堪称冰雪聪明，他在人世间的功名不过梦幻而已。自珍精通佛典，喜读《楞严经》，因此词的禅味颇浓。庄士彦对自珍一生的评论最为精当，自珍那超凡脱俗的性格，确实有"谪仙人"的气质。

第三节　百年论士竟何如：龚氏形象的近代塑造

龚自珍在晚清学术史、思想史上具有颇为深远的影响，恩格斯《共产党宣言·序言》指出："封建的中世纪的终结和现代资本主义纪元的开端，是以一位大人物为标志的。这位人物就是意大利但丁，他是中世纪的最后一位诗人，也是新时代第一位诗人。"在中国近代史上，龚自珍就是类似但丁一样的时代转折人物。作为思想家、文学家和诗人，他以敏锐的思想、犀利的诗文，为旧时代唱起了挽歌，为新时代的到来呐喊张目，可谓中国近代思想史上的启蒙先驱。当然，学术界对龚自珍誉多谤亦多，批判否定自珍思想的亦大有人在，比如反对维新变法的顽固派叶德辉、王先谦，古文经学家朱一新，革命派章太炎、刘师培等人皆从不同的政治、学术立场，对自珍的学术与思想进行尖锐批评，但也从反面印证自珍思想的影响至为深远。

---

① 庄士彦：《阅龚定庵〈无著词〉偶题》，《红薇馆烬余草》卷六。

一、晚清民国学界对龚自珍学术价值的激烈论辩

在龚自珍看来，所谓道、学、治三者是统一的："一代之治，即一代之学也；一代之学，皆一代王者开之也。有天下，更正朔，与天下相见，谓之王。佐王者，谓之宰。天下不可以口耳喻也，载之文字，谓之法，即谓之书，谓之礼，其事谓之史。职以其法载之文字而宣之士民者，谓之太史，谓之卿大夫。"[1] 此一思想必然要求学术研究成为兼济社会、救治民生、教化万民的良方妙药。毋庸讳言的是，清代学术以经学为核心，因此晚清以来，政治家、思想家无论是著书立说，还是发表政见，都要从儒家经典的阐释入手，将自己的思想主张、政治学说披上经学的外衣，以便增强著书立说的可信性。宣传变法革新的龚自珍，进行托古改制的康有为，无一不是如此。自珍宣传他的政治变革主张，就以公羊家的"三世说"和《周易》的变易观念为依据，同时旁征博引儒家十三经、诸子百家与佛教经典。

自珍深知，千百年来世事变迁，何异于沧海沧田？如果拘泥于圣人"以《春秋》决狱"的具体条条框框，必定会南辕北辙，因此《春秋》之例有经有权，有正有变，后世学者只能"神而明之"，活学活用！因而统治者施政必须因时而变。自珍在解释《论语》"夏礼吾能言之"时说："圣人神悟，不恃文献，而知千载以上之事，此之谓圣。不可知之谓先觉。但著作之体，必须信而有征。无征不信，不信民弗从。圣人不肯以我一人之神悟而疑惑天下。后世之学者，且坏千古著作之例，故闷其言尔。"[2] 自珍指出，圣人能以神悟而知千载之事，

---
[1] 龚自珍：《乙丙之际著议第六》，王佩诤校：《龚自珍全集》第一辑，第4页。
[2] 徐世昌：《清儒学案》第6册（下），《定庵学案》，中华书局2008年版，第6168页。

本来可以不依靠经典来阐发治道，但圣人著述之所以有赖于经典，就是要增加民众的信任而已。自珍此论，正是其本人著述心声的夫子自道。

秉承此一学术思想，道光三年（1823）春夏之间，自珍作《五经大义终始论》暨《答问》九篇，认为五经大义蕴涵着有终有始、一以贯之的圣人之道，不但贯通天人之际，洞晓幽明之序，而且通行于社会发展的始、中、终的全过程。而始、中、终为社会发展的三个阶段，亦称"三世法"，也就是"始乎饮食，中乎制作，终乎闻性与天道"。自珍三世说源于公羊家所言"据乱世、升平世、太平世"，但并不囿于公羊家的成说，而是充分发挥自己对人类社会发展的见解，比公羊三世说有着更为丰富的内涵。自珍社会发展理论的进步性表现在他对民生饮食、典章制度与道德文教的重视，看到社会制度、国家治理与道德教化的进步都必须以经济发展为前提，而这些是公羊三世说所没有的内容。

自珍不是固守家法的今文经学家，而是通过援引《公羊》之义来阐发自己的政治思想，严格来说，自珍的三世说只是借用公羊学的传统形式，虽与公羊学关系密切，但早已脱出经学窠臼的羁绊，其思想精髓与时代发展的脉搏息息相关，在中国近代思想史上留下浓墨重彩的一笔，成为开一代风气的思想家。对自珍《五经大义终始论》的评判，学界持完全相反的态度，赞之者奉若神明，贬之者痛抵不遗余力。清代学者王蕴龄评价甚高，盛赞自珍"于内圣外王之全体大用，悦诸心而研诸虑久矣，忽然奋命褚墨，五经之文，浩乎若决江河而注诸海也。至于其所驱使，皆晚周秦汉古奥义，当为之正义一卷，以俟来者"[1]。王萱龄认为，自珍此文具备内圣外王的全体大用，深得晚

---

[1] 孙文光、王世芸：《龚自珍研究资料集》，黄山书社1984年版，第42—43页。

周秦汉儒学的古义。自珍学佛的第一导师江沅亦高度赞扬说:"此文如云霞在目,天女之衣,光采奇异,行而为金枝玉叶,散而为五色鸾凤,变化一跃千里。……六经之文,周之情,孔之思也。有此等文,而龚子之文,从无敌于汉以来天下。"① 江沅认为,自珍此文深合六经精义、周公制礼作乐以及孔子删定六经的微言大义,因此龚文可以"从无敌于汉以来天下"。

古文经学家对儒家经传的细微解释比较客观,孜孜于名物训诂、典章制度研究,其说大多墨守旧解,因循前代之说,在政治上多趋向保守,符合政治、经济、社会结构稳定时期对意识形态的要求。自珍对五经进行整体性全面阐释,发掘其中蕴涵的圣人微言大义,在他们看来是骇人听闻的"非常异议可怪之论",身为汉学名家的陈澧评价《五经大义终始论》,则与王藻龄、江沅完全相反,他说:"以孔子至圣但为《易传》,七十子以下,至汉之大儒所著者《礼记》《春秋传》《书大传》《诗传》《外传》,从无极五经主义以著论者。但观此题,即知其人之无学问,直狂妄而已,此之谓不知量。"② 陈澧论学与自珍不同,他认为孔子虽为至圣,不过作《易传》而已,作为孔门弟子的七十子以及汉代大儒,堪称圣贤辈出,也只作《礼记》《春秋传》《书大传》《诗传》《外传》,不过为五经作传注而已,无人胆敢讨论五经大义的终始之道。而自珍研治五经大义以求通于治道,在陈澧看来,简直是没有自知之明的虚诞欺人,为天下人所耻笑。

自珍一生沉涵于"天地东西南北之学",在清代学术史上影响最为深远的在于援引公羊学义例,议论批评时政。戊戌维新时期,康

---

① 江沅:《定庵文评》,孙文光、王世芸:《龚自珍研究资料集》,黄山书社1984年版,第43页。
② 陈澧:《定庵文评》,孙文光、王世芸:《龚自珍研究资料集》,黄山书社1984年版,第75页。

有为继承并发扬光大自珍以经议政的传统，重拾汉代今文家认为孔子是托古改制的素王之说，以及刘歆伪造古文经的论争，作《新学伪经考》与《孔子改制考》，从而掀起波澜壮阔的戊戌变法运动。康有为谈到道咸以来今文家的影响时说："吾向亦受古文经说，然自刘申受、魏默深、龚定庵以来，疑攻刘歆之作伪多矣，吾蓄疑于心久矣！"① 康有为作《新学伪经考》一书，认为古文经全是刘歆伪造，其思想源头可以追溯到刘逢禄、龚自珍与魏源三人对刘歆伪窜《左传》的质疑。戊戌变法时期的夏曾佑，对龚自珍推崇备至，曾作诗赠梁启超云："瑅人申受出方耕，孤绪微茫接董生。"② 瑅人即龚自珍，夏曾佑指出，刘逢禄、龚自珍之学出自庄存与，直接上承汉代董仲舒的春秋公羊学。

梁启超对自珍学术影响的评价最为公允，他说："晚清思想之解放，自珍确与有功焉。光绪间所谓新学家者，大率人人皆经过崇拜龚氏之一时期。初读《定庵文集》，若受电然，稍进乃厌其浅薄。然今文学派之开拓，实自龚氏。"③ 此一语道出自珍对晚清思想界的影响，自珍以今文经学的微言大义抨击封建专制，大胆畅言变法维新，这使资产阶级维新派的心灵被自珍的文章深深打动，他们对自珍几乎到了顶礼膜拜的程度，梁启超更将自珍誉为"法之卢骚（卢梭）"，坦言自己及朋友阅读龚集时"若受电然"的刺激。

自珍对君主专制的尖锐批判，对封建官僚的无情讽刺，有利于人们思想的解放；其呼吁变法改革，有利于欧美新思潮的输入。对此认识最为深刻的是梁启超，他说："吾见并世诸贤，其能为现今思想界放光明者，彼最初率崇拜定庵。……夫以十年以来，欧美学澎湃输

---

① 康有为：《重刻伪经考后序》，《新学伪经考》，古籍出版社1956年版，第379页。
② 梁启超：《清代学术概论》，东方出版社1996年版，第68页。
③ 梁启超：《清代学术概论》，东方出版社1996年版，第67页。

入,虽乳臭之子,其眇思醰说,皆能轶定庵;顾定庵生百年前而乃有此,未可以少年喜谤前辈也。"① 自珍思想在晚清思想界大放异彩,成为思想自由的先导,对于人们思想的解放与欧美新学术、新思想的输入,产生极为深远的影响。特别是鸦片战争后中国面临着数千年未有之变局,民族危机一步步加深,封建专制越来越成为中国进步的绊脚石,而自珍对封建专制的批评深入人心。自珍学术声望自晚清民国以迄今日长盛不衰,亦源于此。

在赞美称誉之外,对自珍的学术与思想进行批评否定的亦不乏其人。晚清大儒朱一新对自珍的鄙薄与訾议,主要集中于学术理念与小学功底,其言:

> 《公羊》家多非常可怪之论,西汉大师自有所受,要非心知其意,鲜不以为悖理伤教,故为此学者,稍不谨慎,流弊兹多。……若刘申受、宋于庭、龚定庵、戴子高之徒,蔓衍支离,不可究诘。凡群经略与《公羊》相类者,无不旁通而曲畅之。即绝不相类者,亦无不锻炼而傅合之,舍康庄大道而盘旋于蚁封之上,凭臆妄造以诬圣人,二千年来,经学之厄,盖未有甚于此者也。②

朱一新对自珍的批评,主要是认为他研究春秋公羊学,多蔓衍支离,穿凿附会,使经学面临困厄的境地。此外,自珍以公羊学三世说对当时社会进行尖锐批判,显示出强烈的忧患意识,对此,朱一新从学术研究应实事求是的角度,对自珍的三世说加以否定,其言:"定

---

① 梁启超:《论中国学术思想变迁之大势》,上海古籍出版社 2001 年版,第 126 页。
② 朱一新:《无邪堂答问》卷一,中华书局 2000 年版,第 20—21 页。

庵专以张三世穿凿群经,实则公羊家言惟张三世最无意义。何注'恩王父'之说,亦复不词,定庵以此为宗,乌足自名其学?凡此云云,皆所谓以艰深文浅陋也。"[1]朱一新的这些论调,显示出古文家与今文家治学思想的巨大差异,亦显示出朱氏学术思想的守旧与固蔽,而无损于自珍学术的价值。

1903年,张之洞曾作《学术》一诗:"理乱寻源学术乖,父仇子劫有由来。刘郎不叹多葵麦,只恨荆榛满路栽。"其自注说:"二十年来,都下经学讲公羊,文章讲龚定庵,经济讲王安石,皆余出都以后风气也。遂有今日,伤哉!"[2]此时民族危机加深,各种学术新思潮兴起,预示着中国社会将要发生一场深刻的社会变革。张之洞敏锐意识到今文经学兴起所导致的政治、学术的变化,"经学讲公羊"是道咸以后学术思潮的重要特点,自珍学术以公羊学为基础,京城学人推崇自珍文章,由此中国社会掀起的变法思潮汹涌澎湃,加速了社会变革的步伐。作为清廷维护者的张之洞将自珍视为祸乱之源,亦在情理之中。

当年反对维新变法的顽固派叶德辉,在清朝覆亡后总结其灭亡的原因时,归咎于自珍公羊学的盛行,其言:"曩者光绪中叶,海内风尚公羊之学,后生晚进,莫不手先生文一编。其始发端于湖湘,浸淫及于西蜀、东粤,挟其非常可怪之论,推波扬澜,极于新旧党争,而清社遂屋。论者追原祸始,颇咎先生及邵阳魏默深(指魏源)二人。"[3]叶德辉的这一论调,对自珍在晚清社会的影响不无夸大与歪曲之处,但从一个侧面说明,自珍学术对晚清思想的走向与政局演变影

---

[1] 朱一新:《无邪堂答问》卷一,中华书局2000年版,第21页。
[2] 张之洞:《张文襄公全集·诗集四·学术》卷227,中国书店1990年影印本,第4册,第1005页。
[3] 叶德辉:《郋园北游文存·龚定庵年谱外纪序》,《叶德辉文集》,岳麓书社2010年版,第323页。

响深远。

晚清学者丁福保亦持此论:"有清一代,为许郑之学者,以江浙为最盛。刘逢禄、龚自珍、魏源、宋翔凤,倡为今文之学。撷拾西汉残缺之文,欲与许郑争席。至康有为、廖平之徒,肆其邪说,经学晦盲而清社亦因之而屋焉。追原祸始,至今于龚魏,犹有余痛。"[1] 在丁氏看来,自珍倡导今文经学直接影响晚清的康有为、廖平,导致经学晦暗与清朝灭亡。事实上,清代灭亡自有缘由,与自珍学术没有直接关系,但由此可见,自珍在晚清思想界有着举足轻重的地位。事实上,是赞同今文经学还是古文经学,是抒发个人思想主张还是坚持经学家法,本质上是改革与守旧的政治思想的较量。晚清政治局势、社会生活、思想文化急剧变迁,固守祖宗之法只能让中国作茧自缚,坐以待毙,因此自珍的学术成为整个政界、学界关注的焦点。

辛亥革命前夕,推翻清王朝的革命呼声一浪高过一浪,改良与革命的论争颇为激烈,而今文经学家多认同、赞美清朝统治,因此遭到革命家的批判。在民族观念上,自珍采取一种颇为开明的接纳态度,对满洲贵族统治的清朝统治多所赞美。应该指出的是,自珍对清朝的赞美,并非是身为汉族士大夫却没有民族骨气,也并非慑于统治者的淫威而言不由衷。自珍从研经读史中,确实感受到清代典章制度的进步,在自珍看来,"史之百王,仁不仁之差,大端有三:视其赋,视其刑,视其役而已矣"。[2] 帝王的仁与不仁主要表现在赋税、刑罚、徭役三方面,清朝实行轻徭薄赋政策,"摊丁入亩"把赋税征收与田亩相连,废除中国实行两千多年的人头税,有利于减轻底层穷苦百姓的赋税负担。在刑罚方面,清代司法程序非常严格,避免统治阶级对平

---

[1] 丁福保:《畴隐居士学术史》,上海诂林精舍出版部1949年版,第14页。
[2] 龚自珍:《升平分类读史雅诗自序》,王佩诤校:《龚自珍全集》第三辑,第235页。

民百姓的滥杀，与先秦、汉唐与宋明相比，清朝刑罚大为减轻，确实与历史事实相符。在力役方面，清朝实行中外一家的政策，没有汉唐时期戍守边塞之民；一切城工、河防、内廷营造以及皇帝出行修治道路，都是雇民给予报酬，因此自珍断言，国朝没有力役之事。

龚家三代为官礼部，自珍少年长于京师，中年为官京师，熟悉清朝掌故典章，又饱读经史，从今昔对比中确实感受到朝廷典章制度的巨大进步，因此对清朝皇帝发出由衷的赞美，亦属常情常理。在研读春秋公羊传时，自珍对其中的华夷之辨持否定态度："宋、明山林偏僻士，多言夷、夏之防，比附《春秋》，不知《春秋》者也。《春秋》至所见世，吴、楚进矣。伐我不言鄙，我无外矣。《诗》曰：'无此疆尔界，陈常于时夏。'圣无外，天亦无外者也。然则何以三科之文，内外有异？答：据乱则然，升平则然，太平则不然。"[①] 在自珍看来，大讲夷夏之防的宋明儒者，多是隐居山林的偏僻之士，他们根本不了解《春秋》大义，在据乱世、升平世，夷夏之防确实存在，但人类进入太平世，夷夏之防、华夷之辨就会因为华夷一体、中外一家而消亡。

章太炎站在反满革命的立场，对自珍的批判颇为尖刻，首先是对其治学理念、学术功底进行否定："仁和龚自珍，段玉裁外孙也，稍知书，亦治《公羊》，与魏源相称誉。……要之，三子（指魏源、龚自珍、邵懿辰）皆好姚易卓荦之辞，欲以前汉经术助其文采，不素习绳墨，故所论支离自陷，乃往往如谶语。"[②] 对于自珍"六经皆史"之说，章太炎认为自珍抄袭章学诚之说；对于自珍恣意汪洋的诗文，章太炎则认为其文辞侧媚淫丽，甚至认为青年学子模仿龚文，将会导致

---

① 龚自珍：《五经大义终始答问七》，王佩诤校：《龚自珍全集》第一辑，第48页。
② 洪治纲主编：《章太炎经典文存·清儒》，上海大学出版社2003年版，第143页。

汉种的灭亡，他说：

> 自珍承其外祖之学，又多交经术士，其识源流，通条理，非源（指魏源）之俦，然大抵剽窃成说，无自得者。其以六经为史，本之《文史通义》，而加华辞。观其华，诚不如观其质者。若其文辞侧媚，自以取法晚周诸子，然佻达无骨体，视晚唐皮、陆且弗逮；以较近世，犹不如唐甄《潜书》近实。后生信其诳耀，以为巨子。诚以舒纵易效，又多淫丽之辞，中其所嗜，故少年靡然向风。自自珍之文贵，则文学涂地垂尽，将汉种灭亡之妖耶？①

章太炎认为龚文的盛行会导致汉族种姓的灭亡，以至于称之以"妖"，这里应该指出，辛亥革命期间反满革命思潮风起云涌，章氏对清朝的批判则出于反满革命的政治需要，在华夷之辨问题上与自珍持完全相反的态度。但章太炎激烈言辞的批判并未阻止龚文的广泛流传，相反，一代又一代学人从龚文中汲取营养，使自珍诗文的影响越来越扩大，而自珍成为"三百年来第一流"的学者、思想家。

民国时期，一些学者具有反满的革命情结，对于自珍没有华夷之辨、夷夏之防的思想观念深感遗憾，甚至认为这是自珍思想的巨大缺陷。比如钱穆认为，龚自珍治春秋，知有变法却不知有夷夏："当定庵之世，固是一初秋之世也。……定庵治《春秋》，知有变法，乃不知有夷夏。……定庵又言尊史，乃知有乾、嘉不知有顺、康，故止于言宾宾而不敢言革命。然则定庵之所讥'积百年之力，以震荡摧锄天下之廉耻，既殄既狁既夷'者，正彼之所以得夷踞于宾之上，而安为

---

① 洪治纲主编：《章太炎经典文存·说林》，上海大学出版社2003年版，第289页。

其主者也。"① 钱穆认为，龚自珍所生活的时代虽然衰象已经呈现，但还是不敢严格区分夷与夏，自珍畅言尊史，却只知道乾嘉盛世而不知道顺康时期满人对汉族圈地、剃发、易服、屠戮的罪行，因此对统治者止于宾宾关系而不敢畅言革命。钱穆的这些论点，没有顾及清朝进步典章制度对自珍思想的影响。

二、晚清民国文坛对龚自珍诗文成就的充分肯定

自珍诗文激情奔放，富有个性解放的人文色彩，外祖段玉裁甚至认为自珍诗文可与韩愈媲美，此非溢美之词。晚清文坛对自珍诗文成就的赞美几乎达成共识。道光三年六月，自珍编成《定庵初集》，诗文刊刻后诸家学者一睹为快，所写批语好评如潮。对于自珍《乙丙之际著议第六》，陈沆赞誉云："经之奥义，史之总论。"② 对于《农宗》一篇，魏源称赞说："此义古今所未发。此法若在国家初造之年，则亦易行。"③

作为自珍的西邻好友与内阁同僚，诗人吴嵩梁对自珍诗文风格作了整体评判。关于自珍诗赋，嵩梁云："其于屈原赋二十五篇貌全不似，而神味乃与之相上下。凡貌之似者，神恒背而驰也。"从表面形式来看，自珍诗赋与屈原赋没有相似之处，但神韵与之不相上下。关于自珍古文，嵩梁云："其言理者齐乎荀；其言情者齐乎屈、宋。然犹病其列于子，未进于经也。及读至《平均篇》《农宗》《五经大义终始论》各篇，则庶几七十子所述、二戴之流亚矣乎！"④ 嵩梁认为，

---

① 钱穆：《中国近三百年学术史》（下），商务印书馆1997年版，第613—614页。
② 樊克政：《龚自珍年谱考略》，商务印书馆2004年版，第241页。
③ 樊克政：《龚自珍年谱考略》，商务印书馆2004年版，第240页。
④ 樊克政：《龚自珍年谱考略》，商务印书馆2004年版，第244页。

自珍说理古文与荀子相齐，言情古文与屈原、宋玉相似，而读《平均篇》《农宗》《五经大义终始论》各篇，简直与孔子弟子七十子、西汉研治礼学的戴德、戴胜不相上下，嵩梁对自珍诗文成就评价颇高。

道光五年（1825），魏源代江苏布政使贺长龄纂辑《皇朝经世文编》，翌年成书。《文编》的纂辑是嘉道时期内忧外患在学术上的反映，成为晚清经世致用学风全面形成的界标。《皇朝经世文编》收录自珍所作《乙丙之际著议第六》《平均篇》《农宗》《西域置行省议》《拟上今方言表》《蒙古声类表序》《蒙古字类表序》《蒙古册降表序》《蒙氏族类表及在京氏族表宗序》《与人笺》《蒙古水地志序》《蒙古台卡志序》《蒙古像教志序》《上镇守吐鲁番领队大臣宝公书》共14篇。在《蒙古像教志序》后，魏源写批语说："圣人神道设教，因地制宜。此亦国家控驭扶绥之一大端也，故录之。"[①] 随着《皇朝经世文编》的广泛流传，自珍诗文声名亦噪。

经世学者李兆洛是自珍的学术前辈，在阅读《定庵文集》后，给友人写信赞美说："默深初夏过此，得畅谈，又得读定庵文集，两君皆绝世奇才，求之于古亦不易可得，恨不能相朝夕也。"[②] 李兆洛将龚自珍、魏源视为"绝世奇才"，以不能朝夕相处为憾。同辈友人蒋湘南作诗赞美自珍："文苑儒林合，生平服一龚。朝容方朔隐，世责展禽恭。沧海横流极，高山大壑逢。齐名有魏尚，可许我为龙。"[③] 蒋湘南称赞自珍诗文犹如高山大壑相逢，洋溢着钦佩之情。同时代的诗人林昌彝对自珍诗文给予高度评价，作诗赞美自珍"诗亦奇境独辟，如千金骏马，不受绁绁。美人香草之词，传遍万口。善倚声。道州何

---

① 魏源：《魏源全集》第17册，岳麓书社2004年版，第413页。
② 李兆洛：《与生邓守之》，《养一斋集》卷18，《续修四库全书》第1511册，上海古籍出版社1995年版。
③ 蒋湘南：《书龚定庵主政文集后并怀魏默深舍人》，《春晖阁诗选》卷五，民国十年陕西教育图书社铅印本。

子贞师谓其诗为近代别开生面,则又赏识于弦外弦、味外味者矣"①。自珍去世以后,晚辈后学对其人其文其诗更为叹服与钦佩。

光绪年间学者程秉钊对自珍颇为钦佩,15 岁就"好龚先生文",而且"笃信谨守三十余年",还榜其居室为"龚学斋",其《乾嘉三忆诗》云:"我忆仁和龚礼部,盱衡方合逞词锋。一虫独警谁同觉,万马无声病养痾。余事文章凌贾董,溯源苍籀订斯邕。同时未识南丰面,方寸灵香旦夕供。"②在程秉钊看来,自珍文采超越贾谊、董仲舒,诗中还流露出未能与自珍同时代、并与其相结识的遗憾,表现出对自珍诗文的无比崇敬之情。就连对自珍经学极尽攻击之能事的叶德辉,对其文章依然推崇备至:"然至今读先生所著书,未尝不想见怀抱之雄奇,于百千年世界之变迁,若烛照计数,燎如指掌,岂非浙西山川钟毓之灵,累叶械朴,作人之化郁而未发,特借先生一泄其奇耶?今先生之诗、文、词,久已家藏户诵。"③自珍的诗文在晚清风靡一时,人人交口称赞,模拟创作,正如徐世昌所说:"光绪甲午以后,其诗盛行,家置一编,竞事摹拟。……平心论之,定庵博通群籍,余事为诗,天骥簫云,终殊凡马。"④自珍集诗才与博学为一体,在诗词创作方面取得非凡的成就。

辛亥革命时期,一些资产阶级思想家、文学家推崇自珍诗文,作为"南社"发起人、领袖人物的柳亚子,是中国近代诗歌史上的重要诗人,16 岁时读到龚自珍的诗,视为奇货,认为"梁启超和龚自珍,在当时可说是我脑中的两尊偶像。……说明我瓣香所在,是亭

---

① 林昌彝:《射鹰楼诗话》卷十,上海古籍出版社 1988 年版,第 217 页。
② 王佩诤校:《龚自珍全集》附录,上海古籍出版社 1975 年版,第 657 页。
③ 叶德辉:《郋园北游文存·龚定庵年谱外纪序》,《叶德辉文集》,岳麓书社 2010 年版,第 323 页。
④ 徐世昌:《晚晴簃诗汇》卷 135,中华书局 1990 年版。

林、存古、定庵三家,当然就可以表示我自己作诗的方向了"①。他推誉自珍诗文是"三百年来第一流",并自称"我亦当年龚自珍"。南社诗人的诗歌创作从内容到形式皆以龚诗为榜样,掀起诗界学习龚诗的浪潮。南社诗人高旭、苏曼殊等人以"龚派自许",有意模仿自珍诗词,采用自珍诗词的格调进行创作,并且以集龚句诗作为表达思想感情的一种方式。据1936年出版的《南社诗集》统计,集龚句的诗,竟有三百余首。②杨杏佛作《感事十绝集定庵句》,其中一首为:"万马齐喑究可哀,高吟肺腑走风雷。田横五百人安在? 悄向龙泉祝一回。"③此诗由自珍不同诗作中的句子组合而成,但自出新意,可为上乘之作。

"五四"新文化运动后,鲁迅、胡适、郁达夫、俞平伯等人不同程度地受到自珍思想与诗文的影响,因为在大变革时期,最需要一种反抗的精神、奔放的热情、自由的价值取向,而自珍兼有这些气质。对于自珍诗文在晚清民国的影响,1935年,王文濡在为世界书局出版的《龚定庵全集》作序时写道:"清至嘉道,学涸文敝,索索无生气,定庵乃崛起于其间。……文宗诸子,奥博纵横,变化不可方物。诗亦浸淫六朝而出,清刚隽上,自成家数。晚尤耽心禅悦,游目释藏,故所作多大彻大悟之言。沿及同光,风尚所趋,尊为龚学。掇其单句片词,即登高第而猎盛名,家弦户诵,遍于江浙。"④王文濡对龚诗评价甚高,认为"自成家数",影响所及在江浙一带几乎家弦户诵,甚至摘取其中的单句片词,即可猎取文坛盛名。王氏所说不无夸张之处,但自珍诗文成就之高,影响之大,可见一斑。

---

① 孙文光、王世芸编:《龚自珍研究资料集》,黄山书社1984年版,第236—237页。
② 孙文光、王世芸编:《龚自珍研究资料集》,第241页。
③ 杨铨:《杏佛遗诗·感事十绝集定庵句》,《人间世》1934年第8期,第41页。
④ 夏田蓝编:《龚定庵全集类编·王序》,中国书店1991年版,第1页。

自珍诗文古奥难懂，此与其独特的文风有关，另一方面自珍诗文旨深意远，具有强烈的社会批评意识，慑于清廷专制积威的高压，自珍希望以隐约迷离的文风，在增强治学理念与政治思想表达效果的同时，亦可借此避祸，梁启超说："生网密之世，风议隐约，不能尽言，其文又瑰玮连犿，浅学或往往不得其指之所在。"① 由此可见，龚文有的隐晦曲折，有的纵横不羁，有的掩抑低徊，有的深刻峭厉，有的恣意汪洋，风格可谓多姿多彩。对此，刘师培曾说："龚氏之文自矜立异，语羞雷同，文气佶聱，不可卒读，或语求艰深，旨意转晦，此特玉川、彭原之流耳。或以为出于周秦诸子，则拟焉不伦。……近岁以来，作文者多师龚、魏，则以文不中律，便于放言，然袭其貌而遗其神。"② 刘师培对自珍学术虽有微词，但所论深合自珍诗文特色：用词古奥，想象奇伟浪漫，读起来较为吃力。不要说普通大众，即使造诣深邃的文史大家，阅读自珍诗文亦不轻松。

当代学者李泽厚提到自珍诗歌的艺术特色及其影响时说："龚自珍的诗歌，又特别是七绝，在晚清风靡一时，'避席畏闻文字狱，著书都为稻粱谋'；'田横五百人安在，难得归来尽列侯'；……'我劝天公重抖擞，不拘一格降人才'；……，慷慨、怅惘、悲愤、凄婉，完全适应和投合开始个人觉醒的晚清好几代青年知识分子的情绪和意向。从公羊到佛学，从浪漫诗文到异端观念，都是与封建正统的汉学考据、宋学义理相对抗着的。它们无一不开晚清之先声。龚自珍为中国近代思潮奏出了一个浪漫主义的前奏曲，这个充满异端情调的序曲，在稍后的时代里就发展成为激昂强烈的真正的交响乐章。无论在文学上、政治上或学术上，都如此。叛逆的果核开了花，龚自珍的

---

① 梁启超：《论中国学术思想变迁之大势》，上海古籍出版社2001年版，第126页。
② 刘师培：《中国中古文学史讲义·论近世文学之变迁》，时代文艺出版社2009年版，第209—210页。

'公羊今文学'终于在康有为手里取得了丰硕的收获。"[1] 在当今社会自珍诗文仍是蕴涵宏富的宝库,既可以了解晚清学术思想的发展脉络,又可以启发新一代学人关于人的觉醒与思想意识的再反省,以及传统政治制度的固有弊病及其改革问题。

三、1949 年新中国成立后对龚自珍诗文集的整理与评价

自珍以旷古未有的奇才,狂放不羁的个性,恣意汪洋的笔触,奇伟瑰丽的风格,创作大量饮誉当世又垂范后世的文章与诗词,好友王昙称其文"绝空一世,前宿难得"。自珍不朽的诗文使其在青年时代即轰动学术界与思想界,而且在其身后,更影响一代又一代的学人士子,诸多活跃在近代中国历史舞台上的社会精英,无不深受自珍思想的感染,对其诗文推崇不已。

自珍生前即将其诗词与文章结集刻印,21 岁编成词集《怀人馆词》《红禅词》,后又编成《定庵文集》以及《己亥杂诗》,但这些刻本流传不广。此外,为了只将精品诗文流传于世,自珍还将诸多诗文弃而不刻。自珍卒后,吴煦、朱之榛、王文濡等人相继刊刻自珍的文集及其补编,比较著名的有邃汉斋校订本、扶轮社本。此外,还有一些学者致力于龚文的辑佚工作,章钰、张祖廉、吴昌绶等人搜集了自珍的大量佚稿。这些对自珍文集搜集整理、校勘刻印的工作,为新中国成立后进一步编辑《龚自珍全集》奠定基础。

1949 年新中国成立后,学术界开始以马克思主义观点研究龚自

---

[1] 李泽厚:《十九世纪改良派变法维新思想研究》,《中国思想史论》(中),《中国近代思想史论》,安徽文艺出版社 1999 年版,第 371 页。

珍，对自珍思想进行较为科学、深入的分析和说明。各家之说基本一致，主要见解"（一）龚氏的中心思想是社会批判和改良论；（二）其思想的另一重要方面，是追求个性解放；（三）龚氏面临帝国主义侵略的危机，还具有高度的爱国主义思想。因此，他是在中国封建社会开始发生重大变化的前夕，一个主张改革腐朽现状、抵抗帝国主义侵略的近代资产阶级改良主义启蒙思想家"。[1] 事实确实如此，龚自珍的学术、思想之所以长盛不衰，与其在近代思想史、文学史上开创一代风气，产生振聋发聩的影响有密切关系。

由于学界对龚自珍的思想、文学评价极高，因此20世纪50年代就由著名藏书家、历史学家王佩诤负责编辑《龚自珍全集》，这是对自珍诗文集进行的最为全面的整理校注。1961年，王佩诤为《龚自珍全集》写《前言》时指出："一个世纪以来，龚自珍曾经被人这样称誉过，也曾经被人那样诋毁过，可是无论是誉或是毁，都使人们看到一个基本事实，即是他在近代思想史、文学史上的巨大影响。一种思想的出现，是一定历史实践的产物，从而产生的影响，无论是誉或是毁，也是历史实践的反映。正确地评价龚自珍是今天思想史研究者、文学史研究者的责任。"[2] 事实亦是如此，在思想史、文学史上"开一代风气"是对自珍诗文颇为准确的评价。

1978年《中华文史论丛》发表王元化的文章《龚自珍思想笔谈》，对龚自珍在近代史上的地位给予高度评价，认为龚自珍是"揭开中国近代思想史第一页"的人物，他说："我国近代史以鸦片战争为起点，在这个新旧交替的大动荡时代需要有魄力的人物出现，并且也确实产生了一批学识渊博、性格坚强、才气横溢的思想家。他们

---

[1] 徐鹏绪、张俊才：《中国近代文学研究概论》，天津教育出版社1992年版，第198—199页。
[2] 王佩诤校注：《龚自珍全集·前言》，上海古籍出版社1999年版，第3页。

留下的著作不仅反映了自己的时代,而且也开导了以后资产阶级启蒙思潮的先河。他们中间的主要代表就是龚自珍。"[1]王元化写此文时,"文化大革命"刚刚结束,他本人尚未平反,书籍尚未启封,手边缺乏资料,以致文中有两三处失实的地方。他之所以急于写作此文,原因在于龚自珍"对没落腐朽的封建社会进行了辛辣的揭露,犀利的批判。今天当我们肃清'四人帮'大量散布的封建专制主义流毒的时候,龚自珍的批判就更显出了它的一定意义"[2]。

关于自珍思想及其文集的意义,1994年著名学者张岱年先生主编的《中国启蒙思想文库》,收录康沛竹选注的《尊隐:龚自珍集》,对自珍进行历史定位云:"龚自珍是中国近代著名的启蒙思想家,'开一代新风'的学者、诗人,忧国忧民的爱国主义者。他承继历代革新传统,指陈时弊,成为中国近代维新思想运动的先驱。他的诗文想象丰富,气势磅礴,寓意深刻,笔锋犀利,犹如声声惊雷,振聋发聩,起了警醒时人、启迪后世的作用。"[3]在此,康沛竹指出自珍诗文的价值不仅在于深邃的思想性,而且就其文学创作的艺术水平而言亦有不朽的价值,值得后世读者阅读欣赏。

这里借助李泽厚先生之论加以说明,他说:"龚自珍思想的特点和意义,主要是在于那种对黑暗现实(特别是对那腐败之极的封建官僚体系的种种)的尖锐嘲讽、揭露、批判,在于那种极尽嬉笑怒骂之能事的社会讥评,在于那种开始隐隐出现的叛逆之音。这种声音在内容上触着了最易使近代人们感到启迪和亲切的问题——如君主专政、如个性的尊严和自由、如官僚政治的黑暗;而在形式上,这种声音又响奏着一种最易使近代人们动心的神秘隐丽、放荡不羁的浪漫主义色

---

[1] 王元化:《文学沉思录》,上海文艺出版社1983年版,第180页。
[2] 王元化:《文学沉思录》,上海文艺出版社1983年版,第217页。
[3] 康沛竹选注:《尊隐:龚自珍集·编序》,辽宁人民出版社1994年版。

调——所以，无论是龚氏装在'公羊今文学'中的'非常异义可怪之论'，或者是龚氏那些慷慨浪漫的诗歌散文，就都深深地打动和投合了要求冲破旧束缚、向往自由和解放的晚清一代年轻人们的心灵和爱好。龚自珍的诗文在晚清风行一时，不是偶然的现象。"[1] 今天我们重新审视自珍的学术成果，其思想魅力与学术价值，没有丝毫的减损与削弱。

---

[1] 李泽厚：《十九世纪改良派变法维新思想研究》，《中国思想史论》（中），《中国近代思想史论》，第370页。

结　语

运用诗词证史，开拓清代士人日常生活史研究

龚自珍是中国近代开一代学术新风的启蒙思想家，本书在日常生活史的语境之下，将龚自珍的学术交游与生活世界置于晚清政治、社会、学术发展的大背景下，深度描画龚氏作为一位普通士大夫的学术交游、科举之路、家庭生活与休闲生活，把龚自珍由一位思想启蒙的"荷戈斗士"，还原为一位有血有肉、有情有欲的读书士子，并揭示其日常生活背后深邃的文化意蕴与政治内涵。同时，通过龚自珍的个例，来展示嘉道时期士大夫的精神风貌，着重研究清代学人士子的生存状态。

本书开篇讨论自珍的家世家学，主要勾勒龚氏家族在杭州绵延数百年的兴旺图景以及外祖段玉裁对自珍的学术影响。龚氏家族以科目起家，簪缨文史，堪称浙江右族，其族人极具文化涵养，大多有诗集文集传世，特别是外祖段玉裁为乾嘉汉学名家，对自珍学术的形成影响颇大。玉裁晚年反思汉学繁琐之弊，希望学术研究阐发五经中治国安邦的大道，此一学术理念深刻影响了自珍的学术理念。在这样一个书香门第的官宦世家，自珍习闻政事，濡染家学，其治学思想与人生轨迹深受家学熏陶。

科举考试是龚氏生活世界的重要组成部分，自珍才华横溢，拥有优越的家学资源，但科举之路并不顺利，经过六次会试直到 38 岁才成为进士。第二章着力描绘自珍的科举之路与嘉道时期的科场世相

及其弊病，而屡试落第、忧时愤世、科举焦虑与心理调适，是龚氏科举之路的主旋律。由于自珍一直对时政直陈无隐，加上楷法不好，因此成进士后未能入翰林院，更谈不上入阁拜相，其一生沉抑于闲曹冷职。此与万马齐喑、国运中衰的嘉道政局密切相关。自珍由于激烈抨击君主专制，给人以"荷戈斗士"的印象。事实上自珍内心颇为纠结，屡次通过戒诗、逃禅、隐逸等方式来舒缓内心的压力与紧张，力图避免自身与官场的冲突，但率真狂傲的个性使其批判锋芒不可遏抑，本书揭示自珍批判意识形成的个性因素。

第三章写龚氏的学术交游与学术递嬗，龚氏一生求学宦游之地主要在江南与京师。江南地区人文昌盛，科举发达，而龚家世代为宦，外祖段玉裁弟子门人遍及大江南北，因此自珍的交游圈层，多为京师与江南地区的达官贵人、学者名流与文人雅士，他们与自珍是同乡、同学、同年，或者京师同僚，形成一个庞大的学术交游网络。龚自珍借助外祖段玉裁的学术影响与学术人脉，通过与江南学者陈奂、江沅、钮树玉、顾广圻、江有诰等人的学术交游，推进江南地区的学术递嬗。京师为人才荟萃之地，学术风气领全国之先，在自珍的京师交往圈中，不乏达官贵人与王侯卿相，但自珍通过交游网络来传播其政治主张与学术见解，并非为其迁升谋求"庇护制网络"。龚氏在京师遍交学者名流，对其西北史地研究影响颇大。

着力展示龚自珍的家庭生活、情感世界与生计状态，揭示母亲段驯，妻子段美贞、何吉云，侍妾灵箫在自珍的生活中所扮演的角色，并描绘龚氏的生计状况，诠释其金钱观，是本书第四章的写作主旨，亦颇为符合目前日常生活史的写作风格。母亲段驯给了自珍最温柔的母爱，龚氏一生依恋母爱，追寻童心，对其个性成长、心理结构、仕途发展及诗文创作，皆产生深远的影响。在婚姻生活上，青梅竹马的段美贞的猝然离世，在自珍心灵上形成了巨大的悲剧意识；继室何吉云堪称能诗善书的绝世名姝,给了自珍温馨的家庭生活,颇令世人羡慕。但自珍有选色谈空、花夜冶游的文人积习,道光十九年(1839),自珍与歌姬灵箫的恋爱折射出龚氏崇尚率性纯真、追求个性解放的人性观。在金钱消费方面,龚氏恪守着传统士大夫重义轻利的观念,一生瞩目于筹划国计民生,而非求田问舍。

精描细画龚自珍休闲生活的实景状况与学术声名的传播是本书最后一章的主旨。龚氏长期生活于天下士子心仪的京师,或者往返于江南各地,其休闲生活丰富多彩,多为宴饮雅集、饯春诗会、重阳登高、冬季消寒、游山赏花等,或是纪念文学巨匠、经学大师生日的学术雅集,展现了清代文人士大夫的生存状态,体现出休闲生活的本体意义。同时龚氏频繁参与各种雅集休闲,有利于传播其学术声名与思想主张。自珍诗文结集刊刻较早,每次刊刻都会在学界引起强烈的反响,既有高度赞赏,亦有激烈批评,背后体现其学术理路与政治思想的深刻分歧。自珍生前"负尽狂名三十年",死后更是声誉日隆,龚氏光辉灿烂的启蒙思想家形象的百年塑造,与近代政治的风云激荡息息相关。

本书的一个亮点即诗词史料的运用,以诗证史,以词证史。笔者独辟蹊径,利用龚氏及其师友的诗词史料,辅以其他文献史料,来勾画龚氏的生活图景。史料是历史研究的基础,新史料的发现是推动史学发展的重要动力。20世纪是一个史料发现的时代,包括甲骨卜辞和金文、战国至晋简牍、魏晋南北朝和隋唐碑文墓志、敦煌资料、唐宋律令、域外汉籍以及明清内阁大库档案等,这些新史料的发现直接促进了史学研究的空前繁荣。著名学者陈寅恪主张尽可能扩充史料的领域,重视新史料的发现,关于什么是新材料,陈寅恪的看法是:"所谓新材料,并非从天空中掉下来的,乃指新发现,或原藏于他处,或本为旧材料而加以新注意,新解释。"[1]陈先生在此指出,新史料除了新出土的考古史料、新发现的典籍之外,还有一类新史料就是对于那些本来为旧材料却长期被忽略,在新的研究视角与研究范式之下,加以新的诠释,从而写出的崭新的学术著作。

当代学者邓小南指出,新材料中的另外一类是尽管长期存在,却一直被忽视的"边缘材料"。这类材料有赖于在新的史学问题意识的带动下,通过运用新视角、新眼光产生新的学术成果。关于中国古代性别史的研究,邓小南呼吁社会史学者要突破"一种根深蒂固的'经典话语系统',需要把研究的取材范围从'精英著述'扩大到'边缘材料',这里既包括文字资料的拓展(例如正史等传统文献之外的档案、方志舆图、墓志碑铭、宗教典籍、医书、笔记小说、诗词乃至书信、契约、婚帖等等),又包括对于各类实物资料、图像材料乃至情境场景(发生环境、社会氛围等等)的综合认识及其与文字资料的互补和互证"[2]。毋庸讳言,新材料的发现可以带动新议题,但有些领域并没有足以刺激新议题、冲击原有研究体系的新史料的发现,这就更加有赖于传统史料的再研读,因此邓小南认为,材料出"新"有时要依赖于眼光的"新"。事实确实如此,目前关于唐宋时期性别史、妇女史的研究在新文化史、社会性别史的新视域之下,在发掘以往被忽略的边缘史料的同时,利用新出土的各类文书、墓志、绘画、俑偶、雕塑等,为妇女史的研究开辟了一片新天地。

目前关于清代学术史的研究,占据主流的是以文献学方法诠释清代学术经典,学术界关注的问题无非是乾嘉考据学兴起的原因,清代学者的治学理念,学人游幕与乾嘉学术,清代经学与政治、文学、西

---

[1] 马亮宽:《陈寅恪》,陕西师范大学出版社总社有限公司2017年版,第47页。
[2] 邓小南:《出土材料与唐宋女性研究》,《邓小南自选集》,首都师范大学出版社2015年版,第397页。

学东渐的关系,乾嘉汉学与程朱理学、陆王心学的关系,乾嘉学术幕府,领军人物如朱筠、阮元的相关研究,乾嘉学术研究的特色与问题等。随着当今学者知识结构的变迁以及学术研究风气的转移,越来越多的年轻学者对艰深晦涩的清代学术、乾嘉汉学研究不感兴趣,甚至视为畏途,其研究成果的社会反响亦颇为冷落,清代学术史的研究方法需要进行新的开拓与尝试。

日常生活史是国内史学界新兴的研究领域,这一研究主张回到日常生活的情景现场,在具体的日常生活细节中发现历史。在此一视角下,不仅可以展现出一个以生活图景为中心的社会面相,而且可以揭示出社会变迁的具体演变轨迹。在清代学术史的研究上,学术界可以打通学术思想史与社会生活史的界限,让学者文人走出象牙塔,去研究他们作为普通士人的日常生活与精神世界,展现他们有血有肉、有思想有感情的鲜明个性,从而揭示清代士人的精神风貌与历史命运,他们不仅具有丰富精彩的人生可供学术界研究,同时留下丰富的史料使学术界研究其日常生活成为可能:这些史料包括文集、诗词、年谱、日记、笔记、书信、野史逸闻、掌故趣谈等。清代学者的学术交流颇为频繁,就地域而言,江南地区人文鼎盛,士人群体颇为庞大,由于参加顺天乡试,或是三年一度的会试的需要,或者游学、作幕与任官的原因,全国各地的士人周期性地聚集京师,文人雅集难免于樽酒流连之际作诗填词,因此留下了大量有关学者个人人生印迹的诗词史料。

诸多著名清代学者的诗文集早已整理点校或是影印出版,其中的诗集、词集不但数量巨大,而且内容颇为丰富,包括个人的日常生活、人生经历、师友聚会,自然风光、风土人情等,为研究清代学人的个人生活与群体风貌提供宝贵史料,那些名气不大或流传不广的学者诗文集,目前大多收录在《清代诗文集汇编》之中,已由上海古籍出版社于2010年出版,它是迄今内容最为丰富、卷帙最为浩瀚的清代诗文总集，收录清人诗文集4000余种，涉及作者3400余人，为学术界利用清人诗词研究士大夫的日常生活提供文献基础，使诗词证史成为可能。事实上，诗词证史运用于史学研究具有悠久的传统，并非近年才有的"新事物"。

以诗证史、以小说证史是现代史家颇为推崇的一种治史方法，可以追溯到清初大儒黄宗羲，晚清则有刘师培、邓之诚的实践，清末刘师培发表《读全唐诗发微》，邓之诚《清诗纪事初编》则撰写于抗战时期。"以诗证史"的方法虽非陈寅恪首创，但陈先生确为"以诗证史"的高手，《元白诗笺证稿》达到"以诗证史"的高妙境界，为他人难以企及，其贡献在于把这种研究方法系统化、完善化。

陈寅恪夫人唐筼所作笔录，记载了陈先生以诗证史的见解："中国诗虽短，却包括时间、人事、地理三点。……中国诗既有此三特点，故与历史发生关系。……把所有分散的诗集合在一起，于时代人物之关系、地域之所在，按照一个观点去研究，联贯起来可以有以下作用：说明一个时代之关系。纠正一件事之发生及经过。可以补充和纠正历史记载之不足。最重要是在于纠正。元白诗证史即是利用中国诗之特点来研究历史的方法。"[①]《元白诗笺证稿》一书中处处可见陈先生从时间、人事和地理多方面相结合而"以诗证史"。陈寅恪晚年，耗尽心血完成《柳如是别传》，据统计共引用约600种材料，包括正史、野史、年谱、志书、笔记、小说和诗词、戏曲、文集等，把以诗文证史的方法发挥得淋漓尽致。

众所周知，史学是一门以"史实"为基础的学科研究，以诗证史就涉及诗作所涉及的时间、地点、人物的真实性问题，即诗本事问

---

① 陈寅恪：《陈寅恪集：讲义及杂稿》，《元白诗证史听课笔记片段》，生活·读书·新知三联书店2002年版，第483—484页。

题。但清代学人的诗歌与词作，绝大多数有确切的写作时间、地点与相关人物，真实记录他们的人生轨迹、生存实态、衣食住行、悲欢离合、思想境界与交游场景，可以用来构建他们的日常生活图景。本书在以诗词证史时，就颇为注意此类问题，尽力避免使用单一的诗词资料而引起学术界的诟病，而是运用各种史料相互参证，在科学严谨的学术分析基础上进行研究，对那些可能失真的野史逸闻作了一定的辨析说明，意在揭示这些历史记述背后的文化意蕴。

参考文献

一、古典文献

王佩诤校:《龚自珍全集》,上海古籍出版社,1975 年。

夏田蓝编:《龚定庵全集类编》,中国书店,1991 年。

樊克政编:《中国近代思想家文库·龚自珍卷》,中国人民大学出版社,2015 年。

魏季子:《羽琌山民逸事》,《丛书集成续编》第 36 册,上海书店出版社,1994 年。

刘逸生、周锡䪖校注:《龚自珍诗集编年校注》,上海古籍出版社,2013 年。

刘逸生:《龚自珍己亥杂诗注》,中华书局,1980 年。

杨柏岭:《龚自珍词笺说》,黄山书社,2010 年。

段玉裁:《经韵楼集》,凤凰出版社,2010 年。

段玉裁:《说文解字注》,江苏广陵古籍刻印社,1997 年。

段玉裁:《古文尚书撰异》,《续修四库全书》第 46 册,上海古籍出版社,1987 年。

龚守正:《季思手定年谱》,咸丰年间刻本。

龚守正著,龚家尚辑:《艳雪轩随记·家乘述闻》,《仁和龚氏集》民国钞本。

龚自闳:《龚自闳集》,《清代诗文集汇编》第 676 册,上海古籍出版社,2010 年。

龚自闳:《盟鸥舫文存》《盟鸥舫诗存》,《晚清四部丛刊·第六编》91，（台中）文听阁图书有限公司，2011 年。

龚自闵：《听绿山房丛钞》，《仁和龚氏集》铅印本。

田汝成：《西湖游览志》，东方出版社，2012 年。

李贽：《焚书 续焚书》，岳麓书社，1990 年。

《清高宗实录》，中华书局，1985、1986 年。

《清仁宗实录》，中华书局，1986 年。

《清宣宗实录》，中华书局，1986 年。

《清宣宗御制文初集》《清宣宗御制文余集》，《故宫珍本丛刊》第 583 册，海南出版社，2000 年。

《清朝文献通考》，浙江古籍出版社，1998 年。

礼部纂：《钦定科场条例》，沈云龙主编：《近代中国史料丛刊三编》第 48 辑，（台北）文海出版社，1989 年。

昆冈等纂：（光绪朝）《大清会典事例》，《续修四库全书》第 798—814 册，上海古籍出版社，1995 年。

王钟翰点校：《清史列传》，中华书局，1987 年。

上海师范大学图书馆编：《清代碑传全集》，上海古籍出版社，1987 年。

赵尔巽：《清史稿》，中华书局，1998 年。

顾炎武著，黄汝成集释：《日知录集释》，岳麓书社，1994 年。

黄宗羲：《黄宗羲全集》，浙江古籍出版社，2005 年。

袁枚：《随园诗话》，浙江古籍出版社，2016 年。

全祖望：《鲒埼亭集》，《万有文库》第二集 484，商务印书馆，1936 年。

纪昀：《纪文达公遗集》，《续修四库全书》第 1435 册。

陈宏谋：《五种遗规》，线装书局，2015 年。

余集：《秋室学古录 梁园归棹录》，《清代诗文集汇编》第 395

册，上海古籍出版社，2010 年。

惠栋：《松崖文钞》，《清代诗文集汇编》第 284 册。

陈黄中：《东庄遗集》，《清代诗文集汇编》第 301 册。

杭世骏：《道古堂文集》，《清代诗文集汇编》第 282 册。

汪启淑：《水曹清暇录》，北京古籍出版社，1998 年。

于敏中等纂辑：《日下旧闻考》，北京古籍出版社，1985 年。

戴璐：《藤阴杂记》，北京古籍出版社，1982 年。

阮元：《两浙輶轩录》，浙江古籍出版社，2012 年。

阮元著，邓经元点校：《揅经室集》，中华书局，1993 年。

胡匡衷：《仪礼释官》，《续修四库全书》第 89 册。

洪亮吉：《洪亮吉集》，中华书局，2001 年。

钱大昕：《潜研堂集》，上海古籍出版社，1989 年。

钱大昕：《十驾斋养新录》，江苏古籍出版社，2000 年。

卢文弨：《抱经堂文集》，中华书局，1990 年。

程瑶田撰，陈冠明等校点：《程瑶田全集》，黄山书社，2008 年。

卢见曾：《雅雨堂文遗集》，《清代诗文集汇编》第 268 册。

孙星衍：《平津馆文稿》，《清代诗文集汇编》第 436 册。

郑晓霞、吴平标点：《扬州学派年谱合刊》，广陵书社，2008 年。

臧庸：《拜经堂文集》，《续修四库全书》第 1491 册。

程同文：《密斋文集》，《清代诗文集汇编》第 495 册。

钮树玉：《段氏说文注订》，《丛书集成初编》第 1132、1133 册，中华书局，1985 年。

胡培翚：《研六室文钞》，《清代诗文集汇编》第 538 册。

郝懿行：《郝懿行集》，齐鲁书社，2010 年。

阮葵生：《茶余客话》，中华书局，1960 年。

英和：《恩福堂笔记》，上海古籍出版社，1985 年。

石韫玉：《独学庐四稿》，《清代诗文集汇编》第 447 册。

江藩：《国朝汉学师承记》，中华书局，1983 年。

吴嵩梁：《香苏山馆诗集》，《香苏山馆文集》，《清代诗文集汇编》第 482 册。

归懋仪：《归懋仪集》，李雷主编：《清代闺阁诗集萃编》第 4 册，中华书局，2015 年。

顾广圻：《顾千里集》，中华书局，2007 年。

梁章钜：《楹联丛话》，中华书局，1987 年。

梁章钜、朱智撰：《枢垣记略》，中华书局，1984 年。

小横香室主人撰：《清朝野史大观》，中央编译出版社，2009 年。

胡承珙：《求是堂文集》，《续修四库全书》第 1500 册。

何绍基：《东洲草堂文集》，沈云龙主编：《近代中国史料丛刊》第 885 册，（台北）文海出版社，1967 年。

何绍基著，曹旭校点：《东洲草堂诗集》，上海古籍出版社，2012 年。

张祥河：《关陇舆中偶忆编》，雷瑨辑：《清人说荟》石印本，（上海）扫叶山房，1917 年。

吴清鹏：《笏庵诗钞》，《清代诗文集汇编》第 553 册。

凌廷堪：《凌廷堪全集》，黄山书社，2009 年。

昭梿：《啸亭杂录》附《啸亭续录》，中华书局，1980 年。

姚元之：《竹叶亭杂记》，中华书局，1982 年。

钱泳：《履园丛话》，中华书局，1979 年。

福格：《听雨丛谈》，中华书局，1984 年。

陈康祺：《郎潜纪闻初笔二笔三笔》，中华书局，1984 年。

陈康祺：《燕下乡脞录》，光绪年间刻本。

欧阳兆熊、金安清：《水窗春呓》，中华书局，1984 年。

陈寿祺：《左海文集》，《清代诗文集汇编》第 499 册。

陈奂：《师友渊源记》，《丛书集成续编》第 36 册，上海书店出版社，1994 年。

徐松著，朱玉麒整理：《西域水道记》（外二种），中华书局，2005 年。

魏源：《魏源全集》，岳麓书社，2004 年。

黄爵滋：《黄爵滋奏疏》，《黄爵滋奏疏许乃济奏议合刊》，中华书局，1959 年。

徐宝善：《壶园诗钞选》，《清代诗文集汇编》第 567 册。

江有诰：《音学十书》，中华书局，1993 年。

姚莹：《东溟文后集》，《近代中国史料丛刊续辑》第 6 辑。

曹籀：《籀书》，《清代诗文集汇编》第 607 册。

蒋湘南：《七经楼文钞》，中州古籍出版社，1991 年。

陈沆著，宋耐苦、何国民编校：《陈沆集》，湖北教育出版社，2016 年。

张际亮：《思伯子堂诗文集》，上海古籍出版社，2007 年。

张维屏：《张南山全集》，广东高等教育出版社，1994 年。

沈垚：《落帆楼文集》，《清代诗文集汇编》第 598 册。

潘谘：《潘少白先生文集》，《清代诗文集汇编》第 519 册。

沈善宝：《名媛诗话》，《续修四库全书》第 1706 册。

况周颐：《蕙风簃随笔》，《蕙风丛书》，（上海）中国书店，1926 年。

吴振棫编：《国朝杭郡诗辑》，清同治十三年钱塘丁氏刊本。

吴振棫编：《国朝杭郡诗续辑》，清光绪二年杭州丁氏刊本。

叶景葵：《卷盦书跋》，上海古籍出版社，2006 年。

汤漱玉：《玉台画史》，清道光十七年汪氏振绮堂刊本。

李慈铭：《越缦堂读书记》，中华书局，1963 年。

杨钟羲：《雪桥诗话全编》，人民文学出版社，2011 年。

席吴鏊：《内阁志》，《丛书集成初编》第 887 册，中华书局，1985 年。

葛士濬：《皇朝经世文续编》，（上海）天章书局，1902 年。

叶昌炽：《藏书纪事诗》，北京燕山出版社，2008 年。

吴庆坻：《蕉廊脞录》，中华书局，1990 年。

陈夔龙：《梦蕉亭杂记》，北京古籍出版社，1985 年。

朱克敬：《瞑庵杂识 瞑庵二识》，岳麓书社，1983 年。

梁绍壬撰，范春三编译：《两般秋雨庵随笔》，新疆人民出版社，1995 年。

杨米人等著，路工选编：《清代北京竹枝词》（十三种），北京古籍出版社，1982 年。

刘禺生：《世载堂杂忆》，中华书局，1960 年。

皮锡瑞：《经学历史》，中华书局，1959 年。

皮锡瑞：《经学通论》，中华书局，1954 年。

康有为：《广艺舟双辑》，姜义华、吴根樑编校：《康有为全集》第一集，上海古籍出版社，1987 年。

缪荃孙编：《徐星伯先生事辑》，张爱芳辑：《中国古代史学家年谱》第 8 册，北京图书馆出版社，2005 年。

徐世昌：《晚晴簃诗汇》，中华书局，1990 年。

震钧：《天咫偶闻》，北京古籍出版社，1982 年。

夏仁虎：《旧京琐记》，辽宁教育出版社，1998 年。

龙顾山人：《南屋述闻》，《近代史料笔记丛刊》第 11 辑，四川人民出版社，1988 年。

徐珂：《清稗类钞》，中华书局，1984 年。

王国维著，夏华等编译：《人间词话》未刊稿及删稿，万卷出版公司，2016 年。

王国维：《王国维遗书》，上海书店出版社，1983 年。

（民国）《杭州府志》，《中国地方志集成》本，江苏古籍出版社，1993 年。

黄守恒：《定庵年谱稿本》，时中书局，1909 年。

二、研究论著

梁启超：《中国近三百年学术史》，东方出版社，1996 年。

梁启超：《饮冰室合集》，中华书局，1989 年。

梁启超：《清代学术概论》，东方出版社，1996 年。

梁启超：《论中国学术思想变迁之大势》，上海古籍出版社，2001 年。

钱穆：《中国历代政治得失》，生活·读书·新知三联书店，2001 年。

钱穆：《中国近三百年学术史》，商务印书馆，1997 年。

支伟成：《清代朴学大师列传》，岳麓书社，1986 年。

叶衍兰、叶恭绰编：《清代学者象传》，商务印书馆，2017 年。

蒙文通：《经史抉原》，上海人民出版社，2006 年。

邓之诚：《古董琐记全编》，北京出版社，1996 年。

张舜徽：《清儒学记》，齐鲁书社，1991 年。

刘盼遂：《段玉裁先生年谱》，《清华大学学报》1932 年第 2 期。

罗继祖编：《朱笥河先生年谱》，沈云龙主编：《近代中国史料丛刊》第 372 册，（台北）文海出版社，1967 年。

刘逸生选注：《龚自珍诗选》，浙江人民出版社，1980 年。

孙钦善选注：《龚自珍选集》，人民文学出版社，2004 年。

孙钦善选注：《龚自珍诗文选》，人民文学出版社，1991 年。

郭延礼选注：《龚自珍诗选》，齐鲁书社，1981 年。

唐文英选注：《龚自珍诗文选注》，上海古籍出版社，1989 年。

王俊义、曲弘梅：《龚自珍魏源诗文选译》，巴蜀书社，1997 年。

曹志敏注：《龚自珍集》，河南大学出版社，2016年。

阎海清编著：《龚自珍诗词解析》，吉林文史出版社，1999年。

朱邦蔚、关道雄译注：《龚自珍诗文选译》，凤凰出版社，2011年。

樊克政：《龚自珍年谱考略》，商务印书馆，2004年。

郭延礼：《龚自珍年谱》，齐鲁书社，1987年。

孙文光、王世芸编：《龚自珍研究资料集》，黄山书社，1984年。

朱杰勤：《龚定庵研究》，商务印书馆，1940年。

管林：《龚自珍研究》，人民文学出版社，1984年。

习婷：《龚自珍词学研究》，清华大学出版社，2014年。

吴晓番：《现代自我的兴起：龚自珍思想的哲学阐释》，华东师范大学出版社，2014年。

韩军：《龚自珍的文化意识及其曲折》，北京师范大学2006年博士论文。

陈锦荣：《龚自珍研究三题》，北京大学2007年博士论文。

赵宏：《清代佛学思想与龚自珍诗文创作研究》，吉林大学2013年博士论文。

王镇远：《剑气箫心》，香港中华书局，1990年。

陈铭：《龚自珍综论》，漓江出版社，1991年。

陈铭：《龚自珍评传》，南京大学出版社，2011年。

陈铭：《剑气箫心：龚自珍传》，浙江人民出版社，2005年。

阎海清：《化作春泥更护花：龚自珍全传》，长春出版社，1996年。

剑南：《龚自珍：激愤人生》，长江文艺出版社，1998年。

雷雨：《龚自珍传》，团结出版社，1998年。

郑大华：《包世臣·龚自珍·魏源·冯桂芬》，台湾商务印书馆，1999年。

陈祖武：《衰世风雷：龚自珍与魏源》，万卷楼图书公司，2000年。

麦若鹏：《龚自珍传论》，安徽大学出版社，2005年。

陈歆耕：《剑魂箫韵——龚自珍传》，作家出版社，2016年。

吴文浩、苏珊：《奇才龚自珍》，山西教育出版社，2016年。

汤志钧：《清代经今文学的复兴——庄存与和经今文》，中国人民大学出版社，2015年。

王华实：《段玉裁年谱长编》，江苏人民出版社，2016年。

冯贤亮：《河山有誓：明清之际江南士人的生活世界》，复旦大学出版社，2019年。

眭骏：《王芑孙年谱》，华东师范大学出版社，2010年。

柳向春：《陈奂交游研究》，华东师范大学出版社，2010年。

刘飙：《鄂东状元陈沆研究》，武汉大学出版社，2016年。

李庆：《顾千里研究》，上海古籍出版社，1989年。

龚书铎：《清代学术史论》，故宫出版社，2014年。

龚书铎主编：《清代理学史》，广东教育出版社，2007年。

陈祖武：《清儒学术拾零》，吉林人民出版社，2002年。

汪学群：《中国儒学史·清代卷》，北京大学出版社，2011年。

陈其泰：《清代公羊学》，上海人民出版社，2011年。

赵园：《明清之际士大夫研究》，北京大学出版社，1999年。

赵园：《制度·言论·心态——〈明清之际士大夫研究〉续编》，北京大学出版社，2006年。

赵园：《明清之际的思想与言说》，复旦大学出版社，2010年。

杨念群：《儒学地域化的近代形态》，生活·读书·新知三联书店，1997年。

常建华：《中国日常生活史读本》，北京大学出版社，2017年。

罗检秋：《嘉庆以来汉学传统的衍变与传承》，中国人民大学出版社，2006年。

黄开国：《清代今文经学的兴起》，巴蜀书社，2008年。

张杰：《熟悉的陌生人：明清江南社会才女群体现象的社会学研究》，中国社会科学出版社，2015年。

陈顾远：《中国婚姻史》，商务印书馆，2014年。

张国刚主编，余新忠著：《中国家庭史·第四卷 明清时期》，人民出版社，2013年。

商衍鎏：《清代科举考试述录及有关著作》，百花文艺出版社，2004年。

张晋藩、邱远猷：《科举制度史话》，中国历史小丛书，中华书局，1964年。

王德昭：《清代科举制度研究》，中华书局，1984年。

李世愉：《清代科举制度考辩》，沈阳出版社，2005年。

李世愉、胡平：《中国科举制度通史·清代卷》，上海人民出版社，2017年。

冯尔康：《中国宗族制度与谱牒编纂》，天津古籍出版社，2011年。

王标：《城市知识分子的社会形态——袁枚及其交游网络的研究》，上海三联书店，2008年。

陆蓓容：《宋荦和他的朋友们：康熙年间上层文人的收藏交游与形象》，中国美术学院出版社，2016年。

魏泉：《士林交游与风气变迁：19世纪宣南的文人群体研究》，北京大学出版社，2008年。

岳升阳、黄宗汉、魏泉：《宣南：清代京师士人聚居区研究》，中国档案出版社，2011年。

邓云乡：《宣南秉烛谭》，中华书局，2015年。

邓云乡：《燕京乡土记》，中华书局，2015年。

孙殿起辑：《琉璃厂小志》，北京古籍出版社，2000年。

王彬、崔国政辑：《燕京风土录》，光明日报出版社，2000年。

吴建雍、王岗、姜纬堂等：《北京城市生活史》，开明出版社，1997年。

胡春焕、白鹤群：《北京的会馆》，中国经济出版社，1994年。

郭丽萍：《绝域与绝学：清代中叶西北史地学研究》，生活·读书·新知三联书店，2007年。

赵玉强：《优游之道：宋代士大夫休闲文化及其意蕴》，上海古籍出版社，2017年。

张寿安：《龚自珍学术思想研究》，（台北）文史哲出版社，1997年。

杨济襄：《龚自珍春秋学研究》，高雄复文图书出版社，2006年。

吴文雄：《龚自珍诗文研究》，（新北）花木兰文化事业有限公司，2017年。

王汎森：《思想是生活的一种方式：中国近代思想史的再思考》，北京大学出版社，2018年。

王汎森：《权力的毛细管作用：清代的思想、学术与心态》，北京大学出版社，2015年。

赖惠敏：《清代的皇权与世家》，北京大学出版社，2010年。

〔美〕艾尔曼著，赵刚译：《经学、政治和宗族——中华帝国晚期常州今文学派研究》，江苏人民出版社，1998年。

〔美〕艾尔曼著，复旦大学文史研究院译：《经学·科举·文化史：艾尔曼自选集》，中华书局，2010年。

〔美〕艾尔曼著，赵刚译：《从理学到朴学：中华帝国晚期思想与社会变化面面观》，江苏人民出版社，2012年。

〔美〕福尔索姆著，刘悦斌、刘兰芝译：《朋友·客人·同事：晚清的幕府制度》，中国社会科学出版社，2002年。

〔美〕曼素恩著，罗晓翔译：《张门才女》，北京大学出版社，

2015 年。

〔加〕卜正民著，方骏、王秀丽、罗天佑译：《纵乐的困惑》，广西师范大学出版社，2016 年。

〔美〕罗威廉著，陈乃宣、李兴华等译：《救世：陈宏谋与十八世纪中国的精英意识》，中国人民大学出版社，2016 年。

〔美〕费正清主编，中国社会科学院历史研究编译室译：《剑桥中国晚清史》，中国社会科学出版社，1985 年。

〔日〕滋贺秀三：《中国家族法原理》，商务印书馆，2013 年。

〔英〕莫里斯·弗里德曼著，刘晓春译：《中国东南的宗族组织》，上海人民出版社，2000 年。

〔意〕史华罗著，林舒俐、谢琰、孟琢译：《中国历史中的情感文化——对明清文献的跨学科文本研究》，商务印书馆，2009 年。

〔意〕史华罗著，王军、王苏娜译：《中国之爱情》，中国社会科学出版社，2012 年。

〔美〕高彦颐著，李志生译：《闺塾师——明末清初江南的才女文化》，江苏人民出版社，2005 年。

三、期刊论文

刘新成：《日常生活史：一个新的研究领域》，《光明日报》（理论周刊）2006 年 2 月 14 日。

常建华：《从社会生活到日常生活——中国社会史研究再出发》，《人民日报》（理论版）2011 年 3 月 31 日。

常建华：《开放与多元：新世纪中国社会史理论探讨与学科建设》，《南京社会科学》2017 年第 2 期。

刘志琴：《从本土资源建树社会文化史理论》，《近代史研究》2014 年第 4 期。

梁景和：《生活质量：社会文化史研究的新维度》，《近代史研究》2014 年第 4 期。

梁景和：《社会生活：社会文化史研究中的一个重要概念》，《河北学刊》2009 年第 3 期。

余新忠、郝晓丽：《在具象而个性的日常生活中发现历史——清代日常生活史研究述评》，《中国社会科学评价》2017 年第 2 期。

罗检秋：《社会变迁与清代汉学家的宗族观念》，《河北学刊》2017 年第 4 期。

范金民：《明清江南进士数量、地域分布及其特色分析》，《南京大学学报》1997 年第 2 期。

范金民：《鼎革与变迁：明清之际江南士人行为方式的转向》，《清华大学学报》2010 年第 2 期。

王洪军：《段驯龚自璋抄本诗集考》，《文献》1998 年第 2 期。

贺国强、魏中林：《龚自珍"戒诗"新论——基于仁和龚氏家族文化史的考察》，《学术研究》2017 年第 10 期。

张乃良：《耽溺与弃绝——龚自珍"瘝词"的心理透视》，《西北大学学报》2017 年第 3 期。

钱志熙：《论龚自珍诗歌的复与变》，《求是学刊》2016 年第 2 期。

龚郭清：《风景·亲情·人道——论龚自珍思想的"江南"维度》，《天津社会科学》2016 年第 6 期。

朱家英：《龚自珍"壬午受谗"本事与龚、顾恋情探微》，《文学遗产》2015 年第 2 期。

张寿安：《龚自珍论乾嘉学术：专门之学——钩沉传统学术分化的一条线索》，《学海》2010 年第 2 期。

黄毅、章培恒：《龚自珍〈和归佩珊诗〉本事考》，《上海大学学报》2008 年第 5 期。

杨柏岭：《龚自珍的士心定位及其意义》，《中国文学研究》2007年第2期。

杨全顺：《龚自珍性格与学术中的近代意识》，《学术论坛》2005年第6期。

曹志敏：《时代·性情·家人与郝懿行学术道路的选择》，《晋阳学刊》2019年第6期。

后　记

感觉《龚自珍的学术交游与生活世界》书稿的写作，有些"任性"。在中国龚自珍可谓大名鼎鼎，家喻户晓，无论是满腹经纶的学者，还是读书不多的普罗大众，甚至刚刚读诗启蒙的学龄幼童，都知道龚自珍的大名，他那脍炙人口的诗句"我劝天公重抖擞，不拘一格降人才""落红不是无情物，化作春泥更护花"，已经融入千千万万中国人的日常生活，成为人们津津乐道的文化资源。

想在龚自珍学术研究方面取得实质性突破，已是颇为困难的事情：因为有关龚自珍的文献资料颇为有限，发掘新的史料已不太可能，甚至连发现零星边角的新资料都不太可能。另一方面，目前关于龚自珍的研究成果，可谓数不胜数，诗文选本、人物传记加上学术专著多达百余种，学术论文从1949年新中国成立至今，每年都有若干数量的新作见于各类学术期刊，创新又谈何容易？目前专门研究清代古今汉宋问题的学术史早已边缘化，人们要追求社会化、世俗化、大众化，还要西潮西化，对于艰涩难懂的清学既一头雾水，又不屑一顾。

但自从2015年为河南大学出版社做《龚自珍集》的选本，我感觉自己已情不自禁"爱上"龚自珍，他那恣意汪洋的诗文，那见解深邃的慷慨政论，促使我重新诠释龚自珍的内心世界，走进他的日常生活，于是便有了本书的构想。而喜欢诗文的我尽情读完自珍七八百首诗词，感觉每一首诗、每一首词皆如天籁之音，令人产生心灵的共鸣，亦让我意识到龚氏诗词既勾画其人生轨迹，又展现其独特的内心世界，何不以诗证史、以词证史来描绘龚自珍的学术交游与生活世界呢？在这一想法的驱动下，我做了一件最傻又最心甘情愿的事，于是此书应运而生。

说到最傻，是因为龚自珍一类题目难以持续深入下去，而且作为一种新的学术尝试，想要得到学术界的认可亦颇为困难，在这个要求学术成果立竿见影的时代，更有一种令人难言的苦涩。但在内心爱好的驱动下，我也写了一本自己最喜欢的书，给清代士人日常生活史的研究平添一抹亮色。事实上，清人诗词中所描述的士人生活世界，目前学术界关注颇少，龚自珍的日常生活亦不例外，就此而言拙作亦是一种全新的学术尝试。在书稿的写作过程中，我经常自己被自己感动，总想写得柔情似水，或是激情澎湃，或是激昂悲壮，这或许不太符合当今的学术规范吧？每一个不曾与灵魂共舞的日子，都是对生命的辜负，这句话似乎专门为我量身打造。

书稿杀青之际，我首先要感谢的人，永远是我的博士生导师龚书铎先生，没有受业于龚先生的学术经历，我可能要过另外一种生活。记得毕业之后，每次见到先生，他都会叮嘱我好好做学问，老老实实做人，踏踏实实做事。言犹在耳，而先生驾鹤西归已九年，但我一直都觉得他没有离开这个世界，他的一言一行还经常感染着我，鼓舞着我向前。有时我又深感愧对先生的在天之灵，作为一名学术小卒，我经常为自己的才疏学浅与碌碌无为而负疚。但无名小卒也有无名小卒的价值，我还是尽量发着小如萤火的光与热，以温暖我身边每一个认识我的人。我的硕导魏光奇老师淡泊名利，一生都在积极思考中国文化的出路，他的学术智慧经常启发着我。

这些年来，首都师范大学的梁景和老师给了我数不清的关心与爱护，在学术研究中梁老师经常给我以各种指导。书稿还在写作之际，我请梁老师作序，但疫情期间我的生活状态被完全改变，迟迟不能把全稿送给梁老师，百忙之中梁老师还要赶时间为拙作写序，更是令我感动不已。梁老师喜欢计算时间,每次有一段时间没有见面,他就会计算我们已经认识几年,弹指一挥间,从2000年读研到现在已有20个春秋。梁老师经常问我:"现在生活怎么样?感觉满意吗?"而我的回答也是千篇一律:"别的都挺好,就是学术成果太少。"这时梁老师语重心长劝我摆正心态。

北师大是每一个师大学子永远的精神家园,即使毕业多年之后,奔赴全国各地工作,他们也会和自己的母校有着千丝万缕的联系。每次回到母校,见到郑师渠老师,他都会叮嘱我:好好教书,好好做学问,一定要给母校争光!李帆老师做事细腻周到,北师大每次有近代史的学术会议,他都会提前告诉我,鼓励我多多关注学术研究的前沿信息。2018年芳菲四月,天津师大举办"近代天津与中国社会转型"学术研讨会,张昭军老师惠临参加,我和几个曾为"北师学子"的老师簇拥在张老师周围,晚上一同去津湾广场看天津夜景。聊天中我们谈到当今学术风气的浮躁,他郑重其事地说:"一个学者不踏踏实实做学问,就和贪官没有区别,对不起社会给予他们的报酬与尊敬。"我听完之后感慨万千,深感学术风气系于每一个普通学人的自励自为。

五十岁而知天命,明年,我就到了可以"知天命"的年龄了!我不断问自己:我把什么奉献给你?——我深爱的世界,祖国,还有父母、家人、老师、同门、朋友?多年来含辛茹苦支持我读书的父亲母亲,我拿什么告慰他们在天堂遥望的灵魂?多少年来给予我学问知识和处事法则的小学、中学、大学老师们,我拿什么回报他们"润物细无声"的培育?在婆娑的大千世界里,每一个生命都是宇宙中的一粒微尘,都是永恒时间中的一瞬间、一刹那,只能"但行好事,莫问前程"而已。

天津师范大学历史文化学院是一个团结向上的学术单位,融洽的领导同事关系给我的学术研究带来极大便利。侯建新先生不仅引领学院科研工作大踏步向前，而且具有平易近人的长者风范。记得2008年刚到师大工作的时候，由于种种原因，我的教工宿舍办理手续出了麻烦，无奈之下我找到侯先生诉说原委，他听完之后马上给宫宝利副校长打电话，进行沟通协调，当时我真的非常感动。而宫校长热情周到地为我解决问题，同样令人感动。这些事情转眼已经过去12年，但一幕一幕情景就在眼前，仿佛刚刚发生一样。在几年前的一次聊天中，院长孙立田老师说："领导的工作就是服务，就是协调好各方面的关系，保障科研教学顺利进行。"事实确实如此，学院领导正是秉承这一理念无私奉献，使天津师范大学历史文化学院在学术界的声誉越来越高，也为普通教师的学术发展创造了良好环境。

在书稿写作过程中，李学智、张秋升、罗艳春、鲁鑫老师专门为本书稿开了一个学术沙龙，讨论如何提升此一研究的学术品位，李宗辑、李瑞璞同学还对此讨论作了详细笔记。尤其是罗艳春老师专门讲述历史人类学研究方法的运用问题，让我获益良多。学院负责教学行政工作的李静老师、郭婷老师、周二保老师工作非常细致，在科研活动、课程安排等方面，总是提前想到我这个家在北京、往返学校不方便的老师，给予多方面的关心照顾。从日常工作的点点滴滴中，我体会到一个高等学府应有的格局与品位。

曹志敏
2020年5月17日书于乐正山房